农资经营
实用手册

骆焱平　主编

化学工业出版社

·北京·

本书在简述农资经营管理等相关知识的基础上，详细介绍了330种农药品种、43种肥料品种以及10余种农膜及种子等农资情况。其中农药部分，按杀虫剂、杀菌剂、除草剂、植物生长调节剂与杀鼠剂分类，重点介绍了当前主流农药品种的中英文通用名、结构式、分子式、分子量、CAS登录号、其他中英文名称、主要剂型、作用特点、防治对象、注意事项以及生产厂家；肥料部分则在简述肥料的质量标准与分类的同时，详细介绍了氮肥、磷肥、钾肥、复混肥料以及钙、镁、硫、微量元素肥及叶面肥等。另外，还收录了相关农资的法律法规文件，以方便农资经营者查阅。

本书适合广大农资经营者、农业技术人员、农业大中专院校师生参考使用，也可作为科技下乡的专用图书和培训教材。

图书在版编目(CIP)数据

农资经营实用手册/骆焱平主编. —北京：化学工业出版社，2015.7（2023.5重印）
ISBN 978-7-122-24028-6

Ⅰ.①农… Ⅱ.①骆… Ⅲ.①农业生产资料-农业经营学-手册 Ⅳ.①F306-62

中国版本图书馆 CIP 数据核字（2015）第 106293 号

责任编辑：刘　军　张　艳　　　　文字编辑：周　佩
责任校对：宋　玮　　　　　　　　装帧设计：关　飞

出版发行：化学工业出版社（北京市东城区青年湖南街13号　邮政编码100011）
印　　装：天津盛通数码科技有限公司
710mm×1000mm　1/16　印张27½　字数547千字　2023年5月北京第1版第3次印刷

购书咨询：010-64518888　　　　　　　售后服务：010-64518899
网　　址：http://www.cip.com.cn
凡购买本书，如有缺损质量问题，本社销售中心负责调换。

定　价：98.00元　　　　　　　　　　　　　　　版权所有　违者必究

本书编写人员名单

主　　编　骆焱平
副 主 编　张善学　孟　磊　戎　伟　王兰英　赵建国
编写人员（按姓名拼音排列）

　　　　董存柱　高陆思　侯文成　蒋和梅　雷震霖
　　　　骆焱平　孟　磊　戎　伟　王兰英　谢　颖
　　　　邢梦玉　杨育红　姚明燕　张　鹏　张　雯
　　　　张善学　赵建国　周　祥　朱朝华

前言 FOREWORD

农资是指在农业生产过程中用以改变和影响劳动对象的物质资料和物质条件。在本书中，农资主要涵盖农药、化肥、农膜、种子等。

随着改革开放三十多年的发展，我国农资市场经历了重要转变。20世纪90年代，农资市场取消了农药、肥料等行业专营，农资市场迎来了发展的春天。那时，农资生产不断扩容，产量逐年增加，农资使用快速增长，农资产品供不应求；到2010年，我国成为全球农药、肥料、农膜的生产制造基地，年产量位居世界首位。随着我国农药和肥料"十二五"产业规划的出台，农资市场从"粗放式"经营，逐步进入"精细化"经营。党的"十八大"召开，"城镇化"、"新型农业经营主体"、"新型农村服务经济"、"农业信息化"等已成为推动我国农村经济变革的最活跃因素。为此，农资经营要适应形势发展，农资经营者要及时补充知识，更新观念，在新形势下，将农资经营好，管理好。

为了让农资经营者更好、更全面了解农资产品，便于开展农资经营活动，成为新型农业经营主体，我们编写了本书。本书详细介绍了农资经营管理相关知识，列举了各种农资产品，包括330种农药、43种肥料、10余种农膜及种子等，并对每种产品进行了详细说明，特别是产品的性能特点；同时附上与农资相关的法律法规文件，方便农资经营者查阅。

本书第一章和第三章第一、二节由骆焱平编写，第二章由张善学编写，第三章第三节由赵建国编写，第三章第四至六节由王兰英编写，第四、五章由孟磊编写，第六、七章由戎伟编写，最后由骆焱平统稿。其他参编人员参与了本书资料收集、整理、文字编辑与校对工作，在此表示衷心的感谢。

本书出版得到中西部高校综合实力提升项目、热带作物种子资源保护与开发利用教育部重点实验室项目资助，在此表示感谢。

本书收集、整理、参考和引用了国内外大量相关资料，在此对相关作者表示衷心的感谢。由于编者水平有限，不足之处在所难免，敬请读者批评指正。

编者

2015年6月

目录 CONTENTS

第一章 农资经营概况 / 1

第一节 农资经营 ······ 1
第二节 我国农资经营状况 ······ 3
第三节 农资经营的未来 ······ 7

第二章 农资经营管理 / 9

第一节 农资市场现状 ······ 9
 一、农资市场发展趋势 ······ 10
 二、农资经营模式 ······ 11
第二节 农资营销战略 ······ 14
 一、营销战略的概念 ······ 15
 二、市场营销战略的类别 ······ 17
 三、市场营销战略的制定方法 ······ 20
第三节 农资经营规划 ······ 25
 一、市场调研 ······ 25
 二、市场分析 ······ 28
 三、市场营销规划 ······ 30
第四节 农资营销渠道管理 ······ 33
 一、农资渠道类别 ······ 33
 二、渠道建设 ······ 34
 三、渠道管理 ······ 37
第五节 农资产品管理 ······ 38
 一、产品规划 ······ 38
 二、产品策略 ······ 39
 三、产品定位 ······ 39
 四、价格策略 ······ 41
 五、产品保障 ······ 43

第六节　定价策略 ………………………………… 44
　一、商品定价原则 ………………………………… 44
　二、定价的程序 …………………………………… 46
　三、定价策略 ……………………………………… 47
　四、产品定价方法 ………………………………… 49

第七节　促销策略 ………………………………… 51
　一、促销组合 ……………………………………… 51
　二、人员推销 ……………………………………… 52
　三、广告策略 ……………………………………… 54
　四、营业推广 ……………………………………… 56
　五、公共关系 ……………………………………… 57

第八节　市场推广与服务 ………………………… 58
　一、推广策略 ……………………………………… 58
　二、技术推广措施 ………………………………… 59
　三、品牌管理 ……………………………………… 62

第九节　电子商务对农资经营的影响 …………… 63
　一、电商在农资领域的发展现状 ………………… 63
　二、农资电商的发展前景 ………………………… 64

第三章　农药 / 66

第一节　农药的分类 ……………………… 66
　一、按原料来源分类 …………………… 66
　二、按化学结构分类 …………………… 66
　三、按用途和防治对象分类 …………… 67
　四、按性能特点分类 …………………… 68
　五、按施用方法分类 …………………… 68

第二节　杀虫剂 …………………………… 69
　阿维菌素（abamectin） ………………… 69
　吡虫啉（imidacloprid） ………………… 71
　吡螨胺（tebufenpyrad） ………………… 72
　吡蚜酮（pymetrozine） ………………… 73
　苄螨醚（halfenprox） …………………… 74
　丙溴磷（profenofos） …………………… 74
　虫酰肼（tebufenozide） ………………… 75
　除虫菊素（pyrethrins） ………………… 76
　除虫脲（diflubenzuron） ………………… 76

　哒螨酮（pyridaben） …………………… 77
　稻丰散（phenthoate） …………………… 78
　敌百虫（dipterex） ……………………… 79
　敌敌畏（dichlorvos） …………………… 80
　丁醚脲（diafenthiuron） ………………… 81
　啶虫脒（acetamiprid） ………………… 81
　毒死蜱（chlorpyrifos） ………………… 83
　多杀菌素（spinosad） ………………… 84
　二嗪磷（diazinon） ……………………… 85
　呋虫胺（dinotefuran） ………………… 86
　呋喃虫酰肼（fufenozide） ……………… 86
　氟苯脲（teflubenzuron） ………………… 87
　氟丙菊酯（acrinathrin） ………………… 88
　氟虫脲（flufenoxuron） ………………… 88
　氟虫双酰胺（flubendiamide） ………… 89
　氟啶虫酰胺（flonicamid） ……………… 90

氟啶脲（chlorfluazuron） …… 90
氟铃脲（hexaflumuron） …… 91
氟氯氰菊酯（cyfluthrin） …… 92
氟螨嗪（flutenzine） …… 93
氟酰脲（novaluron） …… 93
高效氟氯氰菊酯
（beta-cyfluthrin） …… 94
核型多角体病毒
（nuclear polyhedrosis virus） …… 95
环虫酰肼（chromafenozide） …… 95
甲氨基阿维菌素苯甲酸盐
（emamectin benzoate） …… 96
甲氰菊酯（fenpropathrin） …… 97
甲氧虫酰肼（methoxyfenozide） …… 98
抗蚜威（pirimicarb） …… 99
苦参碱（matrine） …… 99
苦皮藤素（celangulin） …… 100
矿物油（mineral oil） …… 101
喹硫磷（quinalphos） …… 101
藜芦碱（veratrine） …… 102
联苯肼酯（bifenazate） …… 103
联苯菊酯（bifenthrin） …… 103
浏阳霉素（liuyangmycin） …… 104
硫双威（thiodicarb） …… 105
氯虫苯甲酰胺
（chlorantraniliprole） …… 106
氯虫酰肼（halofenozide） …… 106
氯氟氰菊酯（cyhalothrin） …… 107
氯氰菊酯（cypermethrin） …… 108
氯唑磷（isazofos） …… 109
螺虫乙酯（spirotetramat） …… 110
螺甲螨酯（spiromesifen） …… 110
螺螨酯（spirodiclofen） …… 111
马拉硫磷（malathion） …… 111
醚菊酯（ethofenprox） …… 112
灭蝇胺（cyromazine） …… 113
灭幼脲（chlorobenzuron） …… 114
氰氟虫腙（metaflumizone） …… 114
S-氰戊菊酯（esfenvalerate） …… 115
炔螨特（propargite） …… 116
噻虫胺（clothianidin） …… 117
噻虫啉（thiacloprid） …… 117
噻虫嗪（thiamethoxam） …… 118
噻螨酮（hexythiazox） …… 119
噻嗪酮（buprofezin） …… 120
三氟甲吡醚（pyridalyl） …… 121
三唑磷（triazophos） …… 121
三唑锡（azocyclotin） …… 122
杀虫单（thiosultap-monosodium） …… 123
杀虫环（thiocyclam） …… 124
杀虫双（bisultap） …… 125
杀铃脲（triflumuron） …… 126
杀螟丹（cartap） …… 127
虱螨脲（lufenuron） …… 127
四螨嗪（clofentezine） …… 128
苏云金杆菌
（*Bacillus thuringiensis*） …… 129
烯啶虫胺（nitenpyram） …… 130
硝虫硫磷（xiaochongthion） …… 131
辛硫磷（phoxim） …… 131
溴虫腈（chlorfenapyr） …… 132
溴螨酯（bromopropylate） …… 133
溴氰菊酯（deltamethrin） …… 134
烟碱（nicotine） …… 135
乙基多杀菌素（spinetoram） …… 135
乙硫虫腈（ethiprole） …… 136
乙螨唑（etoxazole） …… 136
异丙威（isoprocarb） …… 137
抑食肼（benzoic acid） …… 138
印楝素（azadirachtin） …… 139
茚虫威（indoxacarb） …… 139
鱼藤酮（rotenone） …… 140
仲丁威（fenobucarb） …… 141

唑虫酰胺（tolfenpyrad） …… 142
唑螨酯（fenpyroximate） …… 142
第三节 杀菌剂 …… 143
　氨基寡糖素（oligosaccharins） …… 143
　百菌清（chlorothalonil） …… 144
　苯菌灵（benomyl） …… 145
　苯醚甲环唑（difenoconazole） …… 145
　苯酰菌胺（zoxamide） …… 146
　吡唑醚菌酯（pyraclostrobin） …… 147
　丙环唑（propiconazol） …… 147
　丙森锌（propineb） …… 149
　春雷霉素（kasugamycin） …… 149
　代森锰锌（mancozeb） …… 150
　代森锌（zineb） …… 151
　稻瘟灵（isoprothiolane） …… 151
　丁香酚（eugenol） …… 152
　啶酰菌胺（boscalid） …… 152
　啶氧菌酯（picoxystrobin） …… 153
　多菌灵（carbendazim） …… 153
　多抗霉素（polyoxin B） …… 154
　噁唑菌酮（famoxadone） …… 155
　噁霉灵（hymexazol） …… 156
　噁霜灵（oxadixyl） …… 156
　二氯异氰尿酸钠
　（sodium dichloroisocyanurate） …… 157
　二噻农（dithianon） …… 157
　氟吡菌胺（fluopicolide） …… 158
　氟啶胺（fluazinam） …… 158
　氟硅唑（flusilazole） …… 159
　氟环唑（epoxiconazole） …… 160
　氟菌唑（triflumizole） …… 160
　氟吗啉（flumorph） …… 161
　氟酰胺（flutolanil） …… 162
　氟唑菌酰胺（fluxapyroxad） …… 162
　福美双（thiram） …… 162
　腐霉利（procymidone） …… 163

琥胶肥酸铜（copper succinate） …… 164
环氟菌胺（cyflufenamid） …… 165
己唑醇（hexaconazole） …… 165
甲基硫菌灵
（thiophanate methyl） …… 166
甲霜灵（metalaxyl） …… 167
腈苯唑（fenbuconazol） …… 167
腈菌唑（myclobutanil） …… 168
精甲霜灵（metalaxyl-M） …… 168
井冈霉素（validamycin） …… 169
克菌丹（captan） …… 170
喹啉铜（copper quinolate） …… 170
联苯三唑醇（bitertanol） …… 171
咯菌腈（fludioxnil） …… 171
氯苯嘧啶醇（fenarimal） …… 172
络氨铜（cuaminosulfate） …… 173
咪鲜胺（prochloraz） …… 174
咪唑菌酮（fenamidone） …… 175
醚菌酯（kresoxim-methyl） …… 175
嘧菌环胺（cyprodinil） …… 176
嘧菌酯（azoxystrobin） …… 176
嘧霉胺（pyrimethanil） …… 177
灭菌丹（folpet） …… 178
灭菌唑（triticonazole） …… 179
宁南霉素（ningnanmycin） …… 179
农用链霉素（streptomycin） …… 180
氰霜唑（cyazofamid） …… 180
噻呋酰胺（thifluzamide） …… 181
噻菌灵（thiabendazole） …… 182
噻菌铜（thiodiazole copper） …… 182
噻唑菌胺（ethaboxam） …… 183
噻唑锌（zinc thiazole） …… 183
三环唑（tricyclazole） …… 184
三唑醇（triadimenol） …… 185
三唑酮（triadimefon） …… 185
十三吗啉（tridemorph） …… 186

双炔酰菌胺（mandipropamid） …… 187
霜霉威（propamocarb） ………… 187
霜脲氰（cymoxanil） …………… 188
四氟醚唑（tetraconazole） ……… 189
松脂酸铜（copper abietate） …… 189
肟菌酯（trifloxystrobin） ………… 190
戊菌隆（pencycuron） …………… 190
戊唑醇（tebuconazole） ………… 191
烯肟菌胺（SYP-1620） ………… 192
烯肟菌酯（enestroburin） ……… 193
烯酰吗啉（dimethomorph） …… 193
烯唑醇（diniconazole） ………… 194
硝苯菌酯（meptyldinocap） …… 195
缬霉威（iprovalicarb） ………… 195
溴菌腈（bromothalonil） ……… 196
亚胺唑（imibenconazole） ……… 196
盐酸吗啉胍（virus spirit） …… 197
叶枯唑（bismerthiazol） ……… 198
乙菌利（chlozolinate） ………… 198
乙膦铝（fosetyl-aluminum） …… 199
乙霉威（diethofencarb） ……… 199
乙嘧酚（ethirimol） …………… 200
乙嘧酚磺酸酯（bupirimate） … 201
乙蒜素（ethylicin） …………… 201
乙烯菌核利（vinclozolin） …… 202
异菌脲（iprodione） …………… 202
抑霉唑（imazalil） ……………… 203
中生菌素（zhongshengmycin） … 204

第四节　除草剂 …………………… 204
2,4-滴（2,4-D） ………………… 204
2,4-滴丁酯（2,4-D butyl ester） … 205
苯磺隆（tribenuron-methyl） …… 206
苯嗪草酮（metamitron） ……… 207
苯噻酰草胺（mefenacet） ……… 207
吡草醚（pyraflufen-ethyl） …… 208
吡氟草胺（diflufenican） ……… 208
吡氟禾草灵（fluazifop-butyl） …… 209
吡嘧磺隆（pyrazosulfuron-ethyl） ……………… 210
吡唑草胺（metazachlor） ……… 210
苄嘧磺隆（bensulfuron-methyl） … 211
丙草胺（pretilachlor） ………… 211
丙炔噁草酮（oxadiargyl） …… 212
丙炔氟草胺（flumioxazin） …… 213
草铵膦（glufosinate ammonium） ……………… 213
草除灵（benazolin） …………… 214
草甘膦（glyphosate） ………… 215
草克死（sulfallate） …………… 217
除草定（bromacil） …………… 218
单嘧磺隆（monosullfuron） …… 218
敌稗（propanil） ……………… 219
敌草胺（napropamide） ……… 219
敌草隆（diuron） ……………… 220
地乐胺（butralin） …………… 221
丁草胺（butachlor） …………… 222
啶磺草胺（pyroxsulam） ……… 223
啶嘧磺隆（flazasulfuron） …… 224
毒莠啶（picloram） …………… 224
噁草酮（oxadiazon） ………… 225
噁嗪草酮（oxaziclomefone） … 226
噁唑酰草胺（metamifop） …… 226
二甲戊乐灵（pendimethalin） …… 227
二氯吡啶酸（clopyralid） …… 228
二氯喹啉酸（quinclorac） …… 228
砜嘧磺隆（rimsulfuron） ……… 229
氟吡磺隆（flucetosulfuron） … 230
氟磺胺草醚（fomesafen） …… 230
氟乐灵（trifluraline） ………… 231
氟硫草定（dithiopyr） ………… 232
氟烯草酸（flumiclorac-pentyl） … 233
氟唑磺隆（flucarbazone） …… 233
禾草丹（thiobencarb） ………… 234

禾草敌（molinate） …… 235
禾草灵（diclofop-methyl） …… 235
环丙嘧磺隆（cyclosulfamuron） …… 236
环嗪酮（hexazinone） …… 237
环酯草醚（pyriftalid） …… 237
磺草酮（sulcotrione） …… 238
甲草胺（alachlor） …… 238
甲磺胺磺隆（mesosulfuron-methyl） …… 239
甲磺隆（metsulfuron-methyl） …… 240
2甲4氯（MCPA acid） …… 241
甲咪唑烟酸（imazapic） …… 241
甲嘧磺隆（sulfometuron-methyl） …… 242
甲氧咪草烟（imazamox） …… 242
精吡氟禾草灵（fluazifop-P-butyl） …… 243
精噁唑禾草灵（fenoxaprop-P-ethyl） …… 244
精喹禾灵（quizalofop-P-ethyl） …… 245
精异丙甲草胺（S-metolachlor） …… 246
喹禾糠酯（quizalofop-P-tefuryl） …… 247
喹禾灵（quizalofop-ethyl） …… 247
利谷隆（linuron） …… 248
绿麦隆（chlortoluron） …… 249
氯氟吡氧乙酸（fluroxypyr） …… 249
氯磺隆（chlorsulfuron） …… 250
氯嘧磺隆（chlorimuron-ethyl） …… 251
氯酯磺草胺（cloransulam-methyl） …… 251
麦草畏（dicamba） …… 252
咪草烟（imazethapyr） …… 252
咪唑烟酸（imazapyr） …… 253
嘧苯胺磺隆（orthosulfamuron） …… 254
醚苯磺隆（triasulfuron） …… 254
醚磺隆（cinosulfuron） …… 255
嘧草醚（pyriminobac-methyl） …… 255
嘧啶肟草醚（pyribenzoxim） …… 256
灭草猛（vernolate） …… 257
灭草松（bentazone） …… 257
哌草丹（dimepiperate） …… 258
扑草净（prometryne） …… 259
嗪草酸甲酯（fluthiacet-methyl） …… 259
嗪草酮（metribuzin） …… 260
氰草津（cyanazine） …… 261
氰氟草酯（cyhalofop-butyl） …… 262
炔草酯（clodinafop-propargyl） …… 262
乳氟禾草灵（lactofen） …… 263
噻吩磺隆（thifensulfuron-methyl） …… 263
三氟羧草醚（acifluorfen） …… 264
三氯吡氧乙酸（triclopyr） …… 265
莎稗磷（anilofos） …… 265
双丙氨膦（bialaphos-sodium） …… 266
双草醚（bispyribac-sodium） …… 266
双氟磺草胺（florasulam） …… 267
特丁津（terbuthylazine） …… 268
特丁净（terbutryn） …… 268
甜菜安（desmedipham） …… 269
甜菜宁（phenmedipham） …… 269
五氟磺草胺（penoxsulam） …… 270
戊炔草胺（propyzamide） …… 271
西草净（simetryn） …… 271
西玛津（simazine） …… 272
烯草酮（clethodim） …… 273
烯禾定（sethoxydim） …… 273
酰嘧磺隆（amidosulfuron） …… 274
硝磺草酮（mesotrione） …… 275
溴苯腈（bromoxynil） …… 275
烟嘧磺隆（nicosulfuron） …… 276
野麦畏（triallate） …… 277
野燕枯（difenzoquat） …… 278

乙草胺（acetochlor） …… 278
乙羧氟草醚
（fluoroglycofen-ethyl） …… 279
乙氧氟草醚（oxyfluorfen） …… 280
乙氧磺隆（ethoxysulfuron） …… 281
异丙甲草胺（metolachlor） …… 281
异丙隆（isoproturon） …… 282
莠去津（atrazine） …… 283
唑草酮（carfentrazone-ethyl） …… 284
唑啉草酯（pinoxaden） …… 285
唑嘧磺草胺（flumetsulam） …… 285

第五节　植物生长调节剂
　　　　与杀鼠剂 …… 286
矮壮素（chlormequat chloride） …… 286
胺鲜酯（diethyl aminoethyl hexanoate） …… 287
赤霉酸（gibberellic acid） …… 287
毒鼠磷（phosazetim） …… 288
多效唑（paclobutrazol） …… 289
防落素（4-CPA） …… 290

氟鼠酮（flocoumafen） …… 290
甲哌鎓（mepiquat chloride） …… 291
氯吡脲（forchlorfenuron） …… 292
灭梭威（methiocarb） …… 292
萘乙酸（α-naphthaleneacetic acid） …… 293
三十烷醇（triacontanol） …… 293
杀螺胺（niclosamide） …… 294
杀鼠灵（warfarin） …… 295
四聚乙醛（metaldehyde） …… 296
脱落酸［（＋）-abscisic acid］ …… 296
溴鼠灵（brodifacoum） …… 297
乙烯利（ethephon） …… 298
异戊烯腺嘌呤（isoamyl alkenyl adenine） …… 299
吲哚丁酸（4-indol-3-ylbutyric acid） …… 299
吲哚乙酸（indol-3-ylacetic acid） …… 300
芸薹素内酯（brassinolide） …… 300

第六节　农药质量的简易鉴别 …… 301

第四章　肥料 / 303

第一节　肥料简介及质量标准 …… 303
　一、肥料及作用 …… 303
　二、化学肥料基本概念
　　　及特点 …… 304
　三、化学肥料的质量标准 …… 306
第二节　化肥的分类 …… 307
　一、按所含养分分类 …… 307
　二、按酸碱性质分类 …… 307
　三、按肥效快慢分类 …… 308
　四、按所含养分种类
　　　多少分类 …… 309
　五、按形态分类 …… 309
　六、按作用分类 …… 309

第三节　氮肥 …… 309
　碳酸氢铵 …… 310
　硫酸铵 …… 311
　氯化铵 …… 311
　液氨 …… 312
　氨水 …… 313
　硝酸铵 …… 313
　硝酸铵钙 …… 315
　硝酸钙 …… 315
　硝酸钠 …… 316
　尿素 …… 317
　聚氨酸尿素 …… 318
　多肽尿素 …… 318

第四节　磷肥 …………………… 318
　　过磷酸钙 ……………………… 319
　　重过磷酸钙 …………………… 320
　　钙镁磷肥 ……………………… 321
　　磷矿粉 ………………………… 322
　　骨粉 …………………………… 323
第五节　钾肥 …………………… 323
　　氯化钾 ………………………… 324
　　硫酸钾 ………………………… 324
　　窑灰钾肥 ……………………… 325
　　钾镁肥 ………………………… 325
　　硫钾镁肥 ……………………… 326
第六节　复混肥料 ……………… 326
　　磷酸铵 ………………………… 326
　　偏磷酸铵 ……………………… 327
　　氨化过磷酸钙 ………………… 328
　　硝酸磷肥 ……………………… 328
　　硝酸钾 ………………………… 329
　　磷酸二氢钾 …………………… 329
　　硝磷钾型 ……………………… 331
　　铵磷钾型 ……………………… 331

第七节　钙、镁、硫、微量元素肥
　　　　及叶面肥 ……………… 334
　　石灰 …………………………… 334
　　石膏 …………………………… 335
　　石灰氮 ………………………… 335
　　硫酸镁 ………………………… 335
　　硫黄 …………………………… 336
　　铁肥 …………………………… 337
　　硼肥 …………………………… 337
　　钼肥 …………………………… 338
　　锌肥 …………………………… 338
　　铜肥 …………………………… 338
　　锰肥 …………………………… 339
　　硅肥 …………………………… 339
　　叶面肥 ………………………… 339
第八节　肥料的简易鉴别 ……… 341
　　一、物理定性鉴别方法 ……… 341
　　二、化学定性鉴别方法 ……… 344
第九节　化学肥料的标识、
　　　　内容和要求 …………… 346

第五章　农膜 / 350

第一节　棚膜 ……………………………………………………………… 350
　　一、棚膜材料 …………………………………………………………… 350
　　二、棚膜类型 …………………………………………………………… 351
第二节　地膜 ……………………………………………………………… 352
　　一、制备地膜的材料 …………………………………………………… 352
　　二、地膜的种类 ………………………………………………………… 354
第三节　遮阳网 …………………………………………………………… 356
第四节　农膜的鉴别及贮藏 ……………………………………………… 357
　　一、鉴别 ………………………………………………………………… 357
　　二、贮藏 ………………………………………………………………… 358

第六章　种子 / 359

第一节　种子的基本常识 ………………………………………………… 359

一、种子的形态、结构 …… 360
　　二、种子水分 …… 360
　　三、种子休眠 …… 360
　　四、种子萌发 …… 361
　　五、种子寿命 …… 361
第二节　种子生产、加工与贮藏 …… 361
　　一、种子生产 …… 362
　　二、种子加工 …… 362
　　三、种子贮藏 …… 363
第三节　种子的营销 …… 364
　　一、种子营销方式 …… 364
　　二、种子分销渠道 …… 366
　　三、种子销售策略 …… 368

第七章　法律法规 / 370

第一节　农业生产资料市场监督管理办法 …… 370
第二节　国务院关于加强化肥、农药、农膜经营管理的通知 …… 373
第三节　中华人民共和国农药管理条例（修订） …… 376
　　一、总则 …… 376
　　二、农药登记 …… 377
　　三、农药生产 …… 378
　　四、农药经营 …… 379
　　五、农药使用 …… 380
　　六、其他规定 …… 380
　　七、罚则 …… 381
　　八、附则 …… 383
第四节　农药广告审查办法 …… 383
第五节　肥料登记管理办法 …… 385
　　一、总则 …… 385
　　二、登记申请 …… 386
　　三、登记审批 …… 387
　　四、登记管理 …… 387
　　五、罚则 …… 388
　　六、附则 …… 388
第六节　中华人民共和国种子法 …… 390
　　一、总则 …… 390

二、种质资源保护 ·· 391
　　三、品种选育与审定 ·· 391
　　四、种子生产 ·· 392
　　五、种子经营 ·· 393
　　六、种子使用 ·· 395
　　七、种子质量 ·· 395
　　八、种子进出口和对外合作 ···································· 396
　　九、种子行政管理 ·· 397
　　十、法律责任 ·· 397
　　十一、附则 ··· 399
第七节　中华人民共和国消费者权益保护法 ···················· 399
　　一、总则 ··· 400
　　二、消费者的权利 ·· 400
　　三、经营者的义务 ·· 401
　　四、国家对消费者合法权益的保护 ·························· 403
　　五、消费者组织 ··· 404
　　六、争议的解决 ··· 405
　　七、法律责任 ·· 406
　　八、附则 ··· 408

附录 /409

　　一、农药剂型名称及代码 ·· 409
　　二、农业部公布的禁止和限制使用的农药名单 ··········· 411

参考文献 /412

索引 /414

　　一、农药中文通用名称索引 ····································· 414
　　二、农药英文通用名称索引 ····································· 417
　　三、肥料名称索引 ·· 420

第一章 农资经营概况

第一节 农资经营

农资是农业生产资料的简称,一般指在农业生产过程中用以改变和影响劳动对象的物质资料和物质条件,广义的农资包括农机及配件、兽药、饲料、农药、肥料、农膜、种子等。狭义的农资指农药、化肥、农膜、种子等物资。

1. 农资经营范围

农机及配件,如拖拉机、柴油机、农用车、微耕机、收割机、旋耕机、割草机、喷雾器、割灌机、插秧机等及其配件。

兽药,指用于预防、治疗、诊断动物疾病或者有目的地调节动物生理机能的物质(含药物饲料添加剂),主要包括:血清制品、疫苗、诊断制品、微生态制品、中兽药、中成药、化学药品、抗生素、生化药品、放射性药品及外用杀虫剂、消毒剂等。

农药,指用于预防、消灭或者控制危害农业、林业的病、虫、草和其他有害生物以及有目的地调节植物、昆虫生长的化学合成或者来源于生物、其他天然物质的一种物质或者几种物质的混合物及其制剂。如杀虫剂、杀菌剂、除草剂、植物生长调节剂等。

肥料,是提供一种或一种以上植物必需的营养元素,改善土壤性质、提高土壤肥力水平的一类物质。如氮肥、磷肥、钾肥、复合肥、缓释肥、控释肥、基肥、有机无机掺混肥、微生物肥、叶面肥、冲施肥、微肥(微量元素肥料)等。

农膜又叫薄膜塑料,包括地膜(也叫农用地膜),主要成分是聚乙烯,用于覆盖农田，以起到提高地温、保持土壤湿度、促进种子发芽和幼苗快速增长及抑制杂草生长的作用。

2. 农资经营场所

成功经营农资需要选择良好的经营场所。在过去，由于受交通制约，农资经营地点一般集中在乡镇、县市中心。乡镇农户从四面八方汇集到中心去购买农资产品，同时，农资集中调配也相对便利。特别是计划经济年代，我国农资部门大多设置在乡镇一级，在农村基本很少设置农资部门。

随着交通发展，村村通公路网的建立，城镇租金提高，很多农资部门纷纷设置在农业生产一线。不仅乡镇汇集众多的农资经营部门，在人口密集的村镇也相继出现农资部门，交通便利的公路边也出现农资部门。同时，部分农资部门，将产品送到田间地头，方便农民使用。

而且，大型农资公司的经营业务遍布全国，在各省市都设点，开展农资经营活动。如今，互联网也应用到农资经营活动中，部分农资产品在网上销售，农民足不出户就可以买到自己需要的农资产品。

3. 农资经营模式

零售模式，指一些大的生产厂家或区域骨干企业为减少销售环节，降低运行费用，直接供货给零售商的方式。

直供模式，是以生产厂家直接供给用户的方式展开交易，为交易双方减少交易成本，有利于保障产品质量。

连锁经营模式，是以区域农资经销商为主，为实现规模化、集约化的农资经营模式。

服务引导模式，是指为农民和农业生产提供全面、配套的技术服务。在销售过程向农民推广新型种植技术以及施肥、病害防治的相关知识。改变农民传统种植思想，从而达到新产品的推广与销售。

电子商务模式，是农资电子化销售的一种方法。不同于农资产品在网上交易；同时，农资经营者资源整合，建立专业的农资交易平台，使农资市场的网上大批量销售成为可能。在做好网上销售服务时，除建立 QQ 群、利用短信平台和平时下乡、电话回访、来电来访外，还制定一些产品技术询问登记本放在门店，有问题需要帮忙解决的农资用户可以留言，把需要解决的问题以及建议和意见写在上面，定时收集并及时向用户反馈，最后给出解决的办法，这样既方便了用户，也为经销商自己树立了良好的形象。随着物流技术的快速发展，一些特殊种植作物需要的一些紧迫的生产资料，可以通过网上服务，便利而快捷地得到解决，满足特殊消费者的需求，从而使这些客户感到在信息化时代，经销商与他们紧紧地连在一起，使客户与经销商成为"铁杆朋友"，从而实现互惠双赢。

4. 农资经营管理制度

（1）农资经营者应当遵循公平、平等、公正、自愿、诚实信用的原则从事经营活动，承担商品质量、安全的第一责任。

（2）农资经营者应当建立健全进货索证索票制度，在进货时应当查验供货商的经营资格，验明产品合格证明和产品标识，并按照同种农资进货批次向供货商索要具备法定资质的质量检验机构出具的检验报告原件或者由供货商签字、盖章的检验报告复印件，以及产品销售发票或者其他销售凭证等相关票证。确保生产厂名厂址、商品名称、规格、数量、生产日期、商标、商品质量检验报告等情况与商品实物一致，杜绝不合格商品进入经营场所。

（3）农资经营者应当建立进货台账，如实记录产品名称、规格、数量、供应商及其联系方式、进货时间等内容。从事批发业务的，应当建立销售台账，如实记录产品名称、规格、数量、流向等内容。进货台账和销售台账内容必须真实，保存期限不得少于2年。

（4）农资经营者应当向消费者提供销售凭证，按照国家法律法规规定或者与消费者的约定，承担修理、更换、退货等三包责任和赔偿损失等农资的产品质量责任。

（5）农资经营者应当履行《产品质量法》、《种子法》、《消费者权益保护法》、《农药管理条例》、《农业机械安全监督管理条例》等法规规定的"包退、包换、保修"三包义务和赔偿责任。发现其提供的农资存在缺陷，可能对农业生产、人身健康、生命财产安全造成危害的，应当立即停止销售该农资，通知生产企业或者供货商，及时向监管部门报告和告知消费者，及时追回不合格的农资。已经使用的，要明确告知消费者真实情况和应当采取的补救措施。

（6）农资经营者应积极处理好消费者的投诉、申诉，确保消费者权益保护。

第二节　我国农资经营状况

1. 由计划经济走向市场经济

新中国成立后，农资产品主要由各级供销合作社的农资部门承担。农资经营实行统一的计划分配，逐级分管，由各地供销社统一经营。制造商数量较少，农资商品处于供不应求的状态，制造商的日子好过，销售科长最吃香。这期间，农民求供销社，供销社求农资公司，农资公司求制造商。由于产品数量少，只要有产品就能赚钱，因而，农资经营一切工作围绕产品转。

实行计划经济期间，20世纪50年代初供销社化肥的流通量不足20万吨；70年代增到600多万吨；80年代初达到1000多万吨；90年代初，全国供销社系统化肥销售猛增到2500多万吨。农药由20世纪50年代不足万吨（折百），到70年代20多万吨，80年代增加到60万吨。农膜由新中国成立时的空白到90年代的30多万吨。农资数量不断增加，但是农户的需求却成倍增长，特别是实行家庭联产承包责任制后，农民种田的积极性增高，对化肥、农药、农膜等农资需求不断增加，粮食产量逐年提高，进一步带动农资的需求。使得农资增加速度无法满足人民的需求。

改革开放后，要由温饱走向小康、由小康走向发达，实现农业现代化，必须增加农资投入。国营和私营企业开始大规模扩充设备，制造商开足马力生产农资，增加产量。截至2010年，化肥产量达到8000多万吨，约占世界产量的四分之一；农药产量达到400多万吨，位居世界第二位；农膜产量达到300多万吨，居世界第一位；农资供给关系发生变化，由供不应求到供过于求。1998年以来，中国的化肥批发、零售价格已经完全市场化，农资经销商的发展迎来春天。2006年农资流通领域对外资开放，2009年农资实现完全市场化，各种资本均可以进入农资流通领域。经销商的收入状况从1998年之后，经历了近10年的普遍上涨。从3年前开始，有少数经销商出现了收入下降，使得农资经营部门产生前所未有的压力。这批基层经销商在10年的发展中，由于客观或主观的因素，没有能扩大业务范围，或是调整经营品种，他们只是按照惯性在年复一年地做小生意，导致许多供销社、农资公司因经营不善倒闭或歇业。

为了在市场上生存发展，农资公司不得不进行变革。由最初农户上门购买农资到现在农资下乡；由原先老爷式销售模式到现如今以顾客为上帝的模式；由原先的纯利润到现在的返利。体现了农资经营部门的变化，也体现了我国计划经济到市场经济的变化。

农资公司靠送货、赊欠、返利、铺货等，把服务尽量做到极致，迎合客户的需求。然而，随着农资公司遍地开花，竞争压力加剧，尽管把服务做到了极致，但是还是感到经营困难，因而，农资市场必须经历一场深刻的变化，进一步优化重组，优胜劣汰，才能在严酷的竞争中生存。

2. 品种结构多样化发展

我国肥料主要以化肥为主，有机肥较少。最早，各制造商生产出各种氮肥、磷肥、钾肥产品。农资部门仅限销售这类产品。随着科学技术不断进步，我国开始生产更多品种的肥料，包括微生物肥料、农作物专用肥料、微肥、复合肥、控释肥、液肥、叶面肥、功能肥等。这些肥料进入市场，极大丰富了农作物的生长，为农民增产增收奠定基础。

无机农药和植物性农药在我国使用时间较长，如硫酸铜、碱式硫酸铜、碳酸铜、碳酸钡、巴黎绿、亚砷酸、砷酸铅、砷酸钙、硫黄粉、波尔多液、胶体硅酸铜、氟化钠、氟化钾、氟化亚铁钾、汞剂、硫酸烟碱、除虫菊、鱼藤、雷公藤、闹羊花、石硫合剂、松脂合剂、棉油乳剂、石油乳剂等。有机合成农药起始于

1946年生产的DDT；1952年生产的六六六；1957年生产的对硫磷。20世纪60年代生产的有机汞杀菌剂，由于毒性高，于70年代禁用。20世纪80年代禁用了DDT，使得自新中国成立后到80年代粉剂占主导剂型的农药失去优势，伴随有机磷酸酯和氨基甲酸酯类乳油的出现，并占主要地位。一直到2007年禁用五种剧高毒农药，如甲胺磷、对硫磷、甲基对硫磷、久效磷和磷胺，以乳油为主的农药剂型发生变化，农药剂型的多样性随之而来，悬浮剂、水基化剂型等环保剂型在市面占很大比重。同时，农药新品种也不断出现，如新烟碱杀虫剂、杂环类农药、各种除草剂及杀菌剂逐步推向市场，世界新农药品种在我国得到及时应用，我国农药品种也不断增加出口比重，使得我国农药结构品种呈现出多样化格局。

塑料地膜是最早出现的农膜，主要用于覆盖土地、保温保湿。随后出现了防止杂草生长的黑色农膜和除草农膜；驱避蚜虫、预防病毒功能的银黑两面农膜、可降解农膜等。如今，在农膜中添加各种功能成分，达到杀虫、除草、灭菌、保温保湿等功能的农膜不断问世，农膜将会得到更加广泛的使用。

3. 法规制度不断完善

政府对经销商的监管越来越严格。一是农资市场监管的常态化，农资打假力度不断加大，对于假化肥、假种子、高毒假农药的严控不断加强；二是国家标准、行业标准要求越来越高。要求经销商不断升级仓库、店面等经营设施，不断加强内部管理，加大培训，提升工作人员素质。

1988年前后，由于化肥供求矛盾突出，市场出现了多头插手经营、倒买倒卖、价格暴涨、掺杂使假的混乱状况。1989年，国务院颁布了《关于完善化肥、农药、农膜专营办法的通知》，决定对化肥、农药、农膜实行专营。专营三年后，基本达到治价、治乱、治涨的问题。八五期间国家又对农资流通政策和体制进行了一系列的调整和改革。1992年，将农资专营改为农资经营。1993年，又对化肥等农资商品的价格体制进行了改革，逐步调整和放开了一部分农资商品的价格。1994年，为了加强对农资流通的管理，国务院决定对化肥等农资流通体制进行改革，明确了各级农资公司是经营农资商品的主渠道，县及县以下农业植保站、土肥站、农技推广站和工业生产企业自销为辅助渠道，除此以外，任何单位和个人不得经营化肥等农资商品。并规定中央调拨的化肥实行两级批发一级零售，省级调拨的化肥实行一级批发一级零售。2009年，国家工商行政管理总局颁布《农业生产资料市场监督管理办法》，进一步规范了农资市场的监督管理职责。

1989年，国务院发布的《中华人民共和国种子管理条例》，2000年，施行《中华人民共和国种子法》，2004年全国人民代表大会常务委员会修改了《中华人民共和国种子法》，对我国种子销售做出了明确规定。1995年，国家工商行政管理局、农业部联合制定了《农药广告审查办法》；1997年，国务院颁布了《农药管理条例》；1999年，农业部发布《农药管理条例实施办法》；2001年，全国人大修订了《农药管理条例》；农业部分别于2002年、2004年、2007年对《农药管理条例实施办法》进行修订，进一步对我国农药进行规范，限制了剧高毒农药的流通、使用，保障了农产品质量的安全。

4. 服务体系日臻完善

技术服务到家。农资经销商通过下基层开展技术培训，向广大农民群众传授各种技术；发放各种资料、图片，农事操作等，来提高农业种植者的水平和能力。平时，在农事操作过程中，一旦遇到问题，告知经销商，经销商会及时电话解答，或派人到现场解答，为农作物的增产丰收起到极大促进作用。同时，经销商利用淡季走访用户，利用农民尤其是种植大户的农闲时间，走村串户，与用户一起总结使用农资产品的经验，虚心听取农民意见，了解用户的需求，获得用户支持。

连锁经营服务。农资部门的竞争日益激烈，价格战在争取客户方面发挥了很大的作用。降低运营成本，降低价格，是经销商面临的抉择。由此，经销商之间或经销商自身在广大农村建立连锁经营服务，统一价格，统一服务宗旨，产品之间及时调拨，让农民像在超市购物一样购买农资产品。农资连锁经营的优势是保证了农资产品的质量，减少了中间环节，降低了各方成本，对企业、农户有利。

与客户建立良好关系。农资经销商为了吸引顾客，增加与顾客之间的交流，他们把信息、产品介绍以及农事季节中的用肥、用药、日期等，随时与顾客保持联系。在平时给他们提供需要的技术资料，把经销商的名字、电话号码和与之而来的优质服务牢牢地印在消费者的脑子里，并通过他们吸引大批的潜在客户（比如返乡创业的成功者、其他行业的农业投资者等）。与此同时，有些精明的经销商，当他与客户建立起较好关系后，不忘向他们索要电子邮箱地址，定期发邮件向他们介绍农资动态、价格变化、病虫动态提示等资料，并把这些信息分门别类记录在客户清单里，把农资营销融入具有时代气息的网络系统中。

返利于民。农资经销商通过降价、会员折返、赠送小礼物等奖励措施来提供销售，赢取顾客。例如，在销售淡季，经销商通过降价手段，让农户提前备货。

5. 存在的问题

从整体来看，农业生产资料的经营是"大系统、小企业"。企业规模普遍不大，不能形成规模效益，且企业的管理水平有待提高，管理方式和管理手段需要改变。

农资产能过剩。由于我国开放市场后，生产商竭尽所能生产农资产品；有些年份，农资产品利润高，许多企业也转行生产农资，导致我国现存大量农资，国内需求远低于生产，导致供过于求的局面。在这种情况下，当行情好时，企业会不约而同地提高装置运转率，增加市场供应，打压价格下行；当需求萎缩时，企业只好被动地降低开工率,最大限度地减少损失。出现这种局面,极大限制了经销商的推广,降低了他们的利润,也影响整个行业的发展。

市场秩序不规范。在向社会主义市场经济体制转轨的过程中,农业生产资料市场难免会出现种种不规范的现象。如在经营中不讲信誉、不守合同,任意拖欠货款形成"三角债";以地方保护主义的手段搞市场封锁或以邻为壑;为牟取暴利或者是囤积居奇、哄抬价格,或者是低价倾销进行恶性竞争;某些经营者甚至不惜以假冒伪劣商品坑农害农。我国经济运行中"一管就死、一放就乱"的特殊现象,在农业生产资料经营中特别值得注意。

恶性竞争。经销商以价格为主要竞争手段拉拢顾客。互相压价,有的经销商宁可赔钱销售,赊销的情形自然不可避免,这些情况使得从批发商到零售商的利润都越摊越薄。商商之间的竞争使得产品价格一降再降,经销商无利可谈,反过来又向生产厂索要利润,迫使生产厂又降价,从而进入一种恶性循环状态。

随着化工企业三废处理成本增加,化工原料涨价,导致农资商品价格大幅上涨,而农产品价格涨幅滞后,在一定程度上影响了农民的需求和购买力。老的农资产品价格低廉,依然是农民的首选;新产品价格较高,农民购买有限,使得对环境有益、生态安全的农资产品推广受到一定程度的限制。

第三节 农资经营的未来

1. 建立健全现代化的企业制度

从现有企业的特点和实际情况出发,对整个农业生产资料流通体系进行改革,首先,需要理清企业产权关系,使企业真正成为自主经营的独立法人。在企业改制的基础上,经营则可以采取特许加盟连锁经营的形式,以实现经营规模的扩大。具有自主经营独立法人地位的基层经营机构,可以自由地选择加盟某一个连锁系统。这样,连锁经营系统之间不仅存在着争取客户的竞争,而且还存在着争取加盟者的竞争,使市场竞争机制进一步强化。

同时,主动出击,与生产企业采用联合的方式,通过合资、入股等形式相互补充,做到资源共享、风险共担,形成你中有我,我中有你,不可分割的厂商一体,合作共赢的战略联盟。为了进行产业链整合,农资经营企业要理清农资商品种类,实现公司之间、公司和经销商之间的关系和制度安排,进而实现产业链内部不同经济活动和不同环节间的协调。

因此,按照现代企业制度的要求,加速农资流通企业内部的改革,完善用工制度、分配制度。积极促进企业向现代化、大型化、集团化发展,建立完整、高效、灵敏的市场信息体系,在试点的基础上,逐步发展一批以农资流通贸易为主,集贸易、工业、科技、信息为一体的国际化、实业化、多元化的综合贸易集团。

2. 加强企业内部管理，不断提高企业经营管理水平

农资经销商要强化科学管理，转变粗放的管理模式，严格执行标准化体系管理，建立清晰的部门组织结构，明确责、权、利，从提高管理效率来获得更多的市场收益。

在强化企业内部管理中，要同时兼顾企业的基础管理和战略管理这两个方面。要按照现代企业制度的要求，加强企业管理的制度化、科学化，建立、健全有效的监督机制和激励机制；要建立科学合理的决策机制，重视信息工作和市场研究，提高经营决策水平，不断开拓新的业务和市场。

3. 坚持市场导向，增强服务意识

与一般的消费品不同，农业生产资料的消费是生产性消费，具有很强的技术性。农民在购买和使用农业生产资料时，还迫切需要经营者提供资金帮助、技术指导等售前、售后服务。我国农业生产资料经营企业与广大农民有着天然的联系，在市场竞争加剧的情况下，企业更应当发挥全心全意为农民的利益服务的优良传统，以市场为导向，以服务促营销。

4. 建立风险经营机制，提高企业抗风险能力

在成熟的市场经济体制中，对于农业生产资料这类大宗商品，企业抗御经营风险的有效手段是利用期货市场。通过期货交易掉期保值，农业生产资料经营企业的经营风险可以转化为期货投机风险，将风险分散给为数众多的投机者承担。因此，建立和完善农业生产资料的期货交易市场，提高农业生产资料经营企业的抗风险能力。同时，企业可以通过市场预测、产销衔接与合同管理等环节，尽量减少和避免经营中的风险。

农资经营管理

农资作为一种特殊的消费品,以服务于农业生产为根本,区别于一般的工业产品,随着我国农村经济的发展,而呈现出时代烙印。我国农资市场是在20世纪90年代取消农药、肥料等行业专营以后逐步发展壮大的。农资市场的发展伴随着我国改革开放三十年的发展,见证了我国农村经济的兴衰。20世纪末是我国农资市场的初步形成期,是一个买方市场,产品供不应求;到2008年以前,是中国农资快速发展期,随着我国成为全球农药、肥料生产制造基地,我国农药、肥料市场均达到历史峰值;2009年以后,农资市场进入调整期,随着我国农药和肥料"十二五"产业规划的出台,特别是农产品质量安全、农业生态环境污染、农资加工制造污染等生态、社会问题的频繁出现,导致农资生产、供应、流通逐步进入深入调整期,农资市场也从"粗放式"经营,逐步进入"精细化"经营。以中国共产党十八届三中全会的召开为标志,"城镇化"、"新型农业经营主体"、"新型农村服务经济"、"农业信息化"等已成为推动我国农村经济变革的最活跃因素。随着家庭农场、农业合作社、农业企业等新的农业经营主体的出现和农业"产业工人"的逐步发展,农资经销渠道、服务对象、推广方式等市场营销工作已出现新的变化。而信息技术与互联网在农资和农产品流通领域的出现,则进一步推动农资经营方式、方法的变革。

第一节 农资市场现状

近年来,随着国家政策对农业大力扶持,农业生产步入了快速发展轨道,农作物播种面积逐年上升,据国家统计局数据,2013年,我国农作物播种总面积达到1.63亿公顷左右,增长幅度逐年增加,目前国内农资市场规模4000亿~

5000亿人民币。农资需求逐年增长,但市场竞争激烈,产业结构调整加快。随着现代农业的快速发展,城镇化水平的加快推进,家庭农场等新的农业经营主体以及农业信息化水平的持续发展,新的农资经营模式持续推动着农资营销的变革。

一、农资市场发展趋势

1. 产能过剩,农资市场竞争激烈

目前,国内农资市场常规产品普遍产能过剩,供大于求,市场竞争激烈,但一些环保型的高技术含量产品和特殊用途的产品则不能满足市场需求。以农药为例,据农业部农药鉴定所统计,截至2013年12月份,我国现有农药生产企业2286家,能够生产600多种农药原药。从总体上看,农药生产供应较为充足,但市场总量过大,部分产品供求矛盾仍然比较突出,市场供求区域性不平衡矛盾依然存在。同时需求结构发生改变,传统制剂过剩,而一些高效低毒品种与新制剂供不应求。广大农民对绿色环保、高效低毒的新品种农药,特别是生物农药的需求比重上升。

据介绍,2013年,我国合成氨总产能达7408万吨,尿素总产能达7948万吨,磷肥总产能达2360万吨,均产能过剩。国内化肥需求量在持续增长数十年后,很难再有显著增长。现在化肥价格已不是振荡运行,而是单边下跌的走势。因此,化肥生产企业需要进一步加大创新力度,加快传统产业优化升级,实现企业乃至行业的可持续发展。

2. 农资行业进入快速整合期

我国农资行业集中度很低。在农药行业,"十二五"国家农药产业政策明确提出,到2015年,农药企业数量减少30%,国内排名前20位的农药企业集团的销售额达到全国总销售额的50%以上,2020年达到70%以上。我国农药行业在原药上的整合已经开始,而制剂企业的发展不断分化。例如,在农药制剂行业,诺普信等处于第一集团的企业发展较快,遥遥领先于其他企业;而处于第二集团的青岛海利尔、青岛瀚生等企业开始向原药倾斜,开始抢占行业盈利制高点;而规模较小的企业则发展缓慢,处于被行业兼并和淘汰的危机中。

在行业市场供大于求不断加剧的推动下,化肥行业的整合重组正在加快。整合重组的进程对于化肥企业而言,也是企业外部环境的重大变化过程。企业必须加快自身的变革去适应新的环境,否则可能在行业洗牌竞争中被淘汰。

3. 促使企业创新

随着我国城镇化进程的深入和农村集约化经营的发展,作物种植结构发生演变,农资市场需求和经营模式变化较大。例如,北方的设施农业、南方的特色农

业、农村合作社和区域性统防统治等新的区域农业形式和种植方式的出现，对农资新产品开发、应用技术推广、市场管理等提出了新的要求，农资企业要及时调整经营策略、管理方式和研发方向，以适应市场需求。例如，美国杜邦、德国拜尔等国外农药生产企业十分重视市场的变化，在主要市场均有派驻机构，聘用熟悉本地情况、具有化工和植保经验的专业人员进行推销，而国内企业目前在农药生产、销售和使用上相互脱节的现象还很严重，同一个品种的推广速度往往落后于外国公司。

化解化肥行业产能过剩，化肥生产企业需要进一步加大创新力度，加快产业优化升级，实现企业乃至行业的可持续发展。如研发新型化肥，是化肥产业结构调整升级的方向。新型肥料包括复合型微生物接种剂、复合微生物肥料植物促生菌剂；秸秆、垃圾腐熟剂；特殊功能微生物制剂等。新型肥料市场前景好，受到农民的欢迎，而且得到了国家政策的大力扶持。发展新型肥料，正成为一些化肥企业的选择。在全行业挣扎在亏损边缘时，国内生产新型肥料的龙头企业山东金正大公司，利润同比大幅增长。新型肥料的发展潜力，由此可见一斑。

二、农资经营模式

在一个供大于求的经济时代，企业成功的关键就在于是否能够在需求尚未形成之时就牢牢地锁定并捕捉到它。那些成功的公司往往都会倾尽全力及资源搜寻产业的当前需求、潜在需求以及新的需求，以保持持续发展和增长。从 20 世纪 90 年代开始，伴随着我国农资流通体制由计划经济向市场经济的快速过渡，农资生产企业不再受到旧的农资流通体制的束缚，进入了自由流通的市场领域。以农资生产企业、农资经销商、零售商成为农资流通领域的经营主体。随着农资市场的深入发展，以区域农资代理、农资连锁、厂家直供等经营方式趋向成熟。除传统的农资区域代理模式外，农资连锁经营、厂家直供、农资电商、技术服务组织等成为农资市场新的经营模式。

1. 零售经营模式

零售模式是指一些大的生产厂家或区域骨干企业为减少销售环节，降低运行费用，直接供货给零售商的方式。这种模式在高经济价值作物集中种植区体现得比较明显，例如，在我国的珠江三角洲的水果和蔬菜产区、胶东半岛的水果和蔬菜产区、寿光蔬菜产区及海南岛的水果和蔬菜集中栽培区，国内具有代表性的诺普信、海利尔、海南正业等农资生产企业均实现了局部区域农资零售，有效提高了产品市场占有率，减少营销费用。

2. 直销经营模式

直销是指在固定零售店铺以外的地方，如个人住所、工作地点及其他场所，独立的营销人员以面对面的方式，通过讲解和示范将产品和服务直接介绍给顾客，进行消费品的营销。直销模式是以生产厂家直接供给用户的方式展开交易，为交易双方减少交易成本，有利于保障产品质量。直销模式发展的前提是交易双方在交易信息、规模方面的对等，是伴随着农业"集约化"发展而产生。特别是伴随着我国农业合作社和农业种植企业的发展，其对农资、技术的需求无论在数量上还是质量上均提出了更高的要求，有了直接与生产厂家进行交易的筹码，而生产企业与这些农业组织交易后，在当地的市场占有率和市场影响将快速提升。据农业部统计，截至2013年12月，中国农业合作社已发展到了98万家，农户达7400万户，占中国总农户约1/4，而且发展和推进的速度非常快。经营50亩❶以上的种粮大户为287万家，平均规模200亩的家庭农场达到87万家，还有30万家各种各样的产业化的经营组织，其中包括12万家产业化龙头企业。目前，中化农化等具有一定规模的企业或成立大客户服务机构，或成立专门的技术服务部门，采取农资直销或技术服务的方式以加强与农业合作社和农业种植企业的合作。驻点直销是安徽六国化工股份有限公司首创的，这一模式能使厂家在无货款回收风险的情况下最大限度地提高市场占有率，商家也能获得稳定的收益。

3. 连锁经营模式

连锁经营，是指在流通领域中，若干企业商店以统一的店名、统一的标志、统一的经营方式、统一的管理手段连接起来，共同进货、分散销售、共享规模效益的一种现代组织形式和经营方式。

连锁经营需要各连锁店达到步调一致、员工思想一致、价格一致等，需要对连锁店成员进行培训。主要培训专业知识，提高员工工作效率，创造更高绩效，最大限度上减少人员成本。同时，连锁经营需要有统一的标准体系，如店面标准：农资商要求旗下的所有运营中心及分理处都做到店面标准化，服务一体化。

在农资行业未来竞争中，连锁经营无疑将成为最具吸引力和生命力的经营方式，连锁模式也将成为中国农资行业最富活力和发展潜力的模式。农资连锁是农资代理模式的升级，其以区域农资经销商为主，为实现规模化、集约化的农资经营模式顺势而生。农资经营者通过连锁经营的模式，依靠其特有的优势给农资经营主体带来了可观的效益，为建立规范的农资市场秩序开创了新的局面。我国农资连锁自2000年首次出现，发展迅速，近年来，中央和地方政府对农业补贴投入逐渐加大，农资连锁的优势逐渐凸现出来，农资连锁凭借自身的统一配送、统一管理优势，可净化市场，从源头解决农产品的安全问题，对我国农村消费市场和农业良性发展至关重要。

随着农业相关产业"十二五"规划的实施，未来几年，我国农业将在宏观经

---

❶ 1亩 = 666.7 m²。

济和政策环境利好的客观条件下，充分利用自身的发展特点及优势，将呈现出平稳较快的发展态势，这也给农资市场提供了巨大的发展空间，农资连锁潜力巨大。未来几年，以广西红日农业连锁有限公司和南京红太阳农资连锁有限公司为代表的区域农资连锁企业，将获得快速发展，并在农村建设与发展中发挥更大的作用。连锁经营模式具有如下较好的优势。

（1）快速适应当前日益激烈的市场竞争的需要。快速抢占市场份额，抵御外国零售商的竞争冲击。

（2）降低采购成本的需要。零售商要掌握对供应商的议价权，获得整个流通链的主导地位，降低采购成本，实现低价策略，就必须扩大企业规模。实现规模效应才能实现大批量采购，进而增强对上游供应商的议价能力，尽量降低采购价格。

（3）便于运营管理的需要。连锁化经营采用的是统一的经营方式和统一的管理手段。这就保证了连锁企业的运营管理的规范化、有效化。

4. 技术服务模式

技术服务模式是以上述"渠道模式"为基础，以技术服务为主要措施，以实现农资产品的输出与交易的经营方式。最具代表性的是近年来快速发展的植保专业化统防统治组织和以测土配方施肥为主体的"配肥站"。均是以解决农民个体难以解决的技术问题或农业"用工荒"问题而产生的，属于农业服务产业。技术服务组织通过提供整体技术解决方案的服务方式，实现产品销售的嫁接，从而实现产品的全覆盖。以湖南为例，截至2011年6月，全省专业化服务组织数量已由2008年以前的3家发展到1002家。技术服务模式随着我国农业集约化和农村城镇化进程的加快，专业化的农业技术服务组织将会获得快速发展，将直接影响现有农资市场营销格局。

5. 电商经营模式

相对于传统零售模式而言，电子商务模式具有的优势有：无场地限制、全天候营业的全新时空优势；无须库存，使传统零售中的产品滞销状况得以改善；相对低的经营成本；密切用户关系以期更深入了解用户；满足消费者追求新鲜、时尚、超前消费心理。

随着淘宝、京东商城为代表的电子商务的快速发展，已逐步出现"农一电子商务（北京）有限公司"等以电子商务为主体的农资营销企业。很多厂家都想挤进电子商务领域，主要就是看到通过电子服务平台既能保证产品的质量又能最大化地为消费者减少购买成本，还能为生产者省去一部分销售成本。这样既能降低产品的流通成本，又能为消费者降低购买成本，实现多赢，因此电子商务前景广阔。

电子商务交易受到供货方资金与仓储的影响，将会导致电子商务正常交易产生不必要的麻烦。农资产品，特别是农药产品因其属于许可经营品，在产品的仓储、运输等方面需要专门的场地，更增加了运营成本。更重要的是，农资电商平台的定位则是面向农业从业人群，这就难以避免一些电脑的普及不足或不会操作，就会导致农资电子商务的进程缓慢。再加上，农资产品的使用效果受操作方式、外在环境等影响较大，产品的真伪、效果不易鉴定，势必会导致用户信任度的降低。所以，如何解决因客户信任度不足而导致消费低迷的问题，将决定农资电子商务的快慢。总之，利用信息化技术解决困扰农业产业升级中农资辨别、使用、销售、流通的难题，利用电子网络服务平台服务于规模种植农户、农资经销商、农资生产企业之间信息、资金、农资的交易，构建具有 B2C、O2O、移动互联网、网上支付和移动支付、融入体验分享和社交元素等特征的农资电商平台，必将成为今后农资销售的主要模式之一。

第二节　农资营销战略

在现代企业生产过程中，产品营销是企业产品运作过程的核心环节，而制定一个好的营销战略是做好企业营销工作的基础，企业的产品从研发过程开始，首先要考虑市场的需要，找好企业在市场生产活动中的位置才能打开企业发展的道路，这不仅要求企业关注现有需求还要开发消费者的潜在消费能力，更好地占领市场份额。这些工作将直接影响到企业的盈利和持续发展能力，因此创新企业的营销战略是实现企业稳步发展、实现利益最大化的重要前提。只有关注市场变化，及时改进企业营销策略，才能实现企业市场营销战略的与时俱进。传统的观念认为，市场营销战略是服从于并受企业战略指导和约束的一个子战略，但是越来越多的成功企业案例表明，市场营销战略的好坏直接关系到企业的生死存亡，更加影响着企业整体战略的制定，二者之间的关系也发生了彻底改变，市场营销战略的核心地位逐渐突显出来。

在农资市场竞争已趋于白炽化的今天，农资产业竞争的加剧和新一轮的产能过剩已将企业再次推向了微利时代，越来越多农资企业开始感受到传统营销模式的尴尬，企业盈利能力越来越微弱。一方面，传统的广告促销、人员推广、返利销售等营销组合已无法有效激发消费者的消费诉求；另一方面，企业相互间的竞争在传统营销的各个层面上进行肉搏战，价格战、成本战、促销战等恶性竞争已经将企业推向尴尬境地。在日益复杂的现代营销环境下，虽然农资行业新产品、新品牌迅速地推出，但相当比例的这些策划出的新产品、新品牌往往昙花一现，不适应市场需求。深陷于营销困境和产能过剩的农资企业又将如何寻求企业生存与持续发展呢？是持续进行市场无限细分、运用 4P 营销组合策略开发新产品与新市场，还是另辟蹊径开拓具有新功能新价值的产品适应新市场形势的需求？所以，如何做好农资营销规划，明确发展目标和实现通道，制定清晰的营销战略，将决定公司发展的关键。

一、营销战略的概念

战略是确定企业长远发展目标，并指出实现长远目标的策略和途径。战略是一种思想，一种思维方法，也是一种分析工具及一种较长远和整体的计划规划。战略确定的目标，必须与企业的宗旨和使命相吻合。市场营销是指企业为满足消费者或用户的需求而提供商品或劳务的整体营销活动。而市场营销战略（marketing strategy）是指企业在现代市场营销观念下，为实现其经营目标，对一定时期内市场营销发展的总体设想和规划。在农资企业市场营销战略中要明确企业使命、企业价值观、企业竞争力、企业发展目标和职能战略等基本要素，即要确定经营的总目标和方向、价值观和行为准则、竞争能力与资源配置。

1. 企业战略概念

企业战略是企业在面对剧烈变化、严峻挑战的环境下，为求得长期生存和不断发展而进行的总体性的谋划。企业战略对企业利润实现有着最重大影响，抓企业经营就必须抓好企业战略。企业战略服从和服务于企业经营目的，企业战略在本质上是保障企业获得最大利润的途径和手段。企业战略作为一种理论来研究，虽然起步较晚但成果丰硕，新观点新方法不断涌现。无论是从1962年钱德勒提出"结构追随战略"到著名的SWOT模型，还是1980年迈克尔·波特提出的产业竞争五力模型和一般竞争战略等，他们都认为竞争是企业成败的关键，企业战略的核心就是要获取竞争优势，并在产业结构中合理定位。1990年，普哈德提出了企业核心竞争力的观点，将战略研究重点由外部环境分析转移到企业内部环境分析上。1996年，詹姆斯莫尔提出企业生态系统的论点，并使战略联盟成为研究热点。面对纷繁复杂的战略管理观点和方法，企业应该如何选择？这是一个非常值得深思的问题。在企业战略层次的划分上，1998年，托马森提出，对集团企业有公司战略、经营战略、职能战略、运作战略四层，对子公司有经营战略、职能战略、运作战略三层。从内容上可分为：发展战略、竞争战略、营销战略、财务战略、人力资源战略、组织战略、研发（R&D）战略、生产战略、品牌战略等。

2. 市场营销战略

市场营销战略，即指企业为适应环境和市场的变化，站在战略的高度，以长远的观点，从全局出发来研究市场营销问题，策划新的整体市场营销活动。它具备以下几个特点：①以创造客户为目的；②立足于市场调研；③是战胜竞争对手的策略组合；④注重监控，持续改进；⑤以结果为导向原则。一个市场营销的总体战略包括指定产品的产品策略、价格策略、分销策略等。但是市场营销战略不是将这些不同领域中各个独立制定的决策累加在一起；正相反，总体战略必须先于并指导具体的产品、价格、分销（渠道）等策略的制定，这其实需要的是一个逆向的制定过程。

制定一个市场营销战略所遵循的一般方法包括四个主要步骤：第一步是分析诊断市场、竞争和企业本身；第二步是准确地为战略指定目标；第三步是确定基础战略选择，即目标、定位、总量资源和优先权的选择；最后一步是根据基础选择制定和评估一个具体的混合市场营销战略，就是说，产品、价格、分销和传播策略的一个结合体。当然，一个市场营销战略一旦被确定采纳，将必须通过一些短期的可操作的行动计划延续。一个市场营销战略贯穿在企业的各级层次上。在最高层次上，市场营销战略关系到的是整个企业，即选择活动组合和品牌策略的双重方面。主要是从若干年的远景角度出发确定企业所希望的活动组合。在这个层次上，市场营销战略连同财务策略、产业策略以及人力资源策略对所谓的企业"综合策略"做出了根本的贡献。

3. 企业战略与市场营销战略的关系

传统的观念认为，市场营销策略只是企业战略的一部分，大多数的营销战略都是根据企业的总体战略来制定的，也就是说，先有了企业的整体战略才有市场营销战略。很多企业往往都是先由企业的最高领导层为企业描绘出企业的宏伟蓝图，然后再让各职能部门的管理者或事业部的管理者在此基础上制定各事业部或职能部门的战略计划。由于各层级的战略制定是自上而下的，这就导致他们只能通过提案的形式向公司最高领导层提供有关产品、产品线和责任领域的信息以及战略信息；并且自己制定市场营销目标和市场营销战略时也要受战略计划所引导。但是我们看到，成功的企业在战略上各有各的绝活，而失败的企业却是相似的，它们都从根本上失去了自己的顾客基础或市场基础。

(1) 市场需求是企业战略规划的基础条件。 随着市场营销战略在企业实现目标的过程中起到越来越大的作用，市场营销战略已经逐步挣脱了企业总体战略对其的制约和主导，越来越偏向以目标市场和顾客为导向，同时遵循总体成本领先战略、差异化战略、专一化战略三大成功通用战略的原则，成为企业战略取胜的不二法宝。从战略制定方向上已经从以前的自上而下变成了自下而上，形成了新型的逆向关系。但是，往往很多企业都太执着于实现企业的愿景和战略而忽略了市场和顾客的客观性，总是要在经历了坎坷后才恍然大悟，可是商机稍纵即逝。比如，2009年以来，随着农业种植、农业合作社和家庭农场的快速发展，这些农资消费群体已从千家万户的农民过渡到团体，其农资需求量和与农资企业的议价能力非常强，对市场敏感的农资企业或成立独立部门或进行渠道重建，以适应这些消费群体的需求，而一些无视市场变化的农资企业由于没有及时调整经营战略，则失去了大片市场。

营销导向理论表明,现代市场营销具备一种统括职能,起到一种导向作用。企业要根据市场营销的需要来确定其职能部门和分配经营资源,并要求其他职能部门服从市场营销,服务于市场营销,从而在其基础上决定企业总体发展方向和制定企业战略。

(2) 市场营销战略成为企业战略的核心战略。企业战略有不同的层次和不同的职能,过去市场营销战略只是企业总体战略的一个分支,一项内容而已,是企业战略的组成部分,诚然,我们不能用市场营销战略替代企业战略,但是在随着市场营销战略的不断完善和取得成效,为企业的总体战略成功奠定了不可替代的基础。世界 500 强企业里面,在企业战略上取胜的 IBM、海尔、宝洁、沃尔玛等无一不是在市场营销战略上取得巨大成功的。当然这也就要求了企业的其他职能战略也必须以市场营销战略为导向,与之配备,这样才能形成以市场营销战略为核心的企业总体战略。

在企业战略被越来越重视的今天,企业战略的意义不言而喻,从市场营销战略对企业战略的影响上看,农资企业制定一个市场营销战略是一项至关重要的工作,研究市场营销战略与企业战略之间的关系,看似只论证了一个关系,但更多的是找到了制定企业战略的一个关键性突破口,为制定更加有效的企业战略,达到企业生产经营获取最大利润并能持续良性发展有着不可忽略的意义。

二、市场营销战略的类别

当今社会处在知识爆炸的新经济时代,市场营销的基本战略可归结为以下几类。

1. 创新战略

创新是知识经济时代的灵魂。知识经济时代为企业创新提供了极好的外部环境。创新作为企业营销的基本战略,主要包括以下几个方面。

(1) 观念创新。为了适应新的经济时代,使创新战略卓有成效,必须树立新观念,即以观念创新为先导,带动其他各项创新齐头并进。首先要正确认识和理解知识的价值。知识不仅是企业不可缺少的资源,也是企业发展的真正动力源。同时,在市场经济条件下,知识本身又是商品,也具有价值。其次,要有强烈的创新意识,自觉地提高创新能力。不创新,只能是山穷水尽,走绝路;创新是提高企业市场营销竞争力的最根本最有效的手段。营销创新不是企业个别人的个别行为,而是涉及企业全体员工的有组织的整体活动。

例如,诱虫灯在植保领域是一种常用的害虫预测预报工具,主要用于教学、科研和推广工作,市场需求量较小。从 21 世纪初开始,随着农药大面积不科学应用导致的生态环境问题和农产品质量安全问题的出现,绿色防控技术成为科研领域和农技推广领域广泛关注的热点。诱虫灯因对大部分鳞翅目害虫的成虫具有较好的诱杀效果，而列入绿色防控技术主推产品。河南×××企业和深圳×××企业及时调整思路，根据全国绿色防控技术推广要求，先后开发出太阳能诱虫灯创新产品，用于各类开放式农田，并配置专业技术团队配合全国各地绿色防控项目实施，在广西、新疆等地实现诱虫灯的广泛销售，而深圳×××企业还把相关产品推广到欧洲、南美洲的种植农场，获得了较好的经济效益。

(2) 组织创新。组织创新包括企业的组织形式、管理体制、机构设置、规章制度等广泛内容，它是营销创新战略的保证。这方面要做的工作还十分艰巨，在组织形式上，许多企业还没有完成现代公司制的改造，旧的组织形式在某种程度上成为企业创新的缰绊。机构设置的不合理、分工过细，都不利于创新。

例如，深圳某农药企业在上市前，在全国建立了多个同类企业，各企业进行单独经营，以实现企业快速复制，实现集团企业的快速规模化扩张。而在企业上市后，则进行集团内部整合，进行网络终端下沉，以提高经营质量。这些措施均是为适应企业在不同阶段的发展需求而实施的组织创新工作。

(3) 技术创新。随着科技进步的加快，新技术不断涌现，技术的寿命期趋于缩短，所以，技术创新是企业营销创新的核心。一般，大中型企业都要有自己的研究开发机构。要不断开发新技术，满足顾客的新需求，即便是传统产品，也要增加其技术含量。作物种植结构、病虫害危害、耕作方式是持续变化的，对农资新产品新技术的需求是一个动态的过程，所以，农资产品开发和技术创新是一个持续性的工作。

(4) 产品创新。技术创新最后要落实到产品创新上，所以产品创新是关键。由于技术创新频率加快，所以新产品的市场寿命期也越来越短。

(5) 市场创新。市场是复杂多变的。消费者未满足的需求是客观存在的。营销者要善于捕捉市场机会，发现消费者新的需求，寻求最佳的目标市场。我国有许多企业不注重市场细分，看不到消费者需求的差异性，把全国各地都看成是自己的市场，因而在市场创新中缺乏针对性，导致营销效果和竞争力的降低。在市场创新中，要在科学地细分市场的基础上，从对消费者不同需求的差异中找出创新点，这是至关重要的。

总之，在知识经济时代，创新战略是企业生存发展的生命线。观念创新是先导，组织创新是保证，技术创新是核心，产品创新是关键，市场创新是归宿。

2. 人才战略

创新是知识经济时代的灵魂和核心。但创新要高素质的人才才能创新。知识经济时代的竞争，其实质是人与人、人的群体与个人高科技知识、智力、智能的竞争；是人的创新能力、应变能力、管理能力与技巧的综合素质的竞争。人才战略主要包括以下几个方面。

(1) 人本智源观念。营销者要牢固树立人才本位思想。知识经济时代,知识和能力是主要资源。知识和能力的生命载体是人。在这方面,北京颖泰嘉和科技股份有限公司比较有代表性。在 2003 年创立时,该企业就整合了中国农业大学的部分科研人员、国内优秀的农药国际贸易人员以及其他创新人才,以仿制农药加工和出口贸易为主营业务,实现了快速发展。他们把学者的学术抱负和利润追求结合起来,形成了才和财的良性循环,这是一种真正的知识产业,高技术产业。

(2) 终身学习观念。由于知识更新节奏的加快,一个大专毕业生工作 5 年后,将有 50%～60% 的知识被更新掉。对于个人来说,要树立终身学习观念。对企业来说,要树立全员培训观念。

3. 文化战略

企业文化包括企业经营观念、企业精神、价值观念、行为准则、道德规范、企业形象以及全体员工对企业的责任感、荣誉感等。它不仅是提高企业凝聚力的重要手段,同时,它又以企业精神为核心,把企业成员的思想和行为引导到企业确定的发展目标上来,它又通过对企业所形成的价值观念、行为准则、道德规范等以文字或社会心理方式对企业成员的思想、行为施加影响、控制。价值观是企业文化的基石。许多企业的成功,是由于全体员工能够接受并执行组织的价值观。

知识经济时代企业文化战略的特殊重要性,主要在于知识经济时代所依赖的知识和智慧,它不同于传统经济所依赖的土地、劳动力与资本等资源,而是深埋在人们头脑中的资源。知识和智慧的分享是无法捉摸的活动,上级无法监督,也无法强制,只有员工自愿并采取合作态度,他们才会贡献智慧和知识。

4. 品牌战略

在信息爆炸的知识经济时代,农资产品广告、销售信息等很难引起消费者注意和识别,更谈不上留下什么深刻印象。在此情形下,企业间竞争必然集中到品牌竞争上。品牌竞争,企业已经在应用,但很多农资企业并没有足够的重视。在农资行业,用户以效果为先导,所以,开展广泛的技术服务和示范推广工作,再加上各种广告宣传和促销手段,不断提高企业声誉,创立名牌产品,使消费者根据企业的名声和印象选购产品。

5. 产品战略

产品战略基于企业战略,将公司愿景、使命和战略目标分解到产品群、产品线和产品,最后到各区域。产品战略通过产品的客户划分确定平台战略、产品线战略,并在产品的指导下确定资源配置计划。

三、市场营销战略的制定方法

在变化莫测的农资市场中，如何在市场竞争中占据一席之地，也成为众多的农资企业在市场营销战略制定中不可忽略的问题，市场营销战略的制定要采取以下步骤。首先是市场分析，分析市场上的消费者的特征。其次是市场细分，根据你的产品能够满足消费者的需求来细分市场。再次是选择你的细分市场，选择你觉得有吸引力的市场。目前，农资企业已经很难同时满足所有消费者的需求，所以，选择最容易进入的、相对来说利润最大的一个或几个市场是农资企业选择的关键与智慧。最后是市场定位，市场定位是非常重要的一步，它反映了企业希望在消费者心中达到一个什么样的位置。一个失败的市场定位可能对品牌造成极为严重的影响。重塑由于市场定位错误而受损的品牌比建立一个新品牌的成本还要高。具体来讲，营销战略要确定以下内容。

1. 整体战略方向

经营理念、方针、企业战略、市场营销目标等是企业制定市场营销战略的前提条件，是必须适应或服从的。一般是既定的，像市场营销目标也许尚未定好，但在市场营销战略的制定过程中首先要确定的就是市场营销目标。确定目标时必须考虑与整体战略的联系，使目标与企业的目的以及企业理念中所明确的、对市场和顾客的姿态相适应。

2. 市场营销目标

市场营销目标应包括：量的目标，如销售量、利润额、市场占有率等；质的目标，如提高企业形象、知名度、获得顾客等；其他目标，如市场开拓，新产品的开发、销售，现有产品的促销等。

3. 战略的内外环境因素

主要是对宏观环境、市场、行业和本企业状况等进行分析，以准确、动态地把握市场机会。

(1) 宏观环境。 即围绕农资企业和市场的环境，包括政治、法律、社会、文化、经济、技术等。了解分析这些环境对制定市场营销战略至关重要。原因如下：一是市场营销的成果很大程度上要受到其环境的左右；二是这些属不可控因素，难以掌握，企业必须有组织地进行调研、收集信息，并科学地对其进行分析；三是这些环境正加速变化。

环境的变化对企业既是威胁也是机遇，关键的是我们能否抓住这种机遇或者使威胁变为机遇。例如，根据农业部等四部委关于全面禁止甲胺磷、甲基对硫磷、对硫磷、久效磷、磷胺等五种高毒农药在农业上使用的公告，自 2007 年 1

月1日起全国禁止这些农药的使用。农药企业在产品开发、市场营销等各个环节就要提前进行规划，否则，将会造成巨大损失。

(2) 从市场特性和市场状况两个方面来对其进行分析。首先看市场特性，它包括以下几个方面：一是互选性，即企业可选择进入的市场，市场（顾客）也可选择企业（产品）；二是流动性变化，即市场会随经济、社会、文化等的发展而发生变化，包括量和质的变化；三是竞争性，即市场是企业竞争的场所，众多的企业在市场上展开着激烈的竞争；四是导向性，即市场是企业营销活动的出发点，也是归着点，担负着起点和终点的双重作用；五是非固定性，即市场可通过企业的作用去扩大、改变甚至创造。

其次，市场状况也可以考虑以下几个问题。

① 市场由市场规模、人口、购买欲望三大要素构成。

② 市场是同质还是异质。至今我国人们的需求呈现出两种倾向：一是丰富化和多样化；二是两极分化越来越明显、突出。

③ 绝大部分产品供大于求，形成买方市场。

(3) 行业动向和竞争。把握住了行业动向和竞争就等于掌握了成功的要素，所以，一要了解和把握企业所在行业的现状及发展动向；二要明确竞争者是谁，竞争者在不断增加和变化，它不再只是同行业者，而相关行业、新参与者、采购业者、代理商、顾客等都可能处于竞争关系，如铁道运输业的竞争对手包括汽车运输业和航空运输业等。

(4) 本企业状况。利用过去实绩等资料来了解公司状况，并整理出其优势和劣势。

战略实际上是一种企业用以取胜的计划，所以，企业界在制定战略时必须充分发挥本公司的优势，尽量避开其劣势。

4. 市场营销战略的实施

在营销理论中，市场细分（segmentation）、目标市场（targeting）、定位（positioning）是构成公司营销战略的 STP 三要素。市场细分的概念是美国市场学家温德尔·史密斯（Wendell R. Smith）于 20 世纪 50 年代中期提出来的。市场细分是指营销者通过市场调研，依据消费者的需要和欲望、购买行为和购买习惯等方面的差异，把某一产品的市场整体划分为若干消费者群的市场分类过程。每一个消费者群就是一个细分市场，每一个细分市场都是具有类似需求倾向的消费者构成的群体。细分市场不是根据产品品种、产品系列来进行的，而是从消费者（指最终消费者和工业生产者）的角度进行划分的，是根据市场细分的理论基础，即消费者的需求、动机、购买行为的多元性和差异性来划分的。通过市场细分对企业的生产、营销起着极其重要的作用。

(1) 市场细分的作用

① 有利于选择目标市场和制定市场营销策略。市场细分后的子市场比较具

体,比较容易了解消费者的需求,企业可以根据自己的经营思想、方针及生产技术和营销力量,确定自己的服务对象,即目标市场。针对较小的目标市场,便于制定特殊的营销策略。同时,在细分的市场上,信息容易了解和反馈,一旦消费者的需求发生变化,企业可迅速改变营销策略,制定相应的对策,以适应市场需求的变化,提高企业的应变能力和竞争力。

② 有利于发掘市场机会,开拓新市场。通过市场细分,企业可以对每一个细分市场的购买潜力、满足程度、竞争情况等进行分析对比,探索出有利于本企业的市场机会,使企业及时做出投产、异地销售决策或根据本企业的生产技术条件编制新产品开拓计划,进行必要的产品技术储备,掌握产品更新换代的主动权,开拓新市场,以更好适应市场的需要。

③ 有利于集中人力、物力投入目标市场。任何一个企业的资源、人力、物力、资金都是有限的。通过细分市场,选择了适合自己的目标市场,企业可以集中人、财、物及资源,去争取局部市场上的优势,然后再占领自己的目标市场。

④ 有利于企业提高经济效益。前面三个方面的作用都能使企业提高经济效益。除此之外,企业通过市场细分后,企业可以面对自己的目标市场,生产出适销对路的产品,既能满足市场需要,又可增加企业的收入;产品适销对路可以加速商品流转,加大生产批量,降低企业的生产销售成本,提高生产工人的劳动熟练程度,提高产品质量,全面提高企业的经济效益。

(2) 市场细分的条件 企业进行市场细分的目的是通过对顾客需求差异予以定位,来取得较大的经济效益。众所周知,产品的差异化必然导致生产成本和推销费用的相应增长,所以,企业必须在市场细分所得收益与市场细分所增成本之间做一权衡。由此,得出有效的细分市场必须具备以下特征。

① 可衡量性,指各个细分市场的购买力和规模能被衡量的程度。如果细分变数很难衡量的话,就无法界定市场。

② 可盈利性,指企业新选定的细分市场容量足以使企业获利。

③ 可进入性,指所选定的细分市场必须与企业自身状况相匹配,企业有优势占领这一市场。可进入性具体表现在信息进入、产品进入和竞争进入。考虑市场的可进入性,实际上是研究其营销活动的可行性。

④ 差异性,指细分市场在观念上能被区别并对不同的营销组合因素和方案有不同的反应。

(3) 市场细分的方法 市场细分的步骤包括以下步骤。

① 选定产品市场范围。公司应明确自己在某行业中的产品市场范围,并以此作为制定市场开拓战略的依据。

② 列举潜在顾客的需求。可从地理、人口、心理等方面列出影响产品市场需求和顾客购买行为的各项变数。

③ 分析潜在顾客的不同需求。公司应对不同的潜在顾客进行抽样调查,并对所列出的需求变数进行评价,了解顾客的共同需求。

④ 制定相应的营销策略。调查、分析、评估各细分市场，最终确定可进入的细分市场，并制定相应的营销策略。

(4) 选择目标市场的策略 选择目标市场，明确企业应为哪一类用户服务，满足他们的哪一种需求，是企业在营销活动中的一项重要策略。

为什么要选择目标市场呢？因为不是所有的子市场对本企业都有吸引力，任何企业都没有足够的人力资源和资金满足整个市场或追求过分大的目标，只有扬长避短，找到有利于发挥本企业现有的人、财、物优势的目标市场，才不至于在庞大的市场上瞎撞乱碰。

选择目标市场一般运用下列三种策略。

① 无差别性市场策略。无差别性市场策略就是企业把整个市场作为自己的目标市场，只考虑市场需求的共性，而不考虑其差异，运用一种产品、一种价格、一种推销方法，吸引可能多的消费者。

这种策略的优点是产品单一，容易保证质量，能大批量生产，降低生产和销售成本。但如果同类企业也采用这种策略时，必然要形成激烈竞争。

② 差别性市场策略。差别性市场策略就是把整个市场细分为若干子市场，针对不同的子市场，设计不同的产品，制定不同的营销策略，满足不同的消费需求。如服装企业，按生活方式把妇女分成三种类型：时髦型、男子气型、朴素型。时髦型妇女喜欢把自己打扮得华贵艳丽，引人注目；男子气型妇女喜欢打扮得超凡脱俗，卓尔不群；朴素型妇女购买服装讲求经济实惠，价格适中。企业根据不同类妇女的不同偏好，有针对性地设计出不同风格的服装，使产品对各类消费者更具有吸引力。又如某自行车企业，根据地理位置、年龄、性别细分为几个子市场：农村市场，因常运输货物，要求牢固耐用，载重量大；城市男青年，要求快速、样式好；城市女青年，要求轻便、漂亮、闸灵。针对每个子市场的特点，制定不同的市场营销组合策略。这种策略的优点是能满足不同消费者的不同要求，有利于扩大销售、占领市场、提高企业声誉。其缺点是由于产品差异化、促销方式差异化，增加了管理难度，提高了生产和销售费用。目前只有力量雄厚的大公司采用这种策略。

③ 集中性市场策略。集中性市场策略就是在细分后的市场上，选择两个或少数几个细分市场作为目标市场，实行专业化生产和销售。在个别少数市场上发挥优势，提高市场占有率。采用这种策略的企业对目标市场有较深的了解，这是大部分中小型企业应当采用的策略。

采用集中性市场策略，能集中优势力量，有利于产品适销对路，降低成本，提高企业和产品的知名度。但有较大的经营风险，因为它的目标市场范围小，品种单一。如果目标市场的消费者需求和爱好发生变化，企业就可能因应变不及时而陷入困境。同时，当强有力的竞争者打入目标市场时，企业就要受到严重影响。因此，许多中小企业为了分散风险，仍应选择一定数量的细分市场为自己的目标市场。

三种目标市场策略各有利弊。选择目标市场时，必须考虑企业面临的各种因素和条件，如企业规模和原料的供应、产品类似性、市场类似性、产品寿命周期、竞争的目标市场等。

选择适合本企业的目标市场策略是一个复杂多变的工作。企业内部条件和外部环境在不断发展变化，经营者要不断通过市场调查和预测，掌握和分析市场变化趋势与竞争对手的条件，扬长避短，发挥优势，把握时机，采取灵活的适应市场态势的策略，去争取较大的利益。

(5) 市场定位策略 市场定位策略就是市场定位的手段，所谓市场定位，就是根据竞争者现有产品在市场上所处的位置，针对消费者对该产品某种特征或属性的重要程度，强有力地塑造出本企业产品与众不同的、给人印象鲜明的个性或形象，并把这种形象生动地传递给消费者，从而使该产品在市场上确定适当的位置。也可以说，市场定位是塑造一种产品在市场上的位置，这种位置取决于消费者或用户怎样认识这种产品。企业一旦选择了目标市场，就要在目标市场上进行产品的市场定位。市场定位是企业全面战略计划中的一个重要组成部分。它关系到企业及其产品如何与众不同，与竞争者相比是多么突出。市场定位策略实施的步骤如下。

① 识别可能的竞争优势。消费者一般都选择那些给他们带来最大价值的产品和服务。因此，赢得和保持顾客的关键是比竞争者更好地理解顾客的需要和购买过程，以及向他们提供更多的价值。通过提供比竞争者较低的价格，或者是提供更多的价值以使较高的价格显得合理。企业可以把自己的市场定位为：向目标市场提供优越的价值，从而企业可赢得竞争优势。

产品差异。企业可以使自己的产品区别于其他产品。

服务差异。除了靠实际产品区别外，企业还可以使其与产品有关的服务不同于其他企业。

人员差异。企业可通过雇用和训练比竞争对手好的人员取得很强的竞争优势。

形象差异。即使竞争的产品看起来很相似，购买者也会根据企业或品牌形象观察出不同来。因此，企业通过树立形象使自己不同于竞争对手。

② 选择合适的竞争优势。假定企业已很幸运地发现了若干个潜在的竞争优势。现在，企业必须选择其中几个竞争优势，据以建立起市场定位战略。企业必须决定促销多少种，以及哪几种优势。许多营销商认为企业针对目标市场只需大力促销一种利益，其他的经销商则认为企业的定位应多于7个不同的因素。

总的来说，企业需要避免三种主要的市场定位错误：第一种是定位过低，即根本没有真正为企业定好位；第二种是过高定位，即传递给购买者的公司形象太窄；第三种是企业混乱定位，给购买者一个混乱的企业形象。

③ 传播和送达选定的市场定位。一旦选择好市场定位，企业就必须采取切实步骤把理想的市场定位传达给目标消费者。企业所有的市场营销组合必须支持这一市场定位战略。给企业定位要求有具体的行动而不是空谈。

第三节 农资经营规划

一、市场调研

市场调研,是指为了提高产品的销售决策质量、解决存在于产品销售中的问题或寻找机会等而系统地、客观地识别、收集、分析和传播营销信息的工作。市场调研是运用科学的方法,有目的、有计划地收集、整理、分析有关供求、资源的各种情报、信息、资料。它是把握供求现状和发展趋势,为制定营销策略和企业决策提供正确依据的信息管理活动。是市场调查与市场研究的统称,它是个人或组织根据特定的决策问题而系统地设计、搜集、记录、整理、分析及研究市场各类信息资料、报告调研结果的工作过程。市场调研是市场预测和经营决策过程中必不可少的组成部分。

1. 步骤流程

市场调研流程的步骤:
(1) 确定市场调研的必要性;
(2) 确定要解决的问题;
(3) 确立调研目标;
(4) 确定调研设计方案;
(5) 确定信息的类型和来源;
(6) 确定收集资料;
(7) 问卷设计;
(8) 确定抽样方案及样本容量;
(9) 收集资料;
(10) 分析资料;
(11) 撰写调研报告。
调研工作遵循的流程见图 2-1。

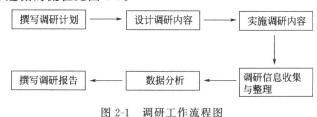

图 2-1 调研工作流程图

2. 市场调研方法

(1) 文案调研。主要是二手资料的收集、整理和分析，主要的渠道来自网上资料搜索、专业期刊、报纸、书籍等信息搜索。

(2) 实地调研。实地调研可分为询问法、观察法和实验法三种。

① 询问法。就是调查人员通过各种方式向农民、零售商、批发商、农技人员等被调查者发问或征求意见来搜集市场信息的一种方法。它可分为访谈、座谈会、问卷调查等方法，其中问卷调查又可分为电话访问、邮寄调查、留置问卷调查、入户访问、田间拦访等调查形式。

采用此方法时要注意，所提问题确属必要，被访问者有能力回答所提问题，访问的时间不能过长，询问的语气、措词、态度、气氛必须合适。

② 观察法。它是调查人员在调研现场，直接或通过仪器观察、记录被调查者行为和表情，以获取信息的一种调研方法。

③ 实验法。它是通过实际的、小规模的营销活动来调查关于某一产品或某项营销措施执行效果等市场信息的方法。实验的主要内容有产品的质量、品种、商标、外观、价格、促销方式及销售渠道等，它常用于新产品的试销和展销。

例如，对于农资企业要开发一个新市场时，主要调查内容见表2-1。

表2-1 开展调查情况一览表

类别	调研内容	调研途径来源	实施人员
经销商信息	公司名称、成立日期、注册资金、公司电话、公司地址、法人代表、网址、主营业务、客户照片、资金状况、经营思路、渠道情况、核心市场、信誉、主营产品(种类、数量、金额)	经销商、网点、农户	市场人员
核心零售店	店面名称、成立日期、店面地址、客户姓名、电话、店面照片、客户照片、核心作物、投放产品(种类、数量、金额)、核心产品、新产品推广能力、与周边农户关系	经销商、网点、农户、业务员、网站	市场人员，客户
农户信息	姓名、身份证号码、电话、种植作物、面积、农资使用情况、当地主要农资品牌	经销商、零售店、农民	市场人员，客户
政府部门信息	单位名称、地址、主要领导姓名、电话、资源优势、地区政策、农业示范园区	经销商、零售店、农民	市场人员，客户
竞争对手信息	主要竞争企业及竞争产品名称、产品组成、销售量、价格体系、推广措施、市场定位、营销政策、人员投入等	经销商、网点、农户、业务员	市场人员
市场信息	作物名称、面积、分布、用药次数、平均用药成本/次、市场容量、种植时间、收获时间、生育期、产量、投入成本、农产品销售金额、栽培方式、病虫害发生规律及防治技术	经销商、网点、农户、业务员、政府部门	市场人员，客户

(3) 特殊调研。特殊调研有固定样本、零售店销量、消费者调查组等持续性实地调查等。

3. 市场调研的具体执行

市场调研是一项繁杂的工作，即便是具备独立的市场部门、专职的市场调研人员的大公司，市场调研工作也不是由市场调研人员"包干到底"的，市场调研人员的工作是负责策划、组织、指导、控制调研活动，对农资企业而言，具体执行工作可借助于农资销售人员或市场人员。

(1) 由公司销售人员借工作之便进行调研或临时执行调研任务。销售人员是工作在农业生产第一线的服务人员，最了解市场动态。借助销售人员一方面可以节省公司人力、物力和财力，起到事半功倍的效果；另一方面可以督促销售人员加深对市场的了解。

(2) 借助公司的经销商或代理商来完成调研工作。农资企业代理商在做好地方市场方面与公司是完全一致的。公司可以策划、指导经销商或代理商做好该地区的农资市场调研工作，包括该地区作物种植结构和作物病虫害发生情况等基本状况、农民用药习惯和用药水平等使用状况、竞争品牌状况调查，以及当地媒介状况调查、当地政府和民间活动调查等；同时，实施"动态市场策划"，抓住机会，巧妙借势，做好在当地的广告、促销活动。这样不仅解决了调研的一大难题，也有助于巩固双方的合作关系。

(3) 收集研究二手信息。农资企业不仅要做好市场调研的策划、组织、指导、控制工作，还必须做好二手信息的收集研究工作。很多农资企业虽然订有各种专业报刊杂志，拥有自己的网站，但并未能有效地利用这些宝贵的资源，从中分析和利用大量有价值的市场信息。对于农资企业来讲，专业报刊杂志也并非多多益善，订几种综合性、权威性的即可。通过这些专业报刊杂志，企业可以尽快地了解业界动态。另外，农资企业要充分重视地方报纸及营销类杂志。地方报纸和期刊专注于当地农资市场，更加了解区域农资市场动态和行业变化，这对于了解当地及周边市场信息非常有用。

营销类杂志则向企业打开了一扇学习别人市场调研和营销经验的窗口，只有虚心学习，才能有所进步。企业自有网站也是获取市场信息的有效渠道，要有效利用。利用网络可以便捷地查询各种有用信息；网上传播省时省力，当前很多专业的市场调研公司已开始利用网站开展调研活动。常用的信息量较大的期刊如下：《中国农资》、《农资与市场》、《农药》、《中国植保导刊》、《农药科学与管理》、《中国土壤与肥料》等。

4. 市场信息的消化与吸收

若农资企业配有专职的信息人员，必须具备较强的计划、分析和文字表达能力，及时将市场信息消化、整理，上达主管。而作为公司的经营和销售人员，应主动地研究市场，并及时反馈意见，以求改进及更好地配合。把市场信息进行分类汇总后，可用于企业自身产品、渠道、市场、客户的性能与服务的针对性改进和提升，这对于提高企业市场竞争力和品牌建设是非常有益的。

二、市场分析

市场分析是根据已获得的市场调查资料，运用统计原理，分析市场及其销售变化。从市场营销角度看，它是市场调查的组成部分和必然结果，又是市场预测的前提和准备过程。市场分析是一门综合性科学，它涉及经济学、统计学、经济计量学、运筹学、心理学、社会学、语言学等学科。市场分析已经成为现代企业管理市场分析人员不可缺少的分析技术。要想及时了解市场变化情况，或者说对市场变化保持敏感的触觉，唯一的办法就是：做好经常性的市场调查研究工作。市场分析的一个重要内容就是市场调查，只有通过市场调查，才能得到直接来自市场第一线的详实资料。许多大公司通常设有专职部门负责进行此项工作。当然，处于创业阶段的企业通常难以仿效他们的做法。不过也可以采用其他途径和方法进行此项工作。如果运用得当，同样会收到良好的效果。

对于中小型农资企业来讲，可通过以下途径和方法实现：经常订阅有关行业的各种期刊杂志，参加行会或其他专业性的社团组织，争取机会多参加某些贸易展销会之类的公众集会，也要密切注意你所组织的各类营销业务活动的效果，察悉变化情况，查明造成销售增长或销售衰退的原因。

对于农资营销企业来讲，更直接的市场信息来源于一线营销人员或市场人员。国内农资经销企业多配备有营销人员，有能力的企业也配备了市场推广人员或产品经理。对于获取的市场、渠道、客户、产品、气象、作物、竞争对手等系列信息，要进行详细分析，以获得产品改进、市场布局、产品竞争、物流服务等有用信息，用于市场运营和管理，这对于市场营销工作是非常有帮助的。

1. 市场分析的作用

市场分析对于企业营销规划和经营决策具有重要作用。在营销规划方面主要表现在以下两个方面。

（1）企业正确制定营销规划的基础。企业的营销规划决策只有建立在扎实的市场分析的基础上，只有在对影响需求的外部因素和影响企业购、产、销的内部因素充分了解和掌握以后，才能减少失误，提高决策的科学性和正确性，从而将经营风险降到最低限度。

（2）企业实施营销规划的保证。企业在实施营销规划的过程中，可以根据市场分析取得的最新信息资料，检验和判断企业的营销规划是否需要修改，如何修改以适应新出现的或企业事先未掌握的情况，从而保证营销规划的顺利实施。

只有利用科学的方法去分析和研究市场，才能为企业的正确决策提供可靠的保障。市场分析可以帮助企业解决重大的经营决策问题，比如说通过市场分析，企业可以知道自己在某个市场有无经营机会或是能否在另一个市场将已经获得的市场份额扩大。市场分析也可以帮助企业的销售经理对一些较小的问题做出决定，例如公司是否应该立即对价格进行适当的调整，以适应顾客在节日期间的消费行为；或是公司是否应该增加营业推广所发放的奖品，以加强促销工作的力度。

2. 市场分析主要内容

市场分析的研究对象是整个市场，必须揭示这些市场活动的特点和规律。市场分析的内容和市场分析的研究对象是紧密相连的，根据市场分析的研究对象，市场分析的基本内容包括基础理论分析、市场技术分析、市场宏观分析等。基础理论分析是进行市场分析的必备工具，包括市场调查、市场预测和数据资料的分析与处理等；市场技术分析又称市场微观分析，主要包括消费者购买行为分析、产品分析、营销管理分析等；市场宏观分析主要包括国内市场环境分析、国际市场环境分析等。要进行市场分析，首先需要有基本的统计数据，因而要进行市场调查；调查得到的数据，又要进一步加工处理，才能用于实际的分析。

3. 市场分析的基本原则

（1）明确市场分析的目的，服务于领导决策和工作指导。市场分析要为领导科学化、民主化决策服务，为领导机关了解基层情况、指导实际工作、解决具体问题服务。因此必须围绕"服务决策，指导工作"这个根本目的开展市场分析，向领导提供观念正确、事实准确、分析科学、结论可靠的分析报告，以便领导全面、客观地了解情况，进而做出正确决策，更有效地指导工作。

（2）选择市场分析课题，要联系实际，有针对性解决市场问题。必须坚持对现实工作有针对性和对解决问题有指导性两条原则，做到务准唯需，适销对路。坚持从本部门、本单位实际出发，紧紧围绕工作中心，针对改革与发展中出现的新矛盾、新情况，选取那些带有苗头性、倾向性、关键性的问题，作为市场分析选题，要特别注意从领导最头疼、最担心、最期盼而又亟待解决的全面性、方向性、疑难性问题中选取课题，从市场开发如何抢抓机遇中选取课题，从同业竞争的热点、焦点中选取课题。

（3）要深入调查，精心研究，用事实说话。正确的观点和科学的结论，只能产生于社会实践之中。市场分析贵在求是，要获得真知灼见，就必须改进工作作风，真正做到深入调查、精心研究，做到务真唯实，自觉克服主观臆断和闭门造车的不良倾向。

（4）市场分析方法要科学严谨，结果要客观公正。市场分析的方法是否运用得当，直接影响着市场分析报告的质量。在市场分析方法的选择和运用上，要提倡科学性、客观性，反对片面性、局限性。

4. 市场分析方法

市场分析的方法很多，一般可按统计分析法进行趋势和相关分析。市场分析在对市场这一对象进行研究时，首先对市场问题进行概括的阐述，继而又以基础理论、微观市场、宏观市场对市场进行较为详尽的分析，最后又对市场的各种类型进行具体的解剖，从而使人们对整个市场的状况和运行规律既有了概括的了解，又有了具体的认识。常用方法主要有系统分析法、比较分析法、结构分析法、演绎分析法、案例分析法、定性与定量分析结合法、宏观与微观分析结合法、复合因素法等。

三、市场营销规划

在对市场充分调研和分析的基础上，既要充分发挥企业自身市场和产品优势，又要充分考虑市场竞争和自身不足，制定切实可行的年度市场营销规划。农资企业如果能全面、细致地做好年度市场营销规划，离成功的市场运营就不远了。

1. 市场营销年度目标

农资企业要依据上一年度的销售完成情况、自然增长、人员、费用、渠道等情况，制定一个复合增长率，确定企业年度营销目标和市场管理目标，并分解到销售部门和市场部门。销售目标主要体现在销售额和销售量两个指标，而市场管理目标主要体现在市场开拓目标和产品提升目标。市场销售目标要进行分解，分解到区域内的每个渠道、每个经销商、每个产品，每月、每季度、半年、年度完成情况，这样的目标才有意义。

对于渠道、终端的网络覆盖，也是目标分解细化的过程，分解之后，销售人员就知道销量的来源，做到心中有数。对于年度市场开发、会议、试验也要进行市场布局和分解，以实现市场与销售的同步发展和有效协作。

2. 市场布局

市场布局包含以下四个内容：一是整体市场布局；二是区域市场的定位；三是区域市场分类；四是确定渠道模式。整体市场布局是根据农资企业市场销售战略规划，明确整体市场发展要求，区别对待，该部分工作由公司销售部门进行整体规划和实施。对于区域市场定位，由企业区域销售管理部门根据市场情况，用STP战略营销分析，进行区域细分，确定目标市场，进行清晰的市场定位，以便于销售部门的发展方向和资源配置。而市场分类则是销售部门进行市场规划的重点，也是进行市场指导的依据；销售人员要根据区域市场的类型，制定有针对性的渠道模式和开发计划。不同类型的市场，渠道模式是不同的，有直销的、有通过经销商实现覆盖终端的、也有协助重点客户分销到终端的。

从国内农资市场发展和企业竞争来看，农资市场主要分为以下几类。第一类是优势市场，指企业具有很好的市场基础和消费群基础。其产品、品牌、渠道、终端综合实力明显优于竞争企业，企业主导产品市场占有率在20%～30%以上。第二类是发展性市场，指企业具有较好的市场基础和消费群基础，市场容量大，有较强的发展空间，是企业下一步成长和发展的主导市场。第三类是潜力市场，指企业具有一定的市场基础和消费群基础，市场容量大，有较强的发展空间，相关产品在某一方面或几方面具有优势。第四类是渗透市场，指企业市场基础和消费群基础较差，综合实力与竞争企业比较明显处于劣势，借助经销商分销网络或自然销售进行渗透。

在确定市场类别后，根据市场特点，确定各自的营销渠道模式。根据企业、行业的属性和市场的具体情况，可以分为直销、直供和代理等几种情况。一般农资企业的方式为区域经销方式，目前，大的农资企业实施网络下沉战略，营销网络扁平化发展，以市场县级代理或直供为主；而一般的中小型农资企业以省市级代理为主。但在一个区域内渠道设计多以地级市1～2家经销商，县级城市1家经销商，乡镇设立特约分销商，部分种田大户由经销商直供的模式进行规划。

3. 总体市场策略

确定了年度市场营销目标和市场分解后，要制定相关的市场策略来保障这些目标的实施，即开展营销的目标管理。农资企业要围绕市场营销目标制定一整套的市场管理策略，也就是要对市场营销所需的组织架构、营销团队、市场考核与激励、市场与营销资源配置、营销管理流程等进行制度和流程化，以便于日常管理。

在企业内部年度市场营销策略应该是一致的，只是针对不同区域和市场情况做一些调整。年度总体的策略，可以针对不同区域、不同类型的市场制定，成熟市场以渠道控制、品牌推广、产品结构优化、新产品导入，以及团队的激励为主；而发展型市场以渠道激励、优化产品结构、培育重点市场和产品为主；潜力市场以市场开拓、团队培训、渠道建设、终端覆盖和活动推广为主，要快速打开知名度，借助渠道力量进行分销和推动销售。从营销管理的角度来看，对于具有普遍意义的年底的经销商会议、年初的二批商订货会、二批商的分销网络、经销商对终端的直供和开发、旺季前的消费者活动等工作，要以制定的形式进行固化，以便于管理和有效执行。

4. 组织架构及业务团队

农资企业要构建具有高水平执行力和专业素质的业务团队。对于区域市场业务团队，既要高度认可企业文化和管理制度，又要专注于市场管理和团队协作。对于团队管理人员，既要注重督促或帮助下属做好阶段性市场规划，明确具体的日常工作和学习内容，更要做好业务培训和市场考核和激励的标准化和规范化，以提升团队的整体业绩。

5. 渠道规划

首先要确定好渠道的政策，有政策才能将经销商管理好。而在渠道规划时，区域的渠道模式是否需要调整，二级及以下的分销网络是否需要提升和完善，终端网络是否需要开发，是否要进入新的渠道等，都要进行详细分析和规划布局。要制定科学的年度渠道规划，需要明确以下内容：①本年度渠道策略实施报告与总结；②下一年度行业及渠道发展趋势报告；③下一年度企业渠道战略规划及策略；④下一年度支持渠道策略实现的各项政策及执行落地方案。渠道战略规划关系到企业对渠道发展动向的判断，关系到企业渠道资源的投放，关系到企业产品的销售通路，要引起足够重视。

6. 产品规划

对于区域市场，可以用 SWOT 进行分析，然后再开展营销组合方法分析［即 4P 分析，对产品（product）、价格（price）、分销（place）、促销（promotion）进行组合分析］。对产品来说，要分析产品的生命周期和市场表现，分析其竞争力，分析产品结构、品牌影响、利润产品、走量产品及竞争产品是否合理，是否能够稳固市场。在此基础上，根据区域作物种植结构、病虫害发生情况、客户产品构成、自身产品优势等确定具有竞争力的产品组合和产品策略。

产品价格是比较敏感的，各农资企业在产品定价上往往是统一的。但在不同类别的区域市场，需要具有相对优势的价格策略，这主要通过产品政策来实现。对于竞争力较弱的中小企业或者新产品来讲，往往需要有较高的利润空间保障企业运营和新产品推广，若没有较高的利润空间，则只能靠渠道和分销商的力量快速到达市场终端来实现。如果新产品持续销售量上不去，而其利润空间偏低时，渠道利润也不够时，就要规划新品和新包装或者产品升级进行置换。

7. 市场推广

市场推广主要包括试验示范、推广会、宣传、促销等。新产品试验示范是打开新市场的重要措施，一定要选择交通便利的试验示范地点、当地主导作物、具有带动作用的农户等，最好请当地农技推广专家参与示范工作。而常规的促销活动有多种形式，例如短期产品做特价销售，利润产品可以搭配礼品销售，而新品配做促销，上量产品做捆绑销售等，都要不断开展活动；在品牌宣传上，也要结合公司的推广创新方式，从品牌的层面上降低产品价格的依赖。

8. 激励与考核

从营销管理来讲，明确的市场营销目标是团队奋斗的方向。目标明确和分解后，就要根据实施计划，在企业整体管理要求下，制定适合区域部门管理的管理标准和组织流程。特别是工作考核标准和激励措施要制度化和标准化，并适时进行业绩评估，根据制度进行工作激励和处罚。好的管理制度一定要规范化实施，尽量减少"人治"的因素，这样才能公正客观地进行团队评价，才能提升团队的整体活力。这对于团队管理者的个人素质和能力要求是比较高的。

例如，阶段性业务评估是为了营销工作的持续提升和改进，所以，任何规划实施后都要有评估报告。首先对规划的执行情况及影响力进行总体概括。其次，检查目标的达成情况，查找达不到的原因。最后，总结活动的经验教训，比如，投入和产出情况，消费者接触数量，影响人数等；对于促销活动，则要统计销售量、销售额、顾客购买数量、人群、陈列、人员投入、现场气氛等。

9. 年度经费预算

费用的预算也是根据年度营销目标和目标分解进行制定和实施的。农资企业要根据行业现状、上一年度市场营销费用、下一年度市场营销目标等综合因素制定年度费用控制目标，并进行详细的费用预算。市场营销费用主要包括以下几类。

(1) 基本费用：人员工资、提成奖金等。

(2) 渠道费用：经销商进货奖励和销售返利、二批商活动经费和销售返利、换货和破损费用等。

(3) 终端维护费用：铺货费、礼品费以及其他日常费用。

(4) 市场推广费用：消费者活动费用、促销费用、品牌宣传、推广费用。

第四节 农资营销渠道管理

一、农资渠道类别

1. 传统农资流通渠道

传统农资经销商是农资经销商中最大的群体，也是目前农资流通的主渠道，这是由地域广阔、散耕散种为主的农业生产特点决定的。单说种植类农资——农药、种子、化肥，全国按照3000县、区算，每个县、区每个品类按照各有10个经销商计算，全国就有10万个种植类农资经销商。

早期的农资经销商大多以供销社、植保站等部门下岗、停薪留职的职工为主，后期进入者都以"挂靠"形式经营。国务院〔2009〕31号《关于进一步深化化肥流通体制改革的决定》进一步加快了农资经销的市场化。2009年以后，很多返乡农民工加入农资经销的大军，传统农资经销商队伍越来越庞大，同时，大部分实力弱小的农资经销商生存状态越来越恶劣。

在小经销商不断涌现和消亡的过程中，一批跨区域、多品类经营的大流通商涌现出来，逐渐成为区域市场流通的主力军。例如，安庆盛丰、河北天强、洛阳雅良等。这些优秀的经销商把传统区域性经销商的地缘背景、贴近区域的推广服务、广而深的客情关系、综合信息反馈能力、多品类分销规模性、渠道融资功能、组合配送与仓储功能等优势充分地发挥出来，再加上常年积累的、丰富的行业经营经验，在区域市场的优势越来越明显，经营区域也越来越大。

2. 农资连锁经营企业

自2003年德隆集团携巨资大举进军农资市场，行业内企业对农资连锁的探索就没有停止过。例如，由经销商发起的千村植保、中诚国联（春花益农）等活动，由制造商发起的喜洋洋（安徽华星）、红太阳（南京红太阳）、惠万家（江西正邦）等活动。2009年3月17日，财政部、商务部等八部委联合公布了《关于完善农业生产资料流通体系的意见》，提出构建多元化、连锁化的现代农资流通体系，并提出了培育若干家销售额超100亿元的大型农资流通企业等具体目标。虽然，政策是指引性的，但也肯定了农资连锁的经营方向。

现在大多数农资连锁企业的门店经营权属于传统终端，由于产品资源有限，企业的产品控制权比较弱，对终端农户缺乏有效的服务，或者说比不上终端门店"土专家"提供的服务，所以，企业也"掌控"不了农户话语权。如果直营终端，就可以拥有门店经营权、产品控制权，但是，经营成本太高，难以实施。最现实的就是以区域优秀经销商为母体，从区域连锁店做起。单独的制造商做不起来，产品资源太少的流通商也做不起来，不能以"产品＋服务"的力量"拴住"农户的厂家也做不了，这就是千村植保、中诚国联、喜洋洋、红太阳等连锁企业做了几年仍然没有大的起色的原因。

现在，中农、中化等流通巨头，准确说是贸易巨头开始进入农资连锁领域，并且它们自有和锁定了足够的产品资源，也有这个资金实力，但是，以这些企业的管理成本，很难保持零售价格有竞争力。况且，以这些企业的文化，进入竞争激烈的农资零售领域，是很难做好的。还是那句话，"强龙不压地头蛇"，可以想象，在众多终端恶意冲货、砸价的乱拳下，这些企业很难经营下去。

二、渠道建设

在确定年度市场营销规划后，就要开展渠道建设与管理工作。渠道作为企业重要的一项资源，在营销活动中处于重要的位置。

1. 经销商

(1) 经销商选择原则 在选择经销商时，要遵循以下原则。

① 理念匹配原则。农资企业在开拓新市场，选择经销商之前，要根据市场调研和营销规划，确定在区域市场的发展思路和经营策略，根据这些要求，寻找适合自身发展的合作伙伴。在经销商筛选过程中要综合考虑自己市场策略的连续性，寻找自身发展理念相一致的经销企业。

② 资源匹配原则。选择经销商时要全面调研和评比，对经销商的品德、团队、资金、网络、创新意识和社会关系等进行全面调研，选择最适合企业市场运营的经销商。考评经销商自身经营管理状态如何；考评同业（其他厂家）、同行（其他批发商）对经销商的评价，是否有带头低价窜货、截流费用、截流货款等行为；是否有区域运营团队，是否能够承接企业产品市场拓展；是否有足够的运营资金实施产品运作，而不是靠赊欠；考评经销商是否有足够的网络，现在代理的品牌做得怎么样；考评经销商对做终端市场的意识是否强烈（行商），是否易接受新事物、新产品，是否是那种坐在家里等生意上门的老式经销商（坐商）；考评经销商是否有相关社会资源以满足农药、肥料行业许可要求较高的产品运营等。

(2) 经销商选择标准 在选择经销商时，参考以下标准值。

① 资金实力。资金实力是选择区域经销商的首要条件。选择资金雄厚、财务状况良好的经销商，能保证及时回款。

② 市场范围。市场覆盖范围能力是选择经销商最关键的因素。首先，经销商的客户网络要与厂家的目标市场一致；其次，经销商的下线客户应是厂家的目标客户。

③ 商业声誉。多数厂家都会回避与没有良好声誉的经销商建立关系。相对信誉而言，经销商的经验和能力都可以退而求其次。但很多厂家由于缺乏信用考察手段，而最终上当受骗。

④ 发展历程。许多厂家在选择经销商时，往往会考察经销商的发展历程，如是否有成功的经验，是否有创新的案例，是否有不良的记录，与厂家的关系是否和谐等。

(3) 调研经销商的方法

① 内部信息调研。对于经营多年的农资企业，若建立了比较完善的市场档案，在新产品推广时可优先进行内部候选经销商调研；对于经常在市场一线的老业务员，对农资行业的区域经销商一般比较了解。一旦平时积累了这些候选经销商资料，寻找经销商就轻松得多。

② 外部信息获得。对于历史很短或新办农资企业，可以通过参加行业会议、行业协会、农资展销会等获得经销商的信息，从中筛选后进行进一步调研。对于市场人员来讲，通过同行介绍也是一种较好的方法。

③ 市场调查。市场调查既可以从终端入手，看谁的终端做得好，然后往上游寻找经销商；也可以从供货商（生产厂家）入手，哪些供货商的市场做得好，就把它们的经销商找出来。

④ 借助网络信息。厂家可以在自己的网站或门户网站发布招商启事，可以获得经销商信息。

2. 销售终端

(1) 终端选择 前期要调查市场容量和需求、竞争对手、农户、分销商渠道情况等，再和终端经销商交流情况。

① 区域市场调查

a. 通过县乡政府网站、统计局、基层农技推广站等了解本区域的耕地面积、种植结构、每亩农资需求量等。

b. 询问当地农户，店铺名字、老板姓名、电话，哪家店铺销量好；本区域的耕地面积、种植结构、每亩农资需求量等；摸清农户的农资使用习惯、所关注的农资产品的主要特性、对价格的敏感性等。

c. 调研竞争对手的渠道，以及产品，包括品种类型、销售价格及数量、销售区域、经销商情况、市场反应情况等。

d. 走完整个区域，考虑地理位置和市场容量，选择靠近国道、省道或区域内主干道路两旁的网点。

② 走访终端网点

a. 考虑农资终端经济实力，选择有相当经济实力的。农资赊销的特性要求终端必须有较强的资金实力才能大量出货。

b. 考虑农资终端的主销意愿，一般来说终端会同时销售多个品牌的同类产品，农资终端的主推意愿直接决定了公司产品的有效销售。

c. 选择店面形象较好的。

d. 调查网点主销农资品种及销量、经济实力、人员配置、企业及负责人信誉、经销区域、零售网点、农化服务能力等情况。

e. 咨询所卖的产品利润率高低，如何选择供应商。

f. 给产品，发报纸。

g. 咨询该终端老板的周围哪些人可以做，哪些人可以不做。

(2) 终端建设 主要注意宣传点为：店外、店内、店主、进店的农户。同时进行信息收集。

① 店内外宣传 主要开展制作店招、悬挂横幅、粉刷墙体、张贴海报、广告围膜、产品陈列（到醒目位置与成人肩平的高度，单品阵列数量多，面积大）、有冲击力的促销品、播放宣传标语。

② 对店主宣传和服务

a. 产品培训。

b. 店面形象管理。

c. 语言规范使用。

d. 了解本公司产品的销售情况,查看本公司产品的库存、产品的意见和评价。

e. 客户关系的维护:记住店老板的姓名、电话、地址、喜好,多与店老板交流建立友谊关系,使其多关注本公司的产品,多卖本公司产品。

f. 在店里主动帮店老板做一些力所能及的事情,如:整理产品、补样品、拿袋子装药等。

g. 主动与来店里买药的农户交谈,了解其种植的作物、作物长势、病虫害发生情况,针对作物情况为其推介产品,并介绍产品效果、使用方法。

③ 同类产品信息收集

a. 与店老板交流,了解其他公司的同类产品特点和价格、销售量和利润。

b. 了解同类产品的销售策略、促销活动,农民对其活动的评价,参与活动程度的大小。

c. 了解同类产品的库存情况,店老板每次进货的量。

d. 与同类产品业务员多交流,打探其公司的销售策略和信息。

三、渠道管理

渠道管理是一个双向过程,一方面农资企业要及时把企业的经营信息传达到各个市场客户,使客户按照企业的发展要求推动市场销售;另一方面,要及时把市场信息及时反馈到企业,以利于企业针对市场要求做出准确的决策和调整,进一步促进市场销售。

在农资销售渠道管理上往往要通过一系列时间、活动和事件等过程管理的安排,来对客户关系进行策略化管理。一方面加强客户与企业的黏合度,进一步降低客户流失率和提高客户成交率;另一方面,帮助企业内部充分挖掘客户资源,实现销售自动化管理。

(1) 新客户开发 新客户开发多指农资企业新市场开发或创业初期的中小企业要从所属行业大量的潜在客户群里从头开始挖掘拓展自己的客户资源。对于该类企业,要采取以下措施进行管理。

① 建立强大的销售团队,并提高他们的积极性和工作效率,尽量多找客户。

② 新客户不论是否有意向都应备案,并按合作机会大小进行分级管理。

③ 客户联系跟进的过程应做记录,从而可以对业务员的跟进过程进行评估及指导,提高业务员能力及签单成功率。

④ 建立知识库和培训体系,并制定考核及淘汰机制,缩短业务员培养周期,不断提升业务员的业务能力和业务水平。

(2) 老客户维护 老客户购买的重复度较高,且有一定的规律,重复购买周期较短。一般都拥有一定数量的较固定的专业客户群长期合作，支撑企业的业务增长，其中可能只有极少数是能给企业带来大销量的客户，其他大多都是业务往来较松散的客户或有待拓展的潜在客户。

① 注重客户关系的长期维护，防止老客户流失；建立相关部门联系人的个人档案，更容易与客户拉近关系，例如，逢年过节群发短信，生日问候等。

② 挖掘老客户销售潜力，扩大客户采购的品种和用量；分析评估客户目前采购的品种及用量，与客户实际使用的品种和用量对比。

③ 按客户的销售贡献、信用度、销售潜力等设定客户等级，进行差异化服务。

④ 在对客户进行全方位分析的基础上合理制定信用额度；统计分析客户的业务往来历史，参考客户等级及信用情况。

⑤ 自动交货提醒，防止非生产因素造成的交货延时；今天/明天/未来一周应交货的产品，已交数量、未交数量、要求交货期等。

⑥ 通过分析对畅销和滞销产品制定合理有竞争力的价格策略，使利润最大化；哪些产品占销售比重较大，哪些产品占销售比重很小；列出可调价的产品清单、涉及的范围包括哪些市场区域、哪些客户，调价的空间有多大等。

⑦ 重视新客户的开发，参考以上客户发展模式进行规范化管理。

第五节　农资产品管理

一、产品规划

产品规划包含公司发展战略、市场拓展和业务价值等与具体业务相关的内容，也包含公司技术发展战略、技术拓展和架构规划等内容。作为农资市场销售来讲，由于使用技术强，市场竞争激烈，业务连续性相对较弱，要想在一个目标市场持续发展，产品规划工作就不能单纯地理解为是产品的业务规划，也包含了技术发展规划。但是作为技术管理者或者公司技术战略的制定者也必须要清醒地认识到技术服务于业务，技术规划是依赖于业务规划而形成的。

产品总体规划应该包含的内容是基于公司业务战略规划的年度发展需求而进行的，包括产品总体架构（业务）、产品层次关系、产品间业务流程、产品的技术规范与标准等。此外，还要明确战略与规划之间的关系，公司业务战略规划高于一切，产品总体规划依赖于战略规划的结果，是战略规划的细化，而技术战略则应依赖于产品总体规划，是总体规划的延续与发展。

二、产品策略

产品策略是指农资企业在其产品营销战略确定后,在实施中所采取的一系列有关产品本身的具体营销策略。主要包括商标、品牌、包装、产品定位、产品组合、产品生命周期等方面的具体实施策略,即产品定位策略、产品组合策略、产品差异化策略、新产品开发策略、品牌策略以及产品的生命周期运用策略。企业的产品策略是其市场营销组合策略中的重要组成部分。通过分析以下因素,制定农资产品策略。

(1) 农资产品概念　在市场上能够引起消费者注意并取得的一切因素总和。

① 农资产品形态、品种、质地、用途、样式、商标、包装。

② 产品有效成分、含量、作用、使用方法。

③ 有服务的产品与没有服务的产品是两种不同的产品,顾客买的不是产品而是产品的用途。

(2) 产品生命周期　产品研制成功投入市场到退出市场所经历的全部时间。

① 推广期。在初销阶段,考虑顾客的接受意愿;对农资销售者来讲,主要考虑市场风险,并重点宣传产品性能、开发用途、寻找市场机会、控制产量。

② 成长期。在畅销阶段,重点考虑农资产品的竞争力、品牌管理、市场占有率等。

③ 成熟期。在销售稳定期,主要考虑如何回收资金和延长此阶段。

④ 衰退期。在产品淘汰阶段,考虑如何撤出市场。

三、产品定位

定位是指确定农资企业或农资产品在农民、种植基地、农业合作社、农场主等消费者心目中的形象和地位。营销研究与竞争实践表明,除产品定位外,还要扩展到营销定位。一般而言,产品定位采用五步法:目标市场定位(Who),产品需求定位(What),企业产品测试定位(If),产品差异化价值点定位(Which),营销组合定位(How)。这个方法以解决以下五个问题为主要目标:

满足谁的需要?

他们有些什么需要?

我们提供的是否满足需要?

需要与提供的独特结合点如何选择?

这些需要如何有效实现?

第一步:目标市场定位。

目标市场定位是一个市场细分与目标市场选择的过程,即明白为谁服务(Who)。在市场分化的今天,任何一家农资企业和任何一种农资产品的目标顾客都不可能是所有的人，对于选择目标顾客的过程，需要确定细分市场的标准对整体市场进行细分，对细分后的市场进行评估，最终确定所选择的目标市场。

根据不同农资产品差异或企业发展需要，目标市场定位主要采取以下三种策略：

(1) 无视差异，对整个市场仅提供一种产品；
(2) 重视差异，为每一个细分的子市场提供不同的产品；
(3) 仅选择一个细分后的子市场，提供相应的产品。

第二步：产品需求定位。

产品需求定位，是了解需求的过程，即满足谁的什么需要（What）。产品定位过程是细分目标市场并进行子市场选择的过程。这里的细分目标市场是对选择后的目标市场进行细分，选择一个或几个目标子市场的过程。对目标市场的需求确定，不是根据产品的类别进行，也不是根据消费者的表面特性来进行，而是根据农民的需求价值来确定。农民在购买产品时，总是为了获取某种产品的价值。产品价值组合是由产品功能组合实现的，不同的农民对产品有着不同的价值诉求，这就要求提供与诉求点相同的产品。在这一环节，需要调研需求，这些需求的获得可以指导新产品开发或产品改进。

第三步：企业产品测试定位。

企业产品测试定位是对企业进行产品创意或产品测试，即确定企业提供何种产品或提供的产品是否满足需求（IF），该环节主要是进行企业自身产品的设计或改进。通过使用符号或者实体形式来展示产品（未开发和已开发）的特性，考察消费者对产品概念的理解、偏好、接受。这一环节测试研究需要从心理层面到行为层面来深入探究，以获得消费者对某一产品概念的整体接受情况。

产品测试定位主要考察以下内容：

(1) 考察农资产品概念的可解释性与传播性；
(2) 同类农资产品的市场开发度分析；
(3) 农资产品属性定位与消费者需求的关联分析；
(4) 对消费者的选择购买意向分析。

首先，需要进行产品概念与农民认知、接受的对应分析，针对某一给定产品或概念，主要考察其可解释性与可传播性。很多成功的企业家并不一定是新产品的研发者，而是新概念的定义和推广者。

其次，同类产品的市场开发度分析，包括产品渗透水平和渗透深度、主要竞争品牌的市场表现已开发度、消费者可开发度、市场竞争空隙机会、用来衡量产品概念的可推广度与偏爱度。从可信到偏爱，这里有一个层次的加深。有时，整个行业都会面临消费者的信任危机，此时推出新品就面临着产品概念的不被信任与不被认可的危机。

再次，分析实际意义上的产品价格和功能等产品属性定位与消费者需求的关联。因为产品概念的接受和理解程度再高，如果没有对产品的需求，如果产品的功能不是恰恰满足了消费者某方面的需求，或者消费者的这种需求有很多的产品给予了很好的满足，这一产品概念仍然很难有好的市场前景。通过对影响产品定位和市场需求的因素关联分析，对产品的设计、开发和商业化进程做出调整。

最后，探究消费者是否可能将心理的接受与需求转化为行为上的购买与使用，即对消费者的选择购买意向进行分析，以进行企业自身产品定位的最终效果测定。针对企业自身产品定位环节，这一层面包括新产品开发研究、概念测试、产品测试、命名研究、包装测试、产品价格研究等。

第四步：产品差异化价值点定位。

差异化价值点定位即需要解决目标需要、企业提供产品以及竞争各方的特点的结合问题，同时，要考虑提炼的这些独特点如何与其他营销属性综合（Which）。在上述研究的基础上，结合基于消费者的竞争研究，进行营销属性的定位，一般的产品独特销售价值定位方法（USP）包括从产品独特价值特色定位、从产品解决问题特色定位、从产品使用场合时机定位、从消费者类型定位、从竞争品牌对比定位、从产品类别的游离定位、综合定位等。在此基础上，需要进行相应的差异化品牌形象定位与推广。

第五步：营销组合定位。

营销组合定位即如何满足需要（How），它是进行营销组合定位的过程。在确定满足目标农民的需求与农资企业提供的产品之后，需要设计一个营销组合方案并实施这个方案，使定位到位。这不仅仅是品牌推广的过程，也是产品价格、渠道策略和沟通策略有机组合的过程。正如菲利普·科特勒所言，解决定位问题，能帮助企业解决营销组合问题。营销组合——产品、价格、渠道、促销——是定位战略战术运用的结果。在有些情况下，到位过程也是一个再定位的过程。因为在产品差异化很难实现时，必须通过营销差异化来定位。今天，你推出任何一种新产品畅销不过一个月，就马上会有模仿品出现在市场上，而营销差异化要比产品模仿难得多。因此，仅有产品定位已经远远不够，企业必须从产品定位扩展至整个营销的定位。

四、价格策略

价格通常是影响农资交易成败的重要因素，同时又是市场营销组合中最难以确定的因素。农资企业定价的目标是促进销售，获取利润。这要求企业既要考虑成本的补偿，又要考虑农民对价格的接受能力，从而使定价策略具有买卖双方双向决策的特征。此外，价格还是市场营销组合中最灵活的因素，它可以对市场做出灵敏的反映。而影响农资产品定价的内部因素有企业的营销目标、企业的营销组合、产品成本；外部因素有市场结构、市场需求的价格弹性、市场竞争、国家政策等。

1. 新产品定价策略

(1) 创新性产品定价策略 创新性产品是农资产品具有强大的技术或品牌优势，比较全面的知识产权保护和市场竞争力强的产品。该类产品生命周期的最初阶段，把产品的价格定得很高，以攫取最大利润。在农资行业比较有代表性的德国拜尔、美国杜邦等国际农药巨头的新产品多采用此策略。采用此策略的产品要具备以下条件：

① 市场有足够的购买者，他们的需求缺乏弹性，即使把价格定得很高，市场需求也不会大量减少。

② 高价使需求减少，但不致抵消高价所带来的利益。

③ 在高价情况下，仍然独家经营，别无竞争者。高价使人们产生这种产品是高档产品的印象。

(2) 常规产品定价策略 常规产品是指市场竞争比较充分的产品，知识产权保护力度较小的农资新产品。该产品以国内过专利保护期农药为代表。常规产品定价是指企业把其创新产品的价格定得相对较低，以吸引大量顾客，提高市场占有率。采用该定价的产品要具备以下条件：

① 市场需求对价格极为敏感，低价会刺激市场需求迅速增长。

② 企业的生产成本和经营费用会随着生产经营经验的增加而下降。

③ 低价不会引起实际和潜在的竞争。

(3) 改良产品定价策略 产品改良是指农资企业采用一定的技术创新或推广策略，在常规产品基础上进行技术改良或升级，使产品具有一定的技术优势和市场认可度。改良产品定价策略是指把该类产品的价格定在介于创新性产品和常规产品之间的价格策略。其所定的价格是一种中间价格，并获得市场认可。目前，在国内农资行业，具有一定技术创新能力企业多采用此策略，主要采用产品剂型创新、使用技术创新、工艺改良、质量提升等措施。

2. 价格策略选择

农资产品的价格形式不仅受价值、成本和市场供求关系的影响，还受市场竞争程度和市场结构的制约。在农资行业完全竞争的市场结构下，仅农药行业就有2000多家生产企业，多数企业无法控制市场价格，市场上同质商品的可选择性强，市场信息充分，市场经营者对市场信息的反应灵敏，为抢占市场份额，企业纷纷采用多角度应对策略，展开价格大战。

(1) 根据产品的市场生命周期制定价格策略 农资产品市场生命周期可分为推广期、成长期、成熟期和衰退期。推广期，新产品初涉市场，在技术性能上较老产品有明显优势，而在企业投入上却存在批量小、成本大、宣传费等过高的劣势，该类企业定价决策时要考虑企业自身的竞争实力和新产品科技含量。若新产品具有高品质且不易模仿特点，则可选择创新性产品定价策略，即高价策略，产品打入市场，迅速收回投资成本；若新产品的需求弹性较大，低价可大大增加销量，则可选择低价薄利多销的价格策略，产品打入市场，迅速占领市场份额，以扩大销售量达到增加利润总额的目的。成长期，产品销量增加，市场竞争加剧，产品的性价比仍然保持优势，企业可根据自身的规模和市场的知名程度选择定价策略，规模大的知名企业可选择略有提高的价格策略，继续获取高额利润；而规模较小的企业则要考虑由于市场进入带来的价格竞争风险，应以实现预期利润为目标，选择目标价格策略。成熟期，市场需求趋于饱和，市场竞争趋于白热化状态，企业面临的是价格战的威胁，该阶段应选择竞争价格策略，即采用降价的方法达到抑制竞争、保持销量的目的。衰退期，产品面临被更优品质、性能的新型产品取代的危险，因而企业选择定价策略的指导思想是尽快销售，避免积压，可选择小幅逐渐降价、平稳过渡的价格策略，同时辅之以非价格手段，如馈赠、奖励等促销方式，最大限度地保护企业利润不受损失；若产品技术更新程度高，则选择一次性大幅降价策略，迅速退出市场，但在运用降价策略时，要注意是否有损于知名品牌的企业形象。

（2）选择定价策略的前提准备　农资企业在选择定价策略时，应具备必要的前提基础，采用创新性产品定价策略和略有提高的定价策略的企业，必须具备较高的技术能力和先进的技术水平，产品的质量应达到国内较高水平，并得到目标顾客的认同，该类企业多属于资金、技术密集型企业，或知名企业，属知名品牌的产品，其服务的市场以经济作物等农药、肥料使用水平较高的市场为主。采用常规产品价格策略的农资企业，特别是发动价格战的企业，要有一定的生产规模，一般认为，生产能力达到整个市场容量的10％是一个临界点，达到这一顶点后企业的大幅降价行为就会对整个市场产生震撼性的影响，这一点也是企业形成规模经济的起点；企业运用竞争价格策略时，把握最佳的价格时机是至关重要的因素，如果行业内价格战在所难免，一般应率先下手，首发者较少的降价所取得的效果，跟进者需花较多降价才能取得，但降价的幅度应与商品的需求弹性相适应，需求弹性大的商品，降价的幅度可大些，降价的损失可通过增加销量弥补，而需求弹性较小的商品，降价的幅度要小些，避免企业产品的总利润减少过多；对于规模小、市场份额少、劳动密集型的企业，在有效竞争的市场结构下，通常采取跟进价格策略，主要通过挖掘自身潜力，降低成本，达到增加效益的目的。

五、产品保障

农资产品是一种季度性较强的特殊产品，产品的组织与保障是关系市场营销的重要因素。国内农资市场区域跨度大，作物种植结构复杂，各地作物栽培方式多种多样，这就要求农资市场营销部门要充分关注区域内产品需求动态，及时组织好产品备货、仓储、物流等工作，即供应链管理。虽然供应链管理不属于农资市场营销的范畴，但供应链管理的好坏对于抢占市场先机和应对病虫害的暴发等具有决定性意义。

农资产品供应链是由农资生产企业、原辅料供应商、仓库、配送中心和渠道商等构成的物流网络。同一企业可能构成这个网络的不同组成节点，但更多的情况下是由不同的企业构成这个网络中的不同节点。在分工愈细的农资行业，不同节点基本上由不同的企业组成。在供应链各成员单位间流动的原材料、在制品库存和产成品等就构成了供应链上的货物流。从农资市场营销来看，一个管理规范、运转良好的企业供应链系统具有以下作用：①提高交货的可靠性和灵活性，提升渠道客户的最大满意度；②降低库存，减少渠道费用，降低企业营销成本。国内农资行业竞争激烈，而农资产品又品类繁多，所以，农资企业供应链管理要采取快速反应（quick response，QR），以保障产品的市场营销。快速反应（QR）是农资企业在市场充分竞争的情况下，特别是为应对常规农资产品多品种、小批量的买方市场，不是储备了大量"产品"，而是准备了各种"要素"，在客户提出要求时，能以最快速度抽取"要素"，及时"组装"，提供所需农资产品。

第六节 定价策略

价格是市场营销中一个十分敏感的因素。在市场经济条件下，商品的价格直接影响到市场中商品的供求和消费者的购买行为。一方面，价格的高低关系到生产经营者的盈利水平和经济效益，从而影响着企业的产品质量及市场供应量；另一方面，价格的高低也影响着消费者对商品的需求量，因为它直接关系到消费者的利益，从而影响消费者的购买行为。

一、商品定价原则

1. 以价值为基础的原则

商品价格是其价值的货币表现，等于其生产成本加上利润。以价值为基础来确定价格，反映价值规律的内容和要求，并且计算简便易行。

2. 正确运用价格——需求弹性理论原则

价格——需求弹性理论认为：价格的变动和商品的供求量、供给量的变动直接相关。一般来说，需求按照和价格相反的方向变动，价格上升，需求减少，价格下降，需求增加。但不同的商品的需求弹性是有差别的。有的商品价格稍有变动，需求量就大幅度变化，称为需求弹性大；有点商品价格大幅度变动，而需求量变动很小，称为需求弹性小。要根据不同商品的需求弹性的大小确定适当的商品价格，以达到增加营销总收入的目的。

3. 坚持等价交换和按质论价原则

商品等价交换，就是各种商品在市场上按照价值量相等的原则进行相互交换的关系。商品实行按质论价，就是对不同质量的同种产品进行按质分等论价，使商品在质量上存在的差别可以在价格上充分地体现出来，真正做到优质优价，低质低价，同质同价。

4. 符合企业营销目标的原则

企业商品定价策略是为了实现一定的市场营销目标服务的，因为企业在商品定价之前，首先应确定定价目标，使之与市场营销目标相一致，组成一个整体，才能发挥定价策略的积极作用。

企业的定价目标一般有以下几种：

(1) 以利润为定价目标 分为预期收益、最大利润和合理利润为定价目标三种。

① 以预期收益为定价目标 企业将预期收益水平规定为占投资额或销售额的一定比例，叫投资收益率或销售收益率。企业在定价时，要估算生产这种产品，按照什么价格销售，每年销售多少，在多长时间内才能收回投资。实行预期收益定价目标的企业，应具备较强的实力，在同行业中居于主导地位，生产要标准化，产品销量大，规模经济优势要显著。

② 以最大利润为定价目标 最大利润是指最大限度的投资收益或销售利润。当企业的产品在市场上处于绝对有利地位时，可实行高价策略，以获取超额利润。但是最大利润并不是可以任意抬高物价，因为商品价格过高，迟早会导致新的企业参加市场竞争，造成供大于求；或迫使消费者使用替代品以致对这种商品的需求量减少。因此，企业以最大利润为目标，是指以适当的价格、适当的销售数量去获取长期稳定的最大利润。

③ 以合理利润为定价目标 企业为保全自己，减少风险，以及限于力量不足，可以以合理利润为定价目标。合理利润，一般指中等水平的利润。合理的限度，往往是按照提高产量的要求、投资者的要求、市场可以接受的程度等因素而确定和加以调整的。

(2) 以提高市场占有率为定价目标 市场占有率是指某企业产品的销售量占市场上同种商品销售量的比例。市场占有率的高低，反映该企业的经营状况和市场竞争能力，关系到企业的发展与兴衰。所以，维持原有的市场占有率是起码的要求，提高市场占有率，是企业发展的进一步要求。

(3) 以引导消费、创造需求为定价目标 对于某些新产品、代用品或有前途的商品，可以通过发挥价格的杠杆作用，引导消费和创造需求，这对于调节市场需求、促进生产发展有重要的作用。

（4）以应付与防治竞争为定价目标　企业在制定价格时，定价目标应服从竞争的需求。一般来说，企业对竞争者的价格均甚敏感，在实际定价前，都要对竞争者的价格做细致的分析研究，以决定是以低于、高于或者等于竞争者的价格定价。在价格政策允许的前提下，企业应根据不同的商品和不同的市场，采取灵活的价格策略，以取得竞争优势。

二、定价的程序

1. 选择定价目标

企业的定价目标取决于企业的经营目标，在不同的时期，不同的条件下，企业应权衡利弊，加以选择。

2. 估算成本

产品成本是定价的基础，也是产品价格的最低限度，产品的价格高于成本，企业才能取得利润。产品成本包括固定成本和变动成本。

3. 测定需求

测定需求，一是调查市场需求的结构，了解不同价格水平上人们可能购买的数量；二是分析需求的价格弹性，从而采用不同的价格变动策略。对于富有弹性的商品，提价会使企业总销售收入增加，而降价会使总销售收入减少。因此，企业在定价时必须考虑需求弹性因素，对于弹性大的商品可通过降价来刺激需求，扩大销售；对于缺乏弹性的产品，降价就没有意义了。

4. 分析竞争对手的价格

商品价格不但取决于市场需求和产品成本，而且还取决于市场的供给状况，即竞争者的状况。这就是说，产品的最高价格取决于该产品的市场需求，最低价格限于产品的总成本，而在这最高价与最低价之间，究竟定多高的价格，则受竞争者同类产品价格的制约。因而，对于竞争者所提供的产品在做好深入调查研究的基础上，确定适当的竞争价格，以取得竞争优势。在分析价格因素的同时，也要考虑到非价格竞争因素，如产品质量、特色、功效及广告宣传等。同时，也要考虑到竞争对手对本企业产品价格所做出的反应，有可能针对本企业价格进行相应调查，同本企业争夺市场。

5. 选择定价方法

定价方法取决于企业的定价目标和影响价格的因素，同时还要依据产品本身所固有的特点。定价的方法有以成本为中心的定价方法、以需求为中心的定价方法和以竞争为中心的定价方法。

6. 确定最终价格

企业在确定基本价格以后,还要综合考虑其他各种有关因素的影响情况,如币值的影响、政府的有关政策法令、消费者的心理、用户和中间商的要求等。此外,在不同的时间和不同的地点,商品价格也不尽相同。企业应根据以上各种有关情况,运用一定的策略对基本价格做适当调整,制定出最终价格,以取得企业的最大营销目标和最佳经济效益。

三、定价策略

定价策略是指在制定和调整产品价格的过程中,为达到自己的经营目标,而采取的定价艺术和技巧。

1. 新产品定价策略

在市场营销中,新产品的价格,就是商品处于导入期的价格。新产品价格的高低,对于新产品能否打开销路,增加企业利润,扩大企业生产能力有重要影响。新产品定价策略如下。

(1) 撇脂定价策略 这是一种高价投放的策略。指在新产品初上市时,价格定得很高,以便在较短的时间内获得最大利润。这种定价策略因与牛奶中撇取奶油相似而得名。

撇脂定价策略适用于需求弹性小或无需求弹性的产品。其优点是:①新产品进入市场初期,由于需求弹性小,市场竞争不大,适当以偏高价格出售,消费者也能接受,因而能够以较快的速度在较短的时间内,收回研究和开发新产品的各项费用;②主动性较大,开始价格稍高一些,有利于企业今后根据市场状况及时调整产品价格。其缺点是:①价格高,不利于新产品的迅速推广;②高价又高利,会迅速招来竞争者,迫使价格下降。

(2) 渗透定价策略 这是一种低价投放的策略。是在新产品上市初期,将价格定得低一些,薄利多销,以便迅速占领市场。

渗透定价策略适用于市场上已有类似的代用品,竞争者容易介入,以及需要弹性较大的产品。其优点是:①有利于迅速打开产品销路,并可以促使企业注意降低生产成本和销售成本;②低价薄利可以有效地排斥竞争者进入市场,以获得较高的市场占有率。其缺点是:①投资的回收期较长;②在新产品上市初期,把价格定得过低,以后要想再提高价格,就比较困难。

(3) 满意定价策略 这是一种介于撇脂定价策略和渗透定价策略之间的价格策略,所定的价格比撇脂价格低,而比渗透价格高,是一种中间价格。这种定价策略由于使生产者和消费者都比较满意而得名。

2. 心理定价策略

一般地说，不同消费者的购买心理是不同的，但在某些特殊情况下，多数顾客或某一顾客群体会产生相近的心理特征。巧妙地利用顾客心理来制定或调整价格的策略称为心理定价策略。这一策略主要用于零售定价。

(1) 奇数定价（又称零头定价） 是指商品的价格以奇数结尾。奇数定价，一是可以使人感到定价认真、准确，因而可增进消费者对价格的信任感；二是商品价格以奇数结尾，会使消费者产生一种"便宜"的心理感觉。

(2) 整数定价 这种定价策略是指商品的价格以整数结尾，不带零头。这种定价策略，主要适用于高价消费品或消费者不太了解其性能的商品。这是因为在现代商品交易中，生产者众多，花色、样式各不相同，特别是一些高档、高价位的名牌商品，或消费者不太了解其性能的商品，消费者往往会有一种"一分钱，一分货"的心理感觉。另外，在种类繁多的商品销售中采用整数定价，可以方便顾客选购。

(3) 声望定价 这是根据消费者对某些商品、某些商店的信任心理而采用的价格政策。其目的：一是提高产品的形象，以价格说明它名贵质优；二是满足某些购买者心理上、地位上的欲望。

3. 折扣定价策略

指商品生产经营者为了广泛扩大产品销路，争取顾客，对购买者给予一定的价格折扣或增加货量。主要有以下形式：

(1) 数量折扣 这是根据购买者所购买数量不同，给予不同的折扣。一般购买数量越多折扣越大，以鼓励购买者大量并长期进货。其实质是买方大量购买时，卖方销售费用节约的一部分，以折扣的形式分配给买方。数量折扣可分为非累计折扣和累计折扣两种形式。

(2) 现金折扣 指对按约定日期付款或提前付款的顾客给予的折扣优势。其目的在于鼓励顾客提前支付贷款，从而加速企业的资金周转。

(3) 交易折扣 指生产企业根据各类中间商在市场营销过程中担负的功能不同，给予不同的折扣，又称商业折扣。交易折扣的多少，随行业与产品的不同而不同，相同的行业与产品，又要看中间商所承担的商业的多少而定。如果中间商提供运输、促销资金、融通等功能，对其折扣较多；否则，折扣将随功能的减少而减少。一般来说，给予批发商的折扣较大，给予零售商的折扣较少。

(4) 季节性折扣 这是生产季节性产品的企业对于在该产品销售淡季来购买产品的买主所给予的价格优惠。主要是有利于鼓励中间商及用户提早采购，以减轻储存压力，加速商品销售和资金周转。

4. 地区定价策略

由于销售地点不同，消费者的购买力不同，运销费用也有差别，这些差别在价格上反映出来，就是地区差价。考虑这种差别而决定产品价格时，可选用：

(1) 产地定价策略 企业制定的是出厂价格、产地价格，在企业所在地交货，适用于各地区的买主。运输费用由买主全部负担。对卖主来说，这一策略是最单纯而又便利的。

(2) 统一运送定价策略 企业按照统一出厂价格，将货物运送到买主所在地，不论路程远近，均收取相同的费用。实行这样的定价策略，有利于鼓励远地区买主购买，扩大销售区域。同时，由于运费只占变动成本的一小部分，买主往往认为这是一种免费运送的附加服务，这对于促进成交、增加销售额，有显著作用。

(3) 区域运送定价策略 企业将产品市场按远近分为若干地区，在每一个地区内，实行统一运送定价策略。

(4) 津贴运费定价策略 此策略常常同产地定价策略结合使用。由于实行产地定价，远离产地的中间商，要蒙受较大的运费损失，为避免他们转向其他企业购买，企业可以对他们补贴一部分或全部运费，以求同他们建立稳定的购销关系，占据远地的目标市场。

四、产品定价方法

1. 以成本为中心的定价方法

以成本为中心的定价方法，是指按产品的单位成本加上预期利润的定价方法。成本与售价之间的差额，即是加成，故又称成本加成定价方法。包括总成本加成定价法、边际成本定价法和收支平衡定价法三种。

(1) 总成本加成定价法 按照产品的总成本加上预期利润来定价。

$$产品单价 = 总成本 \times (1 + 预期利润率) / 产品产量$$

这种定价方法的优点：计算简单，有利于核算，并补偿劳动耗费，在正常情况下，可获得预期的利润。其缺点是：只考虑个别生产者的个别成本与产品的个别价值，忽视产品市场供求状况，缺乏灵活性，难以适应复杂多变的竞争形势。同时，成本计算也缺乏真实性，不仅新产品的产量无法确知，对产品的未来产量也只能估计。而成本常随产量的增减而变动，最多只能求得近似成本。

(2) 边际成本定价法 在产品定价时，只考虑变动成本，不考虑固定成本，在变动成本的基础上，加上预期的边际贡献来定价的方法。所谓边际贡献，就是指每增加一件产品的销售所获得的收入减去增加这件产品生产所增加的成本的差额。

$$产品单价 = (变动成本 + 边际贡献) / 产品产量$$

(3) 收支平衡定价法 是利用收支平衡点来确定价格水平，即销售量在某一数量时，价格应定到什么水平，企业才能保证不发生亏损，或保证获得预期利润的一种定价方法。

产品单价＝总固定成本/产品产量＋单位产品变动成本

或：产品单价＝(总固定成本＋总预期利润)/产品产量＋单位产品变动成本

2. 以需求为中心的定价方法

以需求为中心的定价方法，是根据市场和消费者的需求强度来确定价格。这种定价方法的特点在于有效而灵活地运用价格差异，即对于平均成本相同的同一产品，价格可随需求的变化而变化。差别定价可因顾客的购买能力、对产品的需求情况、产品的型号和样式以及时间、地点等因素而采取不同的形式。

(1) 以顾客为基础的差别定价 指对同一产品，根据顾客的不同需求强度确定不同的价格。对需求弹性大，价格定得低一些；对需求强度小的，则定得高一些。

(2) 以产品为基础的定价 指对同一产品的不同样式，规定不同的价格，但价格上的差别和成本上的差别不成比例。

(3) 以地域为基础的差别定价 同一商品，在市场的不同空间位置，由于有不同的需求强度，可以定出不同的价格，尽管其成本差别不大。

(4) 以时间为基础的差别定价 同一商品，在不同时间有不同的需求，可以定出不同的价格。在销售通畅时价格定得高一些，在营业清淡时价格定得低一些。通常这种产品的价格随季节变化较多。要注意以下问题：①市场要能够细分，且不同的细分市场要有明显的需求差别；②要防止在低价细分市场上出售的产品向高价细分市场的转售，让他人坐收渔利；③要确知高价细分市场的竞争者无力实行低价竞销；④市场细分增加的开支不能超过高价细分市场的超额收入；⑤差别定价不能引起顾客的反感，以致减少购买。

3. 以竞争为中心的定价方法

(1) 流行水准定价 是把本企业产品的价格跟上同行业的平均水准。主要适用于均质产品。这些产品无论是哪一家的，质量基本上是相似的。在充分竞争的市场上，均质产品的定价，除了按流行水准定价外，别无更好的选择。在这种情况下，企业的竞争手段主要是成本控制。在少数几家大企业把持市场垄断的情况下，均质产品的价格，在大企业之间也趋向接近。

流行水准定价，并不是在任何情况下，产品的价格都要和竞争者一致，每个制造均质产品的企业，由于在质量等许多因素上有差异，所以定价上还会有差别。有的可以把价格定得高于流行水准，这主要是指小企业，目的是要在大企业的竞争夹缝中求得生存。

(2) 低于或高于竞争者定价 无论竞争者的价格为多少，本企业的产品价格始终比竞争者的价格低，各类企业均可采用此法，但以零售企业为多。无论竞争者的价格为多少，本企业的产品价格始终比他们高，其条件是产品具有特别功能，或者企业的商誉特别好。

(3) 投标报价　对于一些重大的项目，或大型的机械设备等生产资料，往往采用发包者招标，承包投标的方式。投标过程中，投标者要报价。投标报价的企业首先应考虑竞争的价格。为取得合理投标报价，投标报价既要低于其他投标者的报价，又不能太低，如低于成本将造成亏损；然而又不能太高，太高虽能盈利，但没有竞争力。

第七节　促销策略

一、促销组合

1. 促销组合的含义

商品销售过程是商品流、信息流的高度统一过程，是信息传递的过程。通过广告、人员推销、营业推广及公共关系把生产者、经营者、消费者有机地联系在一起，这种信息沟通的组合与搭配方式就称为促销组合。

2. 影响促销组合的因素

广告、人员推销、营业推广及公共关系之间的组合及搭配，是受许多因素影响的，主要有：

(1) 产品的种类或市场类型　从事工业品营销的企业最重要的促销方式是人员推销，其次是营业推广，然后是广告，最后是公共关系宣传。从事消费品营销的企业最重要的促销方式是广告，其次是营业推广，然后是人员推销，最后是公共关系宣传。

(2) 促销策略　促销策略可分为两类：一是推动策略，就是以中间商为主要促销对象，把产品推向目标市场，采用此策略，人员推销的作用最大；二是拉引策略，就是大量运用广告和其他宣传措施激发消费者对企业产品发生兴趣，产生购买行为，采用此策略，则广告的作用更大。

(3) 购买准备过程的阶段　顾客购买过程一般分为四个阶段，即知晓、了解、确信、购买。在不同阶段，企业应采用不同的促销方式。知晓阶段，广告与公共关系的作用较大；了解阶段，广告作用较大，其次是人员推销；确信阶段，人员推销的作用最大，广告作用略小于人员推销；购买阶段，则主要是人员推销起作用。

(4) 产品寿命周期的阶段 产品在寿命周期的不同阶段,促销目标不同,要相应地选择不同的促销组合。当产品处于介绍期时,需对产品进行广泛宣传,提高知名度,因此广告与公共关系作用最大,营业推广也有一定作用。在成长期,广告和公共关系仍需加强,营业推广则可相应减少。到了成熟期,应增加营业推广,削减广告。产品进入衰退期后,某些营业推广措施可继续保持相当数量,广告与宣传报道可减少或完全停止。

二、人员推销

1. 人员推销的作用及特点

人员推销是指企业派推销人员直接向中间商、用户和消费者推销产品。

(1) 人员推销的作用 人员推销是最古老、最有效的促销方式,它具有以下作用。

① 开拓市场 通过人员推销,企业能够与顾客保持广泛的联系,了解行情,判断趋势,不断开拓新的市场,扩大销售。

② 传递信息 通过人员推销,企业能够沟通供需关系,及时传递信息。

③ 提供服务 人员推销不仅能够推销产品,而且能在推销产品过程中向顾客提供各种服务,如咨询、技术指导、简单维修等。

④ 收集情报 推销人员要及时收集消费者对本企业产品和销售方面的意见,反馈到生产企业中来。

⑤ 协调平衡 推销人员要利用其接触面广的有利条件,为产需双方穿针引线,调剂余缺。

⑥ 机动灵活 每个推销人员可随时根据顾客愿望和需要,以及他们的心理动机,灵活机动地采取有效的经营手段和方法,促成顾客的购买行为。

(2) 人员推销的特点

① 直接对话 推销人员与顾客直接发生联系,便于直接了解顾客对商品和企业经营的意见及增进顾客对商品的了解,促进销售。

② 培养感情 推销人员通过与顾客直接联系,可促使买卖双方超越单纯的买卖关系,而建立友谊,形成融洽的关系。

③ 反应迅速 通过直接联系,可及时得到对方的反应。

④ 推销费用高 市场广阔分散时,推销费用高,且人多难管理。

⑤ 推销人员素质要求高 理想的推销人员必须具有高水平的社会道德修养和良好的职业风尚及丰富的专业知识。

2. 推销人员的素质及培训

(1) 推销人员的素质 在人员推销活动中,推销人员要代表企业同消费者打交道,因此对推销人员素质要求较高。一般来说,合格的推销人员必须具备下列条件。

① 良好的经营思想和道德品质　推销人员必须具有为人民、为用户服务思想，认真执行国家的方针政策。正确处理好国家、企业、用户的经济利益关系，不能见利忘义，损公肥私，坑害消费者。

② 强烈的事业心和责任感　推销人员要深入基层，要积极地参加各种订货会、展销会等，了解市场行情，掌握需求关系，对顾客耐心细致地宣传服务等。这些工作都是相对艰巨的，没有强烈的事业心和责任感，是不可能完成的。

③ 丰富的业务知识　推销人员应具有商品知识、市场知识、消费者心理学知识，以及熟练的操作技能等。

④ 一定的文化修养及娴熟的推销技巧　文化修养和推销技巧是搞好推销工作的重要条件。推销人员在推销商品的过程中要言谈流利，口齿清楚，表达力强，同时要仪表端庄，举止大方，态度从容，和蔼可亲，给顾客留下亲切、愉快、满意的感觉，有助于销售实现。推销人员要取得良好的销售效果必须掌握一定的推销技巧，在深入了解顾客的愿望、需要、爱好、职业等基础上，运用推销技巧，促成销售。应绝对避免与顾客争吵。

⑤ 健康的身体　推销工作是一项艰巨工作，要求推销人员身体健康、精力充沛、能吃苦耐劳。

(2) 推销人员的选拔　选拔推销人员一般有两方面的来源：一是从本企业职工中选拔，其优点是节约培训时间和培训费用，缺点是挑选余地小；二是向社会公开招聘，优点是来源广、挑选余地大，能更好地发挥其特长，缺点是挑选的人员缺乏专业技术知识，需经较长时间培训，花费较多培训费用。在选聘推销人员时，多采用招考的办法，既要笔试又要口试，从受教育的程度、兴趣爱好、性格、处理人际关系的能力和推销能力等各方面进行考察，择优录用。

(3) 推销人员的培训　在推销人员选聘工作完成后和实际工作开始之前，对新录用的推销人员必须进行认真的培训，使其具备本企业产品销售的基本知识及技能，并逐步成为一名优秀的推销员。

① 培训内容包括国家的方针政策、法律规定，企业的经营方针、销售政策、规章制度；产品的性能、质量、规格、用途、优缺点；市场需求量、供应量、潜在市场情况、消费者购买习惯、消费者地区分布及经济状况；产品推销的程序、规则、宣传方式、商业语言和人际关系等。

② 培训方法包括自办培训中心或专门学校模拟示范训练，举办短训班，开展师带徒活动，函授培训等。

3. 人员推销的工作步骤及策略

(1) 人员推销的工作步骤：
① 发掘　就是要找出潜在顾客。
② 事前准备　在进行推销前，推销人员要掌握产品知识、顾客知识、竞争

知识。

③ 接近　与顾客进行直接交谈，首先要给顾客留下良好印象。

④ 介绍　是推销的中心环节，将本企业的产品介绍给顾客。

⑤ 应付异议　随时应付否定意见。

⑥ 成交　要求对方定货购买。

⑦ 事后跟踪　了解买主是否对自己的购买感到满意，发现可能产生的各种问题。

(2) 人员推销策略

① "试探性"策略　又叫"刺激-反应"策略。推销人员在不了解顾客的需要情况下，事先准备说辞，对顾客进行试探，然后根据顾客反应进行说明宣传。

② "针对性"策略　又叫"配方-成交"策略。推销人员事先已知顾客要求，针对要求进行有目的的宣传介绍，引起顾客兴趣和好感，从而达成交易。

③ "诱导性"策略　又叫"诱发-满足"策略。推销人员通过说服，诱导顾客产生需要，并急于要求实现这一需要。

三、广告策略

1. 广告的概念及作用

(1) 广告的概念　广告即广而告之。是生产者与用户之间传播信息，以达到销售商品的一种行为。它借助一定的媒介，进行有助于销售商品和劳务的公开宣传，包括商业广告、宣传、陈列和展览会等各种形式。商业广告是以付款的形式，借助一定的媒介向广大观众或听众传播信息，促进销售的活动。一般包括报纸、杂志、电视、广播、路牌、壁画等，是最广泛最常用的形式。宣传是以不付款的形式向广大群众传播信息，促进销售的活动，如新闻报道、评比发奖、电影、舞台上使用某种产品等。陈列和展览会也是进行广告推销的重要方式，如橱窗广告、霓虹灯广告等陈列方式，展览会或展销会其形式更是多种多样。

(2) 广告的作用

① 传播信息　是广告的最基本职能，宣传介绍产品的性能和特点，便于用户购买。

② 促进销售　广告可诱发消费者购买行为，通过介绍商品知识、性能特点、使用方法及选购注意事项等信息，能为消费者起到消费指南的作用。

③ 指导消费　随着科技进步，新产品不断涌现，但刚出现往往不被人注意，因此通过广告引导消费者既使用老产品又可购买新产品。

④ 提高声誉　通过好的广告宣传可提高本企业的知名度，树立良好的企业声誉，从而建立良好的顾客基础，增强与其他同类产品的竞争能力。

⑤ 美化环境　形象生动、色彩优美的画面设计可美化环境，优美、幽默的艺术语言及和谐动听的音乐可陶冶人的情操，增进和丰富人们的物质文化生活。

2. 广告媒介的种类和选择

广告媒介又叫广告媒介物,是指广告者与广告对象之间经济信息传播的物质技术手段,是沟通广告者与消费者的信息桥梁。

(1) 广告媒介的种类

随着科学技术的发展,广告媒体日益增多,主要有报纸、杂志、广播、电视、互联网、电影、广告牌、邮寄广告、说明书、包装纸等,其中报纸、杂志、广播、电视被称为四大广告媒体。

① 报纸 报纸具有宣传面广、传播迅速、简便灵活、保存性好、费用低廉等优点,是主要的广告媒体。但报纸也具有时效性差、注意度低、单调呆板的局限性。

② 杂志 杂志是重要的印刷宣传品,是以满足读者某方面知识兴趣为主的专业性和综合性读物。杂志一般具有专业性强、发行面广、阅读有效时间长、精美突出等优点。但也具有周期性长、时效性差等不足之处。

③ 广播 包括有线广播和无线广播。通过发射电磁波传递语言、音乐和音响来做广告。广播一般具有传播速度快、范围广、制作费用低、灵活、最能发挥听觉效果等优点,缺点是有声无形,不利于树立商品形象,转瞬即逝。

④ 电视 是一种有声、有色、有形的先进宣传工具,是通过发射高频率电波来传递语言、音乐、音响和活动画面的一种媒介。它具有覆盖面广、收看率高、视听兼优、感染力强、传播迅速、时空性强等优点。缺点是时间短、消失快、制作费用高、制作复杂、信息简单、保存性差。

(2) 广告媒介的选择 选择广告媒介主要从以下几个方面考虑。

① 广告目标 广告目标不同,广告媒体也应不同,应具有针对性。推向全国范围内的产品,即人人都能使用的共性商品,广告媒体应是全国性的;局部地区销售的产品,就应选择带有地方性的广告媒体。

② 产品特点 不同性质的产品应选择不同的广告媒体。对技术性强的工业品,要采取使用说明书或样品等方式作广告,也可通过报纸或杂志作广告,而一般消费品则应采取广播或电视作广告。

③ 媒体特性 主要指媒体的传递速度、保留时间、色彩性、视听效果等。

④ 消费者的习惯 不同消费者由于习惯兴趣、文化程度等不同,对广告的爱好也不同。

⑤ 广告的时间性 即媒体的传递频率,要与企业要求广告信息出现次数相一致。

⑥ 媒体成本 广告活动要考虑费用与成本的关系,进行广告宣传,既要使广告达到理想效果,又要考虑企业的负担能力。企业要根据自身财力合理选择广告媒体。

3. 广告的设计

(1) 广告设计的格式 其格式一般包括如下五个要素。

① 标题 是广告中最简洁、最突出的文字，通常以醒目的口号、辞语等文字形式表示，它能突出地表达广告客户的最终愿望和所推销商品的本质特征及性能。

② 短文 是对所宣传商品的简单介绍，一般包括经营规模、经营项目、经营方法、技术水平、产品质量、社会信誉、使用方法、维修保养、商品价格、购买优惠条件等内容。

③ 商标 突出商标有助于加深观众、听众、读者对商品的印象，以方便购买。

④ 形象 是展示广告主题的有效办法。一般以实物、图片、录像等形式表示，能使观众、读者加深直观认识。

⑤ 其他说明 如使用期限、产地、联系电话、禁忌事项等。

(2) 广告设计的形式 一般包括：①生活片断。人们日常生活使用本产品的情形。②生活方式。强调本产品如何适应人们的生活。③音乐。将本产品融于广告歌曲中。④幻想。针对本产品的特点及用途，设计出一种幻想境界。⑤气氛或形象。为产品制造可引起某种联想的气氛或形象，给人以暗示，但不对产品性能作任何直接宣传。⑥人格化。即用文字或语言使产品人格化。⑦技术特色。显示企业所拥有生产有关产品的专门技术和丰富经验。⑧科学证明。通过调查证明或科学实验让消费者感到本产品完全合乎科学要求和标准。⑨旁证。请权威人士或机构和普通用户现身说法，证明本产品的性能和质量。

四、营业推广

1. 营业推广的含义

营业推广是指企业在特定的目标市场中为迅速刺激需求和鼓励消费而采取的一种促销措施。

营业推广促销强烈，可促使消费者当机立断，马上购买，因此见效很快。

2. 营业推广的基本类型

根据推销商品的接受者不同，营业推广可分为以下三种类型。

(1) 直接针对消费者 如实行有奖销售、样品试用、减价推广、分期付款、现场表演等。

(2) 针对零售商品的推销方式 如购货折扣、合作经销、经销竞赛、推广津贴等。

(3) 针对企业销售人员的推广方式 包括作为中间商的推销人员和本企业的

推销人员，采取适当奖励措施，鼓励他们积极开展推销活动，如发放红利、奖金，组织推销竞赛等。

3. 营业推广应注意的问题

营业推广措施的优点是对消费者、中间商及推销人员有较大的吸引力，能起到立竿见影的效果，但如果应用不当，也会降低产品信誉，使顾客产生怀疑心理。因此应注意以下问题：

(1) 明确营业推广目标 营业推广目标是根据目标市场的购买者和企业经营目标决定的。对消费者的营业推广目标应是鼓励老顾客重新购买本产品，吸引新顾客试用本产品；对中间商的营业推广目标应是鼓励中间商大量进货及持续经营本企业产品；对推销人员的营业推广目标是鼓励推销人员开拓新市场。

(2) 选择适当的营业推广方式 营业推广方式甚多，不同方式作用不同，如运用不当不仅起不到应有的作用，反而造成不必要的经济损失，降低本企业声誉。

(3) 确定合理的营业推广期限 营业推广是一种适用于较短时间的促销方式，因此这种方式时间不能太长，太长会失去吸引力。但推广时间也不能太短，太短会失掉一部分购买希望。

(4) 安排好营业推广预算 进行营业推广，需花费一定费用。因此企业要搞好推广预算，考虑自己的支付能力及营业推广带来的效益。

五、公共关系

1. 公共关系的含义及职能

(1) 公共关系的含义 公共关系又称为公众关系，是指一个企业为谋求社会各方面信任和支持，树立企业信誉，创造良好的社会环境而采取的一系列措施和行动。

(2) 公共关系的职能

① 树立形象，争取信任 就是在社会上为企业树立良好形象：一是自身形象，包括知名度和声誉度；二是其产品或工作形象。

② 搜集信息，了解变化公共关系 人员通过调查研究把外界对企业的经营方向、产品质量、服务水平、人事政策等各方面的意见和反映，及时反馈回来，为决策提供科学的依据。

③ 参谋咨询，分析行情 包括：a. 关于本企业的知名度和声誉的评价和咨询；b. 关于公众心理的分析预测和咨询；c. 从公众的角度对本企业的经营方针、计划和行动进行评论，并提出改善意见。

④ 加强联系，协调发展 一是要处理好本企业内部各种职能部门之间、干群之间、职工之间的关系，以加强企业的内在凝聚力；二是通过举办各种公益活

动，来协调企业与社会、新闻界、政府部门、消费者、经销商的关系，互惠互利，共同发展。

2. 公共关系活动的主要方式

(1) 利用新闻渠道进行宣传　是公共关系宣传的主要形式。它是通过报纸、杂志、广播、电视等工具进行的。新闻报道一般具有很大的权威性，在人们的心目中占有极高的地位，因此对企业促销有较大的作用。

(2) 通过报告、演讲及制作视听材料进行自我宣传　自我宣传的内容是本企业的历史发展过程及经营特点，如强调本企业开办时间长、信誉高、品种齐全等。

(3) 通过消费者进行宣传　消费者是产品的购买者和使用者，也是对本企业产品最公正的评判人，因此通过消费者进行宣传是有效的。

(4) 通过聘请公司顾问和公共关系代理人进行宣传　公司聘请的顾问和公共关系代理人，一般都是一个地区有影响的人物，他们会利用自己在社会各界的影响和广泛的社会交往，为企业创造良好的生产经营环境。

(5) 通过举办各种专门活动来扩大企业影响　如举办周年纪念、招待会、特别展览会等活动，增加社会各界对企业的了解，加深对企业的印象。企业还可以通过举办各种公益事业来增加企业的影响。

第八节　市场推广与服务

一、推广策略

国内农资产品同质化严重，市场竞争激烈，对于有一定技术创新和区域竞争优势的产品，就要做好推广与服务工作，以保障新产品市场开发和市场竞争。从农资行业发展来看，推广措施和方法多种多样，但要想做好区域产品推广，取得好的业绩，就要把握以下原则。

1. 突出重点，合理分配资源

无论是农资生产企业还是农资经销商，即使在同一地区由于作物种植结构复杂，农资品类较多。要开展好市场营销工作，首先要根据年度市场营销规划，确定重点市场、重点产品或组合，进行合理的资源配置，有重点地开展推广工作。合理分配资源，重点市场、最有潜力的区域是销售工作的重中之重，要努力打造优势市场，这样才能带动整体销售，实现推广-销售一体化。

2. 因地制宜，组织差异化竞争活动

即使是同类产品，农资企业不同，资源配置有差异，产品质量、渠道均有不同，要依据市场情况，经销企业要结合自身优势多方面因素制定适合自己的、差异化的促销方案。通过差异化的市场活动，形成区域产品优势，带动产品销售，而不是市场通行的抽奖、捆绑销售、赠送礼品、发活动卡等。随着农民种植水平的不断提升，对于农资企业的这些短期促销活动已不感兴趣了，而是需要物有所值的产品、技术和服务。所以，对于有技术创新的产品和适合区域发展的技术，一定结合当地实际情况，制定出切合当地需求的竞争措施，推动产品销售。

3. 保持推广活动的连续性，助力区域品牌发展

目前，不少企业在市场营销战略规划中不考虑产品整体推广策略，而是在产品销售旺季为加快出货，大搞短期促销活动，往往透支市场，搞不好还形成巨大的市场库存，严重影响市场的长远发展。对于企业的目标市场，一定结合自身产品和技术优势，充分调动区域市场资源，做好区域市场规划，量力而行，制定完善的推广方案，保持推广活动的连续性，以保障产品的持续增长，从而带动产品的区域品牌建设。而从市场管理看，对农资经销商来说，推广活动在具体实施中，应重视整体区域的联动性，实现商家搭台，厂家唱戏，农户参与，整体联动的局面，这样才能实现快速出货和市场开拓的效果。

二、技术推广措施

1. 样板田

（1）农户选择

① 有一定种植规模和技术能力的农户或基地；
② 在当地有一定影响力、人缘好的种植户或推广人员；
③ 对新产品接受能力强，乐于配合试验示范工作。

（2）试验地选择

① 试验地交通便利，靠近路边，方便交流；
② 种植作物在当地要有代表性和成规模的种植面积；
③ 种植管理水平较高，在周边种植区有代表性；
④ 作物处于产品适用期；
⑤ 当前发生的病虫害有区域代表性；
⑥ 病虫害处于发病初期。

（3）操作要点

① 选择在无风或微风的晴天用药，最好安排傍晚试验；
② 施药方式要能充分发挥产品效果；

③ 药液要充分搅匀，并均匀喷药；
④ 与其他产品混用时，要考虑其适应性和安全性。

(4) 影响试验效果的因素
① 用药时气象条件的影响（天气、温度等）；
② 水质问题（用清水效果会更好）；
③ 施药方法的合理性；
④ 田间桶混问题（不同产品间的物理化学反应降低施用效果）；
⑤ 产品质量或适用性问题。

(5) 产品推广
① 分发宣传单页或技术材料；
② 发送样品给农民使用；
③ 收集种植农户资料以备日后回访；
④ 召开田间观摩会或技术推广会议，安排当地农技专家或示范地农户现身讲解，介绍产品使用方法和效果。在会议前，要做好充分准备，会议车辆和服务人员，以及活动需要的有关物料、宣传材料、礼品、技术手册由推广企业提前准备好，并逐一落实参加农户的详细种植信息，建立农户档案，交由终端进行客户的开发和维护。

2. 会议推广

新产品上市要经过田间试验、示范、推广三个阶段，做好前两步，开推广会就是产品能否规模进入市场的关键。开推广会应做好以下工作。

(1) 会议前准备工作
① 会期的确定及人员分工：会议内容、时间、地点、参会人员及构成。
② 会前的实地调查：与业务经理、客户、当地零售商沟通，了解要推广产品在本区域用药情况、有何疑问等。
③ 互动人员的选择：选择 2～3 个销售该产品的零售商，让其谈一下为什么要卖该产品，该产品都有哪些优势，从而引起其他经销商及零售商对此产品的兴趣。
④ 会议布置：从开会的宾馆到会场，要有鲜明的指示标牌，路程中，要多张贴有关本次会议要推广产品的张贴画，给人初步印象。要能让人一眼就能看出是哪个厂家开的哪个产品的专题推广会。其次在主席台正中央悬挂公司标志、标明企业名称和推广品种的横幅；另外主席台上，入场口可以批量摆放本次推广的产品，吸引到会人员的目光，引起关注。
⑤ 开会前，在基层开会，会前可以先播放一些公司宣传片、产品的广告带等，并与先到的参会人员广泛沟通会议产品，了解参会者的真实想法，作为会议讲课时的参考，同时可以聚集人气，拉近厂家和终端经销商的距离。

(2) 会议热场　推广会最怕也是最忌讳的就是直接进入主题。进入推广会前必须进行一些热场，比如，给参会人员讲一些有关最新的农资政策、行业新闻、市场分析等，通过对农资行业发展趋势的分析，引起参会人员的注意力，从而为会议主题的介绍奠定基础。

(3) 会议讲解注意事项

① 讲解产品时，听众忌讳的是行业专业术语。一线农资从业人员，文化程度参差不齐，专业术语会让他们感觉乏味，影响随后的产品讲述。专业知识的讲解要通俗易懂，尽量从农民的角度进行内容阐述。

② 产品的作用机理与使用方法，这是讲课的重点内容。如何使听众更容易理解，更容易接受，这些都是要下大工夫的，比如说可以将所讲的内容提纲每人一份，将公司产品的特点简单化、通俗化，比如借用成语、当地熟知的一些事情做比较等。

③ 增加互动内容，这也是增强产品宣传的好方法。互动分两个方面：一是对所讲内容疑问解答，不厌其烦地对听众疑惑的地方进行讲解；二是有奖提问，对所讲内容进行提问，对积极回答问题并正确的听众给予适当奖励。

④ 有关实验、示范及进行销售的人讲解该产品的一些感受，通过事先沟通好已经销售过该产品的零售商，讲解他们对该产品的认识，推广过程中的经验，分享给参会听众，从而调动参会人员对此产品的销售积极性。

(4) 会议现场促销 可以在会议结束前进行该产品的现场促销，用优惠的政策吸引已经对该产品有兴趣的客户。

(5) 总结与回访 会议结束后，要及时进行总结，对会议的优点与不足进行总结，以便吸取经验，避免失误。另外会议结束半个月后要进行回访，对产品销售的有关客户进行再沟通、回访，解决产品销售过程中有关问题。

3. 其他产品促销活动

对于基层促销工作，比较有效和常用的活动举例如下。

(1) 电影进村 晚上在大的自然村放电影科技片，同时给农民讲解用药常识，和农民互动，解决农民生产中的疑难问题，现场有奖销售或定产品，奖品为农民日常用品。

(2) 集市宣传 在一些区域性集市，可开展现场宣传工作。在现场布置彩旗、桌子、凳子、咨询台、易拉宝、宣传幕布、太阳伞或帐篷等。现场布置要有比较大的轰动效果，吸引足够多的人员参与，现场气氛要活跃：一是推广人员要能带头活跃气氛，具有一些表演才能为最佳；二是要用通俗易懂的方式方法进行推介，并赠送一些生动、活泼的纪念品，或开展有奖问答活动等，同时在现场开展促销活动。这样能极大地调动群众的积极性和注意力，记住企业及推广的产品，才能激起强烈的购买欲，并达到开宣传会的目的。

(3) 现场示范 在交通便利、过往农民较多的田块可开展现场产品示范宣传。在示范田上插上标牌，让农民看到实实在在的效果，农民看到产品使用后的效果后才会产生购买欲望，同时给农民讲解购买农资产品时的注意事项、真假产品鉴别等，以丰富宣传效果。

三、品牌管理

品牌是产品属性、名称、包装、价格、历史、信誉以及广告方式的无形总称。农资产品品牌是消费者对于某农资产品产生的主观印象，并使得消费者在选择该产品时产生购买偏好。

1. 品牌管理的重要性

有一种观点认为，农资的消费者以农民为主，其知识水平低，品牌认知度小，农资企业做品牌是无用的。其实，对于大多数中小型农资企业来说，品牌的内涵在一定程度上反映了企业文化，品牌不仅是对渠道、农民销售的有效工具，而且也是对企业员工、供应商等管理的道德力量。目前，在国内农资行业，特别是农药行业，因具有自主知识产权产品较少，多以过期专利仿制品为主，单一产品的影响弱，业内多以做企业整体品牌推广为主，产品品牌建立在企业品牌基础上进行推广，例如沙隆达敌敌畏、克胜吡虫啉、正业海岛素等。在营销中，品牌是唤起消费者重复消费的最原始动力，是消费市场上的灵魂。

2. 品牌管理的步骤

品牌管理是个复杂的、科学的过程，不可以省略任何一个环节。下面是成功的品牌管理应该遵守的四个步骤。

第一步骤：勾画出品牌的"精髓"，即描绘出品牌的理性因素。

首先把品牌现有的可以用事实和数字勾画出的看得见摸得着的人力、物力、财力找出来，然后根据目标再描绘出需要增加哪些人力、物力和财力才可以使品牌的精髓部分变得充实。这里包括消费群体的信息、员工的构成、投资人和战略伙伴的关系、企业的结构、市场的状况、竞争格局等。

第二步骤：掌握品牌的"核心"，即描绘出品牌的感性因素。

由于品牌和人一样除了有躯体和四肢外还有思想和感觉，所以在了解现有品牌的核心时必须了解它的文化渊源、社会责任、消费者的心理因素和情绪因素并将感情因素考虑在内。根据要实现的目标，重新定位品牌的核心并将需要增加的感性因素一一列出来。

第三步骤：寻找品牌的灵魂，即找到品牌与众不同的求异战略。

通过第一和第二步骤对品牌理性和感性因素的了解和评估，升华出品牌的灵魂及独一无二的定位和宣传信息。人们喜欢吃麦当劳，不是因为它是"垃圾食物"，而是它带给儿童和成年人的一份安宁和快乐的感受。人们喜欢去Disney乐园并不是因为它是简单的游乐场所，而是人们可以在那里找到童年的梦想和乐趣。所以品牌不是产品和服务本身，而是它留给人们的想象和感觉。品牌的灵魂就代表了这样的感觉和感受。

第四步骤：品牌的培育、保护及长期爱护。

品牌形成容易但维持是个很艰难的过程。没有很好的品牌关怀战略，品牌是无法成长的。很多品牌只靠花掉大量的资金做广告来增加客户资源，但由于不知道品牌管理的科学过程，在有了知名度后，不再关注客户需求的变化，不能提供承诺的一流服务，失望的客户只有无奈地选择了新的品牌，致使花掉大把的钱得到的品牌效应昙花一现。所以，品牌管理的重点是品牌的维持。

以往人们在谈论品牌时往往想的是产品或企业的商标，真正的品牌是从信誉牌开始进入到感情牌的过程。为了实现在消费者心智中建立起个性鲜明的、清晰的品牌联想的战略目标，品牌管理的职责与工作内容主要为：制定以品牌核心价值为中心的品牌识别系统，然后以品牌识别系统统帅和整合企业的一切价值活动（展现在消费者面前的是营销传播活动），同时优选高效的品牌化战略与品牌架构，不断地推进品牌资产的增值并且最大限度地合理利用品牌资产。

第九节 电子商务对农资经营的影响

一、电商在农资领域的发展现状

1. 农资电子商务交易具有的优势

目前，有很多厂家都想挤进电子商务这个领域，就是看见了电子商务既能保证产品的质量又能最大化地为消费者减少购买成本，还能为生产者省去一部分销售成本。这样既能降低产品的流通成本，又能为消费者降低购买成本，简单地说，就是快捷、节省。这是目前农资销售分销模式所不具备的。分销模式使农资能快速进入终端，达到面对面销售，产品购买风险减小，但其也存在着难以得到消费者认可的难题。为了得到农民用户的认可，又要做大量的推广和宣传支持，这无疑为产品的流通推广增加了成本，使农资产品再次达到终端时物超所值，导致销售滞慢。

2. 农资电子商务交易发展将面临的问题

电子商务交易模式是由于当今市场竞争激烈，一般营销方式成本加大、风险增高的必然结果之一，因此电子商务前景广阔。但其受到供货方资金与仓储的影响，将会导致电子商务正常交易产生不必要的麻烦，市场产品价格受到销售季节的影响，价格会有少许的上下波动，而且电子商务交易模式对厂家或中间商的资金量、仓储要求大幅提高，没有快速的反应机制和运输通道，势必会导致农资电商模式发展产生瓶颈。而农资中的肥料、农药等运输相对不便，不可能和一般快递那样运作，因此物流水平必须要跟上电子商务交易平台的要求和步伐，要是无法满足，则势必会给供货方的仓储和物流带来很大影响，无法及时供货和发货会导致广大顾客对电商的信誉度降低等。

在互联网上网民很容易知道一个品牌，但却不会轻易做出购买决策，网民往往要经历"知晓-兴趣-搜索-了解-洽购"才会做出购买决定，在这个过程中企业要依托网络完成对潜在客户的产品介绍、价值塑造、文化传达才有可能达成交易。

3. 农资电子商务模式的特殊性导致整体市场发展缓慢

现在各大厂家的模式不是层层销售就是农资连锁，其价格和利润空间相对来说狭小，但农资电商的发展势必会打破这一体系。如果没有价格差异的吸引，不会有多少人放弃原有的进货渠道。但要是价格体系过低，电子商务的强势宣传性，则势必会与原有销售模式的价格体系和利润体系发生冲突。这样一来，原有的市场价格保护和产品保护壁垒势必会被破坏。所以运作电子商务模式，需要一个中间商进行平台运作，统一操作和管理。假如每个农资企业都发展电商，势必会造成市场的恶性竞争。但目前来看，没有哪个生产型企业敢于投入巨大精力、人力、财力去做这件事，这样，思维的局限性导致农资电商之路的前进步伐缓慢停滞。

4. 消费者对产品企业信任度不足导致影响农资电子商务发展缓慢

如何能解决用户对电子商务的信任度是其发展过程中面临的一大难题。阿里巴巴有属于自己独特的解决信任的方式，但是是否能拿来直接用于农资电子商务还值得考虑。因为农资电子交易，产品的真伪、正规，是否有所说的效果，以及不易鉴定的特殊性，势必会导致信任度的降低，所以中间商的信任构建很重要，因为这不仅仅是消费者手中的资金的安全性，更是产品安全性和一旦最后出现问题后企业厂家是否会去解决的事情。因为农资产品不属于快速消费品，客户信任度不足导致消费低迷，致使农资电子商务之路发展缓慢。

二、农资电商的发展前景

1. 目标人群的定位

普通销售模式的定位在于经销商，经销商的定位在于种植户。但农资电商平台的定位则是面向大众，这就难以避免一些电脑的普及不足或不会操作，就会导致农资电子商务的进程缓慢。在很长一段时间内，农资电商的目标人群定位在具有一定知识水平，并方便使用电脑、网络等的用户。从现有农资销售来看，这些人主要包括：一是能够承担农资直供业务的人员，例如新知识农民、农场主、种植基地、合作社；二是缺少产品资源的基层经销商。

2. 发展农资电商的一些硬性条件

首先必须拥有大量的成熟稳定客户，包括终端和中层客户。因为大量的合作社、种植团体的产生，直接改变了往常的零散式销售的模式，为电子商务平台的发展提供了基本的必要条件。同时，构建拥有一个良好的稳定的电子商务网络平台也很重要，物流能力的强弱，决定了购买能力和销售利润的大小，所以前期选择成熟的物流企业进行合作，是很有必要进行的一项工作。马云说要建立全国物流网络，但是马云不玩物流，不玩贸易，而玩的是平台，玩的是金融，其要达到目标也要花上许多年的时间，投入巨大的资金物流。所以前期选择和成熟的物流公司合作，是一项必要的选择。其次是要拥有自己的一些现实平台，以供那些缺乏信任度的客户进行观察和了解，建立样板田，试验田和已经实体的农资合作店，这些都是消除消费者购买顾虑的一些手段。

总之，农资的电商是将来农资销售不可避免的选择和发展方向，但需要一个较长的发展过程，其出路必然是线上线下一体化，生产企业-电商-基层服务一体化发展的模式。

第三章 农药

第一节 农药的分类

农药品种繁多,在世界各国注册的品种有1000多种,每年不断推陈出新,其中常用的有300余种。为了研究和使用方便,将农药进行如下分类。

一、按原料来源分类

(1) 无机农药 来源于天然矿物的无机化合物。例如,硫黄、波尔多液、氢氧化铜等。

(2) 有机农药 通过化学合成手段获得的一类含碳氢的化合物。有机农药品种多,生产量大,应用范围广。目前使用的绝大部分农药都属于有机农药。

(3) 生物农药 利用天然生物资源(如植物、动物、微生物)开发的农药。根据来源不同,可分为植物源农药,如除虫菊素、烟碱、鱼藤酮、藜芦碱等;动物源农药,如斑蝥毒素、沙蚕毒素、蜕皮激素等;微生物农药,如白僵菌、绿僵菌、苏云金杆菌(Bt)等。

二、按化学结构分类

根据农药分子的结构类型或含有的元素进行分类。如有机氯杀虫剂、有机磷杀虫剂、氨基甲酸酯杀虫剂、拟除虫菊酯杀虫剂、三唑类杀菌剂、磺酰脲类除草剂等。

三、 按用途和防治对象分类

1. 杀虫剂

对有害昆虫机体有毒或通过其他途径控制其种群形成或减轻、消除为害的药剂。按其作用方式可分为：

(1) 胃毒剂 只有被昆虫取食后经肠道吸收进入体内，到达靶标才起毒杀作用的药剂。

(2) 触杀剂 接触到昆虫体（常指昆虫的表皮）后便可起到毒杀作用的药剂。

(3) 熏蒸剂 以气体的状态通过昆虫的呼吸器官进入体内而引起昆虫中毒死亡的药剂。

(4) 内吸剂 使用后可以被植物体（包括根、茎、叶及种、苗等）吸收，并可传导运输到其他部位组织，使害虫吸食或接触后中毒死亡的药剂。

(5) 拒食剂 可影响昆虫的味觉器官，使其厌食、拒食，最后因饥饿、失水而逐渐死亡，或因摄取营养不足而不能正常发育的药剂。

(6) 驱避剂 施用后可依靠其物理、化学作用（如颜色、气味等）使害虫忌避或发生转移、潜逃现象，从而达到保护寄主植物或特殊场所目的的药剂。

(7) 引诱剂 使用后依靠其物理、化学作用（如光、颜色、气味、微波信号等）将害虫诱聚而利于歼灭的药剂。

2. 杀菌剂

对病原菌能起毒害、杀死、抑制或中和其有毒代谢物，可使植物及其产品免受病菌为害或可消除病症、病状的药剂。按其作用方式可分为：

(1) 保护性杀菌剂 在病害流行前（即当病原菌接触寄主或侵入寄主之前）施到植物体可能受害的部位，以保护植物不受侵染的药剂。

(2) 治疗性杀菌剂 在植物感病后，可用一些非内吸杀菌剂，如硫黄直接杀死病菌；或用具内渗作用的杀菌剂，渗入到植物组织内部，杀死病菌；或用内吸杀菌剂直接进入植物体内，随着植物体液运输传导而起治疗作用的杀菌剂。

(3) 铲除性杀菌剂 对病原菌有直接强烈杀伤作用的药剂。这类药剂常为植物生长期难以忍受，一般只用于播前土壤处理、植物休眠或种苗处理。

3. 除草剂

对杂草具有杀灭或抑制作用的药剂。按其对杂草作用的性质可分为灭生性除草剂，如草甘膦、百草枯；选择性除草剂，如异丙隆、乙草胺、禾草灵等。按其对杂草作用方式可分为内吸性除草剂，如利谷隆，扑草净；触杀性除草剂，如地乐胺。

(1) 内吸性除草剂 施用后通过内吸作用传至杂草的敏感部位或整个植株，使之中毒死亡的药剂。

(2) 触杀性除草剂 不能在植物体内传导移动，只能杀死所接触到的植物组织的药剂。

(3) **灭生性除草剂** 在常用剂量下，可杀死所有与绿色植物体接触的药剂。如百草枯、草甘膦等。

(4) **选择性除草剂** 在一定剂量或浓度下，除草剂能杀死杂草而不杀伤作物，或杀死某些杂草而对另一些杂草无效，或对某些作物安全而对另一些作物有伤害，具有这种特性的除草剂称为选择性除草剂。目前使用的除草剂大多数属于此类。

四、按性能特点分类

(1) **广谱性农药** 针对杀虫、治病、除草等几类主要农药各自的防治谱而言的。如一种杀虫剂可以防治多种害虫，则称其为广谱性农药。同理可以定义广谱性杀菌剂与广谱性除草剂。

(2) **兼性农药** 兼性农药常用两个概念：一是指一种农药有两种或两种以上的作用方式和作用机理，如敌百虫既有胃毒作用，又有触杀作用；二是指一种农药可兼治几类害物，如吡虫啉、二嗪磷等，可防治多种科目的害虫。

(3) **专一性农药** 指专门对某一两种病、虫、草害有效的农药。如康宽只对鳞翅目害虫有效。专一性农药有高度的选择性，有利于协调防治。

(4) **无公害农药** 指用药量少，防治效果好，对人畜及各种有益生物毒性小或无毒，要求在外界环境中易于分解，不造成对环境及农产品污染的高效、低毒、低残留农药。具体来说在防治蔬菜病虫害时，只能使用无公害农药，如生物源农药，如 Bt、除虫菊素、烟碱、性信息素、井冈霉素、农抗 120、浏阳霉素、农用链霉素、多氧霉素、阿维菌素、芸苔素内酯、除螨素、生物碱等；无机农药，如氧氯化铜、络氨铜、硫黄等；有机农药，限于毒性较小、残留低、使用安全的有机合成农药，如菊酯类、新烟碱类、甲氧丙烯酸酯类等。

五、按施用方法分类

1. 喷粉法

用喷粉机具或其他工具把粉剂喷施到农作物或防治对象上的施药方法。该法不用兑水，直接使用，工效高，是防治暴发性病虫害的有效手段。

2. 喷雾法

利用喷雾机械将悬浮液、乳状液或水剂、油剂等均匀地喷洒在作物上或防治对象表面上，来防治有害生物。适合喷雾法的农药剂型有可湿性粉剂、可溶性粉剂、乳油、微乳剂、水乳剂、悬浮剂和其他水基化剂型等。

3. 土壤处理法

将药剂用喷粉、喷雾或毒土等方法施放在土面后再耕耙入土壤中，使药剂分散在耕作层内，或用药液淋于根部附近，或用注射方法注入土壤中。这种方法主要用来防治地下害虫、线虫，土壤传播的病害及杂草的萌动种子或幼芽。

土壤处理效果的好坏与土壤的酸碱度有关，中性土壤最好。其次，与处理时的土壤温度有关。第三与药剂的理化性质有关，即与药剂在土壤中的渗透性和扩散性有关。一般来说，蒸气压较高的药剂，在土壤中易于扩散。该法有利于保护天敌，但是药剂容易流失。目前主要用于处理苗床、植穴、根部周围的土壤。

4. 拌种和浸种（苗）法

将药剂与干种子混合拌匀的方法。这种方法可防地下害虫、土传或种子传播的病害。常用拌种药剂为高浓度粉剂、可湿性粉剂、乳油等。或把种子（种苗）浸泡在药液中，过一定时间后捞出，直接杀死种子（种苗）上携带的病原菌。药液浓度和药液温度不宜过高，浸种时间应按农药说明书的要求严格掌握，时间过长影响种子的萌发，也容易产生药害。

5. 毒谷、毒饵和毒土

这是防治蝼蛄、地老虎、蟋蟀等地下害虫和鼠类的有效方法。将害虫喜食的饵料如豆饼、麦麸、花生饼等煮熟或炒熟，与具有强胃毒作用药剂混拌而成。毒土是由药剂与湿润细土均匀混合而成。用时撒于地面、水面或与种子混播。毒土配制方法简单，不需药械，使用方便，工效高，用途广。

第二节　杀虫剂

阿维菌素（abamectin）

（Ⅰ）R=-CH$_2$CH$_3$(avermectin B$_{1a}$)
（Ⅱ）R=-CH$_3$(avermectin B$_{1b}$)

B$_{1a}$：C$_{48}$H$_{72}$O$_{14}$，873.1，71751-41-2
B$_{1b}$：C$_{47}$H$_{70}$O$_{14}$，859.1，71751-41-2

其他中文名称 除虫菌素、爱福丁、虫螨光、绿菜宝、虫螨克、阿巴丁、害极灭、齐墩螨素、螨虫盖特、虫螨克、螨虱净、毒虫丁、菜蛾灵、菜虫星、菜宝、菜农乐、杀虫丁

其他英文名称 abamectin、Abacide、Abamectin、Abamectine、Acimic、Affirm、Agri-Mek、Avermectin、Avermectine、Bermectine、Dynamec、Medamec

主要剂型 0.5%、0.6%、1.0%、1.8%、2%、3.2%、5%乳油，0.15%、0.2%高渗，1%、1.8%可湿性粉剂，0.5%高渗微乳油，2%水分散粒剂，10%水分散粒剂等。

作用特点 高毒杀虫剂。阿维菌素对螨类和昆虫具有胃毒和触杀作用，不能杀卵。作用机制是干扰神经生理活动，刺激释放 γ-氨基丁酸，而 γ-氨基丁酸对节肢动物的神经传导有抑制作用。螨类成虫、若虫和昆虫幼虫与阿维菌素接触后即出现麻痹症状，不活动、不取食，2～4 天后死亡。因不引起昆虫迅速脱水，所以阿维菌素致死作用较缓慢。阿维菌素对捕食性昆虫和寄生天敌虽有直接触杀作用，但因植物表面残留少，因此对益虫的损伤很小。阿维菌素在土内被土壤吸附不会移动，并且被微生物分解，因而在环境中无累积作用，可以作为综合防治的一个组成部分。

防治对象 对柑橘、蔬菜、棉花、苹果、烟草、大豆、茶树等多种作物的害虫有较好防治效果，用于防治蔬菜、果树等作物上小菜蛾、菜青虫、黏虫、跳甲等多种害虫，对其他农药产生抗性的害虫尤为有效。对线虫、昆虫和螨虫均有驱杀作用，用于治疗畜禽的线虫病、螨和寄生性昆虫病。

注意事项

（1）对鱼高毒，应避免污染水源和池塘等。

（2）对蚕高毒，桑叶喷药后 40 天还有明显毒杀蚕作用；对蜜蜂有毒，不要在开花期施用。

（3）最后一次施药距收获期 20 天。

生产厂家 华北制药集团爱诺有限公司、河北威远生化农药有限公司、山东科大创业生物有限公司、黑龙江省大庆志飞生物化工有限公司、江苏丰原生物工程有限公司、浙江升华拜克生物股份有限公司、浙江海正化工股份有限公司、广西桂林集琦生化有限公司、江苏百灵农化有限公司、山东齐发药业有限公司、山东省青岛瀚生生物科技股份有限公司、内蒙古拜克生物有限公司、吉林省八达农药有限公司、浙江惠光生化有限公司、宁夏启元药业有限公司、石家庄曙光制药原料药有限公司、内蒙古新威远生物化工有限公司、山东志诚化工有限公司、石家庄兴柏生物工程有限公司、山东省烟台博瑞特生物科技有限公司、宁夏大地丰之源生物药业有限公司、齐鲁制药（内蒙古）有限公司、京博农化科技股份有限公司、南京红太阳股份有限公司、爱普瑞（焦作）农药有限公司、河北万博生物科技有限公司。

吡虫啉（imidacloprid）

$C_9H_{10}ClN_5O_2$，255.66，105827-78-9

其他中文名称 咪蚜胺、灭虫精、扑虱蚜、一遍净、蚜虱净、大功臣

其他英文名称 Admire、Amire、Comowet、Confidate、Confidor、Aucho、Imadate、Merit

主要剂型 2%、5%缓释粒剂，35%种子处理悬浮剂，10%、25%、30%、50%可湿性粉剂，20%、200g/L可溶液剂，5%、10%乳油，5%片剂，70%水分散粒剂，70%湿拌种剂，600g/L悬浮种衣剂，350g/L悬浮剂，70%种子处理可分散粉剂。

作用特点 低毒。吡虫啉是硝基亚甲基类内吸杀虫剂，是烟酸乙酰胆碱酯酶受体抑制剂。具有广谱、高效、低残留，害虫不易产生抗性，对人、畜、植物和天敌安全等特点，并有触杀、胃毒和内吸多重药效。害虫接触药剂后，中枢神经正常传导受阻，使其麻痹死亡。用于防治刺吸式口器害虫及其抗性品系。速效性好，药后1天即有较高的防效，残留期长达25天左右。药效和温度呈正相关，温度高，杀虫效果好。

防治对象 主要用于防治水稻、小麦、棉花等作物上的刺吸式口器害虫，如蚜虫、叶蝉、蓟马、白粉虱及马铃薯甲虫和麦秆蝇等。

注意事项

(1) 本品不可与碱性农药或物质混用。

(2) 使用过程中不可污染养蜂、养蚕场所及相关水源。

(3) 适期用药，收获前两周禁止用药。

(4) 如不慎食用，立即催吐并及时送医院治疗。

(5) 贮藏要与食品远离，以免发生危险。

生产厂家 浙江扬农化工集团有限公司、南京红太阳有限公司、沈阳科创化学品有限公司、江苏蓝丰生物化工股份有限公司、江苏常隆农化有限公司、河北威远生化农药有限公司、天津农药股份有限公司、江苏省盐城利民农化有限公司、江苏克胜作物科技有限公司、江苏省农药研究所股份有限公司、湖南沙隆达股份有限公司、辽宁大连凯飞化工有限公司、重庆农药化工（集团）有限公司、宁夏新安科技有限公司、江苏康鹏农化有限公司、浙江海正化工股份有限公司、陕西恒田化工有限公司、江苏百灵农化有限公司、江苏省盐城双宁农化有限公司、山东省青岛凯源祥化工有限公司、海利尔药业集团有限公司、江苏丰山集

有限公司、江苏省南通派斯第农药化工有限公司、河北野田农用化工有限公司、山东碧奥生物科技有限公司、山东省联合农药工业有限公司、安徽华星化工股份有限公司、浙江省宁波中化化学品有限公司、安徽金泰农药化工有限公司、郑州兰博尔科技有限公司、江苏省新沂中凯农用化工有限公司、山东麒麟农化有限公司、河北省衡水北方农药化工有限公司、江苏建农农药化工有限公司、安徽广信农化股份有限公司、山东潍坊润丰化工股份有限公司、江苏瑞邦农药厂有限公司、江苏禾业农化有限公司、山西绿海农药科技有限公司、江苏润鸿生物化学有限公司、江苏绿叶农化有限公司、如东县华盛化工有限公司、爱普瑞（焦作）农药有限公司、山东海利尔化工有限公司、连云港中化化学品有限公司、江苏苏滨生物农化有限公司、河北瑞德化工有限公司、苏州遍净植保科技有限公司、四川省乐山市福华通达农药科技有限公司、允发化工（上海）有限公司、江苏龙灯化学有限公司。

吡螨胺（tebufenpyrad）

$C_{18}H_{24}ClN_3O$，333.8，119168-77-3

其他中文名称　统治、治螨特、心螨立克
其他英文名称　Pyranica
主要剂型　10％可湿性粉剂、20％乳油、30％悬浮剂。
作用特点　低毒。酰胺类杀螨剂，属吡唑杂环类昆虫线粒体呼吸抑制剂，阻碍线粒体的代谢系统中的电子传递系统复合体Ⅰ，从而使电子传递受到阻碍，使昆虫不能提供和贮存能量。持效期长、毒性低、无内吸性，具有渗透性。对各种螨类和半翅目、同翅目害虫具有卓效，对螨类各生长期均有速效和高效。与苯丁锡、噻唑螨酮等无交互抗性。
防治对象　用于防治苹果、柑橘、梨、桃和扁桃上的害螨（包括叶螨和全爪螨），茶树的神泽叶螨，蔬菜上的各种螨类（如棉叶螨、红叶螨和神泽叶螨），棉花上的叶螨和小爪螨。
注意事项
（1）对鱼类有毒，不能在鱼塘及其附近使用；清洗设备和处置废液时不要污染水域。
（2）皮肤接触吡螨胺药液部分要用大量肥皂水洗净；眼睛溅入药液后要先用水清洗15min以上，并迅速就医。
（3）如出现中毒，应立即送医院治疗。
生产厂家　浙江天一农化有限公司、北京富力特农业科技有限责任公司、江

苏龙灯化学有限公司、广西田园生化股份有限公司、浙江嘉华化工有限公司、宁夏绿泰生物工程有限公司、辽宁省大连松辽化工有限公司等。

吡蚜酮（pymetrozine）

$C_{10}H_{11}N_5O$，217.23，123312-89-0

其他中文名称 吡嗪酮、派灭净

其他英文名称 Plenum、Pymetrozin

主要剂型 25％、50％、70％可湿性粉剂，50％、60％、75％水分散粒剂，25％悬浮剂。

作用特点 低毒。作用于害虫内血流中胺［5-羟色胺（血管收缩素）、血清素］信号传递途径，从而导致类似神经中毒的反应，取食行为的神经中枢被抑制。此外，小麦蚜虫、水稻飞虱接触药剂即产生口针阻塞效应，停止取食，丧失对植物的危害能力，并最终饥饿至死，而且此过程不可逆转。吡蚜酮对害虫具有触杀作用，同时还有内吸活性。在植物体内既能在木质部输导也能在韧皮部输导，因此既可用作叶面喷雾，也可用于土壤处理。由于其良好的输导特性，在茎叶喷雾后新长出的枝叶也可以得到有效保护。

防治对象 用于防治蚜虫科、飞虱科、粉虱科、叶蝉科等多种害虫，如甘蓝蚜、棉蚜、麦蚜、桃蚜、小绿斑叶蝉、褐飞虱、灰飞虱、白背飞虱、甘薯粉虱及温室粉虱等。适用于蔬菜、小麦、水稻、棉花、果树。

注意事项 喷雾时要均匀周到，尤其对目标害虫的危害部位。

（1）对水稻的安全间隔期为7天，每季最多使用2次。

（2）本品对蜜蜂、鱼类等水生生物、家蚕有毒，施药期间应避免对周围蜂群的影响，蜜源作物花期、蚕室和桑园附近禁用。养鱼稻田禁用，远离水产养殖区施药，禁止在河塘等水体中清洗施药器具。

（3）使用本品时应穿戴防护服和手套，避免吸入药液。施药期间不可吃东西和饮水。施药后，彻底清洗器械，并将包装袋深埋或焚毁，并立即用肥皂洗手和洗脸。

（4）本品对瓜类、莴苣苗期及烟草有毒，应避免药液漂移到上述作物上。

（5）不得与碱性农药等物质混用。为延缓抗性产生，可与其他作用机制不同的杀虫剂轮换使用。

生产厂家 江苏安邦电化有限公司、沈阳科创化学品有限公司、江苏南通施壮化工有限公司、安徽扬子化工有限公司、江苏克胜作物科技有限公司、江苏省农药研究所股份有限公司、安徽中山化工有限公司、安徽丰乐农化有限责任公司、四川省乐山市浮华通达农药科技有限公司、南京南农农药科技发展有限公司、陕西美邦农药有限公司、安徽富田农化有限公司、江苏省盐城利民农化有限公司、江苏健谷化工有限公司、湖南海利化工股份有限公司、山东潍坊润丰化工股份有限公司、江苏优士化学有限公司、河北威远生化农药有限公司。

苄螨醚（halfenprox）

$C_{24}H_{23}BrF_2O_3$，477.34，111872-58-3

其他中文名称 扫螨宝
其他英文名称 Anniverse、Sirbon
主要剂型 5％、10％乳油，5％微胶囊悬浮剂。
作用特点 中等毒性杀虫剂。主要用作杀螨剂，具有较强的触杀作用，击倒作用迅速。对成螨和若幼螨均有较好的活性，对卵亦有活性。对叶蝉、蓟马也有很好的活性。
防治对象 防治各种叶螨、叶蝉、蓟马等，用于果树如柑橘、苹果、梨、桃等，茶叶及蔬菜；推荐剂量下对作物安全、无药害。
注意事项
（1）使用时避免污染鱼塘、蜂场。
（2）使用时若不慎中毒，应立即就医。
生产厂家 日本三井东亚化学公司。

丙溴磷（profenofos）

$C_{11}H_{15}BrClO_3PS$，373.63，41198-08-7

其他中文名称 溴氯磷、多虫磷、布飞松、菜乐康
其他英文名称 Selecron、Nonacron
主要剂型 500g/L、720g/L、40％、50％乳油，50％水乳剂，20％微乳剂。
作用特点 丙溴磷为中等毒性杀虫剂，具有强烈的触杀、胃毒作用和一定熏蒸作用。在植物叶片上有较好的渗透性，有一定的杀卵作用。
防治对象 对其他有机磷、拟除虫菊酯产生抗性的害虫有效，是防治抗性棉铃虫的有效药剂。对水稻二化螟、钻心虫、稻纵卷叶螟、水稻稻飞虱同样有效。

注意事项

(1) 严禁与碱性农药混合使用。

(2) 丙溴磷与氯氰菊酯混用增效明显,其商品多虫清是防治抗性棉铃虫的有效药剂。

(3) 对鱼、鸟、蜜蜂有毒。

(4) 安全间隔期14天,在棉花上的安全间隔期为5~12天,每季节最多使用3次。

(5) 果园中不宜用丙溴磷,高温对桃树叶造成药害。该药对苜蓿和高粱有药害。

(6) 中毒者送医院治疗,治疗药剂为阿托品或解磷定。

生产厂家 山东省烟台科达化工有限公司、一帆生物科技集团有限公司、江苏宝灵化工股份有限公司、苏州桐柏生物科技有限公司、山东省济宁圣城化工实验有限责任公司、青岛双收农药化工有限公司、威海韩孚生化药业有限公司、浙江永农化工有限公司、浙江靳农化工有限公司、天津京津农药有限公司、山东科源化工有限公司、山西绿海农药科技有限公司、山东省联合农药工业有限公司、四川省乐山市福华通达农业科技有限公司、山东潍坊润丰化工股份有限公司、河北省衡水北方农药化工有限公司。

虫酰肼(tebufenozide)

$C_{22}H_{28}N_2O_2$,352.47,112410-23-8

其他中文名称 米满、抑虫肼

其他英文名称 Confirm、Mimic、Tebufenocide

主要剂型 10%、20%、24%、200g/L悬浮剂,20%可湿性粉剂,10%乳油。

作用特点 虫酰肼属低毒杀虫剂。属昆虫激素类生长调节剂,能够诱导鳞翅目幼虫在还没进入蜕皮阶段提前产生蜕皮反应,并抑制取食,导致害虫生理失调、饥饿而死。具有胃毒作用,杀虫活性高,选择性强。对所有鳞翅目幼虫均有效,对抗性害虫棉铃虫、菜青虫、小菜蛾、甜菜夜蛾等有特效。

防治对象 用于防治柑橘、棉花、观赏作物、马铃薯、大豆、烟草、果树和蔬菜上的蚜科、叶蝉科、鳞翅目、斑潜蝇属、鳞翅目幼虫,如甜菜夜蛾等害虫。对抗性害虫棉铃虫、菜青虫、小菜蛾、甜菜夜蛾等有特效,对非靶标生物安全。

注意事项

(1) 该药对卵效果差,在幼虫发生初期喷药效果好。

(2) 虫酰肼对鱼和水生脊椎动物有毒,对蚕高毒,用药时不要污染水源;严禁在桑蚕养殖区用药。

生产厂家　上海威迪生化（南昌）有限公司、山东潍坊双星农药有限公司、江苏快达农化股份有限公司、江苏宝灵化工股份有限公司、海利尔药业集团有限公司、京博农化科技股份有限公司、浙江永农化工有限公司、河北省沧州市天和农药厂、中山凯中有限公司、山东科信生物化学有限公司、陕西西大华特科技实业有限公司、湖北沙隆达股份有限公司、山西绿海农药科技有限公司、浙江禾本科技有限公司、常熟力菱精细化工有限公司。

除虫菊素（pyrethrins）

$C_{22}H_{28}O_5$，372.4，121-29-9

其他中文名称　天然除虫菊酯
其他英文名称　piretrinal、pyrethrini、pyrethrinei
主要剂型　1.5%水乳剂，5%乳油，1.8%热雾剂，0.1%驱蚊乳。
作用特点　除虫菊素是典型的神经毒，直接作用于可兴奋膜，干扰膜的离子传导，主要影响神经膜的钠通道，使兴奋时钠传导增加的消失过程延缓，致使跨膜钠离子流延长，引起感觉神经纤维和运动神经轴反复活动，短暂的神经细胞去极化和持续的肌肉收缩。高浓度时则抑制神经膜的离子传导，阻断兴奋。
防治对象　除虫菊素对多种昆虫如蚊、蝇、臭虫和蟑螂等有毒杀作用，配制成农药可广泛用于绿色蔬菜、绿色水果、绿色茶叶等经济作物的杀虫。
注意事项
（1）对鱼类等水生生物和蜜蜂有毒。
（2）除虫菊素见光易分解，喷洒时间最好选在傍晚进行。
（3）除虫菊素不能与石硫合剂、波尔多液、松脂合剂等碱性农药混用。
（4）商品制剂需在密闭容器中保存，避免高温、潮湿和阳光直射。
（5）除虫菊素是强力触杀性药剂，施药时药剂一定要接触虫体才有效，否则效果不好。
生产厂家　云南南宝生物科技有限责任公司、云南创森实业有限公司、云南南宝生物科技有限责任公司。

除虫脲（diflubenzuron）

$C_{14}H_9ClF_2N_2O_2$，310.68，35367-38-5

其他中文名称 敌灭灵、伟除特、斯代克、斯迪克、斯盖特、蜕宝、卫扑、易凯、雄威

其他英文名称 Dimilin、Hexafluron

主要剂型 20％悬浮剂，5％、25％、75％可湿性粉剂，5％乳油。

作用特点 低毒杀虫剂。除虫脲为苯基脲类杀虫剂，杀虫机理是通过抑制昆虫的几丁质合成酶的合成，从而抑制幼虫、卵、蛹表皮几丁质的合成，使昆虫不能正常蜕皮，虫体畸形而死亡。害虫取食后造成积累性中毒，由于缺乏几丁质，幼虫不能形成新表皮，蜕皮困难，化蛹受阻；成虫难以羽化、产卵；卵不能正常发育，孵化的幼虫表皮缺乏硬度而死亡，从而影响害虫整个世代。

防治对象 广泛使用于苹果、梨、桃、柑橘等果树；玉米、小麦、水稻、棉花、花生等粮棉油作物；十字花科蔬菜、茄果类蔬菜、瓜类等蔬菜；茶树、森林等多种植物。主要用于防治鳞翅目害虫，如菜青虫、小菜蛾、甜菜夜蛾、斜纹夜蛾、金纹细蛾、桃线潜叶蛾、柑橘潜叶蛾、黏虫、茶尺蠖、棉铃虫、美国白蛾、松毛虫、卷叶蛾、卷叶螟等。对人畜和环境中其他生物安全，属低毒无公害农药。

注意事项

(1) 除虫脲属蜕皮激素，不宜在害虫高、老龄期施药，掌握在幼龄期施药效果最佳。

(2) 药液不要与碱性物质接触，以防分解。

(3) 蜜蜂和蚕对本剂敏感，因此养蜂区、蚕业区谨慎使用，如果使用，一定要采取保护措施。沉淀摇起，混匀后再配用。

(4) 对甲壳类（虾、蟹幼体）有害，应注意避免污染养殖水域。

生产厂家 江阴苏利化学股份有限公司、德州绿霸精细化工有限公司、河北威远生化农药有限公司、河南省安阳市安林生物化学有限责任公司、江苏瑞邦农药厂有限公司、上海生农生化制品有限公司、安阳全丰生物科技有限公司、连云港市金囤农化有限公司、上虞颖泰精细化工有限公司、吉林省通化农药化工股份有限公司、江苏省农用激素工程技术研究中心有限公司、安徽广信农化股份有限公司、江苏禾业农化有限公司、山东潍坊润丰化工股份有限公司、京博农化科技股份有限公司。

哒螨酮 (pyridaben)

$C_{19}H_{25}ClN_2OS$，364.93，96489-71-3

第三章 农药

其他中文名称 哒螨灵、牵牛星、速螨酮、速螨灵、扫螨净、牵牛星、耕牛、绿旋风

其他英文名称 Altair miticide、Damantong、Sumantong、Damanjing

主要剂型 15％、35％乳油，35％悬浮剂，15％、25％、75％可湿性粉剂，75％水分散粒剂。

作用特点 低毒杀螨剂。哒螨酮属哒嗪酮类杀虫、杀螨剂。高效、广谱，触杀性强，但无内吸、传导、熏蒸作用。它对不同生长期成螨、若螨、幼螨和卵均有效，对跳甲也具有很好的击倒作用。

防治对象 适用于果树、蔬菜、茶树、烟草及观赏作物上防治叶螨、全爪螨、小爪螨、跗线螨和瘿螨。同时该药剂对粉虱、叶蝉、飞虱、棉蚜、蓟马、白背飞虱、桃蚜、角蜡蚧、矢尖盾蚧等也十分有效。

注意事项

（1）不能与碱性物质混合使用。

（2）对光不稳定，需避光，阴凉处保存。

生产厂家 沈阳化工研究院实验厂、江苏连云港市农药总厂。

稻丰散（phenthoate）

$C_{12}H_{17}O_4PS_2$，320.36，2597-03-7

其他中文名称 爱乐散、甲基乙酯磷、益而散

其他英文名称 Cidemul Cidial Dimephenthoate、Elsan Fenthoate Papthion

主要剂型 50％乳油。

作用特点 中等毒性。稻丰散具有触杀和胃毒作用，作用机制为抑制乙酰胆碱酯酶。还具有残效期长、速效性强、对作物安全的特点。可防治咀嚼式、刺吸式口器害虫。

防治对象 可用于防治水稻、棉花、蔬菜、柑橘、果树、茶叶、油料等作物的大螟、二化螟、三化螟、叶蝉、飞虱等多种害虫。

注意事项

（1）稻丰散不能与碱性农药混用。

（2）此药对葡萄、桃、无花果和苹果的某些品种有药害。

（3）茶树在采茶前 30 天、桑树在采叶前 15 天内禁用。

（4）一般使用量对鱼类与蚧类影响小，但对鲻鱼、鳟鱼影响大。

（5）中毒后解毒药剂为硫酸阿托品或解磷定。

生产厂家 江苏腾龙生物药业有限公司。

敌百虫（dipterex）

$C_4H_8Cl_3O_4P$，257.44，52-68-6

其他中文名称 三氯松、毒霸、得标、雷斯顿、荔虫净

其他英文名称 Trichlorphon、Metrifonate

主要剂型 30%、40%乳油，80%、90%可湿性粉剂，80%可溶性液剂。

作用特点 低毒。有机磷杀虫剂，是乙酰胆碱酯酶抑制剂。高效、低残留、广谱性杀虫剂，以胃毒作用为主，兼有触杀作用，也有渗透活性。它能抑制昆虫体内胆碱酯酶的活力，使释放的乙酰胆碱不能及时分解破坏而大量蓄积，以致引起虫体中毒。可作为昆虫杀虫剂及抗寄生虫药物。配合呋喃丙胺治疗日本血吸虫病，可提高疗效，减轻不良反应，效果较好。

防治对象

（1）用作杀虫剂。适用于水稻、麦类、蔬菜、茶树、果树、桑树、棉花等作物上的咀嚼式口器害虫，以及家畜寄生虫、卫生害虫的防治。

（2）农业上应用范围很广，用于防治菜青虫、棉叶跳虫、桑野蚕、桑黄、象鼻虫、果树叶蜂、果蝇等多种害虫。

（3）精制敌百虫可用于防治猪、牛、马、骡牲畜体内外寄生虫，对家庭和环境卫生害虫均有效。可用于治疗血吸虫病，畜牧上是一种很好的多效驱虫剂。

注意事项

（1）在蔬菜收获前7天停用。本剂不能与碱性农药混用。在豆类及瓜类蔬菜上慎用本剂，以防药害。

（2）配好的药液应尽量用完。施药结束后，即清洗喷雾器械。宜先用清水洗手后，再用肥皂洗。

（3）在配好的喷雾药液中，按药液量加入0.05%～0.1%洗衣粉，可提高药效。与鱼藤酮有混配剂。

（4）敌百虫易溶于水，忌用50℃以上的热水溶化。

（5）喷药后不能用肥皂或碱水洗手、脸，以免增加毒性，可用清水冲洗。

（6）解毒治疗以阿托品类药物为主。

（7）应在通风干燥、避光处贮存。

生产厂家 山东潍坊润丰化工股份有限公司、广西南宁化工股份有限公司、合肥合农农药有限公司、湖南南天实业股份有限公司、湖南沅江赤峰农化有限公司、邯郸市新阳光化工有限公司、广东省佛山市大兴生物化工有限公司、江苏安

邦电化有限公司、湖南省临湘市化学农药厂、河南省淅川县丰源农药有限公司、江苏托球农化有限公司、江苏省南通江山农药化工股份有限公司、山东大成农化有限公司、湖北沙隆达股份有限公司。

敌敌畏（dichlorvos）

$C_4H_7Cl_2O_4P$，220.98，62-73-7

其他中文名称　二氯松、O,O-二甲基-O-2,2-二氯乙烯磷酸酯

其他英文名称　DDVP、DDV、O,O-dimethyl-O-2,2-dichlorovinylphosphate

主要剂型　30％、40％、48％、50％、77.5％、80％乳油，22.5％油剂，90％可湿性粉剂，15％、22％、30％烟剂，28％缓释剂。

作用特点　中等毒性。无色至琥珀色油状液体，有芳香味，有挥发性，属有机磷杀虫、杀螨剂。具有触杀、胃毒和熏蒸作用。抑制害虫体内的乙酰胆碱酯酶，使乙酰胆碱积累，影响神经传导而使虫体发生痉挛、麻痹、死亡。对咀嚼式口器害虫（如蚜虫、红蜘蛛等）和刺吸式口器害虫（如青虫、黄条跳甲等）均有良好的防治效果。敌敌畏的蒸气压较高，对害虫有极强的击倒力，对一些隐蔽性害虫有良好的防治效果。对瓢虫、食蚜蝇等天敌及蜜蜂具有杀伤力。

防治对象　用于蔬菜、果树和多种农田作物。

注意事项

（1）蔬菜收获前7天停止用药。

（2）豆类和瓜类的幼苗易产生药害，使用浓度不能偏高。

（3）该品对人畜毒性大，易被皮肤吸收而中毒。中午高温时不宜施药，以防中毒。

（4）不能与碱性农药混用。

（5）该品水溶液分解快，应随配随用。

（6）禽、鱼、蜜蜂对该品敏感，应慎用。

生产厂家　高密建滔化工有限公司、湖南仙农化工股份有限公司、邯郸市新阳光化工有限公司、广西易多收生物科技有限公司河池农药厂、安徽华星化工有限公司、山东潍坊润丰化工股份有限公司、河南省郑州志信农化有限公司、河北省吴桥农药有限公司、天津农药股份有限公司、湖北沙隆达股份有限公司、江苏省南通江山农药化工股份有限公司、山东科源化工有限公司、安庆博远生化科技有限公司、山东大成农化有限公司。

丁醚脲（diafenthiuron）

$C_{23}H_{32}N_2OS$，384.58，80060-09-9

其他中文名称 杀螨隆、宝路、杀螨脲

其他英文名称 Pegasus、Polo

主要剂型 25％、43.5％、50％、500g/L悬浮剂，50％可湿性粉剂，10％微乳剂，25％乳油。

作用特点 一种新型硫脲类低毒杀虫、杀螨剂。通过干扰神经系统的能量代谢，破坏神经系统的基本功能，抑制几丁质合成。具有触杀、胃毒、内吸和熏蒸作用，且具有一定的杀卵效果。低毒，但对鱼、蜜蜂高毒。须选择阳光直射天气进行喷雾（如晴天喷雾，不选择阴天、清晨、傍晚喷雾等），效果最佳。分子结构上的硫脲基在阳光及多功能氧化酶作用下，把硫原子的共价键切断使变成具有强力杀虫、杀螨作用的碳化二亚胺，因此，在晴天使用为宜。

防治对象 对蔬菜上已产生严重耐药性的害虫具有较强的活性。对成螨、幼螨、若螨及卵均有效，防治果树（柑橘、苹果）、棉花、蔬菜、茶及观赏植物上螨类（叶螨、锈螨）、蚜虫、粉虱、叶蝉、各种蛾类害虫等有高效。

注意事项

（1）不能与碱性农药混合使用，但可与波尔多液现混现用，短时间内完成喷雾不影响药效。

（2）不伤天敌，安全环保。对鱼和蜜蜂毒性大，应慎用。

（3）光照有利于发挥药效，宜在晴天使用本品。

（4）花椰菜开花后，花球对丁醚脲敏感，开花后不宜使用。

（5）在十字花科蔬菜5叶期以前，在高温时使用可能出现轻微卷叶或叶片边缘白化斑，但以后能恢复，不影响产量。

生产厂家 江苏常隆农化有限公司、江苏长青农化股份有限公司、江苏省盐城南方化工有限公司。

啶虫脒（acetamiprid）

$C_{10}H_{11}ClN_4$，222.68，160430-64-8

其他中文名称 莫比朗、金烈、喜办蚜、破蚜、吡虫清、乙虫脒、力杀死、蚜克净、乐百农、赛特生、农家盼、傲蚜、压蚜

其他英文名称 Mortal、Mospildate、Mospilan

主要剂型 3％、6％、10％、30％微乳剂，5％、20％、60％可湿性粉剂，4％、5％、10％乳油，20％可溶液剂，36％、40％、70％水分散粒剂。

作用特点 中等毒性。作用于昆虫神经系统突触部位的烟碱乙酰胆碱受体，干扰昆虫神经系统的刺激传导，引起神经系统通路阻塞，造成神经递质乙酰胆碱在突触部位的积累，从而导致昆虫麻痹，最终死亡。具有触杀、胃毒和较强的渗透作用；杀虫速效、用量少、活性高、杀虫谱广、持效期长达20天左右，对环境相容性好。对有机磷、氨基甲酸酯类及拟除虫菊酯类产生抗性的害虫有特效。

防治对象 适用于防治果树、蔬菜等多种作物上的半翅目害虫；防治黄瓜、菜豆、茄子、番茄、青椒、甘蓝、花椰菜、白菜、油菜、萝卜上白粉虱，番茄、黄瓜、辣椒等蔬菜上烟粉虱，节瓜、冬瓜、西瓜、苦瓜、番茄、茄子、豆类蔬菜的蓟马等。

注意事项

（1）本剂对桑蚕有毒性，切勿喷洒到桑叶上。

（2）不可与强碱性药液混用。

（3）本品应贮存在阴凉干燥的地方，禁止与食品混贮。

（4）本品虽毒性小，仍须注意不要误饮或误食，万一误饮，立即催吐，并送医院治疗。

（5）本品对皮肤有低刺激性，注意不要溅到皮肤上，万一溅上，立即用肥皂水洗净。

生产厂家 江苏常隆农化有限公司、郑州兰博尔科技有限公司、陕西恒田化工有限公司安徽华星化工股份有限公司、如东众意化工有限公司、河北野田农用化学品有限公司、江苏威耳化工有限公司、江苏皇马有限公司、江苏农药研究所股份有限公司、辽宁省大连凯飞化工有限公司、江苏连云港立本农药化工有限公司、山东省联合农药工业有限公司、江苏扬农化工集团有限公司、江苏蓝丰生物化工股份有限公司、河北威远生化农药有限公司、浙江海正化工有限公司、江苏盐城利民农化有限公司、江苏克胜作物科技有限公司、江苏丰山集团有限公司、南京红太阳股份有限公司、海利尔药业集团股份有限公司、爱普瑞（焦作）农药有限公司、河北吴桥农药有限公司、江苏绿叶农化有限公司、如东县华盛化工有限公司、江苏长青农化股份有限公司、浙江省宁波中化化学品有限公司、山东海利尔化工有限公司、江苏省激素研究所股份有限公司、安徽常泰化工有限公司、安徽广信农化股份有限公司、山东潍坊润丰化工股份有限公司、江苏省常州市武进恒隆农药有限公司、江苏维尤纳特精细化工有限公司、江苏优士化学有限公司。

毒死蜱（chlorpyrifos）

$C_9H_{11}Cl_3NO_3PS$，350.59，2921-88-2

其他中文名称 氯吡硫磷、乐斯本、久敌、神农宝、落螟、农斯特、雷丹、思虫净、绵贝、枪击、千钧棒、紫丹、地虫清、农本得、阿麦尔、刹必可、双盈、裕民、能打、地贝得、虫败、连击、斯皮锐、地下伏手、巨雷、谍虫、东浪、酷龙、锐矛、佳斯本、斯地克、搏乐丹

其他英文名称 phosphorothioate、Eradex、Lorsban、Trichlorpyrphos

主要剂型 25%、30%、40%、50%微乳剂，0.5%、3%、5%、10%、15%、25%颗粒剂，400g/L、480g/L、20%、40%、45%乳油，25%、30%微囊悬浮剂，30%可湿性粉剂，15%烟雾剂，25%、30%、40%水乳剂，30%种子处理微囊悬浮剂，0.1%、0.2%、0.52%、1%、2.6%、2.8%饵剂，1%胶剂。

作用特点 中等毒性。为广谱有机磷杀虫、杀螨剂，具有接触、胃毒和熏蒸作用，无内吸作用。主要抑制害虫体内的乙酰胆碱酯酶，使乙酰胆碱积累，影响神经传导而使虫体发生痉挛、麻痹、死亡。在土壤中残留期较长，对地下害虫防治效果较好。

防治对象 适用于防治柑橘、棉花、玉米、苹果、梨、水稻、花生、大豆、小麦及茶树等多种作物上的害虫和螨类。也可以防治蚊蝇、蟑螂、白蚁等家庭害虫、粮仓害虫，以及牛、羊体外寄生虫和地下害虫。

注意事项

（1）安全间隔期，大豆14天，叶菜类7天。

（2）在叶菜上最高用药量，每亩每次75mL，最高残留限量（MRL）甘蓝中为1mg/kg。

（3）不能与碱性农药混用，为保护蜜蜂，应避免在开花期使用。

（4）对烟草有药害。

（5）解毒剂为阿托品。

生产厂家 山东埃森化学有限公司、江苏中意化学有限公司、浙江新农化工股份有限公司、山东三维丰海化工有限公司、江苏宝灵化工股份有限公司、利尔化学股份有限公司、江苏快达农化股份有限公司、安徽丰乐化学有限责任公司、南京红太阳股份有限公司、湖北沙隆达股份有限公司、山东华阳农药化工集团有限公司、河北省邯郸市瑞田农药有限公司、浙江东风化工有限公司、江苏百灵农化有限公司、江苏省南通江山农药化工股份有限公司、江苏连云港立本农药化工

有限公司、山东绿霸化工股份有限公司、江苏辉丰农化股份有限公司、湖北省阳新县化工厂、安道麦马克西姆有限公司、河北省万全农药厂、江苏丰山集团有限公司、江苏南丰生物化工股份有限公司、江苏长青农化股份有限公司、浙江新安化工集团股份有限公司、江苏克胜作物科技有限公司、广东省英德广农康盛化学有限责任公司、江苏皇马农化有限公司、湖北仙隆化工股份有限公司、浙江永农化工有限公司、四川华英化工有限公司、印度伊克胜作物护理有限公司、辽宁省葫芦岛凌云集团农药化工有限公司、广东立威化工有限公司、江苏润泽农化有限公司、宁夏新安科技有限公司、四川省川东农药化工有限公司、浙江省上虞市银邦化工有限公司、安徽省池州新赛德化工有限公司、河南省濮阳市新科化工有限公司、河北蓟农化工有限公司、山东省青岛好利特生物农药有限公司、江苏润鸿生物化学有限公司、河北南通施壮化工有限公司、河南郑州志信农化有限公司、台州市大鹏药业有限公司、河南省星火农业技术公司、江苏托球农化有限公司、辽宁省大连凯飞化工有限公司、江苏绿叶农化有限公司、安徽广信农化股份有限公司、石家庄瑞凯化工有限公司、德州绿霸精细化工有限公司。

多杀菌素（spinosad）

spinosyn A：$C_{41}H_{65}NO_{10}$，731.98，131929-60-7
spinosyn D：$C_{42}H_{67}NO_{10}$，746.0，168316-95-8

其他中文名称 多杀霉素、刺糖菌素、赤糖菌素、多杀霉素 A、多杀菌素 D
其他英文名称 （一）-SpinosynA、Lepicidin A、Spinosyn A
主要剂型 2.5%、48%悬浮剂，并有 BT 及部分化学农药与之复配的产品。
作用特点 低毒杀虫剂。多杀菌素对昆虫存在快速触杀和摄食毒性，它具有神经毒剂特有的中毒症状，它的作用机制是通过刺激昆虫的神经系统，增加其自发活性，导致非功能性的肌收缩、衰竭，并伴随颤抖和麻痹，显示出烟碱型乙酰胆碱受体被持续激活引起乙酰胆碱延长释放反应。多杀菌素同时也作用于 γ-氨基丁酸（GABA）受体，改变 GABA 门控氯通道的功能，进一步促进其杀虫活性的提高。
防治对象 能有效控制的害虫包括鳞翅目、双翅目和缨翅目害虫，同时对鞘翅目、直翅目、膜翅目、等翅目、蚤目、革翅目和啮虫目的某些特定种类害虫也有一定的毒杀作用，但对刺吸式口器昆虫和螨虫类防效不理想。

注意事项

(1) 可能对鱼或其他水生生物有毒，应避免污染水源和池塘等。

(2) 最后一次施药离收获的时间为 7 天。避免喷药后 24h 内遇降雨。

(3) 应注意个人的安全防护，如溅入眼睛，立即用大量清水冲洗。如接触皮肤或衣物，用大量清水或肥皂水清洗。如误服不要自行引吐，切勿给不清醒或发生痉挛患者灌喂任何东西或催吐，应立即将患者送医院治疗。

生产厂家　湖北巨胜科技有限公司、湖北益康源化工有限公司。

二嗪磷（diazinon）

$C_{12}H_{21}N_2O_3PS$，304.35，333-41-5

其他中文名称　二嗪农，地亚农

其他英文名称　Dimpylate、Basudin、Diazitol

主要剂型　0.1%、4%、5%、10%颗粒剂，25%、30%、50%、60%乳油，40%可湿性粉剂。

作用特点　无色油状液体，略带香味。具有良好的内吸传导作用，能够抑制昆虫体内的乙酰胆碱酯酶合成，对鳞翅目、同翅目等多种害虫有较好的防效。

防治对象　中等毒性。用于控制大范围作物上的刺吸式口器害虫和食叶害虫，如鳞翅目、双翅目幼虫、蚜虫、叶蝉、飞虱、蓟马、介壳虫、二十八星瓢虫、锯蜂及叶螨等；拌种可防治蝼蛄、蛴螬等土壤害虫；颗粒剂灌心叶，可防治玉米螟。兼有一定的杀螨、杀线虫活性。

注意事项

(1) 不可与碱性农药混用。本品不可与敌稗混用，也不可在施用敌稗前后两周内使用本品。

(2) 本品在水田、土壤中半衰期为 21 天，施药安全期为 4～5 天。作物收获前 10 天内，停止用药。

(3) 本品不能用铜、铜合金罐、塑料瓶盛装。贮存时放置在阴凉干燥处。

(4) 解毒剂有硫酸阿托品、解磷定等。

(5) 本品易燃，远离火种并存放阴凉处。

生产厂家　江苏省南通江山农药化工股份有限公司、安道麦马克西姆有限公司、浙江永农化工有限公司、江苏省南通派斯第农药化工有限公司、浙江禾本科技有限公司、温州市鹿城东瓯染料中间体厂、安徽省池州新赛德化工有限公司、新沂市秦松化工有限公司。

呋虫胺（dinotefuran）

$C_7H_{14}N_4O_3$，202.21，165252-70-0

其他中文名称 呋啶胺、呋喃烟碱、丁诺特呋喃
其他英文名称 Dinotefuran Standard
主要剂型 1％、2％颗粒剂，20％水溶性粒剂，0.5％粉粒剂，25％可湿性粉剂。
作用特点 低毒杀虫剂。呋虫胺作用于昆虫神经传递系统，引起害虫麻痹而发挥杀虫作用。具有触杀、胃毒作用，根部内吸性强、速效、持效。杀虫谱广。
防治对象 主要用于防治小麦、水稻、棉花、蔬菜、果树、烟叶等多种作物上的蚜虫、叶蝉、飞虱、蓟马、粉虱及其抗性品系，同时对鞘翅目、双翅目和鳞翅目、甲虫目和总翅目害虫有高效，且对刺吸式口器害虫有优异防效，如蚜虫类、粉虱类、蚧类、矢尖盾蚧、朱绿蟓、桃小食心虫、橘潜蛾、茶细蛾、黄条跳甲、豆潜蝇、角腊蚧、小菜蛾、二黑条叶甲、茶黄蓟马、烟蓟马、黄蓟马、柑橘黄蓟马、大豆荚瘿蚊、番茄潜叶蝇，并对蜚蠊、白蚁、家蝇等卫生害虫有高效。
注意事项
（1）不宜与碱性农药或物质（如波尔多液、石硫合剂等）混用。
（2）由于其残效期较长，应严格执行安全间隔期。
（3）对蜜蜂、家蚕等有较高毒性，因此不适宜在蜂场附近、桑树和蜜源作物上使用。
（4）注意与其他类型杀虫剂的轮换、交替或混合使用，以延缓害虫耐药性的产生。
生产厂家 石家庄市兴柏生物工程有限公司、山东海利尔化工有限公司、江苏安邦电化有限公司、江苏常隆农化有限公司。

呋喃虫酰肼（fufenozide）

$C_{24}H_{30}N_2O_3$，394，467427-81-1

其他中文名称 福先、忠臣
其他英文名称 JS118
主要剂型 10％悬浮剂。

作用特点 低毒杀虫剂。呋喃虫酰肼是双酰肼类蜕皮激素调节剂。害虫取食后，很快出现不正常蜕皮反应，停止取食，提早蜕皮，但由于非正常蜕皮而无法完成蜕皮，导致幼虫脱水和饥饿而死亡。以胃毒作用为主，有一定的触杀作用，无内吸性。

防治对象 呋喃虫酰肼对甜菜夜蛾、斜纹夜蛾、稻纵卷叶螟、二化螟、大螟、豆荚螟、玉米螟、甘蔗螟、棉铃虫、桃小食心虫、小菜蛾、潜叶蛾、卷叶蛾等全部鳞翅目害虫效果很好，对鞘翅目和双翅目害虫也有效。

注意事项

（1）该药对蚕高毒，桑园附近严禁使用。

（2）作用速度慢，应较常规药剂提前5～7天使用，每季作物使用次数不要超过2次。

生产厂家 江苏省农药研究股份有限公司。

氟苯脲（teflubenzuron）

$C_{14}H_6Cl_2F_4N_2O_2$，381.11，83121-18-0

其他中文名称 农梦特、伏虫隆、特氟脲、四氟脲、得福隆、伏虫脲

其他英文名称 Nemolt、Nomolt、Diaract、Tefluron、Terfluron

主要剂型 5%乳油，15%胶悬剂。

作用特点 低毒杀虫剂。氟苯脲是一种苯基甲酰基脲类新型杀虫剂，作用机理主要是抑制几丁质合成，虫体接触后，破坏昆虫几丁质的形成。对有机磷、拟除虫菊酯等产生抗性的鳞翅目和鞘翅目害虫有特效。具有胃毒、触杀作用，无内吸作用。

防治对象 对多种鳞翅目害虫活性尤高，对其他粉虱科、双翅目、膜翅目、鞘翅目害虫的幼虫也有良好的效果，对许多寄生性昆虫、捕食性昆虫及蜘蛛无效。宜在卵期和低龄幼虫期应用。对鱼类和鸟类低毒，对蜜蜂无毒，对作物安全。主要用于蔬菜、果树、棉花、茶叶等防治害虫。

注意事项

（1）昆虫的发育时期不同，出现药效时间有别，高龄幼虫需3～15天，卵需1～10天，成虫需5～15天，因此要提前施药才能奏效。有效期可长达1个月。对在叶面活动为害的害虫，应在初孵幼虫时喷药；对钻蛀性害虫，应在卵孵化盛期喷药。

（2）本品对水生甲壳类动物有毒，使用时，不要污染水源。

生产厂家 成都博瑞化工有限公司、台州市德正化工厂。

氟丙菊酯 (acrinathrin)

$C_{26}H_{21}F_6NO_5$，541.44，101007-06-1

其他中文名称 罗速发罗素、发氟酯、菊酯
其他英文名称 Rufast、Azrinathrin、Acrinathrin
主要剂型 2%、3%乳油，3%可湿性粉剂等。
作用特点 低毒杀虫、杀螨剂，高效、广谱。对多种食植性害螨具有良好的活性，并对刺吸式口器害虫和鳞翅目害虫，如木虱、潜叶蛾、蓟马、蚜虫等也具有良好的活性。用于棉花、果树、大豆、玉米、蔬菜、茶叶、葡萄、柑橘、烟草等作物。
防治对象 防治棉花、蔬菜、果树红蜘蛛，对橘全爪螨、短须螨、二叶螨、苹果红蜘蛛的幼螨和若螨及成螨均有良好防效。
注意事项
（1）使用时应遵守通常的农药使用保护规则，做好个人保护。
（2）氟丙菊酯以触杀作用为主，无内吸杀虫作用，故喷药时应均匀周到。
（3）氟丙菊酯在酸性溶液中稳定，在中性、碱性溶液中易分解，因此，不宜与碱性药剂混用。
（4）氟丙菊酯对蜜蜂和鱼类高毒，使用时应避开上述生物的养殖区。
（5）氟丙菊酯中毒急救治疗：①无特殊解毒剂，可对症治疗；②大量吞服时可洗胃；③不能催吐。
生产厂家 江苏优士化学有限公司。

氟虫脲 (flufenoxuron)

$C_{21}H_{11}ClF_6N_2O_3$，488.77，101463-69-8

其他中文名称 氟芬隆、卡死克
其他英文名称 Cascade
主要剂型 3.5%、5%乳油，5%可分散液剂，20%微乳剂。
作用特点 低毒杀虫、杀螨剂。氟虫脲为苯甲酰脲类几丁质合成抑制剂，使昆虫不能正常蜕皮或变态，而逐渐死亡。有触杀和胃毒作用，但无内吸作用。具

有虫螨兼治、活性高、残效长的特点。尤其对未成熟阶段的螨和害虫有高活性,成虫接触药后,产的卵即使孵化成幼虫也会很快死亡。

防治对象 可用于防治柑橘、大豆、果树、棉花、蔬菜、玉米等作物成熟阶段的螨类和昆虫。防治食植性螨类(刺瘿螨、短须螨、全爪螨、锈螨、红叶螨等),有很好的持效作用,对捕食性螨和昆虫安全。

注意事项

(1) 该药剂无内吸性和渗透性,要求均匀喷药。

(2) 施药时间要较一般杀虫剂提前3天左右,对钻蛀性害虫宜在卵孵盛期,幼虫蛀入作物之前施药,对害螨宜在幼若螨盛发期施药。在田间虫螨并发时,应混合施用杀螨剂。

(3) 不宜与碱性农药混用,可以间隔施药。

(4) 严禁在桑园、鱼塘等地及附近使用。

生产厂家 江苏中旗作物保护股份有限公司、威海韩孚生化药业有限公司、连云港禾田化工有限公司。

氟虫双酰胺(flubendiamide)

$C_{23}H_{22}F_7IN_2O_4S$,682.39,272451-65-7

其他中文名称 垄歌

主要剂型 20%水分散粒剂。

作用特点 低毒杀虫剂。新型邻苯二甲酰胺类杀虫剂,激活鱼尼丁受体细胞内钙释放通道,导致贮存钙离子的失控性释放。对鳞翅目害虫有广谱防效,与现有杀虫剂无交互抗性产生,非常适宜于现有杀虫剂产生抗性的害虫的防治。对幼虫有非常突出的防效,对成虫防效有限,没有杀卵作用。渗透植株体内后通过木质部略有传导。耐雨水冲刷。

防治对象 防治水稻钻蛀性害虫(二化螟、三化螟、大螟)、叶菜类害虫、瓜菜类害虫(瓜绢螟等)、豆科蔬菜害虫(豆荚螟等)、棉花害虫(斜纹夜蛾、甜菜夜蛾等)、玉米螟等。

注意事项

(1) 安全间隔期5~9天。

(2) 建议与其他不同机理药剂交替使用。每季作物用量不超过3次。

(3) 蜜源作物花期、蚕室桑园附近禁用。

生产厂家 苏州市奥特莱化工有限公司。

氟啶虫酰胺 (flonicamid)

$C_9H_6F_3N_3O$,229.16,158062-67-0

其他中文名称 氟啶虫酰胺

其他英文名称 Flunicotamid、Beleaf、Carbine、Malnman、Setis、Teppeki、Turbine、Ulala

主要剂型 10%、50%水分散粒剂。

作用特点 氟啶虫酰胺是一种新型低毒吡啶酰胺类昆虫生长调节剂类杀虫剂，除具有触杀和胃毒作用，还具有很好的神经毒剂和快速拒食作用。对各种刺吸式口器害虫有效，并具有良好的渗透作用。它可从根部向茎部、叶部渗透，但由叶部向茎、根部渗透作用相对较弱。该药剂通过阻碍害虫吮吸作用而致效。害虫摄入药剂后很快停止吮吸，最后饥饿而死。

防治对象 主要防治棉蚜、马铃薯、粉虱、车前圆尾蚜、假眼小绿叶蝉、桃蚜、褐飞虱、小黄蓟马、麦长管蚜、蓟马、温室粉虱等。

注意事项
(1) 每个生长季节使用次数不超过3次。
(2) 该药剂与其他昆虫生长调节剂类杀虫剂相似，速效性一般，但持效性较好，药后二三天才可看到蚜虫死亡，一次施药可维持14天左右。

生产厂家 日本石原产业株式会社。

氟啶脲 (chlorfluazuron)

$C_{20}H_9Cl_3F_5N_3O_3$,540.65,71422-67-8

其他中文名称 抑太保、定虫脲、氟伏虫脲、农美、菜得隆、仰大一保、保胜、瑞照、抑统

其他英文名称 AI3-29785、Atabron、CCRIS 2680、CGA 112913

主要剂型 10%水分散粒剂，0.1%浓饵剂，2.5%、5%、30%乳油，10%水乳剂，75%可湿性粉剂。

作用特点 低毒杀虫剂。氟啶脲是一种昆虫生长调节剂，主要抑制几丁质合成，阻碍昆虫正常蜕皮，使卵的孵化、幼虫蜕皮以及蛹发育畸形，成虫羽化受

阻，最终导致害虫死亡。以胃毒作用为主，兼有触杀作用，无内吸性。该药药效高，但作用速度较慢，幼虫接触药剂后不会很快死亡，但取食活动明显减弱，一般在药后5～7天才能达到防效高峰。对多种鳞翅目害虫以及直翅目、鞘翅目、膜翅目、双翅目等害虫杀虫活性高，但对蚜虫、飞虱无效。适用于对有机磷类、拟除虫菊酯类、氨基甲酸酯等杀虫剂已产生抗性的害虫的综合治理。

防治对象 氟啶脲用于多种瓜果蔬菜，对鳞翅目害虫具有特效防治作用。如十字花科蔬菜的小菜蛾、甜菜夜蛾、菜青虫、银纹夜蛾、斜纹夜蛾、烟青虫等，茄果类及瓜果类蔬菜的棉铃虫、甜菜夜蛾、烟青虫、斜纹夜蛾等，豆类蔬菜的豆荚螟、豆野螟等。

注意事项

（1）本剂是阻碍幼虫蜕皮致其死亡的药剂，从施药至害虫死亡需3～5天，使用时需在低龄幼虫期进行。

（2）本剂无内吸传导作用，施药必须均匀周到。

（3）本品对蜜蜂、鱼类等水生生物、家蚕有毒，施药期间应避免对周围蜂群的影响，蜜源作物花期、蚕室和桑园附近禁用。远离水产养殖区施药，禁止在河塘等水体中清洗施药器具。

（4）远离孕妇和哺乳期妇女。

（5）棉花和甘蓝每季作物使用不超过3次，柑橘不超过2次。安全间隔期棉花和柑橘均为21天，甘蓝7天。

（6）不能与碱性药剂混用。

（7）如果在药液中加入0.03％有机硅或0.1％洗衣粉，可显著提高药效。

生产厂家 上海威迪生化（南昌）有限公司、山东绿霸化工股份有限公司、江苏扬农化工集团有限公司、山东省青岛瀚生生物科技股份有限公司、山东东方农药科技实业公司、上海生农生化制品有限公司、陕西西大华特科技实业有限公司、陕西美邦农药有限公司、南京华洲药业有限公司、德州绿霸精细化工有限公司、浙江禾本科技有限公司、安徽广信农化股份有限公司。

氟铃脲 （hexaflumuron）

$C_{16}H_8Cl_2F_6N_2O_3$，461.15，86479-06-3

其他中文名称 盖虫散、氟灵脲、六伏隆、定打、包打、主打

其他英文名称 Recruit

主要剂型 1.8％、2.5％、5％、10％、15％、20％、25％、32％、42％乳油，10.5％水分散粒剂，60％可湿性粉剂，4％、6％微乳剂，20％悬浮剂，

0.5%饵剂。

作用特点 低毒杀虫剂。氟铃脲为苯甲酰脲类几丁质合成抑制剂,抑制蜕皮而杀死害虫,同时抑制害虫取食速度,故有较快的击倒力,特别对棉铃虫属的害虫有特效,对舞毒蛾、天幕毛虫、冷杉毒蛾、甜菜夜蛾、谷实夜蛾等夜蛾科害虫效果良好,对螨无效。具有较高的接触杀卵活性,可单用也可混用。

防治对象 可以防治对有机磷及拟除虫菊酯已产生抗性的害虫。主要用于防治鳞翅目害虫,如菜青虫、小菜蛾、甜菜夜蛾、甘蓝仪蛾、烟肯虫、棉铃虫、金纹细蛾、潜叶蛾、卷叶蛾、造桥虫、刺蛾类、毛虫类等。

注意事项

(1) 对食叶害虫应在低龄幼虫期施药。钻蛀性害虫应在产卵盛期、卵孵化盛期施药。该药剂无内吸性和渗透性,喷药要均匀、周密。

(2) 不能与碱性农药混用。但可与其他杀虫剂混合使用,其防治效果更好。

(3) 对鱼类、家蚕毒性大,要特别小心。

生产厂家 德州绿霸精细化工有限公司、江苏扬农化工集团有限公司、河北威远生化农药有限公司、大连瑞泽生物科技有限公司。

氟氯氰菊酯 (cyfluthrin)

$C_{22}H_{18}Cl_2FNO_3$,434.29,68359-37-5

中文通用名称 百树得、百树菊酯、百治菊酯、高效氟氯氰菊酯

其他英文名称 Sofac、Solfac、Solfac(R)、Tempo2

主要剂型 5.7%、25%、50g/L乳油,10%可湿性粉剂,50g/L、5%、5.7%水乳剂。

作用特点 低毒杀虫剂。一种合成的拟除虫菊酯类杀虫剂,对光稳定,具有触杀和胃毒作用,无内吸及熏蒸作用。杀虫谱广,击倒迅速。对鳞翅目多种幼虫及蚜虫等害虫有良好的效果,药效迅速,残效期长。

防治对象 适用于棉花、烟草、蔬菜、大豆、花生、玉米等作物。对多种鳞翅目幼虫有很好的杀灭效果,亦可有效地防治某些地下害虫,并对某些成虫有拒避作用。高效氟氯氰菊酯杀虫活性比通常氟氯氰菊酯高1倍以上,使用时有效浓度为氟氯氰菊酯的1/2。

注意事项

(1) 不能与碱性物质混用,以免分解失效。

(2) 不能在桑园、鱼塘及河流、养蜂场所使用,避免污染发生中毒事故。

(3) 安全间隔期21天。

生产厂家 浙江威尔达化工有限公司、江苏扬龙化工股份有限公司、广东立

威化工有限公司、浙江威尔达化工有限公司、江苏春江农化有限公司、中山凯中有限公司、江苏优士化学有限公司。

氟螨嗪（flutenzine）

$C_{14}H_7ClF_2N_4$，304.68，162360-67-4

其他中文名称　氟螨

其他英文名称　Flumite

主要剂型　36%悬浮剂。

作用特点　低毒杀虫剂。氟螨嗪为新型四嗪类杀虫、杀螨剂，作用机理是抑制害虫胚胎发育。具有触杀和胃毒作用。低毒、高效、中等内吸性，持效期长。杀卵效果优异，对幼若螨也有良好的触杀作用。不能较快杀死雌成螨，但对雌成螨有很好的绝育作用。雌成螨触药后所产的卵有96%不能孵化，死于胚胎后期。该品在低浓度下有抑制害螨蜕皮、抑制害螨产卵的作用；稍高浓度就具有很好的触杀性，同时具有好的内吸性。

防治对象　对柑橘全爪螨、锈壁虱、茶黄螨、朱砂叶螨和二斑叶螨等害螨均有很好防效，可用于柑橘、葡萄等果树和茄子、辣椒、番茄等茄科作物的螨害治理。此外，氟螨嗪对梨木虱、榆蛎盾蚧以及叶蝉类等害虫有很好的兼治效果。

注意事项

（1）在一个生长季（春季、秋季），氟螨嗪的使用次数最多不超过4次。

（2）氟螨嗪的主要作用方式为触杀和胃毒，中等内吸性，因此喷药要全株均匀喷雾，特别是叶背。

（3）建议避开果树开花时用药，以减少对蜜蜂的危害。

（4）不能与碱性药剂混用，可与大部分农药（强碱性农药与铜制剂除外）现混现用。与现有杀螨剂混用，既可提高氟螨嗪的速效性，又有利于螨害的抗性治理。

生产厂家　上海天丰利农（集团）化工有限公司。

氟酰脲（novaluron）

$C_{17}H_9ClF_8N_2O_4$，492.66，116714-46-6

其他中文名称 双苯氟脲
其他英文名称 Rimon、Oscar Super、Pedestal
主要剂型 10%乳油、10%浓缩悬浮液、7.5%水分散粒剂。
作用特点 低毒杀虫剂。氟酰脲为苯甲酰脲类几丁质合成抑制剂,调节昆虫的生长发育,抑制蜕皮变态,抑制害虫的取食速度。杀虫效果较为缓慢,具有很高的杀卵活性,对已经处于成虫阶段的害虫没有作用,对益虫相对安全。是防治鳞翅目、鞘翅目、半翅目和双翅目幼虫以及粉虱等的高效杀虫剂。
防治对象 控制水果、蔬菜、棉花和玉米的鳞翅目,粉虱和 agromyzid 叶虫。
注意事项
(1) 本品保存在避光、阴凉、干燥处,勿与碱性物质混放。
(2) 使用过的器皿不要在河流、湖泊和水源处洗涤,以免污染水源。
生产厂家 江苏建农农药化工有限公司。

高效氟氯氰菊酯 (*beta*-cyfluthrin)

$C_{22}H_{18}Cl_2FNO_3$,434.29,68359-37-5

其他中文名称 保得、β-氟氯氰菊酯
其他英文名称 Karate、Darate
主要剂型 2.5%、5%水乳剂,25g/L、2.8%乳油,2.5%、7%微乳剂,15%可溶液剂,1.25%、1.5%、2.5%、6%悬浮剂,2.5%微囊悬浮剂。
作用特点 低毒杀虫剂。高效氟氯氰菊酯是一种合成的拟除虫菊酯类杀虫剂,具有触杀和胃毒作用,能够引起昆虫极度兴奋、痉挛与麻痹,能诱导产生神经毒素,最终导致神经传导阻断,还能引起其他组织产生病变。杀虫谱广,击倒迅速,持效期长,植物对它有良好的耐药性。无内吸及穿透性。对害虫具有迅速击倒和长残效作用。
防治对象 适用于防治棉花、蔬菜、果树、茶树、森林等多种植物上的害虫及卫生害虫,对桃小食心虫、菜青虫、烟青虫、卷叶蛾、蚜虫等害虫有良好的防治效果。
注意事项
(1) 对水生生物有极高毒性,可能对水体环境产生长期不良影响。
(2) 对人畜毒性较强,在不少地方曾发生过中毒,甚至死亡事故,因此使用应按高毒农药加以防护。
(3) 不能与碱性农药混用,蔬菜收获前3天停用。
生产厂家 德国拜耳作物科学公司、江苏扬农化工集团有限公司、安徽华星

化工股份有限公司、广东立威化工有限公司。

核型多角体病毒（nuclear polyhedrosis virus）

其他中文名称　虫瘟一号、绞蛾、科云

主要剂型　20 亿 PIB/mL、30 亿 PIB/mL 悬浮剂，10 亿 PIB/g 可湿性粉剂，600 亿 PIB/g 水分散粒剂。

作用特点　核型多角体病毒多在寄主的血、脂肪、滤管等细胞的细胞核内发育，故称核型多角体病毒。核型多角体病毒寄主范围较广，主要寄生鳞翅目昆虫。经口或伤口感染。经口进入虫体的病毒被胃液消化，游离出杆状病毒粒子，通过中肠上皮细胞进入体腔，侵入细胞，在细胞核内增殖，之后再侵入健康细胞，直到昆虫致死。病虫粪便和死虫再传染其他昆虫，使病毒病在害虫种群中流行，从而控制害虫危害。病毒也可通过卵传到昆虫子代。专化性强，一种病毒只能寄生一种昆虫或其邻近种群。只能在活的寄主细胞内增殖。比较稳定，在无阳光直射的自然条件下可保存数年不失活。核型多角体病毒有很多种类，如棉铃虫核型多角体病毒、粉纹夜蛾核型多角体病毒、甘蓝夜蛾核型多角体病毒等。

防治对象　用于防治农业和林业害虫。棉铃虫核型多角体病毒已在约 20 个国家用于防治棉花、高粱、玉米、烟草、西红柿的棉铃虫。世界上成功地大面积应用过的还有松黄叶蜂、松叶蜂、维基尼亚松叶蜂、舞毒蛾、毒蛾、天幕毛虫、苜蓿粉蝶、粉纹夜蛾、实夜蛾、斜纹夜蛾、金合欢树蓑蛾等害虫的核型多角体病毒。中国自己分离培养、大面积田间治虫取得良好效果的有棉铃虫、桑毛虫、斜纹夜蛾、舞毒蛾的核型多角体病毒。

注意事项

(1) 不耐高温，易被紫外线杀灭，阳光照射会失活，制剂应在阴凉干燥处保存，不能暴晒和淋雨。能被消毒剂杀死。

(2) 不能与碱性及酸性物质混用，也不能与病毒链化剂混用。

(3) 该药杀虫作用缓慢，从喷药到死虫一般需要几天时间。

生产厂家　宜春新龙化工有限公司、湖北省天门市生物农药厂等。

环虫酰肼（chromafenozide）

$C_{24}H_{30}N_2O_3$，394.51，143807-66-3

其他中文名称　苯并虫肼、克虫敌

其他英文名称　Killat、Carbochrozide

主要剂型　5%悬浮剂，5%乳油，0.3%粉剂。

作用特点　低毒杀虫剂。环虫酰肼为双酰肼类杀虫剂，害虫取食后几小时内抑制进食，同时引起害虫提前蜕皮导致死亡。对夜蛾和其他的毛虫，不论在哪个时期，环虫酰肼都有很强的杀虫活性。环虫酰肼不仅对哺乳动物、鸟类、水生生物低毒，而且对节肢动物类、捕食性蜱螨、蜘蛛、半翅目、鞘翅目（甲虫类）、寄生生物及环境无影响。因此，它是综合害物治理体系中的一个理想的药剂。

防治对象　防治蔬菜上的甜菜夜蛾、草地夜蛾等。

注意事项

（1）不与碱性农药混用。

（2）作用速度慢，应较常规药剂提前5～7天使用。

生产厂家　天津一方科技有限公司。

甲氨基阿维菌素苯甲酸盐（emamectin benzoate）

$C_{56}H_{81}NO_{15}(B_{1a})$，1008.3；$C_{55}H_{79}NO_{15}(B_{1b})$，994.2；155569-91-8

其他中文名称　甲维盐、威克达、抗蛾斯、饿死虫、菜乃馨、因灭汀苯甲酸盐、埃玛菌素苯甲酸盐、富表甲氨基阿维菌素

其他英文名称　ProclaimOR（banleptm）、Emamectin-Benzoate

主要剂型　0.2%、0.5%、0.8%、1%、1.5%、2%、2.2%、3%、5%、5.7%乳油，1%微乳剂。

作用特点　中等毒性杀虫剂。甲氨基阿维菌素苯甲酸盐是一种微生物源杀虫、杀螨剂，是在阿维菌素的基础上合成的高效生物药剂，具有活性高、杀虫谱广、可混用性好、持效期长、使用安全等特点，作用方式以胃毒为主，兼有触杀作用。其杀虫机制是阻碍害虫运动神经，增强神经质如谷氨酸和γ-氨基丁酸（GABA）的作用，从而使大量氯离子进入神经细胞，使细胞功能丧失，扰乱神

经传导，幼虫在接触后马上停止进食，发生不可逆转的麻痹，在 3～4 天内达到最高致死率。

防治对象　甲维盐对鳞翅目、双翅目、蓟马类超高效，如红带卷叶蛾、烟蚜夜蛾、棉铃虫、烟草天蛾、小菜蛾黏虫、甜菜夜蛾、旱地贪夜蛾、纷纹夜蛾、甘蓝银纹夜蛾、菜粉蝶、菜心螟、甘蓝横条螟、番茄天蛾、马铃薯甲虫、墨西哥瓢虫等。

注意事项

(1) 对蜂、鸟、鱼、蚕有毒，不要在果树开花期使用。应避免污染水源和池塘等。禁止在河塘等水体中清洗施药器具。

(2) 本品属微毒制剂，但使用时应穿防护用品，施完后用肥皂彻底清洗着药部位。请按照国家农药安全使用准则使用本品。

(3) 本品对昆虫主要是胃毒作用，因此喷雾要均匀周到，保证足够的药液量。叶片正反面及幼嫩部位药液均匀分布。

(4) 在十字花科蔬菜上使用的安全间隔期为 3 天，每季最多使用 2 次。一般作物的安全采收间隔期为 7 天。

生产厂家　黑龙江省大庆志飞生物化工有限公司、河北石家庄市龙汇精细化工有限责任公司、南京红太阳股份有限公司、先正达南通作物保护有限公司。

甲氰菊酯（fenpropathrin）

$C_{22}H_{22}NO_3$，348.42，39515-41-8

其他中文名称　灭扫利、中西农家庆、农螨丹、分扑菊、腈甲菊酯、螨菊酯

其他英文名称　Amitol、Herald、Fenothrin、Digital、Danitol、Meothrin、Rody、Platino

主要剂型　2.5%、8.05%、20% 乳油，10% 增效乳油，10% 高渗乳油，20% 水乳剂，10% 微乳剂。

作用特点　甲氰菊酯属中等毒性的杀虫杀螨剂，作用于昆虫的神经系统，使昆虫过度兴奋、麻痹而死亡。具有触杀、胃毒和一定的驱避作用，无内吸、熏蒸作用。该药杀虫谱广，击倒效果快，持效期长，其最大特点是对许多种害虫和多种叶螨同时具有良好的防治效果，特别适合在害虫、害螨并发时使用。主要通过喷雾防治害虫、害螨，在卵盛期至孵化期或害虫害螨发生初期或低龄期用药防治效果好。

防治对象　用于苹果、柑橘、荔枝、桃树、栗树等果树及棉花、茶树、十字花科蔬菜、瓜果类蔬菜、花卉等植物；也防治叶螨类、瘿螨类、菜青虫、小菜

蛾、甜菜夜蛾、棉铃虫、红铃虫、茶尺蠖、小绿叶蝉、潜叶蛾、食心虫、卷升蛾、蚜虫、白粉虱、蓟马及盲蝽类等多种害虫、害螨。

注意事项

(1) 与有机磷类、有机氯类等不同类型药剂交替使用或混用，以防产生耐药性。

(2) 在低温条件下药效更高、持效期更长，特别适合早春和秋冬使用。采收安全间隔期棉花为 21 天、苹果为 14 天。

(3) 该药对鱼、蚕、蜂高毒，避免在桑园、养蜂区施药及药液流入河塘。

生产厂家 大连瑞泽生物科技有限公司、南京红太阳股份有限公司、浙江省东阳市金鑫化学工业有限公司、江苏皇马农化有限公司、中山凯中有限公司、江苏常隆农化有限公司。

甲氧虫酰肼（methoxyfenozide）

$C_{22}H_{28}N_2O_3$，368.47，161050-58-4

其他中文名称 氧虫酰肼、雷通

其他英文名称 Runner

主要剂型 5%乳油，5%、24%悬浮剂，0.3%粉剂。

作用特点 甲氧虫酰肼是一种新型特异性苯酰肼类低毒杀虫剂，主要是干扰昆虫的正常生长发育，即使昆虫蜕皮而死，并能抑制摄食。对鳞翅目害虫具有高度选择杀虫活性，以触杀作用为主，并具有一定的内吸作用。该药与抑制害虫蜕皮的药剂的作用机制相反，可在害虫整个幼虫期用药进行防治。

防治对象 主要用于防治鳞翅目害虫的幼虫，如甜菜夜蛾、甘蓝夜蛾、斜纹夜蛾、菜肯虫、棉铃虫、金纹细蛾、美国白蛾、松毛虫、尺蠖及水稻螟虫等，适用作物如十字花科蔬菜、茄果类蔬菜、瓜类、棉花、苹果、桃、水稻、林木等。

注意事项

(1) 施药时期掌握在卵孵化盛期或害虫发生初期。

(2) 为防止耐药性产生，害虫多代重复发生时建议与其他作用机理不同的药剂交替使用。

(3) 对鱼类毒性中等。

生产厂家 浙江省上虞市银邦化工有限公司、山东潍坊润丰化工股份有限公司、山东省联合农药工业有限公司、南京南农农药科技发展有限公司、江苏长青农化南通有限公司。

抗蚜威（pirimicarb）

$C_{11}H_{18}N_4O_2$，238.29，23103-98-2

其他中文名称 辟蚜雾、灭定威、辟蚜威、比加普、壁蚜雾

其他英文名称 Piricarbe、Abol、Aficida、Aphox、Fernos、Pirimor、Rapid

主要剂型 5%、50%可湿性粉剂，25%、50%可分散粒剂，10%浓乳剂，10%发烟剂、10%气雾剂、5%颗粒剂等。

作用特点 抗蚜威属中等毒性杀虫剂。是一种高效专一杀螨剂，具有触杀、熏杀、内吸渗透作用，主要作用机制为抑制胆碱酯酶。对有机磷产生抗性的蚜虫仍有杀灭作用。还是一种对蚜虫有特效的内吸性氨基甲酸酯类杀虫剂。对叶面有渗透性，能有效防治除棉蚜以外的所有蚜虫，杀虫迅速，但残效期短。对作物安全，不伤天敌，是综合防治的理想药剂。

防治对象 适用于防治蔬菜、烟草、粮食作物上的蚜虫。用于防治粮食、果树、蔬菜、花卉上的蚜虫，如防治甘蓝、白菜、豆类、烟草、麻苗上的蚜虫。

注意事项

（1）该药的药效与温度有关，20℃以上有熏蒸作用，15℃以下以触杀作用为主，15～20℃之间，熏蒸作用随温度上升而增加，因此在低温时，施药要均匀，最好选择无风、温暖天气，效果较好。

（2）同一作物一季内最多施药3次，间隔期为10天。

（3）本品必须用金属容器盛装。

（4）对棉蚜效果差，不宜用于防治棉蚜。

（5）见光易分解，应避光保存。

（6）使用不慎中毒，应立即就医，肌内注射1～2mg硫酸颠茄碱。

生产厂家 安徽华星化工股份有限公司、无锡禾美农化科技有限公司、湖南海利化工股份有限公司。

苦参碱（matrine）

$C_{15}H_{24}N_2O$，248.36，519-02-8

其他中文名称 母菊碱、苦甘草、苦参草、苦豆根、西豆根、苦平子、野槐根、山槐根、苦骨、绿宝清、百草一号、绿宝灵、维绿特、碧绿

其他英文名称 matrine injection、sophorcarpidine

主要剂型 0.3%、0.36%、0.5%、0.6%、1.3%、2%、13.7%、20%水剂，1%微囊悬浮剂，1.2%烟雾剂，0.3%、0.36%、0.5%、1%可溶性液剂，0.3%、1.2%乳油，0.3%水乳剂，1%苦参碱醇溶液。

作用特点 苦参碱是一种低毒的植物杀虫剂。害虫一旦触及，神经中枢即被麻痹，继而虫体蛋白质凝固，虫体气孔堵死，使害虫窒息而死。对害虫具有触杀和胃毒作用。在农业中使用的苦参碱农药实际上是指从苦参中提取的全部物质，叫苦参提取物或者苦参总碱。近几年在农业上广泛应用，且有良好的防治效果，是一种低毒、低残留、环保型农药。具有杀虫活性、杀菌活性、调节植物生长功能等多种功能。

防治对象 对于蔬菜、苹果树、棉花等作物上的菜青虫、蚜虫、红蜘蛛防治效果较好。

注意事项
（1）严禁与碱性药混用，本品速效性差，应搞好虫情预测预报，在害虫低龄期施药防治。
（2）贮存在避光、阴凉、通风处。
（3）如作物用过化学农药，5天后方可施用此药，以防酸碱中和影响药效。

生产厂家 河北省农药化工有限公司、山西广大化工有限公司等。

苦皮藤素（celangulin）

$C_{34}H_{41}O_{11}$，648.66，116159-73-0

其他中文名称 菜虫净

其他英文名称 Celastrus angulatus

主要剂型 0.2%、0.6%、1%乳油，6%母药，0.2%、1%水乳剂，0.15%微乳剂。

作用特点 低毒杀虫剂。苦皮藤的杀虫活性成分具有麻醉、拒食和胃毒、触杀作用，并且不产生耐药性、不杀伤天敌、理化性质稳定等。所有的毒杀成分和麻醉成分都具有二氢沉香呋喃多元酯结构，取代基的不同决定着化合物的活性不同。苦皮藤素Ⅰ对害虫具有拒食作用，苦皮藤素Ⅱ、Ⅲ对小地虎、甘蓝夜蛾、棉小造桥虫等昆虫有胃毒毒杀作用，苦皮藤素Ⅳ对昆虫具有选择麻醉作用。毒杀成

分中活性最高的是苦皮藤素Ⅳ。作用机理的初步研究表明，以苦皮藤素Ⅴ为代表的毒杀成分主要作用于昆虫肠细胞的质膜及其内膜系统；以苦皮藤素Ⅳ为代表的麻醉成分可能是作用于昆虫的神经-肌肉接点，而谷氨酸脱羧酶可能是其主要作用靶标。

防治对象　用于小麦、蔬菜、棉花、茶叶、花草等农作物及高尔夫球场和跑马场等草坪上面的害虫防治。对甜菜夜蛾、斜纹夜蛾特效，对稻纵卷叶螟、大螟、二化螟、三化螟高效。

注意事项　在中性或酸性介质中稳定，强碱性条件下易分解。

生产厂家　陕西一星生物工程有限公司、西安林禾生物技术有限公司、陕西天之润生物科技有限公司。

矿物油（mineral oil）

8042-47-5

其他中文名称　石蜡油、白矿油、白油、液体石蜡、白色油、白矿物油

其他英文名称　Liquid Petrolatum、Paraffin Oil、White、Paraffin Oil、Mineral Oil

主要剂型　25％、30％、34％、40％、99％乳油，38％微乳剂。

作用特点　昆虫依靠气门进行呼吸，矿物油能够堵塞气门，从而使昆虫的呼吸受阻，严重时导致缺氧死亡。低毒、低残留，对人畜安全，不伤天敌，持效期较长。

防治对象　主要用于防治棉花等作物上的蚜虫、螨类等害虫。是一种无内吸及熏蒸作用的杀虫杀螨剂，对虫卵具有杀伤力。

注意事项

（1）大量摄入可致便软、腹泻；长期摄入可导致消化道障碍，影响脂溶性维生素 A、维生素 D、维生素 K 和钙、磷等的吸收。

（2）有严重损伤眼睛的危险。

生产厂家　上海迈瑞尔化学技术有限公司、北京华威锐科化工有限公司、上海景颜化工科技有限公司。

喹硫磷（quinalphos）

$C_{12}H_{15}N_2O_3PS$，298.3，13593-03-8

其他中文名称　喹恶硫磷、爱卡士、喹恶磷

其他英文名称　*O*-ethyl-*O*-8-quinolyl phenylphosphonothioate

主要剂型　10％、25％、35％高渗乳油，12.5％增效乳油，5％颗粒剂等。

作用特点　喹恶磷属中等毒性杀虫剂。为广谱性杀虫、杀螨剂，具有触杀、

胃毒及渗透性，无内吸和熏蒸作用，有一定的杀卵作用。

防治对象　对咀嚼式口器、刺吸式口器害虫有效，用于防治鳞翅目、红铃虫、棉铃虫、红蜘蛛及蔬菜上的菜青虫等。对稻瘿蚊有特效。此外还可防治棉蓟马、柑橘潜叶蛾、介壳虫、小绿叶蝉、茶尺蠖等。在植物上有良好的渗透性，残效期短。对光稳定，耐热性差，遇碱易分解。

注意事项
（1）不能与酸性农药混合使用，以免分解。
（2）喹硫磷的安全使用、中毒症状、急救措施与一般有机磷相同。

生产厂家　浙江嘉化集团股份有限公司，四川省化学工业研究院。

藜芦碱（veratrine）

$C_{36}H_{51}NO_{11}$，673.8，8051-02-3

其他中文名称　西代丁、藜芦定、绿藜芦碱、塞凡丁、四伐丁、藜芦碱Ⅰ、藜芦汀

其他英文名称　cavadine、veratridine

主要剂型　0.5％粉剂，0.5％可湿性粉剂，0.5％乳油。

作用特点　低毒杀虫剂。藜芦碱主要化学成分是瑟瓦定和藜芦定。藜芦生物碱存在于百合科藜芦属和喷嚏草属植物中，作为杀虫剂的植物原料主要是喷嚏草的种子和白藜芦的根茎。具有触杀和胃毒作用。该药剂主要杀虫作用机制是经虫体表皮或吸食进入消化系统后，造成局部刺激，引起反射性虫体兴奋，先抑制虫体感觉神经末梢，后抑制中枢神经而致害虫死亡。

防治对象　小麦蚜虫；棉蚜、红蜘蛛、棉铃虫；玉米螟虫等；水稻二化螟、三化螟、稻纵卷叶螟、稻苞虫、稻飞虱、叶蝉、蓟马等；蔬菜蚜虫、菜青虫、红蜘蛛、小菜蛾、斜纹夜蛾、黏虫、食心虫、盲蝽等害虫；果树蚜虫、螨虫、梨木虱、黄粉虫、介壳虫、红蜘蛛、大小食心虫、松毛虫等；烟青虫、造桥虫、茶叶毛虫、小绿叶蝉、茶叶螨虫等。

注意事项
（1）与有机磷类、拟除虫菊酯类药剂可现混现用，并可提高药效。
（2）见光易分解，应在避光、干燥、通风、低温条件下贮存。

生产厂家　海达·华鼎植物农药（中国·杭州）有限公司。

联苯肼酯（bifenazate）

$C_{17}H_{20}N_2O_3$，300.35，149877-41-8

其他中文名称 爱克螨
其他英文名称 Acramite、Floramite
主要剂型 24%、43%、50%悬浮剂，2.5%水乳剂。
作用特点 低毒杀螨剂。作用于螨类的中枢神经传导系统的氨基丁酸（GABA）受体。对螨的各个生活阶段有效，具有杀卵活性和对成螨的击倒活性（48~72h），持效期长。推荐使用剂量范围内对作物安全；对寄生蜂、捕食螨、草蛉低风险，是一种新型选择性叶面喷雾用杀螨剂。
防治对象 用于苹果和葡萄防治苹果红蜘蛛、二斑叶螨和McDaniel螨，以及观赏植物的二斑叶螨和Lewis螨。
注意事项 该品对鱼类高毒，使用时应注意远离河塘等水体施药，禁止在河塘内清洗施药器具。
生产厂家 浙江省上虞市银邦化工有限公司。

联苯菊酯（bifenthrin）

$C_{23}H_{22}F_3ClO_2$，422.87，82657-04-3

其他中文名称 天王星、虫螨灵、毕芬宁
其他英文名称 Talstar、Bifenthrine、Biphenate、Brigade、Capture
主要剂型 2.5%、4.5%、5%、7.5%、10%水乳剂，2%、15%、100g/L、150g/L悬浮剂，25g/L、100g/L乳油，0.2%颗粒剂，2.5%、4%、20%、25g/L微乳剂。
作用特点 中等毒性杀虫剂。联苯菊酯属于拟除虫菊酯类杀虫、杀螨剂。具有触杀、胃毒作用，无内吸、熏蒸作用。作用迅速，持效期长，杀虫谱广，对螨也有较好防效。作用迅速。在土壤中不移动，对环境较为安全，残效期长。对蜜蜂毒性中等，对家蚕高毒。
防治对象 主要防治棉铃虫、棉红蜘蛛、桃小食心虫、梨小食心虫、山楂叶螨、柑橘红蜘蛛、黄斑蟓、茶翅蟓、菜蚜、菜青虫、小菜蛾、茄子红蜘蛛、茶细

蛾、温室白粉虱、茶尺蠖、茶毛虫。

注意事项

（1）安全间隔期为4天。

（2）不宜长期单一使用本剂，应与有机磷类杀虫剂或有机氮类杀虫剂轮换使用。

（3）不能与碱性物质混用。

（4）在低温下更能发挥药效，故在冬季栽培期使用较好。

（5）对蜜蜂、水生生物毒性高，不可污染水源、池塘、养蜂场。

（6）皮肤沾药用清水冲洗或用肥皂水冲洗，眼睛着药要用大量清水冲洗。

生产厂家 常州康美化工有限公司、江苏天容集团有限公司、上海威迪生化（南昌）有限公司、江苏扬龙化工股份有限公司、江苏联化科技有限公司、江苏润泽农化有限公司、江苏省南通功成精细化有限公司、江苏春江农化有限公司、阜宁宁翔化工有限公司、江苏皇马农化有限公司、江苏常隆农化有限公司、河北省邯郸市瑞田农药有限公司、浙江上虞市银邦化工有限公司、江苏省盐城南方化工有限公司、江苏省南通正达农化有限公司、江苏省宜兴兴农化工制品有限公司、江苏省农用激素工程技术研究中心有限公司、郑州中港万象作物科学有限公司、陕西西大华特科技实业有限公司、上海易施特农药（郑州）有限公司、江苏优士化学有限公司、江苏辉丰农化股份有限公司、广东省英德广农康盛化工有限责任公司、安徽常泰化工有限公司、安徽广信农化股份有限公司。

浏阳霉素（liuyangmycin）

R^1, R^2, R^3, $R^4=CH_3$或C_2H_5

$C_{44}H_{72}O_{12}$，793.04，33956-61-5

其他中文名称 大环四内酯类抗生素、多活菌素、绿生、华秀绿

其他英文名称 Tetranactin

主要剂型 20%复方浏阳霉素乳油，5%、10%乳油，2.5%悬浮剂。

作用特点 低毒抗生素杀螨剂。浏阳霉素为一触杀性杀虫、杀螨剂。对蚜虫有较高的活性，对螨类具有很强的触杀作用。药剂具有亲脂性，接触到螨体后，在其细胞膜上打一个洞，钠、钾等金属离子易与浏阳霉素结合，导致螨体内的钠、钾等金属离子渗出细胞外，破坏细胞内外金属离子浓度的平衡，螨类呼吸障碍而死亡。多与有机磷、氨基甲酸酯类农药混配使用，以达到增效及扩大杀虫谱的效果。

防治对象　可用于棉花、果树、瓜类、豆类、蔬菜等作物防治螨类及蚜虫。

注意事项

(1) 本品无内吸性，喷雾时应均匀周到，叶面、叶背及叶心均需着药。

(2) 连续施用 2 次，效果最佳。为延缓耐药性产生，每季以施用 2 次为宜。

(3) 对紫外线敏感，阳光下照射 2 天，即可分解 50% 以上。

生产厂家　湖南亚华种业股份有限公司生物药厂。

硫双威（thiodicarb）

$C_{10}H_{18}N_4O_4S_3$，354.47，59669-26-0

其他中文名称　硫双灭多威、双灭多威、拉维因、硫敌克、多田静、天佑、索斯、胜森、双捷

其他英文名称　Chipco、Dicarbasulf、Larvin、Nivral、Semevin（R）、Skipper

主要剂型　350g/L、375g/L 悬浮剂，25%、75% 可湿性粉剂，375g/L 悬浮种衣剂，80% 水分散粒剂。

作用特点　低毒杀虫剂、杀螨剂。硫双威主要是胃毒作用，几乎没有触杀作用，无熏蒸和内吸作用，有较强的选择性，在土壤中残效期很短。杀虫活性与灭多威相当，但毒性为灭多威的十分之一。

防治对象　对鳞翅目害虫有特效，如棉铃虫、棉红铃虫、卷叶虫、食心虫、菜青虫、小菜蛾、茶细蛾；对棉蚜、叶蝉、蓟马和螨类无效；也可用于防治鞘翅目、双翅目及膜翅目害虫。

注意事项

(1) 不能与波尔多液、石硫合剂及含铁、锡的农药混用。

(2) 乳油具可燃性，应注意防火，亦不能置于很低的温度下，以防冻结，应放在阴凉、干燥处。

(3) 中毒后治疗用药为阿托品，不要使用解磷定及吗啡进行治疗。

生产厂家　浙江省宁波中化化学品有限公司、江苏瑞邦农药厂有限公司、山东华阳农药化工集团有限公司、河北宣化农药有限责任公司、山东力邦化工有限公司、江苏常隆农化有限公司、江苏省南通施壮化工有限公司、江苏绿叶农化有限公司、南龙（连云港）化学有限公司、连云港中化化学品有限公司、湖南海利化工有限公司、湖南比德生化科技有限公司、安徽广信农化股份有限公司、江苏嘉隆化工有限公司、撒尔夫（河南）农化有限公司、江苏省盐城南方化工有限公司、山东潍坊润丰化工股份有限公司、湖南国家精细化工科技有限公司。

氯虫苯甲酰胺（chlorantraniliprole）

$C_{18}H_{14}BrCl_2N_5O_2$，483.15，500008-45-7

其他中文名称 康宽

其他英文名称 Rynaxpyr

主要剂型 50%悬浮种衣剂，200g/L悬浮剂，35%水分散粒剂，0.4%颗粒剂。

作用特点 低毒杀虫剂。氯虫苯甲酰胺为新型邻苯二甲酰胺类鱼尼丁受体激活剂，释放平滑肌和横纹肌细胞内贮存的钙，引起肌肉调节衰弱、麻痹，直至害虫死亡。具胃毒和触杀作用，胃毒为主要作用方式。可经茎、叶表面渗透植物体内，还可通过根部吸收和在木质部移动。持效期长，可达15天以上。氯虫苯甲酰胺高效广谱，对鳞翅目的夜蛾科、螟蛾科、蛀果蛾科、卷叶蛾科、粉蛾科、菜蛾科、麦蛾科、细蛾科等均有很好的控制效果。还能控制鞘翅目象甲科、叶甲科、双翅目潜蝇科，烟粉虱等多种非鳞翅目害虫。

防治对象 用于防治水稻主要害虫，能迅速保护水稻生长，尤其对其他水稻杀虫剂已经有抗性的害虫更有特效，如稻纵卷叶螟、二化螟、三化螟、大螟，对稻瘿蚊、稻象甲、稻水象甲也有很好的防治效果。

注意事项

（1）由于该农药具有较强的渗透性，药剂能穿过茎部表皮细胞层进入木质部，从而沿木质部传导至未施药的其他部位。因此在田间作业中，用弥雾或细喷雾效果更好。但当气温高、田间蒸发量大时，应选择早上10点以前、下午4点以后用药，这样不仅可以减少用药液量，也可以更好地增加作物的受药液量和渗透性，有利提高防治效果。

（2）为避免该农药耐药性的产生，一季作物或一种害虫宜使用2~3次，每次间隔时间在15天以上。

（3）该农药在我国登记时还有不同的剂型、含量及适用作物，用户在不同的作物上应选用该农药的不同含量和剂型。

生产厂家 美国杜邦公司、上海杜邦农化有限公司。

氯虫酰肼（halofenozide）

$C_{18}H_{19}ClN_2O_2$，330.81，112226-61-6

其他中文名称 N-叔丁基-N'-(4-氯苯甲酰基) 苯甲酰基
其他英文名称 Benzoic Acid N-tert-butyl-N-(4-chlorobenzoyl) Hydrazide
主要剂型 10%微乳剂。
作用特点 低毒杀虫剂。氯虫酰肼为双酰肼类昆虫生长调节剂。干扰幼虫蜕皮、减少产卵而阻碍昆虫繁殖达到杀虫作用。具有胃毒作用，内吸性强，速效性和持效期都很理想。
防治对象 杀虫谱广，对幼虫、成虫及卵块均具有杀灭活性。对所有鳞翅目幼虫均有效。
注意事项
（1）在幼虫发生初期喷药效果好。
（2）对鱼和水生脊椎动物有毒，对蚕高毒，用药时不要污染水源；严禁在桑蚕养殖区用药。
生产厂家 广州伟伯化工有限公司、凯试（上海）科技有限公司。

氯氟氰菊酯（cyhalothrin）

$C_{23}H_{19}ClF_3NO_3$，449.86，91465-08-6

中文通用名称 氟氯氰醚菊酯、赛落宁、三氟氯氟氰菊酯
其他英文名称 Commodore（R）、Icon、Karate、Matador（R）、Sentinel（R）、Warrior

主要剂型 2.5%、10%可湿性粉剂，2.5%乳油、2.5%水乳剂、1.5%悬浮剂，2.5%微胶囊剂。
作用特点 中等毒性杀虫剂。氯氟氰菊酯又叫三氟氯氟氰菊酯。高效、广谱、速效拟除虫菊酯类杀虫、杀螨剂，以触杀和胃毒作用为主，无内吸作用。它的药效特点是抑制昆虫神经轴突部位的传导，对昆虫具有趋避、击倒及毒杀的作用，杀虫谱广，活性较高，药效迅速，喷洒后耐雨水冲刷，但长期使用易产生抗性，对刺吸式口器害虫及害螨有一定防效。它对螨虫有较好的抑制作用，在螨类发生初期使用，可抑制螨类数量上升，当螨类已大量发生时，就控制不住其数量，因此只能用于虫螨兼治，不能用于专用杀螨剂。

防治对象 对鳞翅目、鞘翅目和半翅目等多种害虫和其他害虫,以及叶螨、锈螨、瘿螨、跗线螨等有良好效果,在虫、螨并发时可以兼治,可防治棉红铃虫和棉铃虫、菜青虫、菜缢管蚜、茶尺蠖、茶毛虫、茶橙瘿螨、叶瘿螨、柑橘叶蛾、橘蚜以及柑橘叶螨、锈螨、桃小食心虫及梨小食心虫等;也可用来防治多种地表和公共卫生害虫。

注意事项

(1) 氯氟氰菊酯对鱼虾、蜜蜂、家蚕高毒,因此在使用时应防止污染鱼塘、河流、蜂场、桑园。禁止在水田使用。

(2) 对拟除虫菊酯类农药产生抗性的害虫,应适当提高药液使用浓度。

(3) 由于在碱性介质及土壤中易分解,不要与碱性物质混用以及作土壤处理使用。

(4) 收获前 21 天停用。

(5) 应存放在阴凉通风干燥处。

生产厂家 湖北康宝泰精细化工有限公司、成都化夏化学试剂有限公司。

氯氰菊酯（cypermethrin）

$C_{22}H_{19}Cl_2NO_3$,416.32,52315-07-8

其他中文名称 灭百可、兴棉宝、赛波凯、安绿宝

其他英文名称 Barricade、Basathrin、Cymbush、Cymperator、Ammo、Anomethrin

主要剂型 2.5%、5%、10%、20%、25%、50g/L、100g/L、250g/L 乳油,5%微乳剂,8%微囊剂,300g/L 悬浮种衣剂,25%水乳剂,10%可湿性粉剂。

作用特点 中等毒性杀虫剂。作用于昆虫的神经系统,通过与钠通道作用来扰乱昆虫的神经功能。具有触杀和胃毒作用,无内吸性。杀虫谱广、药效迅速,对光、热稳定,对某些害虫的卵具有杀伤作用。药效比氯菊酯高,适用于防虫杀虫,如蝇类、蚊类和蚋属等昆虫。适用于防治棉花、蔬菜、果树、茶树、森林等多种植物上的害虫及卫生害虫。用此药防治对有机磷产生抗性的害虫效果良好,但对螨类和盲蝽防治效果差。该药残效期长,正确使用时对作物安全。

防治对象 可用于公共场所防治苍蝇、蟑螂、蚊子、跳蚤、虱和臭虫等许多卫生害虫,也可防治牲畜体外寄生虫,如蜱、螨等。在农业上,主要用于苜蓿、禾谷类作物、棉花、葡萄、玉米、油菜、梨果、马铃薯、大豆、甜菜、烟草和蔬菜上防治鞘翅目、鳞翅目、直翅目、双翅目、半翅目和同翅目等害虫。

注意事项

(1) 不要与碱性物质混用。

(2) 注意不可污染水域及饲养蜂蚕场地。

(3) 氯氰菊酯对人体每日允许摄入量为 0.6mg/kg。本品无内吸和熏蒸作用，喷药要周到。在害虫和螨类同时发生时，应与杀螨剂混用或交叉使用。蚜虫、棉铃虫等极易产生耐药性，尽可能轮用、混用。

(4) 防治钻蛀性害虫，应在孵化期或孵化前 1~2 天施药。

(5) 不能在桑园、鱼塘、养蜂场所使用。

生产厂家 江苏省农药研究所股份有限公司、江苏皇马股份有限公司、天津龙灯化工有限公司、南京红太阳股份有限公司、江苏蓝丰生物化工股份有限公司、山东大成农化有限公司、江苏扬农化工股份有限公司、浙江省杭州庆丰农化有限公司、湖南沅江赤峰农化有限公司、广东省英德广农康盛化工有限责任公司、江苏丰山集团有限公司、江苏优士化学有限公司、山东华阳农药化工集团有限公司、江苏省宜兴兴农化工制品有限公司、广东德利生物科技有限公司、中山凯中有限公司、开封博凯生物化工有限公司。

氯唑磷（isazofos）

$C_9H_{17}ClN_3O_3PS$，313.74，42509-80-8

其他中文名称 米乐尔、异丙三唑硫磷、异唑磷

其他英文名称 Brace、Miral

主要剂型 3%米乐尔颗粒剂。

作用特点 中等毒性杀虫剂。有机磷杀虫剂和杀线虫剂，有触杀、胃毒和内吸作用。主要用于防治地下害虫和线虫，对刺吸式、咀嚼式口器害虫和钻蛀性害虫也有较好的防治效果。该药在土壤中的残效期较长，对多数害虫有快速击倒作用。

防治对象 用于玉米、棉花、水稻、甜菜、草皮和蔬菜上，防治长蝽象、南瓜十二星叶甲、日本丽金龟、线虫、种蝇等害虫。

注意事项

(1) 本药剂只能单独使用，不能与其他药剂混用。

(2) 施药区一周内不能放牧牲畜。施药时注意不能直接接触人体，不得吸烟或饮食。

(3) 禁止用于蔬菜、果树、茶叶和中药材等作物上。

(4) 不能用于 A 级绿色食品生产，安全间隔期水稻为 28 天，甘蔗 60 天。

(5) 发生中毒时，应立即就医诊治，解毒药剂为阿托品等。

生产厂家 百灵威科技有限公司、成都贝斯特试剂有限公司、阿拉丁试剂（上海）有限公司。

螺虫乙酯（spirotetramat）

$C_{21}H_{27}NO_5$，373.45，203313-25-1

其他中文名称 亩旺特
其他英文名称 Movento
主要剂型 15％、24％悬浮剂。
防治对象 螺虫乙酯是季酮酸类化合物，具有独特的作用特征，是迄今具有双向内吸传导性能的杀虫剂之一。该化合物可以在整个植物体内向上向下移动，抵达叶面和树皮，从而防治如生菜和白菜内叶上及果树皮上的害虫。这种独特的内吸性能可以保护新生茎、叶和根部，防止害虫的卵和幼虫生长。其另一个特点是持效期长，可提供长达 8 周的有效防治。对重要益虫如瓢虫、食蚜蝇和寄生蜂具有良好的选择性。

防治对象 螺虫乙酯高效广谱，可有效防治各种刺吸式口器害虫，如蚜虫、蓟马、木虱、粉蚧、粉虱和介壳虫等。可应用的主要作物包括棉花、大豆、柑橘、热带果树、坚果、葡萄、啤酒花、土豆和蔬菜等。

生产公司 德国拜耳作物科学公司。

螺甲螨酯（spiromesifen）

$C_{23}H_{30}O_4$，370，283594-90-1

其他中文名称 螺螨甲酯
其他英文名称 Oberon
防治对象 低毒。螺甲螨酯是季酮酸类化合物，通过抑制乙酰辅酶 A 羧化酶杀灭粉虱和螨虫，影响粉虱和螨虫的发育，干扰其脂质体的生物合成，尤其对幼虫阶段有较好的活性，同时还可以产生卵巢管闭合作用，降低螨虫和粉虱成虫的繁殖能力，大大减少产卵数量。与任何常用的杀虫剂、杀螨剂无交互抗性。

防治对象 螺甲螨酯主要用于棉花、蔬菜和观赏植物防治粉虱和叶螨，尤其对粉虱幼虫和幼螨特别有效。

生产公司 德国拜耳作物科学公司。

螺螨酯（spirodiclofen）

$C_{21}H_{24}Cl_2O_4$，411.32，148477-71-8

其他中文名称 螨危，螨威多
其他英文名称 Envidor
主要剂型 24％、29％、34％悬浮剂，15％水乳剂。
作用特点 低毒杀虫剂。螺螨酯抑制害螨体内的脂肪合成，阻断螨的能量代谢。对螨的各个发育阶段都有效，包括卵。具触杀作用，没有内吸性。杀螨谱广、适应性强、持效期长。低残留、安全性好。
防治对象 对红蜘蛛、黄蜘蛛、锈壁虱、茶黄螨、朱砂叶螨和二斑叶螨等均有很好防效，可用于柑橘、葡萄等果树和茄子、辣椒、番茄等茄科作物的螨害治理。此外，螨危对梨木虱、榆蛎盾蚧以及叶蝉类等害虫有很好的兼治效果。

注意事项

（1）如果在柑橘全爪螨为害的中后期使用，为害成螨数量已经相当大，由于螨危杀卵及幼螨的特性，建议与速效性好、残效短的杀螨剂，如阿维菌素等混合使用，既能快速杀死成螨，又能长时间控制害螨虫口数量的恢复。

（2）在一个生长季（春季、秋季），螨危的使用次数最多不超过2次。

（3）螨危的主要作用方式为触杀和胃毒，无内吸性，因此喷药要全株均匀喷雾，特别是叶背。

（4）建议避开果树开花时用药。

生产厂家 石家庄市兴柏生物工程有限公司、山东海利尔化工有限公司、陕西美邦农药有限公司、山东省招远三联远东化学有限公司、陕西康禾立丰生物科技有限公司、河北德瑞化工有限公司、山东康桥生物科技有限公司、永农生物科学有限公司、河北冠龙农化有限公司、山东潍坊润丰化工股份有限公司、江苏七周绿色化工股份有限公司。

马拉硫磷（malathion）

$C_{10}H_{19}O_6PS_2$，330.36，121-75-5

其他中文名称 马拉松、马拉赛昂、中化趋蚜、蟥除、储粮灵、旺运、正春、粮虫净、农快马、欧马、富林、飞翔、永安、谷虫治、仓保

其他英文名称 Maltox、Cythion、Fytaron、mercaptothion、maldison

主要剂型 45%、70%乳油,1.2%、1.8%、2.01%粉剂。

作用特点 马拉硫磷毒性低,残效期短,具有良好的触杀、胃毒和一定的熏蒸作用,无内吸作用。对刺吸式口器和咀嚼式口器害虫都有效。进入虫体后氧化成马拉氧磷,从而更能发挥毒杀作用;而进入温血动物体内时,则被在昆虫体内所没有的羧酸酯酶水解,因而失去毒性。

防治对象 适用于防治麦类作物、豆类作物、水稻、棉花、果树、蔬菜、烟草、茶、桑树、林木等作物上的害虫,也可用于防治仓库害虫和卫生害虫。

注意事项

(1) 本品易燃,在运输、贮存过程中注意防火,远离火源。

(2) 在蔬菜收获前7~10天停用。在瓜类、豇豆作物上慎用,以避免药害。

(3) 中毒症状为头痛、头晕、恶心、无力、多汗、呕吐、流涎、视力模糊、瞳孔缩小、痉挛、昏迷、肌纤颤、肺水肿等。误中毒时应立即送医院诊治,给病人皮下注射1~2mg阿托品,并立即催吐。上呼吸道刺激可饮少量牛奶及苏打。眼睛受到沾染时用温水冲洗。皮肤发炎时可用20%苏打水湿绷带包扎。

生产厂家 江苏好收成韦恩农化股份有限公司、广西金土地生化有限公司,河北吴桥农药有限公司、湖北仙隆化工股份有限公司、江苏润鸿生物化学有限公司、河北金德伦生物科技有限公司、河北国东化工科技有限公司、新沂市秦松化工有限公司、江苏省常州市武进恒隆农药有限公司、浙江省宁波中化化学品有限公司、河北省衡水北方农药化工有限公司、德州绿霸精细化工有限公司、辽宁省葫芦岛凌云集团农药化工有限公司。

醚菊酯(ethofenprox)

$C_{25}H_{28}O_3$,376.49,80844-07-1

其他中文名称 多来宝、利来多、依芬宁

其他英文名称 Trebon、Zoecon RF-316

主要剂型 10%、20%、30%悬浮剂,10%、20%、30%乳油,10%、20%、30%可湿性粉剂。

作用特点 低毒杀虫剂。属拟除虫菊酯类杀虫剂,击倒速度快,杀虫活性高,具有触杀和胃毒的特性。对同翅目飞虱科特效,同时对鳞翅目、半翅目、直翅目、鞘翅目、双翅目和等翅目等多种害虫有很好的效果,尤其对水稻稻飞虱的防治效果显著。药后30min能达到50%以上。正常情况下持效期20天

以上。

防治对象　防治水稻灰飞虱、白背飞虱、甘蓝青虫、甜菜夜蛾、斜纹夜蛾、松毛虫、棉铃虫、烟草夜蛾、棉红铃虫、玉米螟、大螟等。

注意事项

(1) 使用时避免污染鱼塘、蜂场。

(2) 使用时若不慎中毒,应立即就医。

生产厂家　江苏七周绿色化工股份有限公司、江苏百灵农化有限公司、山西绿海农药科技有限公司、江苏辉丰农化股份有限公司、河北省衡水北方农药化工有限公司。

灭蝇胺 (cyromazine)

$C_6H_{10}N_6$,166.2,66215-27-8

其他中文名称　环丙氨嗪、蝇得净、赛诺吗嗪、环丙胺嗪

其他英文名称　cyclopropylmelamine、larvadex

主要剂型　20%、50%可溶粉剂,10%、30%悬浮剂,30%、50%、70%、75%可湿性粉剂,60%水分散粒剂。

作用特点　一种昆虫生长调节剂类低毒杀虫剂。灭蝇胺诱使双翅目幼虫和蛹发生畸变,成虫羽化不全或受抑制,具有触杀和胃毒作用,有强内吸传导性,持效期较长,但作用速度较慢。有非常强的选择性,主要对双翅目昆虫有活性。

防治对象　适用于多种瓜果蔬菜,主要对"蝇类"害虫具有良好的杀虫作用。主要用于防治各种瓜果类、茄果类、豆类及多种叶菜类蔬菜的美洲斑潜蝇、南美斑潜蝇、豆秆黑潜蝇、葱斑潜叶蝇、三叶斑潜蝇等多种潜叶蝇,韭菜及葱、蒜的根蛆等。

注意事项

(1) 不能与碱性药剂混用。

(2) 与不同作用机理的药剂交替使用,以减缓害虫耐药性的产生。

(3) 喷药时,若在药液中混加0.03%的有机硅或0.1%的中性洗衣粉,可显著提高药剂防效。

(4) 制剂应存放于阴凉、干燥处。

生产厂家　沈阳科创化学品有限公司、江西禾益化工有限公司、江苏省农药研究所股份有限公司、江苏省激素研究所股份有限公司、大连瑞泽生物科技有限公司、浙江乐吉化工股份有限公司、山东三元工贸有限公司。

灭幼脲（chlorobenzuron）

$C_{14}H_{10}N_2Cl_2O_2$，309.2，57160-47-1

其他中文名称　扑蛾丹、蛾杀灵、劲杀幼、一氯苯隆
其他英文名称　Mieyouniao
主要剂型　15％烟雾剂，25％可湿性粉剂，20％、25％、50％悬浮剂。
作用特点　低毒杀虫剂。灭幼脲属苯甲酰脲类昆虫几丁质合成抑制剂，为昆虫激素类农药。通过抑制昆虫表皮几丁质合成酶和尿核苷辅酶的活性，来抑制昆虫几丁质合成，从而导致昆虫不能正常蜕皮而死亡。在幼虫期施用，使害虫新表皮形成受阻，延缓发育，或缺乏硬度，不能正常蜕皮而导致死亡或形成畸形蛹死亡。对变态昆虫，特别是鳞翅目幼虫表现为很好的杀虫活性。对益虫和蜜蜂等膜翅目昆虫和森林鸟类几乎无害。但对赤眼蜂有影响。
防治对象　用于防治桃树潜叶蛾、茶黑毒蛾、茶尺蠖、菜青虫、甘蓝夜蛾、小麦黏虫、玉米螟及毒蛾类、夜蛾类等鳞翅目害虫。对防治厕所蝇蛆、死水湾的蚊子幼虫也有特效。
注意事项
（1）此药在2龄前幼虫期进行防治效果最好，虫龄越大，防效越差。
（2）本药于施药3～5天后药效才明显，7天左右出现死亡高峰。忌与速效性杀虫剂混配，使灭幼脲类药剂失去了应有的绿色、安全、环保作用和意义。
（3）灭幼脲类药剂不能与碱性物质混用，以免降低药效，和一般酸性或中性的药剂混用药效不会降低。
生产厂家　河南省安阳市安林生物化学有限责任公司、吉林省通化农药化工股份有限公司。

氰氟虫腙（metaflumizone）

$C_{24}H_{16}F_6N_4O_2$，506.40，139968-49-3

其他中文名称　艾法迪
其他英文名称　Hydrazinecarboxamide
主要剂型　20％乳油，22％、24％悬浮剂。

作用特点 低毒杀虫剂。氰氟虫腙属于缩氨基脲类杀虫剂。昆虫取食后该药进入虫体,通过独特的作用机制阻断害虫神经元轴突膜上的钠离子通道,使钠离子不能通过轴突膜,进而抑制神经冲动使虫体过度放松、麻痹,几小时后,害虫即停止取食,1~3天内死亡。与菊酯类或其他种类的化合物无交互抗性。该药主要通过害虫取食进入其体内发生胃毒杀死害虫,触杀作用较小,无内吸作用。该药对于各龄期的靶标害虫、幼虫都有较好的防治效果。

防治对象 氰氟虫腙对咀嚼和咬食的昆虫种类鳞翅目和鞘翅目具有明显的防治效果,如常见的种类有稻纵叶螟、甜菜夜蛾、棉铃虫、棉红铃虫、菜粉蝶、甘蓝夜蛾、小菜蛾、菜心野螟、小地老虎、水稻二化螟等,对卷叶蛾类的防效为中等;对鞘翅目害虫叶甲类如马铃薯叶甲防治效果较好,对跳甲类及种子象的防治为中等;对缨尾目、螨类及线虫无任何活性。该药用于防治蚂蚁、白蚁、红火蚁、蝇及蟑螂等非作物害虫方面很有潜力。

注意事项 在氰氟虫腙用药量为 240g (a.i.)/hm^2 时,每个生长季节最多使用两次,安全间隔期为 7 天;在辣椒、莴苣、白菜、花椰菜、黄瓜、西红柿、菜豆等蔬菜上的安全间隔期为 0~3 天;在西瓜、朝鲜蓟上的安全间隔期为 3~7 天;在甜玉米上的安全间隔期为 7 天;在马铃薯、玉米、向日葵、甜菜上的安全间隔期为 14 天;在棉花上的安全间隔期为 21 天。

生产厂家 巴斯夫欧洲公司。

S-氰戊菊酯(esfenvalerate)

$C_{25}H_{22}ClNO_3$,419.9,66230-04-4

其他中文名称 速灭、来福灵、高效杀灭菊酯、顺式氰戊菊酯、万福灵、大富灵、福目特、双爱士、菜杰清、莱就林、棉丰宝、试试看、强力农、劲戈、住杀、安捕、白蚁灵

其他英文名称 Asana、Hallmark、Fertialpha、Foralpha

主要剂型 5%、50g/L 水乳剂,25g/L、50g/L、100g/L、5%乳油。

作用特点 中等毒性杀虫剂。S-氰戊菊酯又叫顺式氰戊菊酯,杀虫活性要比氰戊菊酯高出 4 倍。作用于昆虫的神经系统,使昆虫过度兴奋、麻痹而死亡。具有触杀、胃毒和一定的驱避作用。

防治对象 广泛用于苹果、梨、桃、葡萄、山楂、枣、柑橘等果树,小麦、玉米、水稻、大豆、花生、棉花、甜菜等粮棉油糖作物,辣椒、番茄、茄子、十字花科蔬菜、马铃薯等瓜果蔬菜,以及烟草、茶树、森林等多种植物。对多种咀嚼式口器和刺吸式口器害虫均具有很好的杀灭效果,如食心虫类、棉铃虫、红铃

虫、菜青虫、小菜蛾、甜菜夜蛾、斜纹夜蛾、潜叶蛾、豆荚螟、草地螟、玉米螟、卷叶螟、松毛虫等毛虫类、尺蠖类、刺蛾类、黏虫类、食叶甲虫类、蚜虫类、叶蝉类等，但对叶螨类无效。

注意事项

（1）施药时要均匀周到，且尽可能减少用药量和用药次数，以减缓抗性的产生，或与有机磷等其他农药轮用、混用。

（2）由于该药对螨无效，在害虫、螨并发的作物上要配合杀螨剂使用，以免螨害猖獗发生。

（3）不能与碱性物质混合使用，且随配随用。

（4）使用时不要污染河流、桑园、养蜂场所。

（5）注意个人防护，不使药液进入口、眼、鼻，打完药后用肥皂清洗。

生产厂家 江苏快达农化股份有限公司、江苏省农用激素工程技术研究中心有限公司、山东华阳农药化工集团有限公司、江苏耘农化工有限公司、江苏皇马农化有限公司、江苏润泽农化有限公司、天津人农药业有限责任公司。

炔螨特（propargite）

$C_{19}H_{26}O_4S$，350.47，2312-35-8

其他中文名称 克螨特、丙炔螨特、灭螨净、托螨丹、赛螨、茶净、踢螨、锐螨净

其他英文名称 comite、Omit、omait、progi、Retador

主要剂型 25%、40%、57%、70%、73%、76%乳油，40%、50%水乳剂，40%微乳剂。

作用特点 低毒杀螨剂。广谱性有机硫杀螨剂。能杀灭多种害螨，对成螨和若螨有特效，杀卵效果差。已对其他杀虫（螨）剂产生耐药性的害螨也有良好防效。害螨接触有效剂量的药剂后立即停止进食和减少产卵，48～96h死亡。在气温高于27℃时具有触杀和熏蒸双重作用。该药不易产生耐药性，药效持久，且对蜜蜂和天敌安全。

防治对象 可用于防治棉花、蔬菜、苹果、柑橘、茶、花卉等作物的各种害螨，如棉花红蜘蛛、苹果红蜘蛛、山楂红蜘蛛、柑橘红蜘蛛、柑橘锈壁虱等。

注意事项

（1）在炎热潮湿的天气下，幼嫩作物喷洒高浓度炔螨特可能会有轻微的药害，使叶片卷曲或有斑点，但对于作物的生长没有影响。对25cm以下嫩梢期的柑橘、甜橙和苹果使用时，不应低于2000倍的浓度。

（2）该药除不能与波尔多液及强碱农药混合使用外，可与一般农药混用。

(3) 该药无组织渗透作用，故需均匀喷洒作物叶片的两面及果实表面。

(4) 本品应防潮湿及暴晒受热，不得与食物、饮料、饲料、种子混放。

生产厂家　江苏丰山集团有限公司、山东省招远三联远东化学有限公司、江苏剑牌农化股份有限公司、湖北仙隆化工股份有限公司、浙江禾本科技有限公司、浙江省乐斯化学有限公司、江苏克胜作物科技有限公司、江苏常隆农化有限公司、浙江东风化工有限公司、山东省青岛瀚生生物科技股份有限公司、浙江禾田化工有限公司、山东麒麟农化有限公司。

噻虫胺（clothianidin）

$C_6H_8ClN_5O_2S$，249.68，210880-92-5

其他中文名称　可尼丁

其他英文名称　Guanidine

主要剂型　35%、50%水分散粒剂，20%、48%悬浮剂，0.5%、1%、1.5%颗粒剂。

作用特点　低毒。噻虫胺是新烟碱类杀虫剂，具有触杀、胃毒和内吸活性。具有高效、广谱、用量少、毒性低、药效持效期长、对作物无药害、使用安全、与常规农药无交互抗性等优点。

防治对象　用于蔬菜、果树及其他作物上防治蚜虫、叶蝉、蓟马、飞虱等半翅目、鞘翅目、双翅目和某些鳞翅目类害虫。

注意事项

(1) 不宜与碱性农药或物质（如波尔多液、石硫合剂等）混用。

(2) 由于其残效期较长，应严格执行安全间隔期。

(3) 对蜜蜂、家蚕等有较高毒性，因此不适宜在蜂场附近、桑树和蜜源作物上使用。

(4) 注意与其他类型杀虫剂的轮换、交替或混合使用，以延缓害虫耐药性的产生。

生产厂家　江苏中旗作物保护股份有限公司、河北威远生化农药有限公司、山东京蓬生物药业股份有限公司、浙江新农化工有限公司。

噻虫啉（thiacloprid）

$C_{10}H_9ClN_4S$，252.72，111988-49-9

其他中文名称　天保
其他英文名称　Chlornicotinyl
主要剂型　1.5％、2％、3％微囊悬浮剂，25％可湿性粉剂，40％、48％悬浮剂，70％水分散粒剂，1％微囊粉剂。
作用特点　中等毒性。噻虫啉是一种新型氯代烟碱类杀虫剂，通过与烟碱乙酰胆碱受体结合，干扰昆虫神经系统正常传导，引起神经通道的阻塞，造成乙酰胆碱的大量积累，从而使昆虫异常兴奋、全身痉挛、麻痹而死。具有较强的内吸、触杀和胃毒作用，与常规杀虫剂如拟除虫菊酯类、有机磷类和氨基甲酸酯类没有交互抗性，因而可用于抗性治理。
防治对象　是防治刺吸式和咀嚼式口器害虫的高效药剂，如防治蚜虫、蓟马等。对松褐天牛有很高的杀虫活性。
注意事项
（1）对人畜具有很高的安全性，而且药剂没有臭味或刺激性，对施药操作人员和施药区居民安全。
（2）噻虫啉残质进入土壤和河流后也可快速分解，对环境造成的影响很小。
（3）安全间隔期 7 天停止使用本品。
生产厂家　湖南比德生化科技有限公司、德国拜耳作物科学公司、如东众意化工有限公司、中山市庄臣化工有限公司。

噻虫嗪（thiamethoxam）

$C_8H_{10}ClN_5O_3S$, 291.71, 153719-23-4

其他中文名称　阿克泰，锐胜、快胜、福戈
其他英文名称　Adage、Actara、Cruiser、Actara
主要剂型　30％、46％种子处理悬浮剂，25％可湿性粉剂，25％、50％、75％水分散粒剂，50％、70％种子处理可分散粉剂，35％悬浮种衣剂，21％、25％、30％悬浮剂。
作用特点　噻虫嗪是第二代烟碱类高效低毒杀虫剂，抑制昆虫中枢神经系统烟碱乙酰胆碱酯酶受体，进而阻断昆虫中枢神经系统的正常传导，造成害虫出现麻痹死亡。具有触杀、胃毒、内吸活性。具有高活性、广谱及作用速度快、持效期长等特点。噻虫嗪在施药以后，害虫接触药剂后立即停止取食等活动，但死亡速度较慢，死虫的高峰通常在药后 2～3 天出现。
防治对象　对鞘翅目、双翅目、鳞翅目，尤其是同翅目害虫有高活性，对刺吸式害虫如蚜虫、飞虱、叶蝉、粉虱等有良好的防效。可有效防治各种蚜虫、叶蝉、飞虱类、粉虱、金龟子幼虫、线虫、潜叶蛾等害虫及对多种类型化学农药产

生抗性的害虫。

注意事项

(1) 勿让儿童接触本品。加锁保存。不能与食品、饲料存放一起。尽管本品低毒，但在施药时应遵照安全使用农药守则。

(2) 避免在低于-10℃和高于35℃贮存。

(3) 对蜜蜂有毒。

生产厂家 辽宁省葫芦岛凌云集团农药化工有限公司、石家庄瑞凯化工有限公司、山东省联合农药工业有限公司、安徽广信农化股份有限公司、江苏绿叶农化有限公司、山东海利尔化工有限公司、石家庄市兴柏生物工程有限公司、江苏常隆农化有限公司、河北德瑞化工有限公司、天津华宇农药有限公司、河北昊阳化工有限公司、岳阳迪普化工技术有限公司、上海禾本药业有限公司、四川省乐山市福华通达农药科技有限公司、山东科信生物化学有限公司、江苏苏滨生物农化有限公司、如东众意化工有限公司、山东潍坊润丰化工股份有限公司、京博农化科技股份有限公司、湖南海利化工股份有限公司、江苏长青农化股份有限公司、连云港市金囤农化有限公司、河北奇峰化工有限公司、浙江禾本科技有限公司、泸州东方农化有限公司、江苏嘉隆化工有限公司、江苏中旗作物保护股份有限公司、上虞颖泰精细化工有限公司、秦州百力化学股份有限公司、江苏辉丰农化股份有限公司、永农生物科学有限公司、江苏南通通秦化工有限公司、河北省衡水北方农药化工有限公司、江苏百灵农化有限公司、湖南比德生化科技有限公司、冀州市恒伟化工有限公司、江苏龙灯化学有限公司、河北省邯郸市瑞田农药有限公司。

噻螨酮（hexythiazox）

$C_{17}H_{21}ClN_2O_2S$，352.88，78587-05-0

其他中文名称 尼索朗、尼螨朗、维保郎、天郎、豪顿、卵标郎、卵禁

其他英文名称 Nissorun

主要剂型 5％乳油，5％、10％可湿性粉剂，5％水乳剂。

作用特点 低毒杀虫剂。噻唑烷酮类杀螨剂，对多种植物害螨具有强烈的杀卵、杀幼若螨的特性，对成螨无效，但对接触到药液的雌成虫所产的卵具有抑制孵化的作用。以触杀作用为主，对植物组织有良好的渗透性，无内吸性作用。药效速度缓慢，但残效期可长达1个月以上。对人、畜低毒，对眼有轻微刺激作用，对鸟类低毒，在常量下对蜜蜂无毒性反应，对天敌影响很小，对鱼类有毒。

注意事项

(1) 在蔬菜收获前 30 天停用。在 1 年内，只使用 1 次为宜。

(2) 本剂可与波尔多液、石硫合剂等多种农药混用，但波尔多液的浓度不能过高。

(3) 本剂宜在成螨数量较少时（初发生时）使用，若是螨害发生严重时，不宜单独使用本剂，最好与其他具有杀成螨作用的药剂混用。

生产厂家 江苏禾本生化有限公司、江苏克胜作物科技有限公司、山东科大长野生物有限公司、浙江省湖州荣盛农药化工有限公司、江苏润泽农化有限公司、江苏茂期化工有限公司。

噻嗪酮（buprofezin）

$C_{16}H_{23}N_3OS$，305.4，69327-76-0

其他中文名称 扑虱灵、稻虱灵、稻虱净、吉米佳、格虱去、格灭、振敌虱、美扑、飞舞、锐蚧、蚧止、川珊灵、稻虱顿、金泽灵 1 号、佳米多、伏虱乐、总安、壳虱、除虱灵、环丰、七洲盖虱、优乐得

其他英文名称 Applaud

主要剂型 25％、65％、75％、80％可湿性粉剂，25％、37％、40％、50％悬浮剂，70％水分散粒剂，8％展膜油剂。

作用特点 低毒杀虫剂。一种杂环类昆虫几丁质合成抑制剂，破坏昆虫的新生表皮形成，干扰昆虫的正常生长发育，引起害虫死亡。触杀、胃毒作用强，具渗透性。不杀成虫，但可减少产卵并阻碍卵孵化。药效慢，药后 3～7 天才能达到药剂高峰。对鞘翅目、部分同翅目以及蜱螨目具有持效的杀幼虫活性。

防治对象 可有效地防治水稻上的大叶蝉科、飞虱科；马铃薯上的大叶蝉科；柑橘、棉花和蔬菜上的粉虱科；柑橘上的蚧科、盾蚧料和粉蚧科；对同翅目的飞虱、叶蝉、粉虱及介壳虫类害虫有特效。

注意事项

(1) 药液不宜直接接触白菜、萝卜，否则将出现褐斑及绿叶白化等药害。

(2) 密封后存于阴凉干燥处，避免阳光直接照射。

(3) 使用时应先兑水稀释后均匀喷雾，不可用毒土法。

生产厂家 江苏七洲绿色化工股份有限公司、江苏省江阴市农药二厂有限公司、江苏百灵农化有限公司、江苏常隆农化有限公司、江苏南通功成精细化工有限公司、江苏润鸿生物化学有限公司、宁夏新安科技有限公司、无锡禾美农化科技有限公司、安徽广信农化股份有限公司、江苏省兴化市青松农药化工有限公

司、陕西亿农高科药业有限公司、江苏中旗作物保护有限公司、广西平乐农药厂、江苏省盐城南方化工有限公司、江苏健谷化工有限公司、江苏安邦电化有限公司。

三氟甲吡醚（pyridalyl）

$C_{18}H_{14}Cl_4F_3NO_3$，491.12，179101-81-6

其他中文名称 啶虫丙醚
其他英文名称 Overture、Tesoro
主要剂型 10.5%乳油。
作用特点 三氟甲吡醚属二卤丙烯类高效、低毒杀虫剂，对鳞翅目害虫具有卓越的防效，与现有鳞翅目杀虫剂无交互抗性。与常用农药的作用机理不同，主要用于防治为害作物的鳞翅目幼虫。对现有杀虫剂产生抗性的害虫也具有杰出的防效。同时它对许多有益的节肢动物影响最小。
防治对象 主要用于防治为害作物的鳞翅目害虫幼虫，此外对缨翅目蓟马、双翅目潜叶虫也具有较好的防效。
注意事项
（1）本剂对蚕有影响，勿喷洒在桑叶上，在桑园及蚕室附近禁用。
（2）注意远离河塘等水域施药，禁止在河塘等水域中清洗施药器具，不要污染水源。
生产厂家 天津瑞丰源化工有限公司、南京心连心化工科技有限公司、湖北省楚盛威化工有限公司、宁波华佳化工有限公司、东明县东易化工有限公司。

三唑磷（triazophos）

$C_{12}H_{16}N_3O_3PS$，313.31，24017-47-8

其他中文名称 螟劲死、螟死净、解千愁、惠民、万得星
其他英文名称 Fulstop、Hostathion、Able、Spark
主要剂型 2%、5%颗粒剂，20%、30%、40%、60%乳油，25%可湿性粉剂，8%、15%、25%微乳剂，15%水乳剂。
作用特点 一种中等毒性、广谱有机磷杀虫剂。具有强烈的触杀和胃毒作用，杀虫效果好，杀卵作用明显，渗透性较强，无内吸作用。用于水稻等多种作物防治多种害虫，为广谱有机磷杀虫剂、杀螨剂、杀线虫剂。

防治对象 主要用于防治果树、棉花、粮食类作物上的鳞翅目害虫、害螨、蝇类幼虫及地下害虫等。对地下害虫、植物线虫、森林松毛虫也有显著作用，持效期达2周以上。其杀卵作用明显，对鳞翅目昆虫卵的杀灭作用尤为突出。

注意事项
（1）不能与碱性物质混用，以防分解失效。
（2）作物收获前1周禁用本品。
（3）防治水稻螟虫时，稻飞虱会再猖獗，宜同时使用杀飞虱药剂。
（4）本品为高毒农药，施药时应特别注意安全防护措施，以免污染皮肤和眼睛，甚至中毒。
（5）运输时应注意使用专门车辆，贮存在远离食物、饲料和儿童接触不到的地方。

生产厂家 浙江新农化工股份有限公司、湖南衡阳莱德生物药业有限公司、上海农药厂有限公司、福建省建瓯福农化工有限公司、湖南海利化工股份有限公司、浙江东风化工有限公司、江苏农喜作物科学有限公司、浙江永农化工有限公司、江苏好收成韦恩农化股份有限公司、湖南沙隆达股份有限公司、一帆生物科技集团有限公司、福建三农化学农药有限责任公司、江苏长青农化股份有限公司、安徽生力农化有限公司、山东埃森化学有限公司、安徽繁农化工科技有限公司、江苏粮仓农化股份有限公司、江苏宝灵化工股份有限公司、江苏射阳黄海农药化工有限公司、湖北省阳新县化工厂。

三唑锡（azocyclotin）

$C_{20}H_{35}N_3Sn$，436.22，41083-11-8

其他中文名称 锉螨特、夏螨杀、螨顺通、螨必败、阿帕奇、红螨灵、高克佳、锡先高、白螨灵、南北螨、红金焰、扑螨洗、使螨伐、螨无踪、清螨丹2号、清螨丹、遗地红、克蛛勇、螨津、福达、倍乐霸、歼螨丹、扑捕、正螨、满秀、顶点、通击、背螨、蛛即落、夏螨杀、倍乐霸

其他英文名称 Peropal、Triclotin

主要剂型 20％、25％可湿性粉剂，20％、25％悬浮剂，8％、10％、80％乳油。

作用特点 中等毒性杀螨剂。触杀作用较强的广谱性杀螨剂。可杀灭若螨、成螨和夏卵，对冬卵无效。对光和雨水有较好的稳定性，残效期较长。在常用浓

度下对作物安全。

防治对象 适用于防治苹果、柑橘、葡萄、蔬菜等作物上的苹果全爪螨、山楂叶螨、柑橘全爪螨、柑橘锈螨、二斑叶螨、朱砂叶螨、截形叶螨等。

注意事项

(1) 该药可与有机磷类杀虫剂和代森锌、克菌丹等杀菌剂混用，但不能与波尔多液、石硫合剂等碱性农药混用。

(2) 收获前21天停止使用。

(3) 该药要避免沾染人的皮肤和眼睛。如有中毒现象，应立即将患者置于空气流通、温暖的环境中，同时服用大量医用活性炭开水，并送医院治疗。

(4) 三唑锡对人体每日允许摄入量（ADI值）为每天0.003mg/kg。我国农药安全合理使用准则规定，三唑锡每季作物最多使用次数：苹果为3次，柑橘为2次。安全间隔期：苹果为14天，柑橘为30天。最高残留限量（MRL）均为2mg/kg。

生产厂家 山东省招远三联化工厂、浙江华兴化学农药有限公司、浙江黄岩鼎正化工有限公司、山都丽化工有限公司、江西华兴化工有限公司、浙江禾本科技有限公司。

杀虫单（thiosultap-monosodium）

$C_5H_{12}NNaO_6S_4$，333.40，29547-00-0

其他中文名称 杀螟克、丹妙、稻道顺、稻刑螟、扑螟瑞、科净、卡灭、苏星

其他英文名称 Monosultap, monomehypo

主要剂型 40%、45%、50%、80%、90%、95%可溶粉剂，20%水乳剂，50%泡腾粒剂。

作用特点 中等毒性杀虫剂。杀虫单是人工合成的沙蚕毒素的类似物，进入昆虫体内迅速转化为沙蚕毒素或二氢沙蚕毒素。该药为乙酰胆碱竞争性抑制剂，具有较强的触杀、胃毒和内吸传导作用，对鳞翅目害虫的幼虫有较好的防治效果。对天敌影响小，无抗性，无残毒，不污染环境。

防治对象 该药剂能有效地防治水稻、蔬菜、小麦、玉米、茶叶、果树等作物上的多种害虫，特别是对稻纵卷叶螟、二化螟、三化螟等有特效。对鱼类低毒，但对蚕的毒性大。

注意事项

(1) 本品对家蚕剧毒，使用时应特别小心，防止污染桑叶及蚕具等。

(2) 杀虫单对棉花、某些豆类敏感，不能在此类作物上使用。

(3) 本品不能与强酸、强碱性物质混用。

生产厂家 江苏景宏生物科技有限公司、江苏辉丰农化股份有限公司、湖北仙隆化工股份有限公司、浙江博仕达作物科技有限公司、江苏天容集团股份有限公司、安徽华星化工股份有限公司、湖北比德生化科技有限公司、湖南昊华化工有限责任公司、浙江省宁波舜宏化工有限公司、重庆农药化工（集团）有限公司、湖南省临湘市化学农药厂、湖南海利常德农药化工有限公司、湖南省郴州天龙农药化工有限公司。

杀虫环（thiocyclam）

$C_5H_{11}NS_3$，181.3，31895-21-3

其他中文名称 硫环杀、易卫杀、甲硫环、类巴丹、多噻烷、虫噻烷、杀虫环草酸

其他英文名称 Thiocyclam hydrogen oxalate、Evisect、Evisekt、Sulfoxane、Sulfamine

主要剂型 50%、90%可溶性粉剂，50%可湿性粉剂，50%乳油，2%粉剂，5%颗粒剂，10%微粒剂等。

作用特点 中等毒性杀虫剂。杀虫环为沙蚕毒类杀虫剂，是一种神经毒剂，昆虫接触和取食药剂后表现出迟钝、行动缓慢、停止发育、虫体软化、瘫痪，直至死亡。具有触杀和胃毒作用，也有一定的内吸、熏蒸和杀卵作用。药效较迟缓，中毒轻者有时能复活，持效期短。对蚕的毒性大。

防治对象 防治鳞翅目和鞘翅目害虫的持效期为7~14天，也可防治寄生线虫，如水稻白尖线虫，对一些作物的锈病和白穗病也有一定防效。能防治三化螟、稻纵卷叶螟、二化螟、水稻蓟马、叶蝉、稻瘿蚊、飞虱、桃蚜、苹果蚜、苹果红蜘蛛、梨星毛虫、柑橘潜叶蛾、蔬菜害虫等。对害虫毒效缓慢，残效期短，对鳞翅目、鞘翅目害虫有良好的防治效果。

注意事项

(1) 杀虫环对家蚕毒性大，蚕桑地区使用应谨慎。

(2) 棉花、苹果、豆类的某些品种对杀虫环表现敏感，不宜使用。

(3) 水田施药后应注意避免让田水流入鱼塘，以防鱼类中毒。

(4) 据《农药合理使用准则》规定：水稻使用50%杀虫环可湿性粉剂，其每次的最高用药量为1500g/hm² 兑水喷雾，全生育期内最多只能使用3次，其安全间隔期为15天。

(5) 药液接触皮肤后应立即用清水洗净。

（6）个别人皮肤过敏反应，容易引起皮肤丘疹，但一般过几小时后会自行消失。

（7）不宜与铜制剂、碱性物质混用，以防药效下降。

生产厂家 江苏天容集团股份有限公司、江苏省苏州联合伟业科技有限公司。

杀虫双（bisultap）

$$NaO-\underset{\underset{O}{\|}}{\overset{\overset{O}{\|}}{S}}-S-CH_2-CH(N(CH_3))-CH_2-S-\underset{\underset{O}{\|}}{\overset{\overset{O}{\|}}{S}}-ONa$$

$C_5H_{11}O_6NS_4Na_2$，355.37，52207-48-4

其他中文名称 杀虫丹、彩蛙、稻卫士、潜鲨、挫瑞散、稻润、禾英红、叼虫、搏虫贝

其他英文名称 S,S'-2-Dimethylaminopropane-1,3-diyl（dithiocarbamate）

主要剂型 25%母液，18%、22%、25%、29%水剂，3.6%颗粒剂，3.6%大粒剂。

作用特点 中等毒性杀虫剂。杀虫双（杀虫丹）是一种高效、低残留的有机氮杀虫剂，属沙蚕毒素类农药。杀虫双进入虫体后，也是先转化成沙蚕毒才使昆虫中毒，其作用机理也与其他沙蚕毒素类农药相似。杀虫双对昆虫的侵入部位是昆虫神经细胞之间的接合部。通过切断前一神经细胞分泌的乙酰胆碱传递给后一神经细胞的刺激，使神经对外来刺激不产生反应，而迅速使昆虫表现麻痹、瘫痪的中毒状态，与有机磷、氨基甲酸酯、拟除虫菊酯类等农药使昆虫表现高度兴奋、痉挛，最后瘫痪死亡的中毒症状有明显不同。据观察，昆虫接触和摄食药剂后，最初行动缓慢，而失去对作物的侵害能力，以后发育停止，虫体软化，继而瘫痪，直至死亡。由于施药后害虫往往不能在作物上爬行，而能迅速防止其为害，但因致虫体彻底死亡所需的时间较长，而极易被误认为防治效果不佳。所以，对防治效果的调查一般以掌握在施药后3~5天时进行为宜。

防治对象 杀虫双用于防治蔬菜、稻、麦、果树等作物的虫害，可防治柑橘潜叶蛾、菜青虫、小菜蛾、茶尺蠖、茶细蛾和小绿叶蝉、甘蔗苗期条螟等。对害虫具有较强的触杀和胃毒作用，并兼有一定的熏蒸作用。有很强的内吸作用，能被作物的叶、玉米、根等吸收和传导。适用于水稻、蔬菜、果树、棉花和小麦等作物。

注意事项

（1）由于杀虫双对家蚕具高毒，因此，在蚕区使用杀虫双水剂必须十分谨慎，最好能使用杀虫双颗粒剂。

（2）在防治水稻螟虫及稻飞虱、稻叶蝉等水稻基部害虫时，施药时应确保田

间有 3～5cm 水层 3～5 天，以提高防治效果。切忌干田用药，以免影响药效。

（3）杀虫双水剂在水稻上的安全使用标准是每亩用 25％杀虫双水剂 0.25kg 喷雾，每季水稻使用次数不得超过 3 次，最后 1 次施药应离收获前 15 天以上。

（4）豆类、棉花及白菜、甘蓝等十字花科蔬菜，对杀虫双较为敏感，尤以夏天易产生药害。

（5）在金橘、早橘和本地早等柑橘品种上的使用浓度不能过高，以稀释到 700 倍为宜，以免产生药害。

（6）25％杀虫双水剂能通过食道等引起中毒，中毒症状有头痛、头晕、乏力、恶心、呕吐、腹痛流涎、多汗、瞳孔缩小，与有机磷农药中毒症状相似，遇见这类症状应立即去医院治疗。

生产厂家　安徽华星化工股份有限公司、江苏省苏科农化有限责任公司、武汉福德化工有限公司。

杀铃脲（triflumuron）

$C_{15}H_{10}ClF_3N_2O_3$，358.70，64628-44-0

其他中文名称　杀虫脲、氟幼灵、杀虫隆

其他英文名称　Mascot、Baysir、Alystin、Alsystin、Baycidal、Alsystine、Trifluron

主要剂型　5％、20％、40％悬浮剂，5％乳油。

作用特点　低毒杀虫剂。杀铃脲是苯甲酰脲类的几丁质合成抑制剂。抑制昆虫几丁质合成，使幼虫蜕皮，不能形成新表皮，虫体畸形而死亡。主要是胃毒作用，有一定触杀作用，无内吸作用，有良好的杀卵作用。由于其高效、低毒及广谱的特点，可用于防治玉米、棉花、森林、水果和大豆上的鞘翅目、双翅目、鳞翅目害虫，对天敌无害。

防治对象　主要用于防治金纹细蛾、菜青虫、小菜蛾、小麦黏虫、松毛虫等鳞翅目和鞘翅目害虫，药效期可达 30 天，对鸟类、鱼类、蜜蜂等无毒，不破坏生态平衡。

注意事项

（1）本品不能和碱性农药混用。

（2）防治叶菜菜青虫、小菜蛾安全间隔期为 10 天，每季作物最多使用 2 次。

（3）本药对水栖生物（特别是甲壳类）有毒，因而要避免药剂污染水源。

生产厂家　吉林省通化农药化工股份有限公司、吉林省通化绿地农药化学有限公司、江苏中旗作物保护股份有限公司、安徽富田农化有限公司。

杀螟丹（cartap）

$C_7H_{15}N_3O_2S_2$，237.35，22042-59-7

其他中文名称 巴丹、克虫普、卡塔普、沙蚕胺
其他英文名称 S,S'-(2-Dimethylaminotrimethylene) bis (thiocarbamate)
主要剂型 50%、98%可溶粉剂，0.8%、4%颗粒剂，6%水剂。
作用特点 中等毒性杀虫剂。杀螟丹通常制成盐酸盐，在碱性介质中不稳定，对铁等金属有腐蚀性。巴丹是沙蚕毒素的一种衍生物。胃毒作用强，同时具有触杀和一定的拒食和杀卵等作用，对害虫击倒较快，有较长的残效期。杀虫谱广，能用于防治鳞翅目、鞘翅目、半翅目、双翅目等多种害虫和线虫。对捕食性螨类影响小。
防治对象 防治蝗虫、潜叶蛾、茶小绿叶蝉、稻飞虱、叶蝉、稻瘿蚊、小菜蛾、菜青虫、跳甲、玉米螟、二化螟、三化螟、稻纵卷叶螟、马铃薯块茎蛾。对鱼有毒，对蜜蜂和家蚕有毒，对鸟类低毒，对蜘蛛等天敌无毒。
注意事项
（1）水稻扬花期或作物被雨露淋湿时不宜施药，喷药浓度高对水稻也会有药害，十字花科蔬菜幼苗对该药敏感，使用时小心。
（2）若中毒，应立即洗胃，从速就医。
生产厂家 湖南岳阳安达化工有限公司、湖南昊华化工有限责任公司、江苏天容集团股份有限公司、安徽华星化工股份有限公司、江苏安邦电化有限公司、山东潍坊润丰股份有限公司、广西平乐农药厂、浙江博仕达作物科技有限公司、天津京津农药有限公司、江苏常隆农化有限公司、安徽常泰化工有限公司。

虱螨脲（lufenuron）

$C_{17}H_8Cl_2F_8N_2O_3$，511.15，103055-07-8

其他中文名称 氟丙氧脲、虱螨脲、禄芬隆、氯芬奴隆、美除、旗诺
其他英文名称 fluphenacur、Lufenuron Pestanal
主要剂型 5%、10%悬浮剂，5%、50g/L乳油。

作用特点　低毒杀虫剂。虱螨脲为苯甲酰脲类几丁质生物合成抑制剂，通过影响昆虫表皮的形成而达到杀虫作用。具胃毒和触杀作用，渗透性强；有杀卵功能，可杀灭新产虫卵。药效持久，耐雨水冲刷。对蓟马、锈螨、白粉虱有独特的杀灭机理，适于防治对合成除虫菊酯和有机磷农药产生抗性的害虫。药剂的持效期长，有利于减少打药次数；对作物安全，玉米、蔬菜、柑橘、棉花、马铃薯、葡萄、大豆等作物均可使用，适合于综合虫害治理。药剂不会引起刺吸式口器害虫再猖獗，对益虫的成虫和扑食性蜘蛛作用温和；对有益的节肢动物成虫具有选择性。用药后，首次作用缓慢，施药后2～3天见效果。对蜜蜂和大黄蜂低毒，对哺乳动物低毒，蜜蜂采蜜时可以使用。比有机磷、氨基甲酸酯类农药相对更安全，可作为良好的混配剂使用，对鳞翅目害虫有良好的防效。对花蓟马幼虫有良好防效；可阻止病毒传播；药剂有选择性、长持性，对后期土豆蛀茎虫有良好的防治效果。

防治对象　主要用于防治棉花、玉米、蔬菜、果树等的鳞翅目等幼虫；也可作为卫生用药；还可用于防治动物如牛等的害虫。

注意事项

（1）在十字花科蔬菜上的安全间隔期为14天，每季最多使用2次。

（2）与氟铃脲、氟啶脲、除虫脲等有交互抗性；不宜与灭多威、硫双威等氨基甲酸酯类药剂混用；不宜与BT、硫丹混用。

（3）建议与其他作用机制不同的杀虫剂轮换使用，以延缓抗性产生。

（4）使用本品时应穿戴防护服和手套，避免吸入药液。施药期间不可吃东西和饮水；施药后应及时洗手和洗脸。

（5）本品对蜜蜂、鱼类等水生生物、家蚕有毒，施药期间应避免对周围蜂群的影响，蜜源作物花期、蚕室和桑园附近禁用。远离水产养殖区施药，禁止在河塘等水体中清洗施药器具。

生产厂家　浙江世佳科技有限公司、江苏中旗作物保护股份有限公司、安徽广信农化股份有限公司、山东省招远三联远东化学有限公司、德州绿霸精细化工有限公司、山东潍坊润丰化工股份有限公司、石家庄瑞凯化工有限公司、江苏禾业农化有限公司、江苏建农农药化工有限公司、安徽富田农化有限公司、江苏百灵农化有限公司、连云港中化化学有限公司。

四螨嗪（clofentezine）

$C_{14}H_8Cl_2N_4$，303.15，74115-24-5

其他中文名称　四螨嗪阿波罗、螨死净、克芬螨

其他英文名称　Acaristop、Apollo、Bis(2-chlorophenyl)-1,2,4,5-tetrazine、Panatac

主要剂型　20%、50%悬浮剂，10%可湿性粉剂，75%、80%水分散粒剂。

作用特点　低毒。四螨嗪是一种高活性的杀螨卵药剂，对幼、若螨也有效，对成螨无效。具触杀作用，无内吸性。它可穿入到螨的卵巢内使其产的卵不能孵化，是胚胎发育抑制剂。但无明显的不育作用。具有亲脂性，故有较强的渗透力。在低温下对卵有很好效果，但对幼若螨作用慢，效果差。对温度不敏感，四季皆可使用。

防治对象　适用于防治多种果树、蔬菜及棉花等作物上的主要害螨。可有效防治全爪螨、叶螨和瘿螨等。对跗线螨也有一定效果。可防治柑橘红蜘蛛、四斑黄蜘蛛、柑橘锈壁虱、苹果红蜘蛛、山楂红蜘蛛、棉红蜘蛛和朱砂叶螨等。对植食性螨特效或高效。对天敌安全。

注意事项

(1) 与尼索朗有交互抗性，在长期使用过尼索朗的果园不宜用，在柑橘和苹果上1年只能使用1次。其安全间隔为21天。

(2) 本剂主要杀螨卵，对幼螨也有一定效果。对成螨无效，所以在螨卵初孵用药效果最佳。

(3) 在螨密度大或温度较高时施用最好与其他杀成螨药剂混用，在气温低（15℃左右）和虫口密度小时施用效果好，持效期长。

生产厂家　河北石家庄市绿丰化工有限公司、江苏省南通宝叶化工有限公司、河北省张家口长城农化（集团）有限责任公司、山西绿海农药科技有限公司、浙江胜杭州庆丰农化有限公司。

苏云金杆菌（*Bacillus thuringiensis*）

$C_{22}H_{32}N_5O_{16}P$，625.9，68038-71-1

其他中文名称　7216杀虫菌、BT生物农药、BT杀虫剂、敌宝、康多惠、快来顺、苏云金芽孢杆菌制剂

其他英文名称　Agrin、Bacilex、Bactospein、Bactucide、Biolep、Biotrol、Bitoksybacillin、Bitoxibacillin、Bitoxybacillin、Cajrab、Certan、DiTerra、Gomelin、Guardjet、Selectzin

主要剂型　15000UI/mg、32000UI/mg、64000UI/mg水分散粒剂，3.2%、8000UI/mg、16000UI/mg、32000UI/mg可湿性粉剂，6000UI/mg、8000UI/mg悬浮剂，4000UI/mg、16000UI/mg粉剂。

作用特点　苏云金芽孢杆菌是一种微生物源低毒杀虫剂，以胃毒作用为主。它的主要活性成分是一种或数种杀虫晶体蛋白（insecticidal crystal proteins, ICPs），又称δ-内毒素。经害虫食入后，寄生于寄主的中肠内，在肠内合适的碱性环境中生长繁殖，晶体毒素经过虫体肠道内蛋白酶水解，形成有毒效的较小亚单位，它们作用于虫体的中肠上皮细胞，引起肠道麻痹、穿孔、虫体瘫痪、停止进食。随后苏云金芽孢杆菌进入血腔繁殖，引起白血症，导致虫体死亡。该药作

用缓慢,害虫取食后 2 天左右才能见效,持效期约 1 天,因此使用时应比常规化学药剂提前 2～3 天,且在害虫低龄期使用效果较好。

防治对象 对鳞翅目、鞘翅目、双翅目、膜翅目、同翅目等昆虫,以及动植物线虫、蜱螨等节肢动物都有特异性的毒杀活性,而对非目标生物安全。可用来防治菜青虫、稻苞虫、尺蠖、松毛虫、烟青虫、菜粉蝶、玉米螟、棉铃虫、稻纵卷叶螟、蓑蛾、地老虎等。

注意事项

(1) 本品对蜜蜂、家蚕有毒,施药期间应避免对周围蜂群的影响,蜜源作物花期、蚕室和桑园附近禁用;对鱼类等水生生物有毒,远离水产养殖区施药,禁止在河塘等水体中清洗施药器具。

(2) 不能与内吸性有机磷杀虫剂或杀菌剂混合使用(如乐果、甲基内吸磷、稻丰散、伏杀硫磷、杀虫畏)及与碱性农药等物质混合使用。

(3) 使用本品时应穿戴防护服和手套,避免吸入药液。施药期间不可吃东西和饮水。施药后应及时洗手和洗脸。

(4) 孕妇和哺乳期妇女避免接触。

(5) 建议与其他作用机制不同的杀虫剂轮换使用,以延缓抗性产生。

生产厂家 上海威敌生化(南昌)有限公司、山东省乳山韩威生物科技有限公司、福建浦城绿安生物农药有限公司、湖北康欣农用药业有限公司、山东省烟台博瑞特生物科技有限公司、山东鲁抗生物农药有限责任公司。

烯啶虫胺 (nitenpyram)

$C_{11}H_{15}N_4O_2Cl$,270.72,120738-89-8

其他中文名称 吡虫胺、强星

其他英文名称 Bestguard

主要剂型 5％、10％、20％水剂,20％、60％可湿性粉剂,20％、30％、60％水分散粒剂,10％、25％、50％可溶粉剂,50％、60％可溶粒剂。

作用特点 低毒杀虫剂。烯啶虫胺主要作用于昆虫神经系统,对害虫的突触受体具有神经阻断作用,在自发放电后扩大隔膜位差,并最后使突触隔膜刺激下降,结果导致神经的轴突触隔膜电位通道刺激消失,致使害虫麻痹死亡。具有卓越的内吸性及渗透作用。

防治对象 杀虫谱广,是防治刺吸式口器害虫如白粉虱、蚜虫、梨木虱、叶蝉、蓟马的换代产品。

注意事项

(1) 安全间隔期为 7～14 天,每个作物周期最多使用次数为 4 次。

(2) 本品对蜜蜂、鱼类、水生生物、家蚕有毒，用药时远离。
(3) 本品不可与碱性物质混用。
(4) 为延缓抗性，要与其他不同作用机制的药剂交替使用。
生产厂家　江苏南通江山能源化工股份有限公司、河北省吴桥农药有限公司、江苏维尤纳特精细化工有限公司、江苏连云港立本农药化工有限公司。

硝虫硫磷（xiaochongthion）

$C_{10}H_{12}NCl_2O_5PS$，360.15，171605-91-7

其他中文名称　川化89-1
其他英文名称　Xiaochongliulin
主要剂型　30%乳油。
作用特点　硝虫硫磷属有机磷类广谱性杀虫、杀螨剂，1998年获国家发明专利。具有触杀、胃毒和强渗透杀虫作用，主要用于防治柑橘介壳虫，尤其对防治柑橘矢尖蚧有特效，防效高达90%以上，速效性好，持效期长达20多天。对人、畜毒性低，对环境安全，显著优于以前广泛使用的速扑杀、氧化乐果等高毒农药品种，是当前防治柑橘介壳虫最理想的农药新品种之一。
防治对象　对水稻、小麦、棉花及蔬菜等作物的十余种害虫都有很好的防治效果，尤其对柑橘和茶叶等作物的害虫如红蜘蛛、矢尖蚧效果突出，对棉花棉铃虫、棉蚜虫也有一定的防治效果。
注意事项
(1) 除碱性农药外，硝虫硫磷乳油可与其他多种农药混合使用。
(2) 硝虫硫磷乳油虽属中毒农药品种，但在柑橘采收前20天应停止用药。
生产厂家　四川省化学工业研究设计院、四川利丰化工有限责任公司。

辛硫磷（phoxim）

$C_{12}H_{15}N_2O_3PS$，298.30，14816-18-3

其他中文名称　肟硫磷、倍腈松、拜辛松、巴赛松、腈肟磷、肟磷、倍氰松
其他英文名称　Baythion、Volaxon
主要剂型　0.3%、1.5%、3%、5%、10%颗粒剂，15%、40%、56%、

70%乳油，3%水乳种衣剂，30%、35%微囊悬浮剂，20%微乳剂。

作用特点 低毒杀虫剂。辛硫磷杀虫谱广，击倒力强，以触杀和胃毒作用为主，无内吸作用，有一定的熏蒸作用和渗透性。在田间因对光不稳定，很快分解，所以残留期短，残留危险小。但该药施入土中，残留期很长，适合于防治地下害虫。

防治对象 对为害花生、小麦、水稻、棉花、玉米、果树、蔬菜、桑、茶等作物的多种鳞翅目害虫的幼虫有良好的作用效果，对虫卵也有一定的杀伤作用。也适于防治仓库和卫生害虫。

注意事项

(1) 在蔬菜收获前3～5天停用。本剂不能与碱性药剂混用。本剂对黄瓜、大白菜、菜豆等易产生药害，应慎用。

(2) 应在傍晚或阴天时喷药。喷药后2天，对蜜蜂及天敌无毒害作用。

(3) 应在避光干燥处贮存。

(4) 与敌百虫、敌敌畏、杀螟硫磷、丙溴磷、喹硫磷、三唑磷、硫丹、阿维菌素、氟铃脲、鱼藤酮等有混配剂。

生产厂家 江苏好收成韦恩农化股份有限公司、湖北仙隆化工股份有限公司、山东大成农化有限公司南京红太阳股份有限公司、河北省邢台市农药有限公司、河北瑞宝德生物农药有限公司、江苏射阳黄海农药化工有限公司、江苏省连云港市东金化工有限公司、江苏莱科化学有限公司、天津农药股份有限公司、山东埃森化学有限公司、江苏连云港立本农药化工有限公司山东省淄博市周村穗丰农药化工有限公司、安庆博远生化科技有限公司、河北省万全农药厂、江苏宝灵化工股份有限公司、爱普瑞（焦作）农药有限公司。

溴虫腈（chlorfenapyr）

$C_{15}H_{11}BrClF_3N_2O$，407.61，122453-73-0

其他中文名称 除尽、虫螨腈、吡咯胺、溴虫氰

其他英文名称 STALKER、Pirate、Alert、Sunfire、Citrex、Intrepid

主要剂型 10%、20%悬浮剂，5%微乳剂。

作用特点 低毒杀虫剂。溴虫腈为新型吡咯类杀虫杀螨剂，作用于昆虫体内细胞的线粒体上。昆虫取食或接触本品后，在昆虫体内把过多功能氧化酶转变为具有杀虫活性化合物，其靶标是昆虫体细胞中的线粒体。使细胞合成因缺少能量而停止生命功能，最终导致害虫死亡。

防治对象 杀虫谱广，对鳞翅目、同翅目、鞘翅目等目中的70多种害虫

都有极好的防效，对各种钻蛀、吮吸、咀嚼式口器害虫及螨类均有高效，尤其对蔬菜抗性害虫中的小菜蛾、甜菜夜蛾、斜纹夜蛾、美洲斑潜蝇、豆野螟、蓟马、红蜘蛛等有特效。可用于蔬菜、果树、观赏植物等，也可用于防治白蚁。

注意事项

（1）安全间隔期为 14 天。

（2）具有控制害虫种群持效期长的特点，为达最佳防效推荐在卵孵盛期或在低龄幼虫发育初期使用。

（3）具有胃毒和触杀的双重作用，施药时将药液均匀喷到叶面害虫取食部位或虫体上。

（4）不宜与其他杀虫剂混用，提倡与其他不同作用机制的杀虫剂交替使用，每季作物使用该药不超过 2 次。

（5）傍晚施药更有利于药效发挥。

（6）本品对鱼有毒，不要将药液撒到水源处。

生产厂家　山东寿光农药厂、周口市阳光经贸有限公司、南京达邦化工科技有限公司。

溴螨酯（bromopropylate）

$C_{17}H_{16}Br_2O_3$，428.12，18181-80-1

其他中文名称　新灵、溴螨特、阿卡罗、螨代治、新杀螨、溴杀螨、溴丙螨醇、溴杀螨醇

其他英文名称　Acarol、Brompropylat

主要剂型　50％乳油。

作用特点　低毒。溴螨酯杀螨谱广，残效期长，触杀性较强，无内吸性，对成、若螨和卵均有一定杀伤作用。对天敌、蜜蜂及作物比较安全的杀螨剂。温度变化对药效影响不大。

防治对象　适用于棉花、果树、蔬菜及茶等作物，可防治叶螨、瘿螨、线螨等多种害螨。

注意事项

（1）在蔬菜和茶叶采摘期不可用药；果树收获前 21 天停止使用。

（2）贮于通风阴凉干燥处，温度不要超过 35℃。

（3）本品无专用解毒剂，应对症治疗。

（4）因该药无内吸作用，故使用时药液必须均匀覆盖植株。

生产厂家　浙江省宁波中化化学品有限公司、浙江禾本科技有限公司。

溴氰菊酯（deltamethrin）

$C_{22}H_{19}Br_2NO_3$，505.24，52918-63-5

其他中文名称　敌杀死、凯素灵、强力安居保、天马、金鹿、保棉丹、凯素灵、阿尔法、凯安保、节节高、菜保青、科尔、应急、持打、重剑、喜多多、钻歼、法榜、明角、胜筹、粮虫克

其他英文名称　Butox、Decabaz、Decis、Deltabaz、Depar、Kordon

主要剂型　25g/L、50g/L、2.5%、2.8%乳油，2.5%、5%可湿性粉剂，2.5%微乳剂，2.5%、15g/L水乳剂，25g/L悬浮剂。

作用特点　中等毒性杀虫剂。溴氰菊酯是一种神经毒剂，改变昆虫神经膜的渗透性，影响离子的通道，而使神经传导受抑制，使昆虫过度兴奋、麻痹而死亡。以触杀和胃毒作用为主，兼有一定的驱避和拒食作用，无内吸和熏蒸作用。对螨、蚧、盲蝽象等防效很差或基本无效，对家蚕、蜜蜂、鱼类毒性大，对其他拟除虫菊酯产生抗性害虫有交互抗性。

防治对象　对多种作物的蚜虫、食叶害虫及钻蛀性害虫都有良好防治效果。如防治棉花红铃虫、棉铃虫及叶跳虫、水稻三化螟、稻蓟马、稻纵卷叶螟、大豆食心虫、柑橘潜叶蛾、梨小食心虫、桃小食心虫、甘蔗螟虫及卫生害虫等。使用时避免高温天气。

注意事项

（1）2.5%乳油防治叶菜上菜青虫、小菜蛾安全间隔期为2天，每季作物最多使用3次。

（2）使用该类农药时，要尽可能减少用药次数和用药量，或与有机磷等非菊酯类农药交替使用或混用，有利于减缓害虫耐药性产生。

（3）不可与碱性物质混用，以免降低药效。

（4）该药对螨蚧类的防效甚低，不可专门用作杀螨剂，以免害螨猖獗为害。最好不单一用于防治棉铃虫、蚜虫等抗性发展快的害虫。

（5）对鱼、虾、蜜蜂、家蚕毒性大，用该药时应远离其饲养场所，以免损失严重。

生产厂家　常州康美化工有限公司、如东众意化工有限公司、江苏扬龙化工股份有限公司、江苏常隆农化有限公司、辽宁省大连凯飞化工有限公司、南京红太阳股份有限公司、江苏优士化学有限公司、新加坡利农私人有限公司。

烟碱 (nicotine)

$C_{10}H_{14}N_2$, 162.23, 54-11-5

其他中文名称 尼古丁

其他英文名称 Nicotine、1-Methyl-2-(3-pyridiyl) pyrrolidine

主要剂型 0.1%乳油, 10%乳油, 2%水乳剂。

作用特点 中等毒性杀虫剂。烟碱是植物源杀虫剂。主要起触杀作用,并有胃毒和熏蒸作用,以及一定的杀卵作用;对植物组织有一定渗透作用,无内吸作用。杀虫谱广,对鳞翅目、半翅目、缨翅目、双翅目等多种害虫有效。对鱼类等水生生物毒性中等,对家蚕高毒,其杀虫活性较高,抑制神经组织,使虫体窒息致死。

防治对象 主要用于蔬菜、果树、茶树、水稻等作物防治蚜虫、甘蓝夜蛾、蓟马、蜡象、叶跳虫、大豆食心虫、菜青虫、潜叶蝇、潜叶蛾、桃小食心虫、梨小食心虫、螨、黄条跳甲、稻螟、叶蝉、飞虱等。

注意事项

(1) 除松脂合剂强碱性农药外,烟碱制剂可与其他农药混用。

(2) 该农药对人畜有毒,必须注意安全。

(3) 该农药对桑蚕敏感,不得使用于桑园。

生产厂家 内蒙古帅旗生物科技股份有限公司。

乙基多杀菌素 (spinetoram)

$C_{42}H_{69}NO_{10}$, 748.00, 187166-40-1

其他中文名称 艾绿士

其他英文名称 Delegate

主要剂型 60g/L悬浮剂。

作用特点 低毒杀虫剂。乙基多杀菌素是从放线菌刺糖多孢菌发酵产生的,作用于昆虫神经中烟碱型乙酰胆碱受体和γ-氨基丁酸受体,致使虫体对兴奋性或抑制性的信号传递反应不敏感,影响正常的神经活动,直至死亡。乙基多杀菌素具有胃毒和触杀作用。该药速效性一般,持效时间为7天左右。推荐施药剂量范围对作物安全。建议与其他作用机理不同的杀菌剂轮换使用,延缓耐药性产生。

防治对象 主要用于防治鳞翅目害虫(小菜蛾、甜菜夜蛾、斜纹夜蛾、豆荚螟等)、双翅目害虫(潜叶蝇)及缨翅目害虫(蓟马)。

注意事项

(1) 建议与其他作用机理不同的杀虫剂轮换使用,延缓耐药性产生。

(2) 合理使用剂量不超过 $37.5g/hm^2$,施药次数不超过 3 次。

(3) 安全间隔期为 7 天,施药间隔时间为 7 天。

(4) 使用该药剂时,在蜜源作物花期禁用,禁止在河塘内清洗施药器具,蚕室及桑园附近禁用。

生产厂家 美国陶氏益农公司。

乙硫虫腈(ethiprole)

$C_{13}H_9Cl_2F_3N_4OS$,397.2,181587-01-9

其他中文名称 乙虫腈、乙虫清

其他英文名称 Clik、Curbix

主要剂型 10%悬浮剂。

作用特点 低毒杀虫剂。乙虫腈为苯基吡唑类杀虫剂,是 γ-氨基丁酸(GABA)受体抑制剂。通过 γ-氨基丁酸(GABA)干扰氯离子通道,从而破坏中枢神经正常活动使昆虫致死。该药对昆虫 GABA 氯离子通道的束缚比对脊椎动物更加紧密,因而提供了很高的选择毒性。本品低用量下对多种咀嚼式和刺吸式害虫有效,可用于种子处理和叶面喷雾,持效期长达 21~28 天。

防治对象 主要用于防治蓟马、蜻、象虫、甜菜麦蛾、蚜虫、飞虱和蝗虫等,对某些粉虱也表现出活性,特别是对极难防治的水稻害虫稻绿蝽有很强的活性。

注意事项

(1) 低龄幼(若)虫高峰期防治须进行植株部位全面喷雾,施药次数 1~2 次。

(2) 该药的速效性较差,持效期长。

生产厂家 中农田丰生物科技股份有限公司、上海赫腾精细化工有限公司。

乙螨唑(etoxazole)

$C_{21}H_{23}F_2NO_2$,359.41,153233-91-1

其他中文名称　依杀螨、来福禄

其他英文名称　Baroque、Borneo、Etoxazole、TetraSan、Zeal

主要剂型　11%悬浮剂。

作用特点　低毒杀螨剂。乙螨唑为二苯基噁唑啉类触杀型杀螨剂，抑制螨卵的胚胎形成以及从幼螨到成螨的蜕皮过程。能有效控制螨的整个幼龄期（卵、幼螨和若螨），对成螨无效，但对雌性成螨具有不育作用。因此其最佳的防治时间是害螨为害初期。耐雨性强，持效期长达50天。

防治对象　主要防治苹果、柑橘的红蜘蛛，对棉花、花卉、蔬菜等作物的叶螨、始叶螨、全爪螨、二斑叶螨、朱砂叶螨等螨类也有卓越防效。

注意事项

（1）每个季节作物使用次数最好不要超过2次。

（2）最佳防治时间为害螨为害初期，即每片叶片上有少量卵块和幼螨时。

（3）不能直接杀死成螨，当害螨为害严重时应与能防治成螨的杀螨剂混合使用。

（4）勿与波尔多液混合使用。

（5）为延缓抗性出现，建议与其他杀螨剂交替使用。

生产厂家　日本住友化学株式会社。

异丙威（isoprocarb）

$C_{11}H_{15}NO_2$，193.24，2631-40-5

其他中文名称　叶蝉散、灭扑威、异灭威、灭扑散、速死威、杀虫蚧、天赐力、行农、棚蚜愁、蚜虱毙、蚜虫清、熏宝、打灭、易死、凯丰、稻开心、大纵杀、虫迷踪、横剑、虱落、益扑、贴稻战、蝉虱怕、邻异丙基苯基甲基氨基甲酸酯

其他英文名称　2-(1-methylethyl) phenyl methylcarbamate

主要剂型　2%、4%、5%、10%粉剂，20%乳油，50%、75%可湿性粉剂，5%热雾剂，4%、5%颗粒剂，8%增效乳油，10%、15%、20%烟剂。

作用特点　中等毒性杀虫剂。氨基甲酸酯类杀虫剂，抑制乙酰胆碱酯酶，使昆虫麻痹至死亡。具有较强的触杀作用，击倒力强，药效迅速，但残效期较短，一般3～5天。

防治对象　对稻飞虱、叶蝉科害虫具有特效。可兼治蓟马和蚂蟥，对稻飞虱天敌、蜘蛛类安全。可以和大多数杀菌剂或杀虫剂混用。用于防治果树、蔬

菜、粮食、烟草、观赏植物上的各种蚜虫，对有机磷产生抗性的蚜虫十分有效。

注意事项

（1）本品对薯类有药害，不宜在薯类作物上使用。

（2）施用本品前后10天不可使用敌稗。

（3）如药液溅入眼中，用大量清水冲洗。如吸入中毒，应将中毒者移到通风处躺下休息。如误服中毒，要给中毒者喝温食盐水催吐。中毒严重者，可服用或注射阿托品，严禁使用吗啡或解磷定。

生产厂家 安徽广信农化股份有限公司。

抑食肼（benzoic acid）

$C_{18}H_{20}N_2O_2$，296.36，112225-87-3

其他中文名称 佳蛙、绿巧、锐丁、虫死净

其他英文名称 Benzoic acid，2-benzoyl-1-(1,1-dimethylethyl) hydrazide

主要剂型 20％、25％可湿性粉剂，20％胶悬剂，5％颗粒剂。

作用特点 中等毒性杀虫剂。抑食肼为双酰肼类昆虫生长调节剂。通过降低或抑制幼虫和成虫取食能力，促使昆虫加速蜕皮，减少产卵，阻碍昆虫繁殖而达到杀虫作用。以胃毒作用为主，具有较强的内吸性，持效期较长。

防治对象 对鳞翅目、鞘翅目、双翅目等害虫具良好的防治效果。如二化螟、苹果蠹蛾、舞毒蛾、卷叶蛾。对有抗性的马铃薯甲虫防效优异。

注意事项

（1）使用前务请详细阅读产品标签，喷药应均匀周到，以便充分发挥药效。

（2）施药时遵循常规农药使用规则，做好个人防护。戴手套，还要避免药液溅及眼睛和皮肤。

（3）该药作用缓慢，施药后2～3天后见效。应在害虫发生初期用药，以收到更好效果，且最好不要在雨天施药。

（4）该药剂持效期长，在蔬菜、水稻收获前7～10天内禁止施药。

（5）在干燥、阴凉、通风良好处保存，严防受潮、暴晒。

（6）该药速效性稍差，应在害虫发生初期施用。该药不能与碱性物质混用。

生产厂家 江苏好收成韦恩农化股份有限公司、江苏耘农化工有限公司、台州市大鹏药业有限公司、威海韩孚生化药业有限公司。

印楝素 (azadirachtin)

$C_{35}H_{44}O_{16}$, 720.71, 11141-17-6

其他中文名称 蔬果净、呋喃三萜、川楝素、楝素
其他英文名称 neem、nimbin
主要剂型 0.5%可溶液剂,0.3%、0.5%、0.7%乳油,2%水分散粒剂,1%微乳剂。

作用特点 低毒杀虫剂。具有拒食、忌避、内吸和抑制生长发育作用。主要作用于昆虫的内分泌系统,降低蜕皮激素的释放量;也可以直接破坏表皮结构或阻止表皮几丁质的形成,或干扰呼吸代谢,影响生殖系统发育等。对环境、人畜、天敌比较安全,对害虫不易产生耐药性。印楝素对直翅目、鞘翅目、鳞翅目等害虫表现出较高的特异性抑制功能,而且不伤天敌,对高等动物安全。因此印楝素被公认为开发最为成功的具有现代意义的植物源农药,是最适用于作物整体管理和有害生物综合治理的一项植保措施。

防治对象 有效防治舞毒蛾、日本金龟甲、斜纹夜蛾、小菜蛾、菜青虫等多种害虫。同时防治蔬菜上许多难于防治的重要害虫,如温室白粉虱、小菜蛾、蚜虫、叶螨等。印楝提取物除了对害虫、害螨具有抑制作用外,也对植物病原菌、线虫有抑制作用。印楝制剂(TRilogy和Triac90EC)用于防治果树和作物的叶斑病、霜霉病、白粉病等多种病害。

注意事项
(1) 药效较慢,但持效期长;采收安全间隔期一般为1~2天。
(2) 不宜与碱性药剂混用。在使用时,按喷液量加0.03%的洗衣粉,可提高防治效果。
(3) 印楝素对蚜茧蜂、六斑瓢虫、尖臀瓢虫等有较强的杀伤力。

生产厂家 四川省成都绿金生物科技有限责任公司。

茚虫威 (indoxacarb)

$C_{22}H_{17}ClF_3N_3O_7$, 527.83, 173584-44-6

其他中文名称 安打、安美、全垒打

其他英文名称 Avatar

主要剂型 6%微乳剂,15%、30%水分散粒剂,15%、23%、30%悬浮剂,15%乳油。

作用特点 低毒杀虫剂。茚虫威阻断害虫神经细胞中的钠离子通道,使神经细胞丧失功能,导致靶标害虫协调差、麻痹,最终死亡。具有触杀和胃毒作用,对各龄期幼虫都有效。与其他杀虫剂无交互抗性。对哺乳动物、家畜低毒,同时对环境中的非靶生物等有益昆虫非常安全。在作物中残留低,用药后第2天即可采收。尤其是对多次采收的作物如蔬菜类也很适合。可用于害虫的综合防治和抗性治理。

防治对象 适用于防治甘蓝、花椰类、芥蓝、番茄、辣椒、黄瓜、小胡瓜、茄子、莴苣、苹果、梨、桃、杏、棉花、马铃薯、葡萄等作物上的甜菜夜蛾、小菜蛾、菜青虫、斜纹夜蛾、甘蓝夜蛾、棉铃虫、烟青虫、卷叶蛾类、苹果蠹蛾、叶蝉、金刚钻、马铃薯甲虫等。

注意事项

(1) 施用该品后,害虫从接触到药液或食用含有药液的叶片到其死亡会有一段时间,但害虫此时已停止对作物取食和危害。

(2) 该品需与不同作用机理的杀虫剂交替使用,每季作物上建议使用不超过3次,以避免抗性的产生。

(3) 药液配制时,先配制成母液,再加入药桶中,并应充分搅拌。配制好的药液要及时喷施,避免长久放置。

(4) 应使用足够的喷液量,以确保作物叶片的正反面能被均匀喷施。

(5) 中毒解救:药剂不慎接触皮肤或眼睛,应用大量清水冲洗干净;不慎误服,应立即送医院对症治疗。

生产厂家 山东海利尔化工有限公司、湖北仙隆化工股份有限公司、江苏优士化学有限公司、京博农化科技股份有限公司、江苏中旗作物保护股份有限公司、山东省招远三联远东化学有限公司、浙江省宁波中化化学品有限公司。

鱼藤酮(rotenone)

$C_{23}H_{22}O_6$, 394.42, 83-79-4

其他中文名称 鱼藤氰、毒鱼藤

其他英文名称 Chem Sect、Cuberoot、Derris、Noxfire、Prenfish、Synpren Fish、Tubatoxin

主要剂型 2.5%微乳剂,2.5%悬浮剂,2.5%、4%、7%乳油。

作用特点 中等毒性杀虫剂。鱼藤酮广泛地存在于植物的根皮部,在毒理学上是一种专属性很强的物质,对昆虫尤其是菜粉蝶幼虫、小菜蛾和蚜虫具有强烈的触杀和胃毒两种作用。早期研究表明鱼藤酮的作用机制主要是影响昆虫的呼吸作用,主要是与 NADH 脱氢酶与辅酶 Q 之间的某一成分发生作用。鱼藤酮使害虫细胞的电子传递链受到抑制,从而降低生物体内的 ATP 水平,最终使害虫得不到能量供应,然后行动迟滞、麻痹而缓慢死亡。

防治对象 防治蚜虫、飞虱、黄条跳甲、蓟马、黄守瓜、猿叶虫、菜青虫、斜纹夜蛾、甜菜夜蛾、小菜蛾等。

注意事项

(1) 鱼藤酮不能与碱性药剂混用。

(2) 本剂对家畜、鱼类和家蚕高毒,施药时要避免药液飘移到附近水池及桑树上。

(3) 在叶子外表的药液见光极易分解,不会污染环境,十字花科蔬菜的安全采收间隔期为 3 天。

生产厂家 广西施乐农化科技开发有限责任公司、河北天顺生物工程有限公司。

仲丁威(fenobucarb)

$C_{12}H_{17}NO_2$,207.27,3766-81-2

其他中文名称 扑杀威、速丁威、丁苯威、巴沙、2-仲丁基苯基-N-甲基氨基甲酸酯、丁苯威

其他英文名称 Hopcin、2-butylphenyl methylcarbamate

主要剂型 20%、25%、50%、80%乳油,20%微乳剂,20%水乳剂。

作用特点 仲丁威属低毒杀虫剂。具有较强的触杀作用,兼有胃毒、熏蒸、杀卵作用。速效,但残效期较短。

防治对象 主要防治稻飞虱、稻叶蝉、稻蓟马;对稻纵卷叶螟、蜡象、三化螟及蚜虫也有良好防效;对蚊、蝇幼虫也有一定防效。对鱼有毒。

注意事项

(1) 不能与碱性农药混用。

(2) 在稻田施药的前后 10 天,避免使用敌稗,以免发生药害。

(3) 中毒后解毒药为阿托品,严禁使用解磷定和吗啡。

生产厂家 江苏常隆农化有限公司、江苏嘉隆化工有限公司、江苏辉丰农化股份有限公司、湖南海利化工股份有限公司、山东华阳农药化工集团有限公司、湖北沙隆达股份有限公司、湖南国家精细化工科技有限公司、山东华阳农药化工集团有限公司。

唑虫酰胺（tolfenpyrad）

$C_{21}H_{22}ClN_3O_2$，383.87，129558-76-5

其他中文名称 捉虫朗
其他英文名称 MATI-HATI
主要剂型 15％乳油。
作用特点 中等毒性杀虫、杀螨剂。新型吡唑杂环类杀虫杀螨剂，其作用机理为阻碍线粒体的代谢系统中的电子传递系统复合体I，从而使电子传递受到阻碍，使昆虫不能提供和贮存能量。被称为线粒体电子传递复合体阻碍剂（METI）。
防治对象 该品杀虫谱很广，对各种鳞翅目（菜蛾、橄榄夜蛾、斜纹夜蛾、瓜绢螟等）、半翅目（桃蚜、棉蚜、温室粉虱、康氏粉蚧等）、甲虫目（黄条桃甲、黄守瓜等）、膜翅目（菜叶蜂）、双翅目（茄斑潜蝇、豆斑潜蝇等）、蓟马目（稻黄蓟马、花蓟马等）及螨类（茶半附线螨、橘锈螨等）具有较高的防治效果。该药还具有良好的速效性，一经处理，害虫马上死亡。此外，该药剂还具杀卵、抑食、抑制产卵及杀菌作用。广泛用于蔬菜、果树、花卉、茶叶等作物的害虫防治。
注意事项
（1）该品应于害虫卵孵化盛期至低龄若虫期间施药。
（2）根据虫害发生严重程度，每次施药间隔期在7～15天。
（3）由于小菜蛾易产生耐药性，应与其他杀虫剂轮换使用。
生产厂家 山东康乔生物科技有限公司、滨海富恩特化工科技有限公司、定陶县亿源化工厂。

唑螨酯（fenpyroximate）

$C_{24}H_{27}N_3O_4$，421.50，111812-58-9

其他中文名称 霸螨灵、绿敏、螨恐、红卫、杀螨王
其他英文名称 Danitron、Pamanrin、Ortus、Benzoic Acid、Phenproximate
主要剂型 5％、20％、28％悬浮剂，8％微乳剂，10％乳油。

作用特点　中等毒性杀螨剂。唑螨酯为肟类杀螨剂，E 体比 Z 体杀螨活性高，抑制有害螨体内的脂肪合成。具有触杀作用，没有内吸作用。高剂量时可直接杀死螨类；低剂量时可抑制螨类蜕皮或抑制其产卵。

该品对 NADH-辅酶 Q 还原酶具抑制作用，也能使 ATP 供应减少，因此，它具有击倒和抑制蜕皮的作用。它对活动期的螨效果很好，对螨卵也有一定效果，并能杀死孵化后的螨。它对捕食螨、草蛉、瓢虫、蜘蛛和寄生蜂等天敌较安全，对蜜蜂无不良影响。对家蚕有拒食作用。

防治对象　对柑橘红蜘蛛，四斑黄蜘蛛，苹果红蜘蛛，山楂红蜘蛛，棉红蜘蛛，柑橘锈壁虱，梨、桃、葡萄和樱桃上的叶螨，（茶）神泽叶螨，草莓、西瓜和甜瓜上的叶螨和跗线螨等均有较好的防治效果。

注意事项
（1）本品对人畜有毒，不可吞食或渗入皮肤。使用时应注意安全，做好防护措施。施药后要用肥皂和清水彻底清洗手、脸和衣物等。

（2）本品系触杀剂，无内吸作用。喷药时叶背和叶面均要喷周到。配药时要充分摇动瓶内的药液。

（3）药液不要污染水井、池塘和水源等。

（4）用接触药液的桑叶喂蚕，会使其产生拒食现象，因此，在桑园附近施药时勿使药液飘移至桑园，以免污染桑叶。在桑树上的安全间隔期为 25 天。

（5）该品在 20℃以下时施用药效发挥较慢，有时甚至效果较差。在虫口密度较高时使用其持效期较短，最好在害螨发生初期使用。

（6）可与包括波尔多液在内的杀虫、杀菌剂混用，但不能与石硫合剂混用，否则会产生凝结。

生产厂家　绩溪农华生物科技有限公司、山东省联合农药工业有限公司、江苏辉丰农化股份有限公司、江苏省南通功成精细化工有限公司、江苏东宝农药化工有限公司、新沂市永诚化工有限公司、石家庄瑞凯化工有限公司、江苏维尤纳特精细化工有限公司。

第三节　杀菌剂

氨基寡糖素（oligosaccharins）

$(C_6H_{11}O_4N)_n$　　（$n \geqslant 2$）

其他中文名称 好普

主要剂型 20g/L、0.5%、2%、3%、5%水剂，7.5%母药，0.5%可湿性粉剂。

作用特点 由几丁质降解得壳聚糖后再降解制得，或由微生物发酵提取的低毒杀菌剂。氨基寡糖素溶液对真菌、细菌、病毒具有极强的防治和铲除作用，而且还具有营养、调节、解毒、抗菌的功效。

防治对象 广泛用于防治果树、蔬菜、地下根茎、烟草、中药材及粮棉作物的病毒、细菌、真菌引起的花叶病、小叶病、斑点病、炭疽病、霜霉病、疫病、蔓枯病、黄矮病、稻瘟病、青枯病、软腐病等病害。

注意事项

（1）喷施应避开烈日和阴雨天，傍晚喷施于作物叶片或果实上。

（2）本品含量极高，随配随用，请按照使用浓度配制。

（3）使用时，请预留一块空地不喷，从而更好地检验本品效果。

生产厂家 辽宁大连凯飞化学股份有限公司、海南正业中农高科股份有限公司。

百菌清（chlorothalonil）

$C_8Cl_4N_2$，265.91，1897-45-6

其他中文名称 克菌灵、达科宁

其他英文名称 Daconil、Forturf

主要剂型 50%、60%、75%可湿性粉剂，40%、72%悬浮剂，5%、10%、15%、20%、30%、45%烟剂，75%水分散粒剂。

作用特点 低毒杀菌剂。有机氯类广谱高效杀菌剂，没有内吸传导作用。杀菌机制是与真菌细胞中的3-磷酸甘油醛脱氢酶中的半胱氨酸的蛋白质结合，破坏细胞的新陈代谢而使其丧失生命力。喷施到植物表面后黏着性能良好，不易被雨水冲刷，药效持效期较长。本品主要是保护作物免受病菌侵染，对已经侵入植物体内的病菌基本无效。必须在病菌浸染寄生植物前用药才能获得理想的防治效果，连续使用病菌不易产生耐药性。

防治对象 广泛应用于防治瓜果、蔬菜、果树、观赏植物、大田作物及药物植物的多种真菌性病害。用于防治扁豆炭疽病，胡萝卜和芹菜的早期枯萎及后期枯萎病，黄瓜炭疽病、白粉病，番茄早期枯萎病和灰叶病。

注意事项

（1）防治番茄早疫病等病害安全间隔期为7天，每季作物最多使用3次。

（2）不能与石硫合剂等强碱性农药混用。

（3）使用过的器械和衣物不能在鱼池中洗涤，以防鱼和甲壳类水生动物中毒。

（4）与其他杀菌保护药剂交替使用，以延缓耐药性。

生产厂家　江苏百灵农化有限公司、泰州百力化学股份有限公司、允发化工（上海）有限公司、山东大成农化有限公司瑞士先正达作物保护有限公司、安徽中山化工有限公司、湖南沅江赤峰农化有限公司、山东潍坊润丰化工股份有限公司、湖南省临湘市化学农药厂、河南省郑州志信农化有限公司、石家庄瑞凯化工有限公司、湖南南天实业股份有限公司、利民化工股份有限公司、江阴苏利化工股份有限公司、江苏省新河农用化工有限公司。

苯菌灵（benomyl）

$C_{14}H_{18}N_4O_3$，290.32，17804-35-2

其他中文名称　苯来特、1-正丁氨基甲酰-苯并咪唑-2-氨基甲酸甲酯

其他英文名称　methyl-1-(butylcarbamoyl)-2-benzimidazol-carbamate

主要剂型　50%可湿性粉剂。

作用特点　苯并咪唑类广谱、高效、内吸治疗性低毒杀菌剂，具有保护、铲除和治疗作用。药剂在植物体内代谢为多菌灵和具有挥发性的异氰酸丁酯，杀菌方式与多菌灵相同，通过抑制病菌细胞分裂过程中纺锤体的形成而导致病菌死亡。对谷类、葡萄、核果类及蔬菜上的子囊菌纲、半知菌纲及某些担子菌纲的真菌引起的病害有防效。

防治对象　用于防治黄瓜和甜（辣）椒的炭疽病，西红柿灰霉病、叶霉病，黄瓜菌核病、枯萎病，茄子黄萎病、褐纹病。

注意事项

（1）苯菌灵可与多种农药混用，但不能与强碱性药剂及含铜制剂混用。

（2）为避免产生抗性，应与其他杀菌剂交替使用。但不宜与多菌灵、硫菌灵等与苯菌灵存在交互抗性的杀菌剂作为替换药剂。

生产厂家　江苏蓝丰生物化工股份有限公司、江苏泰仓农化有限公司、江苏安邦电化有限公司、安徽华星化工股份有限公司、湖南国家精细化工科技有限公司。

苯醚甲环唑（difenoconazole）

$C_{19}H_{17}Cl_2N_3O_3$，406.26，19446-68-3

第三章　农药

其他中文名称 世高、敌萎丹、恶醚唑、噁醚唑
其他英文名称 CGA169374
主要剂型 10%热雾剂，10%、37%、60%水分散粒剂，30g/L悬浮种衣剂，250g/L乳油，10%、20%微乳剂，30%、40%悬浮剂，20%水乳剂。

作用特点 低毒杀菌剂。属于三唑类杀菌剂，是一种内吸性杀菌剂，具保护和治疗作用。抗菌机制是抑制细胞壁甾醇的生物合成，可阻止真菌的生长。叶面处理或者种子处理可提高作物的产量和保证品质。

防治对象 广泛应用于香蕉、禾谷类作物、大豆、园艺作物及各种蔬菜等作物。对子囊菌亚门、担子菌亚门和包括链格孢属和壳二孢属在内的半知菌、白粉菌科、锈菌目和某些种传病原菌有持久的保护和治疗活性。有效防治黑星病、黑痘病、白腐病、斑点落叶病、白粉病、褐斑病、锈病、条锈病、赤霉病等。

注意事项
（1）苯醚甲环唑不宜与铜制剂混用。因为铜制剂能降低它的杀菌能力，如果确实需要与铜制剂混用，则要加大苯醚甲环唑10%以上的用药量。
（2）不要连续多次使用，避免病菌产生耐药性。
（3）苯醚甲环唑虽有保护和治疗双重效果，但为了尽量减轻病害造成的损失，应充分发挥其保护作用，因此施药时间宜早不宜迟，在发病初期喷药效果最佳。

生产厂家 浙江省杭州宇龙化工有限公司、江苏丰登作物保护股份有限公司、上海生农生化制品有限公司、江苏耘农化工有限公司、山东东泰农化有限公司、一帆生物科技集团有限公司、江苏禾本生化有限公司、绩溪农华生物科技有限公司、浙江博士达作物科技有限公司、利尔化学股份有限公司、江苏七洲绿色化工股份有限公司、利民化工股份有限公司、山东潍坊双星农药有限公司、陕西西大华特科技实业有限公司、山东省青岛凯源祥化工有限公司、郑州豫珠恒力生物科技有限责任公司、江苏优士化学有限公司、江苏长青农化南通有限公司、江苏莱科化学有限公司、江苏耘农化学有限公司、江苏省农用激素工程技术研究中心。

苯酰菌胺（zoxamide）

$C_{14}H_{16}Cl_3NO_2$，335.36，156052-68-5

其他英文名称 Zoxium、Zoxamid
主要剂型 24%悬浮剂，80%可湿性粉剂。
作用特点 低毒杀菌剂。属高效保护性杀菌剂，具有长的持效期和很好的耐

雨水冲刷性能。作用机制在卵菌纲杀菌剂中独特，通过微管蛋白 β 亚基的结合和微管细胞骨架的破裂来抑制菌核分裂。本品不影响游动孢子的游动、孢囊形成或萌发。伴随着菌核分裂的第一个循环，芽管的伸长受到抑制，从而阻止病菌穿透寄生植物。

防治对象　用于马铃薯、葡萄、黄瓜、辣椒、菠菜等。主要防治卵菌纲病害，如马铃薯和番茄晚疫病、黄瓜霜霉病和葡萄霜霉病等，对葡萄霜霉病有特效。

生产厂家　辽宁省大连凯飞化学股份有限公司、美国高文国际商业有限公司。

吡唑醚菌酯（pyraclostrobin）

$C_{19}H_{18}ClN_3O_4$，387.82，175013-18-0

其他中文名称　唑菌胺酯、百克敏、凯润

其他英文名称　Opera、Cabrio、Stamina、Headline、Insignia、Pyraclostrobine、Pestanal

主要剂型　25%乳油。

作用特点　低毒杀菌剂。一种新型广谱 β-甲氧基丙烯酸甲酯类杀菌剂。作用机理为线粒体呼吸抑制剂，使线粒体不能产生和提供细胞正常代谢所需能量，最终导致细胞死亡。它能控制子囊菌纲、担子菌纲、半知菌纲、卵菌纲等大多数病害。对孢子萌发及叶内菌丝体的生长有很强的抑制作用，具有保护和治疗活性。具有渗透性及局部内吸活性，持效期长，耐雨水冲刷。

防治对象　广泛用于防治小麦、水稻、花生、葡萄、蔬菜、马铃薯、香蕉、柠檬、咖啡、核桃、茶树、烟草和观赏植物、草坪及其他大田作物上的病害。可防治黄瓜白粉病、霜霉病和香蕉黑星病、叶斑病、菌核病等。

注意事项　该制剂对鱼剧毒，对鸟、蜜蜂、蚯蚓低毒。药械不得在池塘等水源和水体中洗涤，施药残液不得倒入水源和水体中。

生产厂家　巴斯夫欧洲公司。

丙环唑（propiconazol）

$C_{15}H_{17}Cl_2N_3O_2$，342.22，60207-90-1

其他中文名称 敌力脱、必扑尔

其他英文名称 Propiconazole、Prosona、Tilt、Trust

主要剂型 250g/L、300g/L、447g/L、50%、62%、70%乳油，45%水乳剂，20%、40%、50%、55%微乳剂。

作用特点 低毒杀菌剂。属于甾醇抑制剂中的三唑类杀菌剂，具有保护和治疗作用。作用机理是影响甾醇的生物合成，使病原菌的细胞膜功能受到破坏，最终导致细胞死亡，从而起到杀菌、防病和治病的功效。

防治对象 防治香蕉叶斑病具有特效。可广泛适用于小麦、水稻、花生、瓜类、蔬菜、草坪、观赏植物等。可防治小麦全蚀病、白粉病、锈病、根腐病，水稻恶菌病。

注意事项

（1）应避免药剂接触皮肤和眼睛，不要直接接触被药剂污染的衣物，不要吸入药剂气体和雾滴。喷雾时不要吃东西、喝水和吸烟。吃东西、喝水和吸烟前要洗手、洗脸。施药后应及时洗手和洗脸。

（2）施药后剩余的药液和空容器要妥善处理，可烧毁或深埋，不得留做它用。

（3）贮存温度不得超过35℃。

（4）药剂要存放在儿童和家畜接触不到的地方。

（5）应贮存在通风、干燥的库房中，防止潮湿、日晒，不得与食物、种子、饲料混放，避免与皮肤、眼睛接触，防止由口鼻吸入。

生产厂家 江苏丰登作物保护股份有限公司、上海威敌生化（南昌）有限公司、山东省招远三联化工厂、浙江禾本科技有限公司、江苏泰仓农化有限公司、安徽丰乐农化有限责任公司、利尔化学股份有限公司、温州绿佳化工有限公司、江苏常隆农化有限公司、江苏七洲绿色化工股份有限公司、江苏百灵农化有限公司、山东潍坊双星农药有限公司、江苏盐城利民农化有限公司、上海生农生化制品有限公司、浙江省宁波中化化学品有限公司、河北国东化工科技有限公司、海南正业中农高科股份有限公司、江苏新港农化有限公司、江西禾益化工有限公司、陕西西大华特科技实业有限公司、江苏润鸿生物化学有限公司、山东东泰农化有限公司、山东潍坊润丰化工股份有限公司、河南省郑州志信农化有限公司、山西绿海农药科技有限公司、江苏优士化学有限公司、江苏扬龙化工集团有限公司、辽宁省沈阳东大迪克化工药业有限公司、江西安利达化工有限公司、上虞颖泰精细化工有限公司、中山凯中有限公司、江苏射阳黄海农药化工有限公司、利民化工股份有限公司、连云港中化化学品有限公司、江苏省常州市武进恒隆农药有限公司、山东省青岛凯源祥化工有限公司、江苏仁信作物保护技术有限公司、江苏省农用激素工程技术研究中心有限公司。

丙森锌（propineb）

$(C_5H_8N_2S_4Zn)_x$，$(289.8)_x$，12071-83-9

其他中文名称　安泰生、法纳拉、连冠
其他英文名称　Antracol、Agrocol、Enercol、Koruneb、Methylzineb、Mezineb
主要剂型　80%母粉，70%、80%可湿性粉剂。
作用特点　一种代森类广谱保护性低毒杀菌剂，具有较好的速效性，其杀菌机制是抑制病菌体内丙酮酸的氧化而导致病菌死亡。该药安全，并对作物有一定的补锌效果。
防治对象　适用作物非常广泛，可用于瓜类蔬菜、苹果、葡萄、梨、桃、柑橘、马铃薯、花卉等多种植物的霜霉病、晚疫病、早疫病、炭疽病、褐斑病、斑点落叶病、黑斑病、轮纹病等多种真菌性病害。
注意事项
（1）不能与碱性药剂或含铜的药剂混用，并前后分别间隔7天以上。
（2）与其他杀菌剂混用时，应先进行少量混用试验，以免发生药害或药物分解。
生产厂家　利民化工股份有限公司、江苏剑牌农药化工有限公司、江苏省南通宝叶化工有限公司。

春雷霉素（kasugamycin）

$C_{14}H_{25}N_3O_9$，379.36，6980-18-3

其他中文名称　春日霉素、加收米、加收热必、加瑞农、嘉赐霉素
其他英文名称　Kasum、Kasurabcide、Kasum-Bordeaux
主要剂型　2%、4%、6%、10%可湿性粉剂，2%水剂。
作用特点　一种放线菌产生的代谢产物，属于农用抗生素类低毒杀菌剂，具有较强的渗透性和内吸性，并能在植物体内移动。其杀菌机制是干扰病菌氨基酸代谢的酯酶系统，影响蛋白质合成，而抑制菌丝生长并造成细胞颗粒化，但对孢子萌发没有作用。
防治对象　用于防治番茄叶霉病、辣椒疮痂病、黄瓜和甜瓜细菌性叶斑病；

水稻稻瘟病、粟瘟病；西瓜细菌性角斑病；桃树流胶病、疮痂病、穿孔病等。

注意事项

（1）贮运时，要防水防潮，不能与碱性物质存放一起，应放在阴凉干燥处。

（2）本药剂在碱性溶液中易失效；药剂随用随配；加0.2%中性黏着剂可提高防效；喷药后8h内遇雨应补喷。

生产厂家 吉林省延边春雷生物药业有限公司、华北制药股份有限公司、陕西绿盾生物制品有限责任公司、河北博嘉农业有限公司、陕西美邦药业有限公司、绩溪农华生物科技有限公司、山东省烟台博瑞特生物科技有限公司、山东省乳山韩威生物科技有限公司。

代森锰锌（mancozeb）

$$\left[\begin{array}{c} \text{S} \\ \| \\ \text{-S-C-N-CH}_2\text{CH}_2\text{-N-C-S}^- \\ \text{H} \quad\quad\quad\quad \text{H} \\ \text{S} \end{array} \text{Mn}^{2+}\right]_x (\text{Zn})_y$$

$x:y=1:0.091$

$[C_4H_6MnN_2S_4]_x Zn_y$，8018-01-7

其他中文名称 大生、速克净、新万生、喷克、大生富、大丰

其他英文名称 Dithane、Manzate

主要剂型 80%水分散粒剂，50%、70%、80%可湿性粉剂，30%、48%悬浮剂。

作用特点 低毒杀菌剂。属于二硫代氨基甲酸盐类杀菌剂，主要抑制菌体内丙酮酸的氧化，和参与丙酮酸氧化过程的二硫辛酸脱氢酶中的硫氢基结合，代森类化合物先转化为异硫氰酯，其后再与硫氢基结合。是一种优良的保护性、低毒农药。锰、锌微量元素对作物有明显的促壮、增产作用。对藻菌纲的疫菌属、半知菌类的尾孢属和壳二孢属等引起的多种植物病害均有很好的防治效果。

防治对象 主要防治梨黑星病、柑橘疮痂病、溃疡病，苹果斑点落叶病，葡萄霜霉病，荔枝霜霉病、疫霉病，青椒疫病，黄瓜、香瓜、西瓜霜霉病，番茄疫病，棉花烂铃病，小麦锈病、白粉病，玉米大斑、条斑病，烟草黑胫病，山药炭疽病、褐腐病、根颈腐病、斑点落叶病等。

注意事项

（1）贮藏时，应注意防止高温，并要保持干燥，以免在高温、潮湿条件下使药剂分解，降低药效。

（2）为提高防治效果，可与多种农药、化肥混合使用，但不能与碱性农药、化肥和含铜的溶液混用。

（3）药剂对皮肤、黏膜有刺激作用，使用时注意保护。

（4）对鱼有毒，不可污染水源。

生产厂家 利民化工股份有限公司、天津施普乐农药技术发展有限公司、陶

氏益农农业技术（中国）有限公司、江苏省南通宝叶化工有限公司、四川国光农化股份有限公司、河北双吉化工有限公司、浙江省东阳市东农化工有限公司、山东潍坊双星农药有限公司、河北贺森化工有限公司、四川省成都海宁化工实业有限公司、西安近代农药科技有限公司。

代森锌（zineb）

$C_4H_6N_2S_4Zn$，275.75，12122-67-7

其他中文名称 艾润、奥诺、邦蓝、纯蓝
其他英文名称 ZEB
主要剂型 90％原药，65％水分散粒剂，80％、65％可湿性粉剂。
作用特点 一种广谱保护性低毒杀菌剂，其杀菌机制为对病原体内含有巯基的酶有强烈的抑制作用，且能直接杀死病菌孢子，并可抑制孢子萌发、阻止病毒侵入植物体内，但对已经侵入植物体内的病菌杀伤作用很小。
防治对象 用于防治多种植物的霜霉病、晚疫病、白粉病、锈病、炭疽病、黑痘病、早疫病、黑星病、疮痂病、溃疡病、蔓枯病、茎枯病、斑点落叶病、灰斑病、紫斑病等。
注意事项
（1）不能与铜制剂或碱性药剂混用。
（2）最佳用药时期为病害发生前至发病初期。
生产厂家 河北双吉化工有限公司、利民化工股份有限公司、辽宁省沈阳丰收农药有限公司、四川福达农用化工有限公司。

稻瘟灵（isoprothiolane）

$C_{12}H_{18}O_4S_2$，290.40，50512-35-1

其他中文名称 富士一号
其他英文名称 Fuji one
主要剂型 40％、30％乳油，40％、30％可湿性粉剂。
作用特点 低毒杀菌剂。内吸性杀菌剂，属高效、低残留的有机硫杀菌剂，具有预防和治疗作用。对稻瘟病有特效，水稻植株吸收后，能抑制病菌侵入，尤其是抑制了磷脂 N-甲基转移酶，从而抑制病菌生长，起到预防和治疗作用。本药剂还兼有抑制稻飞虱、白背飞虱密度的效果。

防治对象 主要防治稻瘟病，同时对水稻纹枯病、小球菌核病和白叶枯病有一定防效。

注意事项

(1) 不能与强碱性农药混用。

(2) 鱼塘附近使用该药要慎重。

(3) 安全间隔期为 15 天。

(4) 中毒时可用浓盐水洗胃并立即送医院治疗。

生产厂家 湖南衡阳莱德生物药业有限公司、江苏中旗化工有限公司、泸州东方农化有限公司、四川省化学工业研究设计院广汉试验厂。

丁香酚（eugenol）

$C_{10}H_{12}O_2$，164.20，97-53-0

其他中文名称 4-烯丙基-2-甲氧基苯酚、4-烯丙基愈疮木酚、丁香油酚、丁子香酚

其他英文名称 Allylguaiacol、Caryophyllic acid、Eugenic acid

主要剂型 2.1%水剂，0.3%可溶液剂。

作用特点 低毒杀菌剂。从丁香等植物中提取的杀菌成分，推荐剂量下，药效稳定，对预防和治疗番茄灰霉病有奇效。

防治对象 用于防治番茄灰霉病。

注意事项

(1) 不慎与眼睛接触后，请立即用大量清水冲洗并征求医生意见。

(2) 穿戴适当的防护服、手套和护目镜或面具。

生产厂家 河北省保定市亚达化工有限公司、河南省博爱惠丰生化农药有限公司、辽宁省大连永丰农药厂、山东亿嘉农化有限公司。

啶酰菌胺（boscalid）

$C_{18}H_{12}Cl_2N_2O$，343.21，188425-88-6

其他中文名称 2-氯-N-(4-氯联苯-2-基) 烟酰胺

其他英文名称 Cantus、Endura、BAS 510F

主要剂型 50%、70%水分散粒剂，30%悬浮剂。

作用特点　低毒杀菌剂。啶酰菌胺属于新型烟酰胺类杀菌剂，杀菌谱较广，几乎对所有类型的真菌病害都有活性。通过叶面渗透在植物中转移，抑制线粒体琥珀酸酯脱氢酶，阻碍三羧酸循环，使氨基酸、糖缺乏，能量减少，干扰细胞的分裂和生长，对病害有神经活性，具有保护和治疗作用，且与其他杀菌剂无交互抗性。除了杀菌活性外，本品还显示出对红蜘蛛等的杀螨活性。对防治白粉病、灰霉病、菌核病和各种腐烂病等非常有效，并且对其他药剂的抗性菌亦有效。

防治对象　用于油菜、葡萄、果树、蔬菜和大田作物等病害的防治。防治黄瓜灰霉病、腐烂病、霜霉病、炭疽病、白粉病、茎部腐烂病，番茄晚疫病，苹果黑星病、叶斑病，梨黑斑病、锈病，水稻纹枯病，葡萄灰霉病、霜霉病，柑橘疮痂病，马铃薯晚疫病，草坪斑点病。

生产厂家　巴斯夫欧洲公司。

啶氧菌酯（picoxystrobin）

$C_{18}H_{16}F_3NO_4$，367.32，117428-22-5

其他中文名称　(*E*)-3-甲氧基-2-{2-[6-（三氟甲基）-2-吡啶氧甲基］苯基}丙烯酸甲酯

其他英文名称　Acanto、Za1963、Picoxystrobin

主要剂型　25%悬浮剂。

作用特点　低毒。广谱、内吸性β-甲氧基丙烯酸甲酯类杀菌剂，是一种线粒体呼吸抑制剂。本品一旦被叶片吸收，就会在木质部中移动，随水流在运输系统中流动，它也在叶片表面的气相中流动并随着从气相中吸收进入叶片后又在木质部流动。因而施药后，有效成分能有效再分配及充分传递。

防治对象　用于防治麦类的叶面病害，如叶枯病、叶锈病、颖枯病、褐斑病、白粉病等。

注意事项　误食后请勿引吐，对症治疗。

生产厂家　美国杜邦公司、杭州杰恒化工有限公司。

多菌灵（carbendazim）

$C_9H_9N_3O_2$，191.19，10605-21-7

其他中文名称 棉萎灵、枯萎立克、贝芬替

其他英文名称 Bavist、Derosal、Delsene、Agrizim、Antibacmf

主要剂型 40%、500g/L 悬浮剂，25%、40%、50%、80%可湿性粉剂，15%烟剂，50%、80%、90%水分散粒剂。

作用特点 低毒杀菌剂。苯并咪唑类高效、低残留的内吸性广谱药剂，具有一定的内吸能力，可通过植物叶片和种子渗入到植物体内，耐雨水冲刷，持效期长。对许多高等真菌病害均有较好的保护和治疗作用，对细菌的病害无效。作用机制是干扰真菌细胞的有丝分裂中纺锤体的形成，从而影响细胞分裂，导致病菌死亡。多菌灵对许多植物的根部、叶片、花、果实及贮运期的多种真菌病害均具有良好的治疗和预防作用。

防治对象 可有效防治麦类黑穗病、赤霉病，水稻稻瘟病、纹枯病、小粒菌核病，棉花立枯病、炭疽病，油菜菌核病，花生立枯病、茎腐病、根腐病，甘薯黑斑病，番茄早疫病，黄瓜炭疽病，梨黑星病，桃疮痂病，苹果褐斑病，葡萄白腐病、黑痘病、炭疽病。

注意事项

（1）在蔬菜收获前 5 天停用。不能与强碱性药剂或含铜药剂混用，应与其他药剂轮用。

（2）不要长期单一使用多菌灵，也不能与硫菌灵、苯菌灵、甲基硫菌灵等同类药剂轮用。

生产厂家 江苏省江阴市农药二厂有限公司、宁夏新安科技有限公司、山东潍坊润丰化工股份有限公司、江苏百灵农化有限公司、允发化工（上海）有限公司、安徽东至广信农化有限公司、江苏瑞邦农药厂有限公司、宁夏瑞泰科技股份有限公司、苏州遍净植保科技有限公司、安徽华星化工股份有限公司、连云港市金囿农化有限公司、江苏辉丰农化股份有限公司、江苏辉丰生物化学股份有限公司、湖北蕲农化工有限公司、山东华阳农药化工集团有限公司、江苏泰仓农化有限公司。

多抗霉素（polyoxin B）

$C_{17}H_{25}N_5O_{13}$，507.4，19396-06-6

其他中文名称 多氧霉素、多效霉素、保利霉素、宝丽安、科生霉素、灭腐灵、多克菌

其他英文名称 Piomyc、Polyox AL、Polox Z

主要剂型 1.5%、3%、10%可湿性粉剂，0.3%、1%、1.5%、5%水剂。

作用特点 低毒杀菌剂。金色链霉菌所产生的代谢产物，广谱性抗生素类杀菌剂，具有内吸传导作用。作用机制是干扰细胞壁壳多糖的生物合成。以壳多糖为基质而构成细胞壁的子囊菌纲、担子菌纲和半知菌纲的一些真菌，芽管和菌丝体接触药剂后会局部膨大、破裂、溢出细胞内含物，导致死亡。

防治对象 主要用于防治小麦白粉病、人参黑斑病、烟草赤星病、黄瓜霜霉病、瓜类枯萎病、水稻纹枯病、苹果斑点落叶病、草莓及葡萄灰霉病、林木枯鞘病等多种真菌病害。

注意事项

(1) 不能与碱性或酸性农药混用。

(2) 密封保存，以防结潮失效。

(3) 虽属低毒药剂，使用时仍应按安全规则操作。

生产厂家 山东科大创业生物有限公司、吉林省延边是春雷生物药业有限公司、陕西绿盾生物制品有限责任公司、辽宁科生生物化学制品有限公司、湖北省武汉天惠生物工程有限公司、山东省乳山韩威生物科技有限公司、山东玉成生化农药有限公司。

噁唑菌酮（famoxadone）

$C_{22}H_{18}N_2O_4$，374.39，131807-57-3

其他中文名称 易保、抑快净、5-甲基-5-(4-苯氧基苯基)-3-(苯氨基)-2,4-噁唑啉二酮

其他英文名称 Famoxate、Famoxadon、Charisma

主要剂型 6.25%水分散粒剂。

作用特点 低毒杀菌剂。防治果树霜霉病和疫病的最新一代杀菌剂。作用机理是抑制病原菌细胞中线粒体的电子转移，造成氧化磷酸化作用的停止，使病原菌细胞丧失能量来源而死亡。杀菌谱广，对真菌病害有特效，可持久高效地发挥保护作用，当病害发生时，能渗透到植物组织阻碍菌丝生长及孢子形成，达到快速治疗作用；药剂用量低，附着力强，既保叶又保果，保护期长，同时有保护、治疗和铲除作用，雨后还有奇特的多次分布能力，药效更加突出，不会因降雨而降低防效和缩短用药间隔期，尤其适合多雨季节霜霉病的防治。

防治对象 适宜作物广泛，如小麦、大麦、豌豆、甜菜、油菜、葡萄、马铃薯、瓜类、辣椒、番茄等。主要用于防治子囊菌纲、担子菌纲、卵菌亚纲中的重要病害，如白粉病、锈病、颖枯病、网斑病、霜霉病、晚疫病等。与氟硅唑混用对防治小麦颖枯病、网斑病、白粉病、锈病效果更好。

注意事项 对眼睛和皮肤具有轻微刺激，使用时注意安全。

生产厂家 如东众意化工有限公司、美国杜邦公司。

噁霉灵（hymexazol）

$C_4H_5NO_2$，99.09，10004-44-1

其他中文名称 土菌消、立枯灵、F-319、SF-6505

其他英文名称 Tachigaren、hydroxyl-isoxazcle

主要剂型 70%种子处理干粉剂，30%、15%、8%水剂，70%可湿性粉剂，70%可溶性粉剂，0.10%颗粒剂。

作用特点 一种杂环类内吸低毒、广谱杀菌剂，对光和热稳定，在碱性条件下稳定。有效抑制病原真菌菌丝体的正常生长或直接杀灭病菌，在土壤中可与土壤中的铁离子、铝离子结合，抑制土传病菌的孢子萌发。同时具有促进作物根系生长发育、生根壮苗、提高成活率的作用。

防治对象 用于防治土传病害。对土壤真菌、镰刀菌、根壳菌、丝核菌、腐霉菌、苗腐菌、伏革菌等病原菌都有显著的防治效果，对枯萎病、立枯病、黄萎病、猝倒病、纹枯病、烂秧病、菌核病、疫病、干腐病、黑星病、菌核软腐病、苗枯病、茎枯病、叶枯病、沤根、连作重茬障碍有特效。适用作物包括水稻、甜菜、西瓜及番茄、黄瓜、茄子、辣椒等。

注意事项

（1）使用时须遵守农药使用防护规则。用于拌种时，要严格掌握药剂用量，拌后随即晾干，不可闷种，防止出现药害。

（2）宜无风晴朗天气喷施，喷后4h遇雨不需补喷。

（3）如有误服，饮大量温水催吐，洗胃，并携带本标签立即就医。

（4）本品可与一般农药混用，并相互增效。

生产厂家 河北冠龙农化有限公司、吉林省延边绿洲化工有限责任公司。

噁霜灵（oxadixyl）

$C_{14}H_{18}N_2O_4$，278.30，77732-09-3

其他中文名称 杀毒矾、噁唑烷酮
其他英文名称 Sandofan、recoil、ripost、wakil
主要剂型 25％可湿性粉剂。
作用特点 低毒杀菌剂。属于触杀兼内吸性取代苯酰胺类杀菌剂，有保护和治疗作用，持效期长。在真菌病害中，对卵菌纲霜霉目霜霉科及腐霉科的多种病原菌有特效。
防治对象 防治黄瓜霜霉病和疫病，茄子、番茄及辣椒的棉疫病，十字花科蔬菜白锈病等，谷子白发病，烟草黑茎病，马铃薯晚疫病。
注意事项 单一长期使用该药，病菌易产生抗性，所以常与其他杀菌剂混配。
生产厂家 江苏省江阴农药厂、青岛浩瀚高科。

二氯异氰尿酸钠（sodium dichloroisocyanurate）

$C_3Cl_2N_3NaO_3$，219.98，2893-78-9

其他中文名称 优氯净、优氯克霉灵
主要剂型 50％、40％、20％可溶性粉剂。
作用特点 一种脲类低毒广谱杀菌剂，是氧化性杀菌剂中杀菌最为广谱、高效、安全的消毒剂。对食用菌栽培过程中易发生的霉菌及多种病害有较强的消毒和杀菌能力。
防治对象 对蔬菜，果树，瓜类，小麦、水稻、花生、棉花等田间作物的病原细菌、真菌、病毒均有极强的杀灭能力。用于食用菌栽培中防治霉菌引起的基料感染及杂菌病害。
注意事项 本品宜单独使用，避免与其他药剂混用。
生产厂家 山西康派伟业生物科技有限公司。

二噻农（dithianon）

$C_{14}H_4N_2O_2S_2$，296.32，3347-22-6

其他中文名称 二氰蒽醌、博青
其他英文名称 Dithiaanthraquinone-2,3-Dinitrile、Cluster、Delan
主要剂型 66％水分散粒剂，22.70％悬浮剂。

作用特点　一种广谱保护性低毒杀菌剂，通过与含硫基团反应和干扰细胞呼吸而抑制一系列真菌酶，最后导致病菌死亡。喷施于表面后形成一层致密的保护药膜，有效防止病菌的侵染，但对已经侵染的病害没有治疗作用。

防治对象　适宜作物包括苹果、梨、桃、杏、樱桃、柑橘、咖啡、葡萄、草莓、啤酒花等。防治对象除了对白粉病无效外，几乎可以防治所有果树病害，如黑星病、霉点病、叶斑病、锈病、炭疽病、疮痂病、霜霉病、褐腐病等。

注意事项
（1）低毒，对人畜、蜜蜂、鱼等生物安全。
（2）在推荐剂量下尽管对大多数果树安全，但对某些苹果树品种有药害。

生产厂家　江苏辉丰农化股份有限公司、江西禾益化工有限公司。

氟吡菌胺（fluopicolide）

$C_{14}H_8Cl_3F_3N_2O$，383.58，239110-15-7

其他中文名称　氟啶酰菌胺
其他英文名称　Profiler，Trivia
主要剂型　68.7%悬浮剂。
作用特点　低毒。苯甲酰胺类化合物，为广谱杀菌剂，对卵菌纲真菌有很高的生物活性，具有保护和治疗作用，具有较强的渗透性，能从叶片上表面向下面渗透，从叶基向叶尖方向传导。对幼芽处理后能够保护叶片不受病菌感染。还能从根部沿植株木质部向整株作物分布，但不能沿韧皮部传导。该杀菌剂对环境友好，可用于有害生物的综合防治。

防治对象　防治蔬菜、观赏植物和葡萄霜霉病以及马铃薯晚疫病。
生产厂家　德国拜耳作物科学公司。

氟啶胺（fluazinam）

$C_{13}H_4Cl_2F_6N_4O_4$，465.09，79622-59-6

其他中文名称　福农帅
其他英文名称　Frowncide、Shirlan
主要剂型　50%可湿性粉剂，0.5%粉剂。
作用特点　低毒杀菌剂。吡啶胺衍生物，二硝基苯胺类杀菌剂。无治疗效果和内吸活性，是广谱高效的保护性杀菌剂。线粒体氧化磷酰化解偶联剂，通过抵制孢子萌发、菌丝突破和生长及孢子形成而抵制所有阶段的感染过程。对交链孢属、葡萄孢属、疫霉属、单轴霉属、核盘菌属和黑星菌属病菌非常有效，对抗苯并咪唑类和二羧酰亚胺类杀菌剂的灰葡萄孢也有良好效果。耐雨水冲刷，持效期长，兼有优良的控制植食性螨类的作用，对十字花科植物根肿病也有卓越的防效，对由根霉菌引起的水稻猝倒病也有很好的防效。

防治对象 对疫霉病、腐菌核病、黑斑病、黑星病和其他的病原体病害有良好的防治效果。除了杀菌活性外，氟啶胺还显示出对红蜘蛛等的杀螨活性。防治具体病害如黄瓜灰霉病、腐烂病、霜霉病、炭瘟病、白粉病、茎部腐烂病，番茄晚疫病，苹果黑星病、叶斑病，梨黑斑病、锈病，水稻稻瘟病、纹枯病，燕麦冠锈病，葡萄灰霉病、霜霉病，柑橘疮痂病、灰霉病，马铃薯晚疫病，草坪斑点病。防治具体螨类如柑橘红蜘蛛、石竹锈螨、神泽叶螨等。

注意事项

(1) 在瓜类植物上易产生药害，使用时注意勿将药液飞溅到临近瓜地。

(2) 塑料棚内禁止使用该药。

生产厂家 江苏优士化学有限公司、山东绿霸化工股份有限公司。

氟硅唑（flusilazole）

$C_{16}H_{15}F_2N_3Si$，315.39，85509-19-9

其他中文名称 克菌星、新星、福星、康硕、星标、贵美

其他英文名称 Nustar、Olymp、Capitan、Punch、Sanction

主要剂型 5%、8%、20%、30%微乳剂，20%可湿性粉剂，8%热雾剂，10%、15%、25%水乳剂，40%乳油。

作用特点 一种新型三唑类内吸性低毒杀菌剂，具有内吸治疗和保护双重作用。杀菌机制是破坏和阻止病菌代谢过程中的麦角甾醇的生物合成，使细胞膜不能形成，而导致病菌死亡。防治子囊菌纲、担子菌纲和半知菌类真菌有效，对梨黑星病有特效。

防治对象 可防治梨、苹果、脐橙、大枣等的黑星病，并有兼治赤星病的作用。也可用于苹果黑星病和白粉病，葡萄白粉病，花生叶斑病，谷类白粉病和眼点病，小麦颖枯病、叶锈病和条锈病，大麦叶斑病等。

注意事项

(1) 酥梨类品种在幼果期对此药敏感，应谨慎使用，否则易引起药害。

(2) 为了避免病菌对福星产生抗性,应和其他保护性杀菌剂交替使用。

(3) 调配药液及施药时,应穿戴保护性衣裤。怀孕初期妇女,请勿喷药并避免接触或直接暴露于药雾之下。误服者不能引吐和服麻黄碱等药物。药液溅入眼睛,立即用大量清水冲洗至少 15min,再请医生诊治。

(4) 贮于阴凉、干燥、远离食品和饲料及儿童接触不到的地方。

(5) 使用后的空瓶要深埋或按有关规定处理,不可随处抛弃。

生产厂家 江苏建农农药化工有限公司、江苏中旗作物保护股份有限公司、一帆生物科技集团有限公司、天津久日化学股份有限公司、安徽华星化工股份有限公司、陕西恒润化学工业有限公司、江苏禾益化工有限公司、山东澳得利化工有限公司、山东禾宜生物科技有限公司、浙江禾本科技有限公司。

氟环唑 (epoxiconazole)

$C_{17}H_{13}ClFN_3O$,329.76,106325-08-0

其他中文名称 欧博、环氧菌唑

其他英文名称 Opus

主要剂型 50%、70%水分散粒剂,125g/L、25%、30%、40%、50%悬浮剂,75g/L乳油。

作用特点 低毒杀菌剂。一种内吸性三唑类杀菌剂,抑制病菌麦角甾醇的合成,阻碍病菌细胞壁的形成,能有效抑制病菌和真菌。氟环唑独特方面可提高作物的几丁质酶活性,导致真菌吸器的收缩,抑制病菌侵入。

防治对象 对香蕉、葱蒜、芹菜、菜豆、瓜类、芦笋、花生、甜菜等作物上的叶斑病、白粉病、锈病以及葡萄上的炭疽病、白腐病等病害有良好的防效。

生产厂家 沈阳科创化学品有限公司、利尔化学股份有限公司、江苏七洲绿色化工股份有限公司、江苏辉丰农化股份有限公司、山东潍坊润丰化工股份有限公司、江苏中旗作物保护股份有限公司、江苏飞翔化工股份有限公司、江苏长青农化南通有限公司、河北冠龙农化有限公司。

氟菌唑 (triflumizole)

$C_{15}H_{15}ClF_3N_3O$,345.75,99387-89-0

其他中文名称　特富灵、三氟咪唑
其他英文名称　Condor、Duotop、Procure、Trifme、NF114
主要剂型　30％、35％、40％可湿性粉剂。
作用特点　麦角甾醇脱甲基化抑制剂，属于三唑类广谱低毒杀菌剂，具有预防、治疗、铲除效果；内吸作用传导性好，抗雨水冲刷，可防治多种作物病害。
防治对象　广泛用于麦类、黄瓜、西瓜、甜瓜、南瓜、辣椒、番茄、草莓、苹果、梨、葡萄、豌豆、洋葱、花卉植物等多种植物。可防治麦类、果树、蔬菜等白粉病、锈病，桃褐腐病。
注意事项
(1) 该药对鱼类有一定毒性，防止污染池塘。
(2) 该药剂放置在远离食物和饲料的阴暗处。
(3) 安全间隔期仅为1天。
生产厂家　江苏禾本生化有限公司、上海生农生化制品有限公司。

氟吗啉（flumorph）

$C_{21}H_{22}FNO_4$，371.41，211867-47-9

其他中文名称　灭克、福吗啉、4-[3-(3,4-二甲氧基苯基)-3-(4-氟苯基) 丙烯酰］吗啉
其他英文名称　Ccris 9057
主要剂型　50％、60％可湿性粉剂，35％烟剂。
作用特点　低毒杀菌剂。属于吗啉类内吸治疗性杀菌剂。本品高效、低毒、低残留、对作物安全，但易诱发病菌耐药性。对霜霉属、疫霉属病菌特别有效。对葡萄、马铃薯和番茄上的卵菌纲，尤其是霜霉科和疫霉属菌有杀菌效力，可与触杀性杀菌剂（代森锰锌或铜化合物）混用。
防治对象　防治黄瓜霜霉病、葡萄霜霉病、白菜霜霉病、番茄晚疫病、马铃薯晚疫病、辣椒疫病、荔枝霜霉病、大豆疫霉根腐病等。
注意事项
(1) 不能与铜制剂及碱性药剂混用。
(2) 注意与不同类型药剂交替使用，尽量避免产生耐药性。
(3) 一般条件下，易水解、光解。
生产厂家　沈阳科创化学品有限公司。

氟酰胺（flutolanil）

$C_{17}H_{16}F_3NO_2$，323.31，66332-96-5

其他中文名称 氟纹胺、望佳多、福多宁
其他英文名称 Moncut、NNF136
主要剂型 20%可湿性粉剂。
作用特点 低毒杀菌剂。在呼吸作用的电子传递链中作为琥珀酸脱氢酶抑制剂，抑制天冬氨酸盐和谷氨酸盐的合成。是一种具有保护和治疗活性的内吸性杀菌剂，阻碍受感染体上细菌的生长和穿透，导致菌丝消失。
防治对象 用于防治、谷类、马铃薯、甜菜、蔬菜、花生、水果、观赏作物等植物的各种立枯病、纹枯病、雪腐病等。对水稻纹枯病有特效。
生产厂家 泰州百力化学有限公司、日本农药株式会社。

氟唑菌酰胺（fluxapyroxad）

$C_{18}H_{12}F_5N_3O$，381.30，907204-31-3

其他中文名称 3-(二氟甲基)-1-甲基-N-(3',4',5'-三氟联苯-2-基)吡唑-4-甲酰胺
其他英文名称 Xemium
作用特点 低毒杀菌剂。属于羧酰胺类杀菌剂，作用方式是对在线粒体呼吸链的复合物Ⅱ中对琥珀酸脱氢酶起抑制作用，从而抑制靶标真菌的孢子萌发、芽管和菌丝体生长。
防治对象 防治广谱真菌病害。用于谷物、豆类、油料种子作物、花生、梨果、核果、根和块茎类蔬菜、棉花的叶面喷施及种子处理。
注意事项 本品不可用于家庭及社区。
生产厂家 巴斯夫欧洲公司。

福美双（thiram）

$C_6H_{12}N_2S_4$，240.44，137-26-8

其他中文名称　秋兰姆、赛欧散、阿锐生
其他英文名称　Arasan、Tersan、Pomarsol、Fernasan、thiuram
主要剂型　50％、70％、80％可湿性粉剂，80％水分散粒剂。
作用特点　低毒杀菌剂。用于叶部或种子处理的保护性杀菌剂，对植物无药害。其杀菌机制是通过抑制病菌一些酶的活性和干扰三羧酸代谢循环而导致病菌死亡。该药有一些渗透性，在土壤中持效期长。
防治对象　对根腐病、立枯病、猝倒病、黑星病、疮痂病、炭疽病、轮纹病、黑斑病、灰斑病、叶斑病、白粉病、锈病、霜霉病、晚疫病、早疫病、稻瘟病、黑穗病等真菌性病害均具有很好的防治效果。用于防治麦类条纹病、腥黑穗病，玉米、亚麻、蔬菜、糖萝卜、针叶树立枯病，烟草根腐病，甘蓝、莴苣、瓜类、茄子、蚕豆等苗期立枯病、猝倒病，草莓灰霉病，梨黑星病，马铃薯、番茄晚疫病，瓜、菜类霜霉病，葡萄炭疽病、白腐病等。
注意事项
（1）不能与铜、汞及碱性农药混用或前后紧连使用。
（2）拌过药的种子有残毒，不能再食用。
（3）对皮肤和黏膜有刺激作用，喷药时注意防护。误服会出现恶心、呕吐、腹泻等症状，皮肤接触易发生瘙痒及出现斑疹等，应催吐、洗胃及对症治疗。
（4）贮存在阴凉干燥处，以免分解。
生产厂家　河北赞峰生物工程有限公司、河北冠龙农化有限公司、河北省石家庄绿丰化工有限公司、天津市捷康化学品有限公司、山东烟台鑫润精细化工有限公司、辽宁省营口雷克农药有限公司、江苏省镇江振邦化工有限公司、江苏省南通宝叶化工有限公司、天津市农药研究所。

腐霉利（procymidone）

$C_{13}H_{11}Cl_2NO_2$，284.06，32809-16-8

其他中文名称　速克灵、二甲菌核利、扑灭宁、杀霉利
其他英文名称　Sumisclex、Sumilex、S-7131
主要剂型　80％水分散粒剂，50％、80％可湿性粉剂，20％悬浮剂，10％、15％烟剂。
作用特点　低毒杀菌剂。属内吸性杀真菌剂，对日光和高湿条件稳定。在作物发病前或发病初期使用，可取得满意效果。对葡萄孢属和核盘菌属真菌有特

效，能防治果树、蔬菜、作物的灰霉病、菌核病，对苯丙咪唑产生抗性的真菌亦有效。使用后保护效果好、持效期长，能阻止病斑发展蔓延。

防治对象 防治黄瓜灰霉病、菌核病，番茄灰霉病、菌核病、早疫病，辣椒灰霉病、菌核病，葡萄、草莓灰霉病，苹果、桃、樱桃褐腐病，苹果斑点落叶病，枇杷花腐病等。

注意事项

（1）该药剂容易产生耐药性，不可连续使用，同时应与其他农药交替喷洒，药剂要现配现用，不要长时间放置。

（2）不要与强碱性药物如波尔多液、石硫合剂混用，也不要与有机磷农药混配。

（3）防治病害应尽早用药，最好在发病前，最迟也要在发病初期使用。

（4）药剂应存放在阴暗、干燥通风处。若不慎皮肤沾染药液，或者眼睛溅入药液，应该立即用大量清水冲洗；误服后要立即送医院洗胃，按照医生医嘱治疗。

生产厂家 陕西亿农高科药业有限公司、江西禾益生物技术有限公司、四川省宜宾川安高科农药有限责任公司、如东县华盛化工有限公司。

琥胶肥酸铜（copper succinate）

$$[(CH_2)_{17}(COO)_2]_n Cu \quad (n = 2, 3, 4)$$

其他中文名称 二元酸铜、丁戊己二元酸铜、琥珀酸铜

其他英文名称 Copper（succinate＋glutarate＋adipate）

主要剂型 30％、50％可湿性粉剂。

作用特点 低毒杀菌剂。有机铜类、广谱、保护性杀菌剂。对多种作物细菌、真菌病害具有防治作用。作用机理为药剂中铜离子与病原菌膜表面上的阳离子交换，使病原菌细胞膜上的蛋白质凝固，同时部分铜离子渗透进入病原菌细胞内与某些酶结合，影响其活性。

防治对象 防治黄瓜角斑病和霜霉病、辣椒炭疽病、冬瓜枯萎病、柑橘树溃疡病、甜菜立枯病、番茄病毒病、水稻稻曲病等。

注意事项

（1）在整个作物生长期最多使用4次，安全间隔期为5～7天。

（2）叶面喷洒药剂稀释倍数不低于400倍，使用时药液浓度不得过大，否则易产生药害。

（3）不可与杀虫剂混用，以免发生药害。

生产厂家 北京好普生农药有限公司、黑龙江省齐齐哈尔市化工研究所、四川成都华西农药厂。

环氟菌胺（cyflufenamid）

$C_{20}H_{17}F_5N_2O_2$，412.35，180409-60-3

主要剂型　50g/L。

作用特点　低毒杀菌剂。环氟菌胺对白粉病有优异的保护和治疗活性，持效活性和耐雨水冲刷活性，内吸活性差，对作物安全。作用机理是环氟菌胺抑制白粉病菌生活史（也即发病过程）中菌丝上分生的吸器的形成和生长、次生菌丝的生长和附着器的形成。对孢子萌发、芽管的延长和附着器形成均无作用。

防治对象　可防治小麦、黄瓜、草莓、苹果、葡萄白粉病。

生产厂家　山东京博农化有限公司。

己唑醇（hexaconazole）

$C_{14}H_{17}Cl_2N_3O$，314.21，79983-71-4

其他中文名称　开美、绿云罗克、同喜、富绿

其他英文名称　hexaconazole

主要剂型　5%、25%、30%、40%悬浮剂，30%、40%、50%、80%水分散粒剂，5%、10%微乳剂，10%乳油。

作用特点　低毒杀菌剂。属于新型三唑类广谱杀菌剂，具有治疗、保护和铲除等多种功效。杀菌活性高，持续期较长。杀菌机制是破坏和阻止病菌细胞膜的重要组成成分麦角甾醇，使细胞膜不能形成，而导致病菌死亡。

防治对象　适用范围广泛，可防治苹果、葡萄、香蕉、蔬菜（瓜果、辣椒等）、花生、咖啡、禾谷类作物和观赏植物等的白粉病、锈病、黑星病、褐斑病、炭疽病等。

注意事项

（1）存放在密封容器内，并放在阴凉、干燥处。贮存的地方必须远离氧化剂，避光保存。

（2）喷药时不要随意增加药量或提高药液浓度，以免发生药害。

（3）建议与其他类型杀菌剂交替使用，避免病菌产生耐药性。

（4）乳油在果树幼果期使用可能会刺激幼果表面产生果锈，需要慎重。

生产厂家　江苏七周绿色化工股份有限公司、江苏连云港立本农药化工有限公司、江苏丰登作物保护股份有限公司、江苏盐城利民农化有限公司、浙江威尔达化工有限公司、山东潍坊润丰化工股份有限公司。

甲基硫菌灵（thiophanate methyl）

$C_{12}H_{14}N_4O_4S_2$，342.39，23564-05-8

其他中文名称　甲基托布津、甲基多保净

其他英文名称　Tops M、Crecob M、Mildothane、Cycos

主要剂型　70%水分散粒剂，36%、48.5%、500g/L悬浮剂，3%糊剂，50%、70%、80%可湿性粉剂。

作用特点　低毒杀菌剂。苯并咪唑类广谱治疗性杀菌剂，低残留，具有内吸、预防和治疗三重作用。杀菌机制：一是在植物体内部分转化为多菌灵，干扰病菌有丝分裂中纺锤体的形成，影响细胞分裂，导致病菌死亡；二是甲基硫菌灵直接作用于病菌，阻碍其呼吸过程，影响病菌孢子的产生、萌发及菌丝体生长。连续使用易诱使病菌产生耐药性。本品对多种病害有预防和治疗作用，对叶螨和病原线虫也有抑制作用。

防治对象　防治黄瓜白粉病、炭疽病，茄子、葱头、芹菜、番茄、菜豆等灰霉病、炭疽病、菌核病，莴苣灰霉病、菌核病，大丽花花腐病，月季褐斑病，海棠灰斑病，君子兰叶斑病，苹果轮纹病，葡萄褐斑病、炭疽病、灰霉病，桃褐腐病等，麦类黑穗病，三麦赤霉病。

注意事项

（1）不能与碱性及无机铜制剂混用。

（2）长期单一使用易产生抗性，并与苯并咪唑类杀菌剂有交互抗性，应注意与其他药剂轮用。

（3）药液溅入眼睛可用清水或2%苏打水冲洗。

生产厂家　安徽广信农化股份有限公司、江苏泰仓农化有限公司、江西省海利贵溪化工农药有限公司、江苏百灵农化有限公司、美国默赛技术公司、陕西亿农高科药业有限公司、宁夏新安科技有限公司、湖南国家精细化工科技有限公司、河南省郑州志信农化有限公司、宁夏瑞泰科技股份有限公司、江苏蓝丰生物化工股份有限公司、浙江泰达作物科技有限公司、安徽华星化工股份有限公司、山东华阳农药化工集团有限公司。

甲霜灵 (metalaxyl)

$C_{15}H_{21}NO_4$, 279.33, 57837-19-1

其他中文名称 雷多米尔、阿普隆、瑞毒霉、甲霜安、灭达乐、瑞毒霜

其他英文名称 Apron、Ridomil、Fubol、CGA 48988

主要剂型 35%种子处理剂，25%可湿性粉剂，25%悬浮种衣剂。

作用特点 低毒杀菌剂。属于取代苯酰胺类内吸性特效杀菌剂，具有保护和治疗双重防病功效，可被植物的根茎叶吸收，并转移到植物的各器官。有双向传导性能，持效期10～14天，土壤处理持效期可超过2个月。其杀菌机制是通过影响病菌DNA的生物合成而抑制病菌的菌丝生长，进而导致病菌死亡。

防治对象 主要用于防治霜霉病、疫霉病、腐霉病、疫病、晚疫病、黑胫病、猝倒病等真菌性病害，用于黄瓜、甜瓜、西葫芦、番茄、辣椒、茄子、马铃薯、葡萄、苹果、梨、柑橘、谷子、大豆、烟草等多种植物。

注意事项

(1) 贮运严防潮湿和日晒，保持通风良好，并不要与食品、饲料混放，贮存温度不得超过35℃。贮藏于通风、阴凉、干燥处。

(2) 本品无特效解毒剂，只能对症治疗。

生产厂家 一帆生物科技集团有限公司、江苏省南通金陵农化有限公司、江苏润鸿生物化学有限公司、新西兰塔拉纳奇化学有限公司、江西禾益化工有限公司、上虞银泰精细化工有限公司、山东禾宜生物科技有限公司、山东潍坊润丰化工股份有限公司、南通维立科化工有限公司、浙江东风化工有限公司、江苏禾业农化有限公司。

腈苯唑 (fenbuconazol)

$C_{19}H_{17}ClN_4$, 336.82, 114369-43-6

其他中文名称 唑菌腈、苯腈唑

其他英文名称 Fenbuconazole、Fenethanil、Indar

主要剂型 24%悬浮剂。

作用特点 低毒杀菌剂。属三唑类内吸杀菌剂，是麦角甾醇生物合成抑制剂，能阻止已发芽的病菌孢子侵入作物组织，抑制菌丝的伸长。在病菌潜伏期使

用，能阻止病菌的发育。在发病后使用，能使下一代孢子变形，失去侵染能力，对病害具有预防作用和治疗作用。可作叶面处理剂，也可作种子处理剂。

防治对象 适宜禾谷类、甜菜、葡萄、香蕉、桃树、苹果等作物。可防治香蕉叶斑病、桃树褐斑病、苹果黑星病、梨黑星病、禾谷类黑粉病和腥黑穗病、麦类锈病、菜豆锈病、蔬菜白粉病等。

注意事项

（1）建议与其他类型药剂交替使用，避免病菌产生耐药性。

（2）本品对鱼类有毒，避免药液流入湖泊、河流、池塘等水域。

生产厂家 上海信帆生物科技有限公司、广东得利生物科技有限公司、美国陶氏益农公司。

腈菌唑（myclobutanil）

$C_{15}H_{17}ClN_4$，288.78，88671-89-0

其他中文名称 仙生、2-(4-氯苯基)-2-(1H-1,2,4-三唑-1-基甲基)己腈

其他英文名称 Systhane

主要剂型 40%悬浮剂，40%可湿性粉剂。

作用特点 低毒杀菌剂。一类具保护和治疗活性的内吸性三唑类杀菌剂。主要对病原菌的麦角甾醇的生物合成起抑制作用，对子囊菌、担子菌均具有较好的防治效果。该剂持效期长，对作物安全，有一定刺激生长作用。

防治对象 对苹果、梨、葡萄、葫芦、园艺观赏植物、小麦、大麦、棉花和水稻的白粉病、锈病、黑星病、灰斑病、褐斑病、黑穗病有很好防效。

注意事项

（1）安全间隔期，大豆14天，叶菜类7天。

（2）在叶菜上最高用药量，每亩每次75mL，最高残留限量（MRL）甘蓝中为1mg/kg。

（3）不能与碱性农药混用，为保护蜜蜂，应避免在开花期使用。

（4）对烟草有药害。

生产厂家 湖北仙隆化工股份有限公司、江苏耕耘化学有限公司、江苏生花农药有限公司。

精甲霜灵（metalaxyl-M）

$C_{15}H_{21}NO_4$，279.33，70630-17-0

其他中文名称 高效甲霜灵

主要剂型 25%可湿性粉剂，25%悬浮种衣剂。

作用特点 低毒杀菌剂。具有保护、治疗作用的内吸性杀菌剂，可被植物的根、茎、叶吸收，并随着植物体内水分运转而转移到植物的各器官。

防治对象 可有效防治霜霉病菌、疫霉病菌、腐霉病菌所致的蔬菜、果树、烟草、油料、棉花、粮食等作物病害。如黄瓜霜霉病、白菜霜霉病、葡萄霜霉病、马铃薯晚疫病等。

注意事项

(1) 不能与碱性药物混用，以免分解失效。

(2) 可与多种杀虫剂、杀菌剂混用，应与其他杀菌剂交替使用。

(3) 本品对人的皮肤有刺激性，要注意防护。

生产厂家 江苏宝灵化工股份有限公司、江苏中旗化工有限公司、浙江禾本农药化学有限公司、浙江一帆化工有限公司。

井冈霉素 (validamycin)

$C_{20}H_{35}O_{13}N$，497.49，37248-47-8

其他中文名称 百艳、贝博、春雷米尔、世通、有效霉素

其他英文名称 validac、Valimon

主要剂型 2.4%、3%、4%、5%、10%水剂，5%、8%、16%、20%可溶粉剂。

作用特点 低毒杀菌剂。井冈霉素是一种放线菌产生的抗生素，具有较强的内吸性，具有治疗和保护作用。易被菌体细胞吸收并在其体内迅速传导，干扰和抑制菌体细胞生长和发育。

防治对象 用于防治水稻和麦类纹枯病、草坪褐斑病、水稻稻曲病、玉米大小斑病以及蔬菜和棉花、豆类等作物病害的防治。

注意事项

(1) 不能与碱性农药混用。

(2) 属抗生素类农药，应存放在阴凉干燥处，并注意防腐、防霉、防热。

生产厂家 浙江桐庐汇丰生物化工有限公司、浙江钱江生物化学股份有限公司、湖北武汉科诺生物科技股份有限公司、江苏绿叶农化有限公司、河南振农科技有限公司。

克菌丹（captan）

$C_9H_8Cl_3NO_2S$，300.59，133-06-2

其他中文名称 卡丹、普丹、盖普丹、开普顿、可菌丹
其他英文名称 Merpan、Capran、Captaf、Captab、Captex、Kaptan
主要剂型 50%可湿性粉剂，80%、90%水分散粒剂，40%悬浮剂。
作用特点 属于有机硫类广谱低毒杀菌剂，以保护作用为主，兼有一定的治疗作用，对多种作物上的许多种真菌性病害均具有较好的预防效果，特别适用于对铜制剂敏感的作物。在水果上使用有美容、去斑、促进果面光洁靓丽的作用。本品可渗透到病菌的细胞膜，既可干扰病菌的呼吸过程，又可干扰其细胞分裂，具有多个杀菌作用位点，连续多次使用极难诱导病菌产生耐药性。
防治对象 可防治多种蔬菜的霜霉病、白粉病、炭疽病，西红柿和马铃薯早疫病、晚疫病，多种蔬菜的苗期立枯病、猝倒病，菜豆和蚕豆炭疽病、立枯病、根腐病，苹果轮纹病、炭疽病、褐斑病、斑点落叶病、煤污病、黑星病等。
注意事项
（1）用药后要注意洗手、脸及粘用药液的皮肤。
（2）不能与碱性药剂混用。
（3）拌药的种子勿作饲料或食用。
（4）药剂放置于阴凉干燥处。
生产厂家 安道麦马克西姆有限公司、广东省英德广农康盛化工有限责任公司、泸州东方农化有限公司、河北冠农农化有限公司、山东潍坊润丰化工股份有限公司。

喹啉铜（copper quinolate）

$C_{18}H_{12}CuN_2O_2$，351.9，10380-28-6

其他中文名称 必绿、净果精、8-羟基喹啉铜、千金
其他英文名称 Cupric 8-hydroxyquinolate、Bis（8-quinolinolato）copper、8-Hydroxyquinoline copper complex、Oxine-copper
主要剂型 50%可湿性粉剂，33.5%悬浮剂。
作用特点 一种喹啉类低毒保护性杀菌剂，属于有机铜螯合物。广谱、高

效、低残留，使用安全，对真菌性、细菌性病害均具有良好的预防和治疗作用。喷施后在植物表面形成一层严密的保护膜，缓慢释放铜离子抑制细菌萌发和侵入，从而达到防病治病的目的，对作物安全。

防治对象　主要用于番茄、辣椒、黄瓜、西葫芦、马铃薯及葡萄等植物，对晚疫病、疫病、疫腐病、霜霉病等具有很好的防治效果，也可用于小麦拌种防治黑穗病。

注意事项

（1）不能与强酸及碱性农药混用，也不能与含有其他金属离子的药剂混用。

（2）有些对铜离子敏感的作物，需先试验后应用。

（3）一般作物的安全采收间隔期为15天。

生产厂家　兴农股份有限公司、浙江海正化工股份有限公司。

联苯唑醇（bitertanol）

$C_{20}H_{23}N_3O_2$，337.42，55179-31-2

其他中文名称　联苯三唑醇、百柯、百科、双苯唑菌醇、双苯三唑醇

其他英文名称　Biloxazol、Baycor

主要剂型　25%可湿性粉剂，30%乳油。

作用特点　低毒杀菌剂。属于广谱、高效、内吸性杀菌剂，有保护、治疗和铲除作用。作用机制为抑制构成真菌所必需的成分麦角甾醇，使受害真菌体内出现甾醇中间体的积累，而麦角甾醇则逐渐下降并耗尽，从而干扰细胞膜的合成，使细胞变形、菌丝膨大、分支畸形、生长受到抑制。

防治对象　用于防治果树黑星病、腐烂病，香蕉、花生叶斑病及各种作物的锈病、白粉病等。还可应用于桃疮痂病，麦叶穿孔病，梨锈病、黑星病以及菊花、石竹、天竺葵、蔷薇等观赏植物的锈病。

注意事项　本品属于有毒有害物质，使用时应注意防护，戴口罩、乳胶手套，避免吸入及直接与皮肤接触。

生产厂家　江苏剑牌农药化工有限公司、德国拜耳作物科学公司。

咯菌腈（fludioxnil）

$C_{12}H_6F_2N_2O_2$，248.19，131341-86-1

其他中文名称　咯菌酯
其他英文名称　Celest、Maxim
主要剂型　25g/L悬浮种衣剂，50％可湿性粉剂。
作用特点　一种新型吡咯类触杀性广谱低毒杀菌剂，杀菌机制主要是通过抑制病菌体内与葡萄糖磷酰化有关的转移，而抑制真菌菌丝体的生长，最终导致病菌死亡。
防治对象　防治小麦黑穗病、雪腐病、雪霉病、纹枯病、根腐病、全蚀病、颖枯病、秆黑粉病；大麦条纹病、网斑病、坚黑穗病；玉米青枯病、茎基腐病、猝倒病；棉花立枯病、红腐病、炭疽病、黑根病、种子腐烂病；大豆、花生立枯病、根腐病（镰刀菌引起）；水稻恶苗病；胡麻叶斑病、早期叶瘟、立枯病；油菜黑斑病、黑胫病；马铃薯立枯病、疮痂病；蔬菜枯萎病、炭疽病、褐斑病、蔓枯病。

注意事项
（1）对水生生物有毒，勿把剩余药物倒入池塘、河流。
（2）农药泼洒在地，立即用沙、锯末、干土吸附，把吸附物集中深埋。曾经泼洒的地方用大量清水冲洗。回收药物不得再用。
（3）经处理种子绝对不得用来喂禽畜，绝对不得用来加工饲料或食品。用剩种子可以贮放3年，但若已过时失效，绝对不可把种子洗净作饲料及食品。
（4）播后必须盖土。
生产厂家　浙江博仕达作物科技有限公司、上虞颖泰精细化工有限公司、石家庄兴柏生物工程有限公司、河北冠龙农化有限公司、如东众意化工有限公司、山东省招远三联远东化学有限公司、德州绿霸精细化工有限公司、永农生物科学有限公司、山东潍坊润丰化工股份有限公司、浙江禾本科技有限公司、陕西美邦农药有限公司、江苏苏滨生物农化有限公司。

氯苯嘧啶醇（fenarimal）

$C_{17}H_{12}Cl_2N_2O$，331.20，60168-88-9

其他中文名称　芬瑞莫、乐比耕、乐必耕、异嘧菌醇
其他英文名称　Rubigan、dode、Rimid、Fenzol
主要剂型　6％可湿性粉剂，12％乳油。
作用特点　低毒杀菌剂。具有预防、治疗作用的杀菌剂。通过干扰病原菌甾醇及麦角甾醇的形成，从而影响正常生长发育。本品不能抑制病原菌的萌发，但是能抑制病原菌菌丝的生长、发育，致使其不能侵染植物组织。氯苯嘧啶醇可以

防治苹果白粉病、梨黑星病等多种病害，可与一些杀菌剂、杀虫剂、生长调节剂混合使用。

防治对象　适用于防治石榴、核果、板栗、梨、苹果、芒果、葡萄、草莓、葫芦、茄子、辣椒、番茄、甜菜、花生、玫瑰和其他园艺作物等的白粉病、黑星病、炭疽病、黑斑病、褐斑病、锈病等多种病害。

注意事项

(1) 避免药液直接接触身体，药液溅入眼睛应立即用清水冲洗。

(2) 存放在远离火源的地方。

(3) 在发病初期使用，要均匀喷洒。

生产厂家　杭州沿山化工有限公司。

络氨铜（cuaminosulfate）

$$\begin{bmatrix} H_3N & NH_3 \\ & Cu & \\ H_3N & NH_3 \end{bmatrix} SO_4$$

$[Cu(NH_3)_4] \cdot SO_4$，227.8，10380-29-7

其他中文名称　抗枯宁、络氨铜、胶氨铜

其他英文名称　copric tetrammosulfate、copper sulfate-ammonia complex

主要剂型　14％、15％、23％、25％水剂，15％可溶液剂。

作用特点　低毒杀菌剂。主要通过铜离子发挥杀菌作用。铜离子与病原菌细胞膜表面上的 K^+、H^+ 等阳离子交换，使病原菌细胞膜上的蛋白质凝固，同时部分铜离子渗透入病原菌细胞内与某些酶结合而影响其活性。能防治真菌、细菌和霉菌引起的多种病害，并能促进植物根深叶茂，增加叶绿素含量，增强光合作用及抗旱能力，有明显的增产作用。络氨铜对棉苗、西瓜等的生长具有一定的促进作用，起到一定的抗病和增产作用。对瓜类枯萎病防效达94％以上。

防治对象　防治黄瓜细菌性角斑病、叶枯病、缘枯病、软腐病、细菌性枯萎病和圆斑病；西葫芦绵腐病；冬瓜的疫病、细菌性角斑病；丝瓜疫病；番茄细菌性斑疹病、溃疡病、细菌性髓部坏死病、(匐柄霉)斑点病；茄子的绵疫病、(黑根霉)果腐病；甜(辣)椒的白星病、黑霉病、细菌性叶斑病、疮痂病、青枯病、软腐病、果实黑斑病；马铃薯软腐病；菜豆的根腐病、红斑病、细菌性疫病、细菌性晕疫病；大豆的褐斑病、灰斑病；洋葱的软腐病、黑斑病；莴苣和莴笋的细菌性叶缘坏死病、轮斑病；胡萝卜的细菌性软腐病、细菌性疫病；甘蓝类细菌性黑斑病；芥菜类软腐病；乌塌菜软腐病；蕹菜(柱盘孢)叶斑病；结球芥菜、芹菜和香芹菜的软腐病；白菜类的黑腐病、软腐病、细菌性角斑病、叶斑病等。

注意事项

(1) 在蔬菜收获前15天停用。本剂不能与酸性农药混用。

(2) 不宜在中午气温高时喷药，可在下午 4 时以后喷药。喷药后 6h 内遇雨，应补喷。

(3) 若瓶中出现沉淀，需摇匀后使用，不影响药效。

(4) 作叶面喷雾时，使用浓度不能低于 400 倍液，以免发生药害。

生产厂家　上海华亭化工厂有限公司、河南省郑州市普朗克生化工业有限公司。

咪鲜胺 （prochloraz）

$C_{15}H_{16}Cl_3N_3O_2$，376.67，67747-09-5

其他中文名称　施保克、施保功、扑霉灵、丙灭菌、咪鲜安、扑克拉、扑菌唑、扑霉唑

其他英文名称　Spartak、BTS 40542

主要剂型　25％、450g/L 水乳剂，250g/L 乳油，0.5％悬浮种衣剂，15％、25％、45％微乳剂，1.5％水乳种衣剂。

作用特点　低毒杀菌剂。一种广谱性杀菌剂，无内吸作用，有一定的传导作用。通过抑制甾醇的生物合成，使病菌细胞壁受到干扰。通过种子处理进入土壤的药剂，主要降解为易挥发的代谢产物，易被土壤颗粒吸附，不易被雨水冲刷。此药对土壤内其他生物低毒，但对某些土壤中的真菌有抑制作用。

防治对象　主要防治禾谷类作物、大田作物、果树、蔬菜等的许多病害，如柑橘果实贮藏期的蒂腐病、青霉病、绿霉病、炭疽病，香蕉果实的炭疽病、冠腐病，芒果炭疽病，贮藏期荔枝黑腐病，葡萄黑痘病，水稻恶苗病、稻瘟病、赤霉病，甜菜褐斑病等。

注意事项

(1) 本品为环保型水悬浮剂，无公害产品，使用前应先摇匀再稀释，即配即用。

(2) 可与多种农药混用，但不宜与强酸、强碱性农药混用。

(3) 施药时不可污染鱼塘、河道、水沟。

(4) 药物置于阴凉干燥避光处保存。

生产厂家　沈阳科创化学品有限公司、浙江省杭州庆丰农化有限公司、浙江省绍兴市东湖生化有限公司、江苏辉丰农化股份有限公司、陕西秦丰农化有限公司、江苏省南通江山农药化工股份有限公司、南京红太阳股份有限公司、浙江省乐斯化学有限公司、南通维立科化工有限公司、江苏绿叶农化有限公司、江苏常隆农化有限公司、江苏蓝丰生物化工股份有限公司、安徽广信农化股份有限公司、山东潍坊润丰化工股份有限公司。

咪唑菌酮 (fenamidone)

$C_{17}H_{17}N_3OS$, 311.4, 161326-34-7

其他英文名称 Fenomen、Reason

主要剂型 40%、60%、90%可湿性粉剂，45%悬浮剂。

作用特点 低毒杀菌剂。甲氧基丙烯酸甲酯类杀菌剂，具有内吸传导作用，根施时能向顶传导，但不能向基传导。通过抑制真菌线粒体的呼吸作用和细胞繁殖来杀灭真菌，与苯菌灵等苯并咪唑药剂有正交互耐药性。抗菌活性限于子囊菌、担子菌、半知菌，而对卵菌和接合菌无活性。

防治对象 适宜作物为各种蔬菜和水果，如柑橘、香蕉、葡萄、芒果、苹果、梨、草莓、甘蓝、芹菜、芦笋、荷兰豆、马铃薯、花生、甜菜等。可防治柑橘青霉病、绿霉病、蒂腐病、花腐病、灰霉病，甘蓝灰霉病，芹菜斑枯病、菌核病，芒果炭疽病，苹果青霉病、炭疽病、灰霉病、黑星病等。

生产厂家 上海谷研生物科技有限公司

醚菌酯 (kresoxim-methyl)

$C_{18}H_{19}NO_4$, 313.35, 143390-89-0

其他中文名称 翠贝、苯氧菌酯、苯氧菊酯

其他英文名称 Stroby、Allegro、Mentor、BAS 490F

主要剂型 30%、50%、60%水分散粒剂，30%可湿性粉剂，10%、30%、40%悬浮剂。

作用特点 低毒杀菌剂。一种新型仿生类广谱β-甲氧基丙烯酸甲酯类杀菌剂。对病害具有预防和治疗作用，杀菌机制主要是破坏病菌细胞内线粒体呼吸链的电子传递，阻止能量ATP的形成，从而导致病菌死亡。醚菌酯对半知菌、子囊菌、担子菌、卵菌纲等真菌引起的多种病害具有很好的活性。

防治对象 适宜禾谷类作物、马铃薯、苹果、梨、南瓜、葡萄等。可防治葡萄白粉病、小麦锈病、马铃薯疫病、南瓜疫病、水稻稻瘟病等病害，特别对草莓白粉病、甜瓜白粉病、黄瓜白粉病、梨黑星病特效。

注意事项

(1) 本品不可与强碱、强酸性农药等混合使用。

(2) 产品安全间隔为 4 天，作物每季度最多喷施 3~4 次。

(3) 苗期注意减少用量，以免对新叶产生危害。

(4) 使用本产品时应穿戴防护服、口罩、手套和护眼镜，施药期间不可进食和饮水，施药后应及时洗手和洗脸。

生产厂家 京博农化科技股份有限公司、江苏耘农化工有限公司、安徽华星化工股份有限公司、利尔化学股份有限公司、山东潍坊润丰化工股份有限公司、江苏耘农化学有限公司。

嘧菌环胺（cyprodinil）

$C_{14}H_{15}N_3$，225.29，121552-61-2

其他中文名称 4-环丙基-6-甲基-N-苯基嘧啶-2-胺

其他英文名称 Cyprodynil、Chorus、Stereo、Switch、Unix

作用特点 低毒杀菌剂。具有保护、治疗、叶片穿透及根部内吸活性。为蛋氨酸生物合成抑制剂，同三唑类、咪唑类、吗啉类、苯基吡咯类等无交互抗性。叶面喷雾或种子处理，也可做大麦种衣剂用药。

防治对象 适宜作物为小麦、大麦、葡萄、草莓、果树、蔬菜、观赏植物等。用于防治灰霉病、白粉病、黑星病、盈枯病以及小麦眼纹病等。

注意事项

(1) 本品对眼睛和皮肤有刺激性，与皮肤接触可能致敏。

(2) 不慎与眼睛接触后，请立即用大量清水冲洗并征求医生意见。

生产厂家 江苏丰登农药有限公司、江苏中旗化工有限公司、瑞士先正达作物保护有限公司。

嘧菌酯（azoxystrobin）

$C_{22}H_{17}N_3O_5$，403.39，131860-33-8

其他中文名称 阿米西达、安灭达

其他英文名称 Abound、Amistar、Heritage、Quadris

主要剂型 20%、50%、60%、80%水分散粒剂，25%、30%悬浮剂，20%可湿性粉剂，10%微囊悬浮剂，10%悬浮种衣剂。

作用特点 低毒杀菌剂。一种 β-甲氧基丙烯酸甲酯类杀菌剂，具有内吸性，属于线粒体呼吸抑制剂，对几乎所有的真菌界（子囊菌亚门、担子菌亚门、鞭毛菌亚门和半知菌亚门）病害如白粉病、锈病、颖枯病、网斑病、霜霉病、稻瘟病等均有良好的活性。

防治对象 主要用于谷物、花生、葡萄、马铃薯、果树、蔬菜、咖啡、草坪等。

注意事项 不能与碱性药剂混用，避免病菌产生耐药性。

生产厂家 上海禾本药业有限公司、上虞颖泰精细化工有限公司、利尔化学股份有限公司、浙江博仕达作物科技有限公司、江苏丰登作物保护有限公司、江苏耘农化工有限公司、江苏中旗作物保护股份有限公司、江苏苏滨生物农化有限公司、利民化工股份有限公司、上海禾本药业有限公司、江苏维尤纳特精细化工有限公司、河北威远生化农药有限公司、新沂市秦松化工有限公司、山东联合农药工业有限公司、江苏南通泰禾有限公司、南京红太阳股份有限公司、捷马化工股份有限公司、四川省乐山市福华通达农药科技有限公司、江苏绿叶农化有限公司、江苏瑞邦农药厂有限公司、安徽广信农化股份有限公司、山东海利尔化工有限公司、山东潍坊双星农药有限公司、江苏辉丰农化股份有限公司、江苏盐城利民农化有限公司、河北昊阳化工有限公司、浙江省杭州宇龙化工有限公司、上虞颖泰精细化工有限公司、湖北仙隆化工股份有限公司、开封博凯生物化工有限公司、泰州百力化学股份有限公司、江苏皇马农化有限公司、江苏克胜作物科技有限公司、江苏省农药研究所股份有限公司、重庆紫光国际化工有限责任公司、安徽科立华化工有限公司、江阴苏利化学股份有限公司、台州市大鹏药业有限公司、永农生物科学有限公司、浙江东风化工有限公司、连云港市金囤农化有限公司、安徽富田农化有限公司、辽宁省大连凯飞化工有限公司、广东立威化工有限公司、江苏七洲绿色化工股份有限公司、湖南国家精细化工科技有限公司、浙江禾本科技有限公司、泸州东方农化有限公司、江苏托球农化有限公司、京博农化科技股份有限公司、江苏长青股份有限公司、江苏省农用激素工程技术研究中心有限公司、江苏辉丰农化股份有限公司、浙江海正化工股份有限公司、浙江天丰生物科学有限公司、陕西美邦农药有限公司、江苏耘农化学有限公司。

嘧霉胺 （pyrimethanil）

$C_{12}H_{13}N_3$，199.25，53112-28-0

其他中文名称 甲基嘧啶胺、二甲嘧啶胺、施佳乐

其他英文名称 Scala

主要剂型 20％、30％、37％、400g/L 悬浮剂，20％、25％、40％可湿性

粉剂，40％、70％、80％水分散粒剂，25％乳油。

作用特点 低毒杀菌剂。属于苯氨基嘧啶类杀菌剂，作用机理是通过抑制病菌侵染酶的产生从而阻止病菌的侵染并杀死病菌。同时具有内吸传导和熏蒸作用，施药后迅速达到植株的花、幼果等喷雾无法达到的部位而杀死病菌，尤其是加入卤族特效渗透剂后，可增加在叶片和果实附着时间和渗透速度，有利于吸收，使药效更快、更稳定。

防治对象 用于防治黄瓜、番茄、葡萄、草莓、豌豆、韭菜等作物灰霉病、枯萎病以及果树黑星病、斑点落叶病等。

注意事项

(1) 贮存时不得与食物、种子、饮料混放。

(2) 晴天上午8时至下午5时、空气相对湿度低于65％时使用；气温高于28℃时应停止施药。

生产厂家 江苏快达农化股份有限公司、湖南三农农用化工公司、河北希普种衣剂有限责任公司、江苏丰登作物保护股份有限公司、山东省烟台科达化工有限公司、浙江禾本科技有限公司、利民化工股份有限公司、天津市普乐农药技术发展有限公司、江苏耘农化工有限公司、江苏省昆山瑞泽农药有限公司、江苏常隆农化有限公司、江苏好收成韦恩作物股份有限公司、京博农化科技股份有限公司、江苏维尤纳特精细化工有限公司。

灭菌丹（folpet）

$C_9H_4Cl_3NO_2S$，296.56，133-07-3

其他中文名称 法尔顿、N-三氯甲硫基酞酰亚胺、福尔培、苯开普顿

其他英文名称 Folpet、Folpan、Phaltan

主要剂型 50％可湿性粉剂，80％水分散粒剂。

作用特点 低毒杀菌剂。灭菌丹作用机理是改变病原菌丙酮酸脱氢酶系中一种辅酶硫胺素，使丙酮酸大量积累，乙酰辅酶A生成减少，抑制三羧酸循环。灭菌丹为广谱有机硫保护性杀菌剂。对人畜低毒，对人黏膜有刺激性，对鱼有毒，对植物生长发育有刺激作用。常温下遇水缓慢分解，通碱或高温易分解。该品对多种蔬菜霜霉病、叶斑病等有良好的预防和保护作用。

防治对象 可防治瓜类及其他蔬菜霜霉病、白粉病，马铃薯和西红柿早疫病、晚疫病，豇豆白粉病、轮纹病。

注意事项

(1) 不能与碱性及杀虫剂的乳油、油剂混用。

(2) 对人的黏膜有刺激性，施药时应注意。
(3) 西红柿使用浓度偏高时，易产生药害，配药时要慎重。
生产厂家 宁波镇海恒达农化有限公司。

灭菌唑（triticonazole）

$C_{17}H_{20}ClN_3O$，317.81，131983-72-7

其他中文名称 扑力猛
其他英文名称 Alios、Charter、Flite、Legat、Premis、Real
主要剂型 28%、25%悬浮种衣剂。
作用特点 低毒杀菌剂。甾醇生物合成中 C-14 脱甲基化酶抑制剂。主要用作种子处理剂，也可作茎叶喷雾，持效期长达 4～6 周。
防治对象 适用于禾谷类作物、豆科作物、果树病害，对种传病害有特效。主要防治镰孢（霉）属、柄锈菌属、麦类核腔菌属、黑粉菌属、腥黑粉菌属、白粉菌属、圆核腔菌、壳针孢属、柱隔孢属等引起的病害，如白粉病、锈病、黑腥病、网斑病等。
生产厂家 巴斯夫欧洲公司。

宁南霉素（ningnanmycin）

$C_{16}H_{24}O_8N_7$，441.4，156410-09-2

其他中文名称 菌克毒克、翠美
主要剂型 2%水剂，8%水剂，10%可溶性粉剂。
作用特点 低毒杀菌剂。一种胞嘧啶甘肽型广谱抗生素杀菌剂，可诱导植株对入侵病毒产生抗性和耐病性，对条纹叶枯病、黑条矮缩病等水稻病毒病具有保护作用和一定的治疗作用，可抑制病毒侵染，降低病毒浓度，缓解症状表现。
防治对象 适用作物为烟草、番茄、辣椒、黄瓜、甜瓜、西葫芦、菜豆、大豆、水稻、苹果等。可防治烟草花叶病毒病、番茄病毒病、辣椒病毒病、水稻立枯病、大豆根腐病、水稻条纹叶枯病、苹果斑点落叶病、黄瓜白粉病，此外也可防治油菜菌核病、荔枝霜疫霉病，其他作物病毒病、茎腐病、蔓枯病、白粉病等多种病害。

注意事项
(1) 不能与碱性物质混用,如有蚜虫发生则可与杀虫剂混用。
(2) 存放于阴凉干燥处,密封保管,注意保质期。
生产厂家 德强生物股份有限公司。

农用链霉素 (streptomycin)

$C_{21}H_{39}N_7O_{12}$,581.57,57-92-1

其他中文名称 农用硫酸链霉素、博盛、菌斯福、菌停、绿山子
其他英文名称 streptomycin sulfate
主要剂型 10%、24%、40%、68%、72%可溶性粉。
作用特点 低毒农药。农用硫酸链霉素是一种放线菌代谢产生的微生物源杀菌制剂,属于抗生素类,为灰白色粉末。杀菌谱广,对细菌性病害具有保护和治疗作用。
防治对象 可有效防治苹果、梨火疫病;烟草野火病、蓝霉病;大白菜软腐病、黑腐病;黄瓜角斑病、霜霉病;菜豆霜霉病;甜椒疮痂病、软腐病;西红柿、甜(辣)椒青枯病;西红柿溃疡病。

注意事项
(1) 农用硫酸链霉素避免和碱性农药、污水混合,否则易失效。
(2) 使用浓度一般不超过 220×10^{-6},以防产生药害。
(3) 药剂使用时应现配现用,药液不能久存。
生产厂家 河北三农农用化工有限公司。

氰霜唑 (cyazofamid)

$C_{13}H_{13}ClN_4O_2S$,324.79,120116-88-3

其他中文名称 科佳、氰霜唑、赛座灭、氰唑磺菌胺

其他英文名称 Ranman、Mildicut、Ikf-916、Docious、Fenamidone、Pestanal

主要剂型 100g/L 悬浮剂。

作用特点 低毒杀菌剂。磺胺咪唑类杀菌剂。具有很好的保护活性和一定的内吸治疗活性，持效期长，耐雨水冲刷，使用安全、方便。对卵菌纲真菌如疫霉菌、霜霉菌、假霜霉菌、腐霉菌以及根肿菌纲的芸苔根肿菌具有很高的生物活性。该药属线粒体呼吸抑制剂，阻断卵菌纲病菌体内线粒体细胞色素 bc_1 复合体的电子传递来干扰能量的供应，其结合部位为酶的 Q1 中心，与其他杀菌剂无交叉抗性。对病菌的所有生长阶段均有作用，对甲霜灵产生抗性或敏感的病菌均有活性。

防治对象 适用于马铃薯、番茄、辣椒、黄瓜、甜瓜、白菜、莴苣、洋葱、葡萄、荔枝等多种植物。用于防治卵菌类病害，如霜霉病、霜疫霉病、疫病、晚疫病等。

注意事项 不能与碱性药剂混用。注意与不同类型杀菌剂交替使用，避免病菌产生耐药性。

生产厂家 如东众意化工有限公司、石家庄市兴柏生物工程有限公司。

噻呋酰胺（thifluzamide）

$C_{13}H_6Br_2F_6N_2O_2S$，528.06，130000-40-7

其他中文名称 千斤丹、满穗、噻氟菌胺、噻氟酰胺

其他英文名称 Greatam、Pulsor

主要剂型 240g/L 悬浮剂。

作用特点 低毒杀菌剂。噻呋酰胺属酰胺类杀菌剂，具有强内吸传导性和长持效性，是琥珀酸酯脱氢酶抑制剂，由于含氟，其在生化过程中其竞争力很强，一旦与底物或酶结合就不易恢复。噻呋酰胺对丝核菌属、柄锈菌属、黑粉菌属、腥黑粉菌属、伏革菌属、核腔菌属等致病真菌均有活性，尤其对担子菌纲真菌引起的病害如纹枯病、立枯病等有特效。

防治对象 用于禾谷类作物和草坪，对丝核菌属、柄锈菌属、腥黑粉菌属、伏革菌属、黑粉菌属等致病真菌有效；对担子菌纲真菌引起的病害，如立枯病等有特效。

注意事项 防治纹枯病，喷药时期非常重要，一定按时用，配药前先将药剂摇匀，药液不要污染水源。

生产厂家 美国陶氏益农公司。

噻菌灵 (thiabendazole)

$C_{10}H_7N_3S$, 201.25, 148-79-8

其他中文名称 特克多、涕灭灵、硫苯唑、腐绝
其他英文名称 Mertect、Tecto、Storite、MK360
主要剂型 60%水分散粒剂，15%、42%、450g/L、500g/L悬浮剂，40%可湿性粉剂。
作用特点 苯并咪唑类内吸治疗性低毒杀菌剂。杀菌机制主要是抑制真菌线粒体的呼吸作用和细胞增殖，从而导致病菌死亡，与苯并咪唑类药剂有交互耐药性。该药根施时能向顶传导，但不能向基传导。
防治对象 用于香蕉和柑橘的保鲜，对冠腐病、青霉病、绿霉病、花腐病及水果腐烂具有很好的防治效果；可防治水稻恶苗病，苹果和梨的青霉病、炭疽病、灰霉病、黑星病、白粉病等。
注意事项
(1) 对鱼类有毒，不要污染池塘和水源。
(2) 原药密封保存，远离儿童，空瓶应妥善处理。
生产厂家 江苏百灵农化有限公司、江苏嘉隆化工有限公司、江苏常隆农化有限公司、江苏省徐州诺恩农化有限公司、江苏省徐州诺特化工有限公司、河南省安阳市红旗药业有限公司、石家庄瑞凯化工有限公司、浙江禾本科技有限公司、江苏省农用激素工程技术研究中心有限公司。

噻菌铜 (thiodiazole copper)

$C_4H_4CuN_6S_4$, 327.9, 3234-61-5

其他中文名称 龙克菌、噻唑铜、2-氨基-5-巯基-1,3,4-噻二唑铜
其他英文名称 2-amino-5-SH-1,3,4-thiodiazole copper
主要剂型 20%悬浮剂。
作用特点 低毒杀菌剂。噻菌铜属新一代噻唑类有机铜广谱杀菌剂，双重杀菌机理：一是噻唑基团，药剂进入植株的孔纹导管中，细菌受到严重损害，其细胞壁变薄继而瓦解，导致细菌死亡。在植株中的其他两种导管（螺纹导管和环导管）中的部分细菌受到药剂的影响，细菌并不分裂，病情暂被抑制住。二是铜离子，药剂中的铜离子与病原菌细胞膜表面上的阳离子（H^+、K^+等）交换，导致病菌细

胞膜上的蛋白质凝固而杀死病菌；部分铜离子渗透进入病原菌细胞内，与某些酶结合，影响其活性，导致机能失调，病菌因衰竭而死亡。内吸传导性好，具有独特的治疗和保护作用，治疗作用的效果大于保护效果；能有效地防治多种蔬菜、果树、瓜类、烟草及谷类作物的细菌性病害。对病害不会因多次使用而产生耐药性。

防治对象 主要防治植物细菌性病害，包括水稻白叶枯病、细菌性条斑病、柑橘溃疡病、柑橘疮痂病、白菜软腐病、黄瓜细菌性角斑病、西瓜枯萎病、香蕉叶斑病、茄科青枯病、苹果斑点落叶病、桃树流胶病等。

注意事项
(1) 本品应掌握在初发病期使用，采用喷雾或弥雾。
(2) 使用时，先用少量水将悬浮剂搅拌成浓液，然后加水稀释。
(3) 不能与碱性药物混用。
(4) 经口中毒时，立即催吐、洗胃。

生产厂家 浙江龙湾化工有限公司。

噻唑菌胺 (ethaboxam)

$C_{14}H_{16}N_4OS_2$，320.42，162650-77-3

其他中文名称 韩乐宁
其他英文名称 Guardian
主要剂型 12.5%、20%、25%可湿性粉剂。

作用特点 低毒杀菌剂。噻唑菌胺对卵菌纲类病害如葡萄霜霉病、马铃薯晚疫病、瓜类霜霉病等具有良好的预防、治疗和内吸活性。对疫霉菌生活史中菌丝体生长和孢子的形成两个阶段有很高的抑制效果，但对疫霉菌孢子囊萌发、孢囊的生长以及游动孢子几乎没有任何活性。还能有效地防治对苯基酰胺类的甲霜灵和甲氧基丙烯酸类（如醚菌酯）有抗性的病害。

防治对象 适宜作物为葡萄、马铃薯、瓜类等，用于防治卵菌纲病原菌引起的病害，如葡萄霜霉病、马铃薯晚疫病、瓜类霜霉病等。

注意事项 本品对鱼类等水生动物毒性较高，防止污染水源。
生产厂家 北京振翔工贸有限公司。

噻唑锌 (zinc thiazole)

$C_4H_4N_6S_4Zn$，329.8

其他中文名称 碧生、2-氨基-5-巯基-1,3,4-噻二唑锌
其他英文名称 Zinc thiazole、2-Amino-5-mercapto-1,3,4-thiadiazole zinc
主要剂型 20%悬浮剂,40%悬浮剂,60%水分散颗粒剂。
作用特点 低毒杀菌剂。噻唑锌的结构由两个基团组成:一是噻唑基团,在植物体外对细菌无抑制力,但在植物体内却是高效的治疗剂,药剂在植株的孔纹导管中,细菌受到严重损害,其细胞壁变薄继而瓦解,导致细菌的死亡;二是锌离子,既有杀真菌又有杀细菌的作用。药剂中的锌离子与病原菌细胞膜表面上的阳离子(H^+、K^+等)交换,导致病菌细胞膜上的蛋白质凝固而杀死病菌;部分锌离子渗透进入病原菌细胞内,与某些酶结合,影响其活性,导致机能失调,病菌因衰竭而死亡。在两个基团的共同作用下,杀病菌更彻底,防治效果更好,防治对象更广泛。
防治对象 主要防治白菜的黑斑病、炭疽病、锈病、白粉病,花生青枯病、死棵烂根病、花生叶斑病,水稻僵苗、黄秧烂秧、细菌性条斑病、白叶枯病、纹枯病、稻瘟病、缺锌火烧苗,黄瓜细菌性角斑病、溃疡病、霜霉病、靶标病、黄点病、缺锌黄化叶,番茄细菌性溃疡病、晚疫病、褐斑病、炭疽病、缺锌小叶病等。
注意事项
(1) 本剂应在病害发生初期使用。
(2) 使用时,先用少量水将悬浮剂搅拌成母液,然后兑水稀释,施药方式以弥雾最好。
(3) 本品应贮存在阴凉、干燥处,不得与食品、饲料一起存放,避免儿童接触。
生产厂家 浙江新农化工股份有限公司。

三环唑(tricyclazole)

$C_9H_7N_3S$,189.24,41814-78-2

其他中文名称 比艳、克瘟唑、三唑苯噻
其他英文名称 Beam、Bim、Blascide
主要剂型 20%悬浮剂,75%、20%可湿性粉剂。
作用特点 低毒杀菌剂。防治稻瘟病专用杀菌剂,具有较强的内吸性的保护性杀菌剂。杀菌机理主要抑制附着孢黑色素的形成,从而抑制孢子萌发和附着孢形成,阻止病菌侵入瘟病菌孢子的产生。能迅速被水稻各部位吸收,持效期长,药效稳定,用量低并且抗雨水冲刷。
防治对象 主要用于稻瘟病的防治。
注意事项
(1) 浸种或拌种对芽苗稍有抑制但不影响后期生长。

（2）防治穗茎瘟时，第一次用药必须在抽穗前。

（3）勿与种子、饲料、食物等混放，发生中毒用清水冲洗或催吐，目前尚无特效解毒药。

（4）对鱼有一定的毒性，在池塘附近施药要注意安全。

生产厂家　杭州禾新化工有限公司、江苏长青农化股份有限公司、江苏丰登农药有限公司、江苏耕耘化学有限公司。

三唑醇（triadimenol）

$C_{14}H_{18}ClN_3O_2$，295.79，55219-65-3

其他中文名称　百坦、羟锈宁、三泰隆

其他英文名称　Baytan

主要剂型　25％乳油，10％、15％可湿性粉剂。

作用特点　中等毒性。具有内吸传导性，具有保护和治疗作用。杀菌作用机制是影响真菌麦角甾醇的生物合成。用于防治禾谷类作物的白粉病和黑粉病。

防治对象　适用于防治小麦散黑穗病、网腥黑穗病、根腐病，大麦散黑穗病、锈病、叶条纹病、网斑病等，玉米、高粱丝黑穗病，春大麦的散黑穗病、顺条纹病、网斑病、根腐病，冬小麦的散黑穗病、网腥黑穗病、雪腐病，春燕麦的叶条纹病、散黑穗病等。

注意事项

（1）拌种时必须使种子粘药均匀，必要时采用黏着剂，否则不易发挥药效。

（2）如误食应立即送医院，对症治疗，目前尚无特效解毒药。

（3）处理麦类种子有抑制幼苗生长的特点，抑制强弱与药剂的浓度有关，可在其中加入生长激素类如赤霉素以减轻药害。

生产厂家　江苏剑牌农药化工有限公司、江苏省盐城利民农化有限公司、德国拜尔作物科学公司。

三唑酮（triadimefon）

$C_{14}H_{16}ClN_3O_2$，293.75，43121-43-3

其他中文名称 百里通、白菌酮、粉锈宁
其他英文名称 Bayleton、BAY MEB 6447
主要剂型 15％烟雾剂，20％、15％水乳剂，20％可湿性粉剂。
作用特点 低毒杀菌剂。一种高效、低毒、低残留、持效期长、内吸性强的三唑类杀菌剂。被植物的各部分吸收后，能在植物体内传导。对锈病和白粉病具有预防、铲除、治疗等作用。杀菌机制主要是抑制菌体麦角甾醇的生物合成，因而抑制或干扰菌体附着孢及吸器的发育、菌丝的生长和孢子的形成，对菌丝的活性比对孢子强。三唑酮可以与许多杀菌剂、杀虫剂、除草剂等现混现用。
防治对象 适用于防治多种作物的病害，如玉米圆斑病、麦类云纹病、小麦叶枯病、凤梨黑腐病、玉米丝黑穗病等。
注意事项
（1）可与碱性以及铜制剂以外的其他制剂混用。
（2）拌种可能使种子延迟1～2天出苗，但不影响出苗率及后期生长。
（3）药剂置于干燥通风处。
（4）无特效解毒药，只能对症治疗。
生产厂家 江苏建农农药化工有限公司、江苏剑牌农药化工有限公司、江苏七洲绿色化工股份有限公司。

十三吗啉（tridemorph）

$C_{19}H_{39}NO$，297.52，81412-43-3

其他中文名称 克啉菌、克力星
其他英文名称 Calix、Tridecyldimethyl morphole
主要剂型 75％、86％乳油。
作用特点 中等毒性。十三吗啉是一种广谱性的内吸性杀菌剂，具有保护和治疗双重作用，可以通过植物的根、茎、叶吸收入植物体内，并在木质部向上移动，但在韧皮部只有轻微程度的转移，因此十三吗啉施药后仅略受气候因子影响，保持有较长的残效期。
防治对象 用于防治谷类白粉病和香蕉叶斑病，对其他真菌病害，如橡胶树的白根病、红根病、褐根病、白粉病，咖啡眼斑病，瓜类的白粉病及花木的白粉病等具有良好的防效。
注意事项 施药时注意安全，切勿沾污皮肤和眼睛。
生产厂家 江苏联合农用化学有限公司、浙江世佳科技有限公司、江苏飞翔化工股份有限公司、上海生农生化制品有限公司。

双炔酰菌胺（mandipropamid）

$C_{23}H_{22}ClNO_4$，411.88，374726-62-2

其他中文名称 瑞凡
其他英文名称 mandipropamide，NOA446510
主要剂型 25%悬浮剂。
作用特点 低毒杀菌剂。双炔酰菌胺为酰胺类杀菌剂。作用机理为抑制磷脂的生物合成，对绝大多数由卵菌引起的叶部和果实病害均有很好的防效。对处于萌发阶段的孢子具有较高的活性，并可抑制菌丝生长和孢子形成。可以通过叶片被迅速吸收，并停留在叶表蜡质层中，对叶片起保护作用。
防治对象 可有效防治辣椒疫病、西瓜疫病、马铃薯晚疫病、甜瓜霜霉病。
注意事项
（1）请按照农药安全使用准则使用本品。避免药液接触皮肤、眼睛和污染衣物，避免吸入雾滴。切勿在施药现场抽烟或饮食。
（2）配药和喷药时，应戴手套、面罩和穿靴子。
（3）施药后，彻底清洗防护用具，洗澡，并更换和清洗工作服。
（4）使用过的空包装，用清水冲洗三次后妥善处理，切勿重复使用或改作其他用途。所有施药器具，用后应立即用清水或适当的洗涤剂清洗。
（5）药液及其废液不得污染各类水域、土壤等。勿将药液或空包装弃于水中或在河塘中洗涤喷雾器械，避免污染水源。
生产厂家 瑞士先正达作物保护有限公司。

霜霉威（propamocarb）

$C_9H_{20}N_2O_2$，188.27，24579-73-5

其他中文名称 丙酰胺、霜霉威盐酸盐、普力克
其他英文名称 Previcur N、propamocarb hydrochloride
主要剂型 35%水剂，722g/L水剂。
作用特点 低毒杀菌剂。属氨基甲酸酯类具有局部内吸作用的杀菌剂，对卵菌纲真菌有特效，并对作物的根、茎、叶有明显的促进生长作用。杀菌机制主要是抑制病菌细胞膜成分的磷脂和脂肪酸的生物合成，进而抑制菌丝生长、孢子囊的形成和萌发。该药内吸传导性好，用作土壤处理时，能很快被根吸收并向上输

送到整个植株；用作茎叶处理时，能很快被叶片吸收并分布在叶片中，在 30min 内就能起到保护作用。

防治对象 对黄瓜、辣椒、莴苣、马铃薯等蔬菜及烟草、草莓、草坪、花卉的卵菌纲真菌病害具有很好的防治效果，如防治霜霉病、疫病、猝倒病、晚疫病、黑胫病等。

注意事项

（1）为预防和延缓病菌抗病性，注意应与其他农药交替使用，每季喷洒次数最多 3 次。配药时，按推荐药量加水后要搅拌均匀，若用于喷施，要确保药液量，保持土壤湿润。

（2）在碱性条件下易分解，不可与碱性物质混用，以免失效。

（3）使用本品时应穿戴防护服和手套，避免吸入药液。施药期间不可吃东西和饮水。施药后应及时洗手和洗脸。

（4）霜霉威与叶面肥及植物生长调节剂混用时需特别注意。

生产厂家 一帆生物科技集团有限公司、江苏宝灵化工股份有限公司、江苏蓝丰生物化工股份有限公司。

霜脲氰（cymoxanil）

$C_7H_{10}N_4O_3$，198.18，57966-95-7

其他中文名称 清菌脲、菌疫清、霜疫清、克露（混剂）

其他英文名称 Curzate、DPX-3217

主要剂型 50%可湿性粉剂，45%水分散粒剂。

作用特点 一种高效、低毒杀菌剂，对霜霉目真菌如疫霜属、霜霉属、单轴霜属有效。与其他保护性杀菌剂广泛混用。

防治对象 用于黄瓜、葡萄、番茄、荔枝、巨菜等十字花科蔬菜及烟草等。可防治枣、苹果、梨等果树的叶斑病、锈病、黑星病、霜霉病、炭疽病、轮纹病等病害；防治黄瓜霜霉病、疫病；防治番茄早晚疫病。

注意事项

（1）不宜与碱性农药、肥料混合使用。

（2）使用时穿工作服戴手套，严防中毒。

生产厂家 甘肃华实农业科技有限公司、浙江省绍兴市东湖生化有限公司、利民化工股份有限公司、河北省万全农药厂、陕西省西安文远化学工业有限公司、上海升联化工有限公司、宁夏裕农化工有限责任公司、江苏省南通施壮化工有限公司、泰州百力化学股份有限公司、陕西恒田化工有限公司。

四氟醚唑（tetraconazole）

$C_{13}H_{11}Cl_2F_4N_3O$，372.15，112281-77-3

其他中文名称 氟醚唑、朵麦克

其他英文名称 Domark、Eminent、Lospel

主要剂型 4%、12.5%水乳剂，25%微乳剂。

作用特点 低毒杀菌剂。四氟醚唑属于第二代三唑类杀菌剂，杀菌活性是第一代的2～3倍，杀菌谱广、高效、持效期长达4～6周，具有保护和治疗作用，并有很好的内吸传导性能。本品对铜有轻微腐蚀性。

防治对象 可防治白粉菌属、柄锈菌属、喙孢属、核腔菌属和壳针孢属菌引起的病害，如小麦白粉病、小麦散黑穗病、小麦锈病、小麦腥黑穗病、小麦颖枯病、大麦云纹病、大麦散黑穗病、大麦纹枯病、玉米丝黑穗病、高粱丝黑穗病、瓜果白粉病、香蕉叶斑病、苹果斑点落叶病、梨黑星病和葡萄白粉病等。

注意事项 贮存在通风、干燥的库房中，防潮湿、日晒，不得与食物、种子、饲料混放，避免与皮肤、眼睛接触，防止由口鼻吸入。

生产厂家 浙江省杭州宇龙化工有限公司、浙江博仕达作物科技有限公司。

松脂酸铜（copper abietate）

$C_{40}H_{54}CuO_4$，662.40，10248-55-2

其他中文名称 百康、得铜安、盖波、冠绿、去氢枞酸铜

其他英文名称 Abietate

主要剂型 12%、16%、20%、30%乳油，45%粉剂，20%水乳剂，20%可湿性粉剂。

作用特点 一种有机铜低毒杀菌剂。通过释放铜离子而起到杀菌作用。其杀菌机制是通过铜离子与病菌细胞膜表面上的阳离子K^+、H^+等交换，使细胞膜上的蛋白质凝固，同时部分铜离子渗透进入病原菌细胞内与某些酶结合，进而影响酶的活性，最终导致细菌死亡。松脂酸铜可与多种杀虫剂、农药杀菌剂、调节剂现混现用，且能相互增效。

防治对象 可用于防治多种真菌和细菌引起的常见植物病害，对蔬菜有明显的刺激生长作用。本品用于防治瓜类霜霉病、疫病、黑星病、炭疽病、细菌性角

斑病，茄子立枯病，番茄晚疫病等多种蔬菜病害。

注意事项

（1）松脂酸铜不能与强酸、碱性农药和化肥混用。

（2）对铜离子敏感作物要慎用。

（3）大风天或降雨前后不宜施该药。

（4）该药贮存于阴凉干燥通风处，喷雾过程中要安全操作，以防对人造成伤害。

生产厂家 珠海绿色南方保鲜总公司、郑州华科绿色科技有限公司、青岛百禾源生物工程有限公司。

肟菌酯（trifloxystrobin）

$C_{20}H_{19}F_3N_2O_4$，408.37，141517-21-7

其他中文名称 三氟敏、肟草酯、肟菌脂、三氟敏

其他英文名称 Flint、Stratego、Tega

主要剂型 25％悬浮剂，45％可湿性粉剂，45％水分散粒剂。

作用特点 低毒杀菌剂。含氟第二代β-甲氧基丙烯酸甲酯类杀菌剂，具有高效、广谱、保护、治疗、铲除、渗透、内吸活性、耐雨水冲刷、持效期长等特性。对1,4-脱甲基化酶抑制剂、苯甲酰胺类、二羧胺类和苯并咪唑类产生抗性的菌株有效，与目前已有杀菌剂无交互抗性。对几乎所有真菌纲（子囊菌纲、担子菌纲、卵菌纲和半知菌类）病害如白粉病、锈病、颖枯病、网斑病、霜霉病、稻瘟病等均有良好的活性。

防治对象 除对白粉病、叶斑病有特效外，对锈病、霜霉病、立枯病、苹果黑星病、油菜菌核病有良好的活性。

注意事项

（1）不能与碱性药剂混合使用。

（2）喷药要均匀，使叶片正反面均着药。

生产厂家 连云港市国盛化工有限公司、湖北兴银河化工有限公司。

戊菌隆（pencycuron）

$C_{19}H_{21}ClN_2O$，328.84，66063-05-6

其他中文名称 禾穗宁、万菌宁、纹桔脲
其他英文名称 Monceren
作用特点 低毒杀菌剂。属于脲类杀菌剂，具有保护作用，无内吸作用的接触性杀菌剂，持效期较长，是防治丝核菌引起的水稻纹枯病的特效药剂。
防治对象 用于水稻、马铃薯、蔬菜、观赏植物等。
注意事项
(1) 勿使药物溅入眼睛或沾染皮肤。进食、饮水或吸烟前必须先清洁手及裸露皮肤。
(2) 勿把剩余药物倒入池塘、河流。
(3) 置于阴凉干燥通风地方。药物必须用原包装贮存。
生产厂家 武汉宏信康精细化工有限公司。

戊唑醇 （tebuconazole）

$C_{16}H_{22}ClN_3O$, 307.82, 107534-96-3

其他中文名称 立克秀
其他英文名称 Raxil、Folicur、Horizon、Lynx
主要剂型 50%、75%水分散粒剂，430g/L、50%悬浮剂，60g/L种子处理悬浮剂，2%湿拌种剂，250g/L水乳剂，25%乳油，0.2%、5%悬浮拌种剂，2%种衣剂，25%可湿性粉剂。
作用特点 低毒杀菌剂。属于三唑类杀菌农药，具有内吸性，是甾醇脱甲基抑制剂，抑制病菌细胞膜上麦角甾醇的去甲基化，使病菌无法形成细胞膜，从而杀死病菌。可杀灭附着在种子和植物叶部表面的病菌，也可在植物内向顶传导杀灭植物内部的病菌。可用于重要经济作物的种子处理或叶面喷洒。
防治对象 适宜小麦、大麦、黑麦、玉米、高粱、花生、香蕉、葡萄、茶、果树等作物。防治白粉菌属、柄锈菌属、核腔菌属和壳针孢属引起的病害，如小麦的白粉病、散黑穗病、纹枯病、雪腐病、全蚀病、腥黑穗病，大麦云纹病，玉米丝黑穗病，高粱丝黑穗病，大豆锈病，油菜菌核病，香蕉叶斑病，茶饼病，梨黑星病和葡萄灰霉病。
注意事项
(1) 接触本剂应遵守农药安全使用操作规程，穿好防护衣服。工作时禁止吸烟和进食。工作结束后，应用肥皂和清水洗脸、手和裸露部位。
(2) 用本剂处理过的种子，严禁用于食品或动物饲料。
(3) 本剂应贮存于干燥、通风、阴凉和儿童触及不到的地方。

(4) 如有中毒情况发生，应立即就医。该药无特殊解毒剂，应对症治疗。

生产厂家　沈阳科创化学品有限公司、江苏丰登作物保护股份有限公司、吉林市绿盛农药化工有限公司、江苏百灵农化有限公司、江苏剑牌农业股份有限公司、浙江省宁波中化化学品有限公司、苏州桐柏生物科技有限公司、浙江威尔达化工有限公司、江苏中旗作物保护股份有限公司、江苏七周绿色化工股份有限公司、上海生农生化制品有限公司、山东滨农科技有限公司、江苏省盐城利民农化有限公司、江苏南京常丰农化有限公司、江苏建农农药化工有限公司、上虞颖泰精细化工有限公司、江苏常隆农化有限公司、江苏省南通派斯第农药化工有限公司、江苏克胜作物科技有限公司、浙江省杭州宇龙化工有限公司、江苏省农用激素工程技术研究中心有限公司、上海禾本药业有限公司、安徽华星化工股份有限公司、山东华阳农药化工集团有限公司、山东潍坊双星农药有限公司、山西美邦农药有限公司、陕西西大华特科技实业有限公司、山东联合农药工业有限公司、江苏托球农化有限公司、浙江省上虞市银邦化工有限公司、山东潍坊润丰化工股份有限公司、山东禾宜生物科技有限公司、江苏绿叶农化有限公司、江苏好收成韦恩农化股份有限公司、海南正业中农高科股份有限公司、泰州百力化学股份有限公司、江苏健神生物农化有限公司、江苏苏滨生物农化有限公司、江苏省常州市武进恒隆农药有限公司、湖南比德生化科技有限公司。

烯肟菌胺（SYP-1620）

$C_{21}H_{20}Cl_2N_3O_3$，436.6

主要剂型　5%乳油。

作用特点　低毒杀菌剂。β-甲氧基丙烯酸甲酯类杀菌剂，杀菌谱广、活性高、具有预防及治疗作用，与环境生物有良好的相容性，对由鞭毛菌、接合菌、子囊菌、担子菌及半知菌引起的多种植物病害有良好的防治效果，对白粉病、锈病防治效果卓越。作用机制为作用于真菌的线粒体呼吸系统，药剂通过与线粒体电子传递链中复合物的结合，阻断电子流向，破坏真菌的ATP合成，从而起到抑制或杀死真菌的作用。

防治对象　用于防治小麦锈病、小麦白粉病、水稻纹枯病、稻曲病、黄瓜白粉病、黄瓜霜霉病、葡萄霜霉病、苹果斑点落叶病、苹果白粉病、香蕉叶斑病、番茄早疫病、梨黑星病、草莓白粉病、向日葵锈病等多种植物病害。同时，对作物生长性状和品质有明显的改善作用，并能提高产量。

生产厂家　沈阳科创化学品有限公司。

烯肟菌酯（enestroburin）

$C_{22}H_{22}ClNO_4$，399.87，238410-11-2

其他中文名称 佳斯奇

其他英文名称 Enoxastrobin

主要剂型 25%乳油。

作用特点 低毒农药。属β-甲氧基丙烯酸甲酯类，是一种杀菌谱广、活性高的杀菌剂，具有预防及治疗作用。该药为真菌线粒体的呼吸抑制剂，作用机理是通过与细胞色素复合体的结合，抑制线粒体的电子传递，从而破坏病菌能量合成，起到杀菌作用。对由鞭毛菌、结合菌、子囊菌、担子菌及半知菌引起的多种植物病害有良好的防治效果。

防治对象 防治黄瓜霜霉病、葡萄霜霉病、番茄晚疫病、小麦白粉病、马铃薯晚疫病及苹果斑点落叶病，与苯基酰胺类杀菌剂无交互抗性。

注意事项 对眼睛有轻微刺激作用，对皮肤无刺激作用。

生产厂家 沈阳科创化学品有限公司。

烯酰吗啉（dimethomorph）

$C_{21}H_{22}ClNO_4$，387.86，110488-70-5

其他中文名称 霜安、安克、专克、雄克、安玛、绿捷、破菌、瓜隆、上品、灵品、世耘、良霜、霜爽、霜电、雪疫、斗疫、拔萃、巨网、优润、洽益发、异瓜香

其他英文名称 Acrobat

主要剂型 10%、20%、40%、50%悬浮剂，10%、15%水乳剂，25%、30%、50%可湿性粉剂，40%、50%、80%水分散粒剂，25%微乳剂。

作用特点 低毒杀菌剂。烯酰吗啉属专一防治卵菌纲真菌性病害药剂，内吸性强。根部施药，可通过根部进入植株的各个部位；叶片喷药，可进入叶片内部。作用机制是破坏病菌细胞壁膜的形成，引起孢子囊壁的分解，从而使病菌死

亡。除游动孢子形成及孢子游动期外，对卵菌生活史的各个阶段均有作用，尤其对孢子囊梗和卵孢子的形成阶段更敏感，若在孢子囊和卵孢子形成前用药，则可完全抑制孢子的产生。其与甲霜灵等苯酰胺类杀菌剂没有交互抗性。

防治对象 对霜霉病、霜疫霉病、晚疫病、疫（霉）病、疫腐病、腐霉病、黑胫病等低等真菌性病害均具有很好的防治效果。可应用于葡萄、荔枝、黄瓜、甜瓜、苦瓜、番茄、辣椒、马铃薯、十字花科蔬菜。

注意事项

（1）当黄瓜、辣椒、十字花科蔬菜等幼小时，喷液量和药量用低量。喷药时使药液均匀覆盖叶片。

（2）施药时穿戴好防护衣物，避免药剂直接与身体各部位接触。

（3）如药剂沾染皮肤，用肥皂和清水冲洗。如溅入眼中，迅速用清水冲洗。如有误服，千万不要引吐，尽快送医院治疗。该药没有解毒剂，需对症治疗。

（4）该药应贮存在阴凉、干燥和远离饲料、儿童的地方。

生产厂家 巴斯夫欧洲公司、安徽丰乐农化有限责任公司、江苏耘农化工有限公司、江苏长青农化股份有限公司、山东先达农化股份有限公司、江苏常隆农化有限公司、四川省宜宾川安高科农药有限责任公司、河北冠龙农化有限公司、辽宁省沈阳丰收农药有限公司、江苏辉丰农化股份有限公司、山东潍坊润丰化工股份有限公司、江苏辉丰农化股份有限公司、江苏中旗作物保护股份有限公司。

烯唑醇（diniconazole）

$C_{15}H_{17}Cl_2N_3O$，326.22，83657-24-3

其他中文名称 速保利、达克利、灭黑灵、特灭唑、特普唑、壮麦灵

其他英文名称 Spotless、S3308L、XF779

主要剂型 12.5%可湿性粉剂，5%微乳剂，10%乳油，30%悬浮剂，50%水分散粒剂。

作用特点 中等毒性。属于三唑类杀菌剂，具有保护、治疗、铲除作用的广谱性杀菌剂；是甾醇脱甲基抑制剂，在真菌的麦角甾醇生物合成中抑制14α-脱甲基化作用，引起麦角甾醇缺乏，导致真菌细胞膜不正常，最终真菌死亡。持效期长久。

防治对象 对子囊菌、担子菌引起的多种植物病害如白粉病、锈病、黑粉病、黑星病等有特效。另外，还对尾孢霉、球腔菌、核盘菌、菌核菌、丝核菌引起的病害有良效。

注意事项

（1）施药过程避免药剂沾染皮肤。

(2) 药剂应存放在阴凉干燥处。

(3) 施药后，对少数植物有抑制生长现象。

生产厂家 江苏剑牌农化股份有限公司、江苏托球农化有限公司、江苏省盐城利民农化有限公司、江苏常隆农化有限公司、辽宁省沈阳丰收农药有限公司、江苏建农农药化工有限公司、江苏七周绿色化工股份有限公司。

硝苯菌酯（meptyldinocap）

$C_{18}H_{24}N_2O_6$，364.39，131-72-6

其他中文名称 卡拉生、敌螨普、二甲基苯乙基甲醇、开拉散、阿乐丹

其他英文名称 Karathan、Karathane、Crotothane

主要剂型 36%乳油。

作用特点 抑制病原孢子侵入，具有良好保护活性，可全面有效控制白粉病病菌的各个发育阶段，具有良好的预防、治疗和铲除作用。可作用于病原菌生活史的各个阶段，通过抑制孢子萌发，抑制真菌呼吸作用，导致细胞代谢紊乱，从而使病原菌细胞死亡。

防治对象 用于防治苹果、柑橘、梨、葡萄、黄瓜、甜瓜、西瓜、南瓜、草莓、蔷薇和观赏植物的红蜘蛛和白粉病，对桑树白粉病和茄子红蜘蛛都有良好的防治效果，同时还具有杀螨卵的作用。

生产厂家 美国陶氏益农公司。

缬霉威（iprovalicarb）

$C_{18}H_{28}N_2O_3$，320.4，140923-17-7

其他中文名称 异丙菌胺

其他英文名称 Melody、Positon

主要剂型 66.8%可湿性粉剂。

作用特点 低毒杀菌剂。属氨基酸酯类衍生物，具有独特的全新仿生结构。作用机理区别于其他防治卵菌纲的杀菌剂，作用于真菌细胞壁和蛋白质的合成，能抑制孢子的侵染和萌发，同时能抑制菌丝体的生长，导致其变形、死亡。针对

霜霉科和疫霉属真菌引起的病害具有很好的治疗和铲除作用。既可用于茎叶处理，也可用于土壤处理（防治土传病害）。

防治对象 适宜作物如葡萄、马铃薯、番茄、黄瓜、柑橘、烟草等。可有效防治黄瓜、葡萄等作物上的霜霉病。

生产厂家 德国拜耳作物科学公司。

溴菌腈（bromothalonil）

$C_6H_6Br_2N_2$，265.93，35691-65-7

其他中文名称 炭特灵、休菌腈
其他英文名称 Methyldibromoglutaronitrile
主要剂型 25%可湿性粉剂，25%乳油。
作用特点 低毒杀菌剂。一种广谱、高效、灭藻的杀菌剂，能抑制和铲除真菌、细菌、藻类的生长，对农作物病害有较好的防治效果，对炭疽病有特效。该药低毒、低残留，使用安全，在植物表面黏附性好，耐雨水冲刷。溴菌腈作用机理是药剂迅速被菌体细胞吸收，在菌体细胞内传导，干扰菌体细胞的正常发育，达到抑菌、杀菌作用。同时药剂能刺激作物体内多种酶的活性，增加光合作用，提高作物产量。具有独特的保护、内吸治疗和铲除功能。
防治对象 适用于果树、蔬菜、棉花、花生、西瓜、烟草、茶树、花卉等多种作物，防治炭疽病、黑星病、疮痂病、白粉病、锈病、立枯病、猝倒病、根茎腐病、溃疡病、青枯病、角斑病等多种真菌性、细菌性病害。应用方式灵活，叶面喷雾、种子处理和土壤灌根，都表现出较好的防效。
注意事项 不能与碱性药剂混用，药剂应密封存放，随用随配。
生产厂家 江苏托球农化有限公司、天津中科益农生物科技有限公司。

亚胺唑（imibenconazole）

$C_{17}H_{13}Cl_3N_4S$，411.7，86598-92-7

其他中文名称 霉能灵、酰胺唑
其他英文名称 Manage、HF-6305、HF-8505
主要剂型 5%、15%可湿性粉剂。
作用特点 低毒杀菌剂。亚胺唑属于广谱新型杀菌剂，具有保护和治疗双重作用，渗透性、耐雨性较强，防效稳定，效果较持久。作用机理是破坏和阻止病菌的细胞膜重要组成成分麦角甾醇的生物合成，从而破坏细胞膜的形成，导致病菌死亡，能有效防治子囊菌、担子菌和半知菌所致病害。

防治对象 可防治桃、杏、柑橘树疮痂病，梨黑星病、锈病，苹果黑星病、锈病、白粉病、轮斑病，葡萄黑痘病，西瓜、甜瓜、烟草、玫瑰、日本卫茅、紫薇白粉病，花生褐斑病，茶炭疽病，玫瑰黑斑病，菊、草坪锈病等。尤其对柑橘疮痂病、葡萄黑痘病、梨黑星病具有显著的防治效果。对藻菌、真菌无效。

注意事项

（1）远离水产养殖区用药，禁止在河塘等水体中清洗施药器具；避免药液污染水源地。

（2）本品不可与酸性和强碱性农药等物质混用。

（3）不宜在鸭梨上使用，以免引起轻微药害（在叶片上出现褐斑）。

（4）喷药时要戴口罩、手套等，喷完药后要漱口，并用肥皂将手脚和脸等暴露部位洗净。

（5）建议与其他作用机制不同的杀菌剂轮换使用，以延缓抗性产生。

（6）本品在梨树上的安全间隔期为收获前28天，每季作物最多使用3次。

生产厂家 湖北鑫佳灵药业有限公司、广东省江门市植保有限公司。

盐酸吗啉胍（virus spirit）

$C_6H_{14}ClN_5O$，207.66，3160-91-6

其他中文名称 病毒灵

其他英文名称 Abobhydrochloride

主要剂型 80%水分散粒剂，50%可溶性片剂，20%可湿性粉剂，20%悬浮剂，5%可溶性粉剂。

作用特点 广谱、低毒病毒防治剂。稀释后的药液喷施到植物叶面后，药剂可通过气孔进入植物体内，抑制或破坏核酸和脂蛋白的形成，阻止病毒复制过程，起到防治病毒的作用。

防治对象 不仅对水稻病毒病、纹枯病、全蚀病、赤霉病、稻瘟病以及其他大田作物的真菌性病变和细菌性与病毒病交叉感染病害有强效的防治和灭毒功效，同时对番茄、辣椒、黄瓜、油菜、白菜等瓜果蔬菜类的病毒病也有很好的防治和治疗效果。

注意事项

（1）本品不可与碱性农药混用。

（2）喷时应避开烈日和阴雨天，傍晚喷施于作物叶片或果实上。

(3) 本品含量极高,随配随用,请按照使用浓度配制。
(4) 使用时,请预留一块空地不喷,从而更好地检验本品效果。

生产厂家 陕西美邦农药有限公司、江西劲农化工有限公司、上海惠光化学有限公司。

叶枯唑 (bismerthiazol)

$C_5H_6N_6S_4$,278.34,79319-85-0

其他中文名称 噻枯唑、叶枯宁、叶青双、猛克菌、豪格、补、奥朴、统领、康驰、巴宁、比森、赛高、世品、艳丽、弃菌、裁菌、奥歌、川研恩穗、病菌通灭、标正秀细

主要剂型 20%可湿性粉剂。

作用特点 低毒杀菌剂。高效、安全内吸性杀菌剂,具有良好的预防和治疗作用。用于防治植物细菌性病害,持效期长、药效稳定,对水稻白叶枯病、细菌性条斑病,柑橘溃疡病的防治效果良好,残效期10~14天,对作物无药害。

防治对象 适用于防治水稻白叶枯病、水稻细菌性条斑病、大白菜软腐病、番茄青枯病、马铃薯青枯病、番茄溃疡病、柑橘溃疡病、核果类果树(桃、杏、李、梅等)细菌性穿孔病等细菌性病害。

注意事项
(1) 不宜用毒土法施药。
(2) 孕妇禁止与本药接触。
(3) 放于阴凉干燥处,以免受潮。

生产厂家 安徽省铜陵福成农药有限公司、湖北省天门易普乐农化有限公司、江西禾益化工有限公司。

乙菌利 (chlozolinate)

$C_{13}H_{11}Cl_2NO_5$,332.1,84332-86-5

其他中文名称 克氯得

其他英文名称 Dichlozolinate

主要剂型 20%、50%可湿性粉剂,30%悬浮剂。

作用特点 低毒杀菌剂。属3,5-二氯苯胺类杀菌剂,通过抑制菌体内甘油三酯的合成,作用于细胞膜,具有保护与治疗作用。

防治对象　可防治灰葡萄孢和核盘菌属菌及观赏植物的某些病害，如桃褐腐病、蔬菜菌核病；还可防治禾谷类叶部病害及种传病害，如小麦腥黑穗病，大麦、燕麦的散黑穗病；对苹果黑星病和玫瑰白粉病也有较好的防治效果。

生产厂家　上海谱振生物科技有限公司。

乙膦铝（fosetyl-aluminum）

$$\left[C_2H_5O-\underset{H}{\overset{O}{\underset{|}{P}}}-O^- \right]_3 Al^{3+}$$

$C_6H_{18}AlO_9P_3$，354.10，39148-24-8

其他中文名称　三乙膦酸铝、疫霜灵、疫霉灵、霉菌灵、膦酸乙酯铝、乙磷铝、藻菌磷、霉疫净、藻菌灵、双向灵、三乙膦酸

其他英文名称　Aluminium triethylphosphonate

主要剂型　40%可湿性粉剂。

作用特点　低毒杀菌剂。有机磷类高效、广谱、内吸性，具有治疗和保护作用。作用机理是抑制病原菌的孢子萌发，阻止菌丝体的生长。内吸性杀菌剂，具有双向传导功能。通过根部和基部茎叶吸收后向上输导，也能从上部叶片吸收向基部叶片输导。该药水溶性好，内吸渗透性强，持效期长，使用安全。

防治对象　适用于黄瓜、甜瓜、西瓜、西葫芦、苦瓜、冬瓜、番茄、辣椒、茄子、芹菜、芦笋、芸豆、菜豆、豌豆、绿豆、马铃薯、十字花科蔬菜、烟草、棉花、苹果、葡萄、梨、草莓、荔枝、水稻、胡椒、橡胶及花卉植物等。对霜霉病、疫病、晚疫病、立枯病、枯萎病、溃疡病、褐斑病、稻瘟病、纹枯病等多种真菌性病害均具有良好的防治效果。可用于防治黄瓜霜霉病、啤酒花霜霉病、白菜霜霉病、烟草黑胫病、橡胶割面条溃疡病、棉花疫病等。

注意事项

（1）不能与酸性、碱性农药混用，以免分解失效。

（2）本品易吸潮结块。运输、贮存时注意密封，干燥保存。若结块也不影响使用效果。

（3）配药用药时加强个人防护，工作完毕，应用清水或肥皂水洗净手脸。

生产厂家　浙江嘉华化工有限公司、上海植信化工有限公司。

乙霉威（diethofencarb）

$C_{14}H_{21}NO_4$，267.32，87130-20-9

其他中文名称　硫菌霉威、保灭灵、万霉灵、抑菌威

其他英文名称　Sumico、Powmyl

主要剂型　12.5％、20％、50％可湿性粉剂。

作用特点　低毒杀菌剂。属于氨基甲酸酯类化合物,防病性能与霜霉威不同,主要特点是对多菌灵、腐霉利等杀菌剂产生抗性的菌类有高的活性。杀菌机理是进入菌体细胞后与菌体细胞内的微管蛋白结合,从而影响细胞的分裂。与多菌灵有负交互抗性。本品一般不做单剂使用,而与多菌灵、甲基托布津或速克灵等药剂混用防治灰霉病。

防治对象　适宜作物如黄瓜、番茄、洋葱、莴笋、甜菜、草莓、葡萄等。可防治黄瓜灰霉病、茎腐病,甜菜叶斑病,番茄灰霉病等,也可用于水果保鲜防治苹果青霉病。

注意事项

(1) 本剂只适用于对多菌灵产生抗性的灰霉病发生田块。使用次数不宜过多,否则也会出现对多菌灵和乙霉威均具抗性的双抗菌株。

(2) 不能与铜制剂及酸碱性较强的农药混用。

(3) 贮存时不得与食物和饲料混放,要保持通风良好。

(4) 喷药时做好防护,避免药液沾污皮肤,一旦沾染请用清水反复清洗,并到医院对症治疗。

生产厂家　江苏蓝丰生物化工股份有限公司、安徽广信农化股份有限公司。

乙嘧酚 (ethirimol)

$C_{11}H_{19}N_3O$, 209.29, 23947-60-6

其他中文名称　灭霉定、胺嘧啶、乙嘧醇、乙菌定、乙氨哒酮

其他英文名称　Milstem、Ethrimiol、Ethirimal

主要剂型　25％悬浮剂。

作用特点　低毒杀菌剂。乙嘧酚对菌丝体、分生孢子、受精丝等都有极强的杀灭效果,并能强力抑制孢子的形成,阻断孢子再侵染来源,杀菌效果全面彻底。对于已经发病的作物,乙嘧酚能够起很好的治疗作用,能够铲除已经侵入植物体内的病菌,能够明显抑制病菌的扩展。

防治对象　用于防治瓜类、豆类、茄子的白粉病。

注意事项

(1) 产品安全间隔期为7天,每季作物最多施药3~4次。

(2) 本品不可与呈强碱性的农药等物质混合使用。

(3) 使用本品时应穿戴防护服和手套,避免吸入药液。施药期间不可吃东西和饮水。施药后应及时洗手和洗脸。

(4) 孕妇及哺乳期妇女应避免接触。

生产厂家　南京博士邦化工科技有限公司、江西禾益化工有限公司。

乙嘧酚磺酸酯（bupirimate）

$C_{13}H_{24}N_4O_3S$，316.42，41983-43-6

其他中文名称　乙嘧酚磺胺酯、白特粉、布瑞莫
其他英文名称　Nimrodt、Nimrod
主要剂型　15％、25％乳油，25％微乳剂。
作用特点　低毒杀菌剂。乙嘧酚磺酸酯是嘧啶类杀菌剂，具有内吸性，属于高效、环境相容性好的腺嘌呤核苷脱氨酶抑制剂，可被植物的根、茎、叶迅速吸收，并在植物体内运转到各个部位，具有保护和治疗作用。
防治对象　主要用于小麦、黄瓜等禾本科、葫芦科作物白粉病的防治。对草莓、玉米、瓜类、葫芦科、茄科的白粉病有特效。
注意事项　在稀酸中易水解，在37℃以上长期贮存不稳定。连续使用时的间隔时间为7天。
生产厂家　南京禾源农化有限公司、西安近代农药科技有限公司。

乙蒜素（ethylicin）

$C_4H_{10}O_2S_2$，154.25，682-91-7

其他中文名称　抗菌剂402、净刹、亿为克、一支灵、乙基硫代磺酸乙酯
其他英文名称　S-ethyl ethanethiosulfonate、S-ethyl ethanesulfonothioate
主要剂型　20％、80％乳油，15％可湿性粉剂。
作用特点　中等毒性。乙蒜素为人工合成的一种广谱性杀菌剂，具有治疗和保护作用，且可促进作物生长发育。杀菌机制是药剂中的硫代亚磺酸酯基团与病菌分子中含—SH的物质反应，进而抑制菌体正常代谢。乙蒜素可抑制粮油、棉花、蔬菜、花卉、药材、茶叶等作物以及蚕业、渔业的数十种病菌。
防治对象　用于防治水稻烂秧病、恶苗病、稻瘟病、白叶枯病；麦类黑穗病、条纹病；棉花枯萎病、黄萎病、炭疽病；果树轮纹病、炭疽病、叶斑病；瓜果蔬菜的青枯病、蔓病、枯萎病、炭疽病；作物苗期立枯病、猝倒病、烂根

病；茶叶根腐病、芽枯病等。

注意事项
（1）不能与碱性农药混用。
（2）经处理过的种子不能食用或作饲料，棉籽不能用于榨油。
（3）浸过药液的种子不得与草木灰一起播种，以免影响药效。
（4）本剂对铁质容器有腐蚀作用，不能用铁器存放。

生产厂家 河南省大地农化有限责任公司、河南省开封田威生物化学有限公司。

乙烯菌核利（vinclozolin）

$C_{12}H_9ClNO_3$，286.11，50471-44-8

其他中文名称 农利灵、烯菌酮、免克宁、代菌唑灵
其他英文名称 Ronilan、Ornal、BAS352F
主要剂型 50％水分散粒剂。
作用特点 乙烯菌核利是二甲酰亚胺类触杀性低毒杀菌剂，一种专用于防治灰霉病、菌核病的杀菌剂。杀菌机制是干扰细胞核功能，并对细胞膜和细胞壁有影响，改变膜的渗透性，使细胞破裂，而导致病菌死亡。
防治对象 对果树、蔬菜上的灰霉、褐斑、菌核病有良好防效。适用于黄瓜、甜瓜、苦瓜、番茄、辣椒、茄子、豆角、白菜、油菜、大豆、花卉、葡萄、草莓等多种植物。可防治油菜菌核病、白粉病、黑斑病，花卉、茄子、黄瓜灰霉病，番茄灰霉病。

注意事项
（1）不慎溅入眼睛应迅速用大量清水冲洗，误服中毒应立即服用医用活性炭。
（2）可与多种杀虫剂、杀菌剂混用。
（3）植物要在4～6片叶以后施药，移栽苗要在缓苗以后才能使用。低湿、干旱时要慎用。

生产厂家 巴斯夫欧洲公司、济南浩化实业有限责任公司、湖北拓楚慷元医药化工有限公司。

异菌脲（iprodione）

$C_{13}H_{13}Cl_2N_3O_3$，330.2，36734-19-7

其他中文名称 扑海因、依扑同

其他英文名称 Rovral、glycophene

主要剂型 25%、255g/L、500g/L悬浮剂，50%可湿性粉剂，10%乳油。

作用特点 异菌脲属二羧甲酰亚胺类，是一种触杀型广谱保护性低毒杀菌剂，并有一定治疗作用。杀菌机制是能抑制蛋白激酶，控制许多细胞功能的细胞内信号，包括碳水化合物结合进入真菌细胞组分的干扰作用。该机制作用于病菌生长为害的各个发育阶段，既可抑制病菌孢子萌发，又可抑制菌丝体生长，还可抑制病菌孢子的产生。可广泛应用于多种果树、多种瓜果蔬菜、多种观赏植物及多种大田作物。

防治对象 适用于瓜类、番茄、辣椒、茄子、园林花卉、草坪等。主要防治对象为由葡萄孢菌、珍珠菌、交链孢菌、核盘菌等引起的病害，如灰霉病、早疫病、黑斑病、菌核病等。也可用于香蕉、苹果、柑橘等采后的防腐保鲜。

注意事项

（1）不能与腐霉利、乙烯菌核利等作用方式相同的杀菌剂混用或轮用。

（2）不能与强碱性或强酸性的药剂混用。

（3）为预防抗性菌株的产生，作物全生育期异菌脲的施用次数要控制在3次以内，在病害发生初期和高峰前使用，可获得最佳效果。

生产厂家 江苏快达农化股份有限公司、江苏禾益化工有限公司、江苏蓝丰生物化工股份有限公司、美国富美实公司、江苏辉丰农化股份有限公司、江苏中旗作物保护股份有限公司、江苏常隆农化有限公司。

抑霉唑（imazalil）

$C_{14}H_{14}Cl_2N_2O$，297.18，35554-44-0

其他中文名称 万得利、戴唑霉、戴蔻唑、依灭列、烯菌灵

其他英文名称 chloramizol、enilconazole、Fungaflor、Fungaz、Fecundal、Magnate、Deccozil

主要剂型 20%、22%水乳剂，0.1%涂抹剂，22.2%、50%乳油，3%膏剂，15%烟剂。

作用特点 中等毒性杀菌剂。具有内吸、治疗、保护多种作用，广泛用于果品采后的防腐保鲜处理。杀菌机制主要是影响病菌细胞膜的渗透性、生理功能和脂类合成代谢，从而破坏病菌的细胞膜，同时抑制病菌孢子的形成。

防治对象 用于柑橘、芒果、香蕉、苹果、瓜类等的采后保鲜处理；对青霉病、绿霉病、炭疽病等贮藏期果实病害具有很好的防治效果。

注意事项 不能与碱性药剂混用，用药浓度不要随意加大。

生产厂家 一帆生物科技集团有限公司、如东众意化工有限公司、安徽广信农化股份有限公司、泸州东方农化有限公司。

中生菌素（zhongshengmycin）

$C_{19}H_{34}N_6O_7$，458.5，861228-39-9

其他中文名称 中生霉素、克菌康、佳爽

主要剂型 3％、5％可湿性粉剂，12％母药。

作用特点 低毒杀菌剂。N-糖苷类抗生素，其抗菌谱广，能够抗革兰氏阳性、阴性细菌，分枝杆菌，酵母菌及丝状真菌。杀菌机制主要是抑制病原菌菌体蛋白质的合成。

防治对象 可防治蔬菜软腐病、黄瓜角斑病、水稻白叶枯病、苹果轮纹病、小麦赤霉病等；同时可刺激植物体内植保素及木质素的前体物质的生成，从而提高植物的抗病能力。

注意事项

（1）本剂不可与碱性农药混用。

（2）贮存在阴凉、避光处。

（3）本品如误入眼睛，立即用清水冲洗15min，仍有不适应立即就医；如接触皮肤，立即用清水冲洗并换洗衣物；如误服不适，立即送医院对症治疗，无特殊解毒剂。

生产厂家 福建凯立生物制品有限公司。

第四节 除草剂

2,4-滴（2,4-D）

$C_8H_6Cl_2O_3$，221.04，94-75-7

其他中文名称 2,4-二氯苯氧乙酸、2,4-D酸

其他英文名称 2,4-Dichlorophenoxyacetic acid、Agricorn D、Capri、Dacamine、Damine、Ded-Weed、Deferon、Desormone、Dikamin、Dioweed、Dymec Rarechem

主要剂型 80％可湿性粉剂，55％铵盐水剂，90％粉剂。

作用特点 2,4-D为苯氧乙酸类选择性内吸传导激素型除草剂。可从根、茎、叶进入植物体内，降解缓慢，故可积累一定浓度，从而干扰植物体内激素平衡，破坏核酸与蛋白质代谢，促进或抑制某些器官生长，使杂草茎叶扭曲、茎基变粗、肿裂等。

防治对象 可在麦、稻、玉米、甘蔗等作物田中防除藜、苋等阔叶杂草及萌芽期禾本科杂草。

注意事项

(1) 禾本科作物在其4～5叶期具有较强耐性，是喷药的适期。

(2) 与阿特拉津、扑草净等除草剂混用，或与硫酸铵等酸性肥料混用，可以增加杀草效果。

(3) 在温度20～28℃时，药效随温度上升而提高，低于20℃则药效降低。

(4) 2,4-D吸附性强，用过的喷雾器必须充分洗净，以免棉花、蔬菜等敏感作物受其残留微量药剂危害。但对人畜安全。

生产厂家 山东潍坊润丰化工股份有限公司、山东侨昌化学有限公司、河北省万全农药厂、辽宁省大连松辽化工有限公司、江苏省常州永泰丰化工有限公司、佳木斯黑龙农药化工股份有限公司、江苏好收成韦恩作物股份有限公司、江苏汇丰农化股份有限公司、安徽华星化工股份有限公司、重庆双丰化工有限公司、江苏省南通泰禾化工有限公司、捷马化工股份有限公司、山东科源化工有限公司、威海韩孚生化药业有限公司、湖北沙隆达股份有限公司、山东滨农科技有限公司。

2,4-滴丁酯（2,4-D butyl ester）

$C_{12}H_{14}Cl_2O_3$，277.14，94-80-4

其他中文名称 2,4-二氯苯氧乙酸丁酯

其他英文名称 2,4-D butylate

主要剂型 72％、76％乳油。

作用特点 2,4-滴丁酯是苯氧乙酸类选择性内吸传导激素型除草剂。低浓度时对植物的生长具有刺激作用；高浓度时则抑制植物的生长发育，出现畸形，甚至死亡。主要用于苗后茎叶处理，药剂可以通过植物的根、茎、叶吸收传导到根、茎生长点的分生组织，影响核酸和蛋白质的合成，使其停止生长，幼嫩叶片不能伸展，抑制光合作用。传到茎部，能促进茎部细胞异常分裂，根茎膨大，丧

失吸收能力，从而破坏植物正常的生活能力，造成植物死亡。

防治对象 防除播娘蒿、藜、芥菜、繁缕、反枝苋、铁苋菜、问荆、刺儿菜、苍耳、田旋花、马齿苋、牛毛毡、鸭舌草、三棱草等阔叶杂草和莎草科杂草。对禾本科杂草无效。

注意事项

（1）2,4-滴丁酯在气温高时挥发量大，易扩散飘移，危害邻近双子叶作物和树木，须谨慎使用。

（2）2,4-滴丁酯对棉花、大豆、油菜、向日葵、瓜类等双子叶作物十分敏感。喷雾时一定在无风或微风天气进行，切勿喷到或飘移到敏感作物中去，以免发生药害，不能在套有敏感作物田中使用2,4-滴丁酯。

（3）严格掌握施药时期和使用量，麦类和水稻在4叶期前及拔节后对2,4-滴丁酯敏感，不宜使用。

（4）喷雾器最好专用，以免喷其他农药出现药害。

（5）2,4-滴丁酯不能与酸碱接触，以免分解失效。

生产厂家 上海沪震实业有限公司、上海谱振生物科技有限公司、成都华夏化学试剂有限公司。

苯磺隆（tribenuron-methyl）

$C_{15}H_{17}N_5O_6S$，395.39，101200-48-0

其他中文名称 巨星、阔叶净

其他英文名称 Matrix、Express、Pointer、Granstar

主要剂型 10%可湿性粉剂，75%水分散粒剂。

作用特点 低毒除草剂。选择性内吸传导型除草剂，可被杂草的根、叶吸收，并在植株体内传导。通过抑制乙酰乳酸合成酶（ALS）的活性，从而影响支链氨基酸的生物合成。植物受害后表现为生长点坏死、叶脉失绿，植物生长受到严重抑制、矮化，最终全株枯死。敏感杂草吸收药剂后立即停止生长，1～3周后死亡。

防治对象 主要用于防除各种一年生阔叶杂草，对播娘蒿、荠菜、碎米荠菜、麦家公、藜、反枝苋等效果较好，对地肤、繁缕、蓼、猪殃殃等也有一定的防除效果，对田蓟、卷茎蓼、田旋花、泽漆等效果不显著，对野燕麦、看麦娘、雀麦、节节麦等禾本科杂草无效。

注意事项

（1）每季作物只能使用本品1次。

(2) 本品只能用于防除已出苗杂草，对未出土杂草防效很差。
(3) 大风天气应停止喷雾施药，以免药液飘移对邻近阔叶作物产生药害。
(4) 本品在土壤中的残效期为 60 天左右。
(5) 花生对本品敏感，施用过本品的冬小麦田，后茬不得种植花生。

生产厂家 孝感深远化工（原料）有限公司、唐山默内德贸易有限公司。

苯嗪草酮（metamitron）

$C_{10}H_{10}N_4O$，202.21，41394-05-2

其他中文名称 苯嗪草、苯甲嗪
其他英文名称 Methiamitron、Herbrak
主要剂型 70%水分散粒剂。
作用特点 低毒。三嗪酮类选择性芽前光合作用除草剂，主要通过植物根部吸收，再输送到叶子内。通过抑制光合作用的希尔反应而起到杀草作用。
防治对象 防治单子叶和双子叶杂草，如龙葵、繁缕、早熟禾、看麦娘、猪殃殃等，适用糖用甜菜和饲料甜菜。
注意事项 使用时应避免药液直接进入水体。
生产厂家 成都博瑞化工有限公司、山东瀚联化工科技有限公司、河北万全宏宇化工有限责任公司、浙江省乐斯化学有限公司。

苯噻酰草胺（mefenacet）

$C_{16}H_{14}N_2O_2S$，298.36，73250-68-7

其他中文名称 稗弃、稗友、除稗特、稻草必净、稻禾老、拿稗灵、穗宝
其他英文名称 Hinochloa、Rancho、Batl
主要剂型 50%可湿性粉剂。
作用特点 低毒除草剂。苯噻酰草胺是选择性内吸传导型酰苯胺类细胞生长和分裂抑制剂。主要通过芽鞘和根吸收，经木质部和韧皮部传导至杂草的幼芽和嫩叶，阻止杂草生长点细胞分裂伸长，当禾本科杂草（稗草）接触此药后很快聚集在生长点处。对细胞特别是母细胞起到抑制细胞分裂、增大，从而阻碍稗草的生长直至死亡。稗草枯萎时间随叶龄增大而延长。
防治对象 用于移栽稻田，可有效防除禾本科杂草，对稗草有特效，稗草在发生前至 3 叶期均能杀死。对牛毛毡、泽泻、鸭舌草、节节菜、异型莎草、扁穗

莎草、具芒碎米莎和多年生水莎草等防效也很好。

注意事项

（1）露水地段、沙质土、漏水田使用效果差。

（2）施药后保持水层 3～5cm、5～7 天，缺水时需缓慢补水，但不能排水，水层淹过水稻心叶或药液飘移易产生药害。

生产厂家 浙江温州美丰农化有限公司。

吡草醚（pyraflufen-ethyl）

$C_{15}H_{13}Cl_2F_3N_2O_4$，413.17，129630-19-9

其他中文名称 速草灵、丹妙药、吡氟苯草酯、霸草灵

其他英文名称 Pyraflufen-ethyl、Ecopart

主要剂型 2％悬浮剂，2.5％乳油。

作用特点 低毒。触杀型新型苯基吡唑类苗后除草剂，作用机制是抑制植物体内的原卟啉原氧化酶，并利用小麦及杂草对药吸收和沉积的差异所产生不同活性的代谢物，达到选择性地防治小麦地杂草的效果。

防治对象 主要用于防除阔叶杂草如猪殃殃、小野芝麻、繁缕、阿拉伯婆婆纳、淡甘菊。

生产厂家 上海甄准生物科技有限公司、阿拉丁试剂（上海）有限公司。

吡氟草胺（diflufenican）

$C_{19}H_{11}F_5N_2O_2$，394.30，83164-33-4

其他中文名称 吡氟酰草胺

其他英文名称 Diflufenical、Fenican、Javelin、Kwarc

主要剂型 50％胶悬剂，50％可湿性粉剂。

作用特点 低毒。属于类胡萝卜素生物合成抑制剂，是广谱的选择性麦田除草剂。主要被萌发幼苗的芽所吸收，在杂草发芽前后施用可在土表形成抗淋溶的药土层，在作物整个生长期保持活性。当杂草萌发通过药土层幼芽或根系均能吸收药剂，吸收药剂的杂草植株中类胡萝卜素含量下降，导致叶绿素被破坏，细胞膜破裂，杂草则表现为幼芽脱色或白色，最后整株萎蔫死亡。死亡速度与光的强

度有关,光强则快,光弱则慢。

防治对象 玉米、大豆和麦田防除多种一年生禾本科杂草和某些阔叶杂草,如茜草科(猪殃殃、西洋茜草)、玄参科(婆婆纳)、堇菜科(三色紫罗兰)、苋科(苋菜)、石竹科(繁缕)、唇形科(黄鼬瓣花)、锦葵科和蓼科植物。相反,对伞形科(胡萝卜)和菊科的一些属几乎无效。

注意事项

(1) 避免排放到环境中,对水生生物有害,可能导致对水生环境的长期不良影响。

(2) 冬小麦芽前和芽后早期施用对小麦生长安全,但芽前施药时如遇持续大雨,尤其是芽期降雨,可以造成作物叶片暂时脱色,但一般可以恢复。

生产厂家 江苏常隆化工有限公司、江苏辉丰农化股份有限公司、江苏省南通嘉禾化工有限公司、江苏中旗化工有限公司、上海生农生化制品有限公司、沈阳科创化学品有限公司。

吡氟禾草灵(fluazifop-butyl)

$C_{19}H_{20}F_3NO_4$,383.36,79241-46-6

其他中文名称 稳杀得、氟草除、氟草灵

其他英文名称 Onecide、Fusilade

主要剂型 15%、35%乳油。

作用特点 低毒除草剂。乙酰辅酶A羧化酶抑制剂,一种高度选择性的苗后茎叶处理剂,对一年生及多年生禾本科杂草具有较好的杀伤力,对阔叶作物安全,对双子叶杂草无效。杂草主要通过茎叶吸收传导,根也可以吸收传导。一般施药后48h可出现中毒症状,但彻底杀死杂草则需15天。对禾草科杂草具有良好的防除效果。用作茎叶处理,可以被茎、叶吸收,通过韧皮部、木质部的输导组织传导到生长点和分生组织,抑制其节、根茎、芽的生长,受药作物逐渐枯萎死亡。

防治对象 适用于大豆、棉花、甜菜、马铃薯、甘薯、花生、豌豆、蚕豆、菜豆、烟草、亚麻、西瓜等多种作物,以及橡胶、果树、种植园、林业苗圃、幼林抚育等。防除一年生和多年生禾本科杂草,如旱稗、狗尾草、马唐、牛筋草、野燕草、看麦娘、雀麦、臂形草、芦苇、狗牙根、双穗雀稗等。

注意事项

(1) 防除阔叶作物田禾本科杂草时,应防止药液飘移到禾本科作物上,以免发生药害。同时,用过吡氟禾草灵的器具应彻底清洗干净方可用于禾本科作物施药。

(2) 空气湿度和土地湿度较高时，有利于杂草对吡氟禾草灵的吸收、输导，药效容易发挥。高温干旱条件下施药，杂草茎叶不能充分吸收药剂，药效会受到一定程度的影响，此时应适当增加用药量。

(3) 吡氟禾草灵仅能防除禾本科杂草，对阔叶杂草无效。因此，用吡氟禾草灵除草的田块应加强对阔叶杂草的防除。

生产厂家 江苏省南京祥宇农药有限公司、海南博士威农用化学有限公司。

吡嘧磺隆（pyrazosulfuron-ethyl）

$C_{14}H_{18}N_6O_7S$，414.39，93697-74-6

其他中文名称 草克星、稻歌、稻月生、吡啶磺隆、嘧啶黄隆
其他英文名称 Sirius、Agreen
主要剂型 10％可湿性粉剂，10％可分散片剂。
作用特点 属于磺酰脲类除草剂，为选择性内吸传导型除草剂，主要通过根系被吸收，在杂草植株体内迅速转移，抑制生长，杂草逐渐死亡。水稻能分解该药剂，对水稻生长几乎没有影响。药效稳定，安全性高，持效期 25～35 天。
防治对象 可以防除一年生和多年生阔叶杂草和莎草科杂草，如异型莎草、水莎草、萤蔺、鸭舌草、水芹、节节菜、野慈姑、眼子菜、鳢肠。对稗草、千金子无效。

注意事项

(1) 秧田或直播田施药，应保证田板湿润或有薄层水，移栽田施药应保水 5 天以上，才能取得理想的效果。

(2) 该药对水稻较安全，但不同品种的水稻对吡嘧磺隆的耐药性有较大差异，早稻品种安全性好，晚稻品种相对敏感，应尽量避免在晚稻芽期使用。

生产厂家 孝感深远化工（原料）有限公司。

吡唑草胺（metazachlor）

$C_{14}H_{16}ClN_3O$，277.75，67129-08-2

其他中文名称 吡草胺
其他英文名称 Butisan、Metazachlore、Metazochlor、Pree、Track
主要剂型 50％悬浮剂。

作用特点　属氯乙酰苯胺类芽前低毒除草剂。主要通过阻碍蛋白质的合成而抑制细胞的生长，即通过杂草幼芽和根部吸收抑制体内蛋白质合成，阻止进一步生长。对防除一年生禾本科和部分阔叶杂草效果突出。

防治对象　可防除风草、鼠尾看麦娘、野燕麦、马唐、稗、早熟禾、狗尾草等一年生禾本科杂草及苋、母菊、蓼、芥、茄、繁缕、荨麻、婆婆纳等阔叶杂草。用于防除油菜、大豆、马铃薯、烟草和移植甘蓝田中禾本科杂草和双子叶杂草。

注意事项　该药品的活性很高，用药量不宜随意增大。

生产厂家　湖北盛天恒创生物科技有限公司、湖北巨盛科技有限公司、上海刘氏医药科技有限公司。

苄嘧磺隆 (bensulfuron-methyl)

$C_{16}H_{18}N_4O_7S$，410.41，83055-99-6

其他中文名称　农得时、稻无草、便黄隆、威农、苄黄隆、苄磺隆、农时得
其他英文名称　Londax、Condax、Mariner、Methylbensulfuron
主要剂型　10%可湿性粉剂。
作用特点　是一种磺酰脲类除草剂，为选择性内吸传导型除草剂，主要通过根系被吸收，在杂草植株体内迅速转移，抑制生长，杂草逐渐死亡。

防治对象　可以防除一年生和多年生阔叶杂草和莎草科杂草，如异型莎草、水莎草、萤蔺、鸭舌草、水芹、节节菜、野慈姑、眼子菜、青萍、鳢肠。对稗草有一定防效，对千金子无效。

注意事项
(1) 苄嘧磺隆对2叶期以内杂草效果好，超过3叶效果差。
(2) 对稗草效果差，以稗草为主的秧田不宜使用。

生产厂家　江苏省如东农药厂、江苏省激素研究所、上海杜邦农化有限公司。

丙草胺 (pretilachlor)

$C_{17}H_{26}ClNO_2$，311.85，51218-49-6

其他中文名称 扫弗特、扫特

其他英文名称 Sofit、Pretilchlor、Rifit、Solnet、Pretilachlore、retilachlor、Pretalachlor

主要剂型 30％、50％、72％乳油。

作用特点 选择性芽前除草剂，细胞分裂抑制剂。杂草通过中下胚轴和胚芽鞘吸收药剂，干扰蛋白质合成，对杂草的光合作用和呼吸作用也有间接影响。一般通过土壤处理防除杂草，对多年生杂草防效较差。

防治对象 适用于水稻田防除稗草、光头稗、千金子、牛筋草、牛毛毡、窄叶泽泻、水苋菜、异型莎草、碎米莎草、丁香蓼、鸭舌草等一年生禾本科杂草和阔叶杂草。

注意事项

（1）地整好后要及时播种、用药，否则杂草出土，影响药效。

（2）播种的稻谷要根芽正常。切忌有芽无根。

生产厂家 上海农化实业有限公司、杭州西农化工有限公司、杭州庆丰农化有限公司。

丙炔噁草酮（oxadiargyl）

$C_{15}H_{14}Cl_2N_2O_3$，341.19，39807-15-3

其他中文名称 稻思达、炔噁草酮、炔丙恶唑草

其他英文名称 Raft、Topstar

主要剂型 80％水分散粒剂，25％、80％可湿性粉剂。

作用特点 原卟啉原氧化酶抑制剂。一种高效、低毒、持效期长、适用作物广、剂型多样的优秀除草剂。

防治对象 用于水稻、马铃薯、向日葵、蔬菜、甜菜、果树等，防除阔叶杂草如苘麻、鬼针草、藜属杂草、苍耳、圆叶锦葵、鸭舌草、蓼属杂草、梅花藻、龙葵、苦苣菜、节节菜等；禾本科杂草如稗草、千金子、刺蒺藜草、兰马草、马唐、牛筋草、稷属杂草等；以及莎草科杂草等。对恶性杂草四叶萍等具有良好的防效。

注意事项

（1）丙炔噁草酮对水稻的安全幅度较窄，不宜用在弱苗田、制种田、抛秧田及糯稻田，否则易产生药害。不推荐在抛秧田和直播水稻田及盐碱地水稻田中使用。

（2）整地时田面要整平，施药时不要超过推荐用量，把药拌匀施用，并要严

格控制好水层。以免因施药过量、稻田高低不平、缺水、水淹没稻苗心叶或施药不均匀等造成药害。

（3）在杂草发生严重地块，应与磺酰脲类除草剂混用或搭配使用。

生产厂家 安徽科利华化工有限公司、辽宁省丹东市农药总厂、石家庄市兴柏生物工程有限公司、合肥星宇化学有限责任公司。

丙炔氟草胺（flumioxazin）

$C_{19}H_{15}FN_2O_4$，354.33，103361-09-7

其他中文名称 速收、司米梢芽
其他英文名称 Valor、Pledge、Sumisoya、Flumizin、Guillotine
主要剂型 50％可湿性粉剂，48％悬浮剂。
作用特点 原卟啉原氧化酶抑制剂，杀草谱很广的接触褐变型土壤处理除草剂，在播种后出苗前进行土壤处理。杂草发芽时，幼芽接触药剂处理层就枯死。为新型大豆地选择性芽前除草剂。
防治对象 适合于大豆、花生、果园等作物田防除一年生阔叶杂草和部分禾本科杂草。

注意事项

（1）大豆发芽后施药易产生药害，所以必须在苗前施药。大豆播种后如露出地表可能产生药害，应在离地表 2.5cm 处播种为宜。

（2）土壤干燥影响药效。应先灌水后播种再施药。

（3）禾本科杂草和阔叶杂草混生的地区，应与防除禾本科杂草的除草剂混合使用，效果会更好。

（4）在无风时施药，避免药液飘移到邻近作物上。不要将本品直接喷洒在水面上。禁止将药剂和清洗喷药用具后的水倒入池塘、河流。

生产厂家 日本住友化学工业株式会社。

草铵膦（glufosinate ammonium）

$C_5H_{18}N_3O_4P$，215.19，77182-82-2

其他中文名称 草胺磷铵盐、草丁膦、保试达、百速顿
其他英文名称 Finale

主要剂型　10%、18%、200g/L、23%、30%水剂，18%可溶性液剂，88%可溶性粒剂。

作用特点　有机磷类除草剂，谷氨酰胺合成抑制剂，非选择性触杀除草剂。有一定内吸作用，作用机制是通过叶片吸收后，具有部分内吸作用，可由叶片基部向端部转移，向植株其他部位转移较少，对未出土的幼芽和种子无害。植物体内铵代谢在施药后短期内即陷于紊乱，强烈的细胞毒剂铵离子在植物体内积累，使植物中毒而死。同时光合作用也受到严重抑制，受害植物失绿后呈黄白色，2～5天后开始枯黄死去。接触土壤后失去活性，只宜作苗后茎叶喷雾。

防治对象　防除一年生或多年生双子叶及禾本科杂草和莎草等，如鼠尾看麦娘、马唐、稗、狗尾草、野小麦、野玉米、鸭茅、羊茅、曲芒发草、绒毛草、黑麦草、芦苇、早熟禾、野燕麦、雀麦、猪殃殃、宝盖草、小野芝麻、龙葵、繁缕、匍匐冰草、剪股颖、拂子草、田野勿忘草、狗牙根、反枝苋等。

注意事项

（1）配制草铵膦的用水量一定要充足。因为草铵膦主要依赖触杀作用，充足的用水量加大了叶片的药液浸润时间，大大提高了植物体内局部草铵膦的浓度。

（2）草铵膦对老茅草、芦苇的防效不佳。

生产厂家　利尔化工股份有限公司、永农生物科学有限公司、安徽华星化工股份有限公司、江苏皇马农化有限公司、江苏七洲绿色化工股份有限公司、山东潍坊润丰化工股份有限公司、江苏汇丰农化股份有限公司、河北威远生物农药有限公司、江苏优士化学有限公司、浙江永农化工有限公司、江苏省南京红太阳生物化学有限责任公司、江苏省农用激素工程技术研究中心有限公司、江苏中旗作物保护股份有限公司、石家庄瑞凯化工有限公司、河北石家庄市龙汇精细化工有限公司、江苏好收成韦恩作物股份有限公司、江苏皇马农化有限公司、江苏绿叶农化有限公司、浙江省乐斯化学有限公司、江苏常隆农化有限公司、江苏春江农化有限公司。

草除灵 （benazolin）

$C_{11}H_{10}ClNO_3S$, 243.66, 3813-05-6

其他中文名称　4-氯-2-氧代苯并噻唑-3-基乙酸、高特克、多油多、好实多、阔草克、旺发、油草除、油高、油兴、油赢

其他英文名称　Cornox、Cwk、Ley Cornox

主要剂型　30%、50%悬浮剂，10%高特克乳油，15%乳油。

作用特点　草除灵为苯并噻唑内吸传导型选择性芽后除草剂。由植物的叶片

吸收并传导到全身。敏感杂草受药后生长停滞，叶色僵绿，枝叶畸形而死亡。油菜、麦类、苜蓿等耐药性强。防除油菜田阔叶杂草及其他旱田作物田阔叶杂草。

防治对象 主要防治繁缕、猪殃殃、雀舌草、苋、曼陀罗、地肤、婆婆纳、皱叶酸模等一年生阔叶杂草，但对稻槎菜、荠菜基本无效。

注意事项

（1）用药时应戴手套和面罩，避免药液接触皮肤和眼睛。操作时不要吸烟或饮食。施药后，立即脱去被污染的衣服，清洗手和裸露的皮肤。

（2）勿让儿童接触，药无特殊解毒药。如误服本剂，应携带此标签将患者送医院治疗。

（3）对鱼有毒。

（4）对荠菜型油菜高度敏感，不能应用；对白菜型油菜有轻微药害。

生产厂家 南京柏蓝科技有限公司、江苏东宝农药化工有限公司。

草甘膦（glyphosate）

$C_3H_8NO_5P$，169.07，1071-83-6

其他中文名称 N-(膦羧甲基)甘氨酸、农达、镇草宁、膦甘酸

其他英文名称 Kernel (R)、Landmaster、Envision (R)、Glialka、Glyfos

主要剂型 10％、30％、41％、46％水剂，30％、50％、65％、70％可溶性粉剂，74.7％、88.8％可溶性粒剂。

作用特点 低毒除草剂。草甘膦为内吸传导型广谱灭生性除草剂。作用过程为喷洒-黄化-褐变-枯死。药剂通过植物茎叶吸收在体内输导到各部分。不仅可以通过茎叶传导到地下部分，并且在同一植株的不同分蘖间传导，使蛋白质合成受干扰而导致植株死亡。对多年生深根杂草的地下组织破坏力很强，但不能用于土壤处理。

防治对象 广泛用于橡胶、桑、茶、果园及甘蔗地，防除马唐、早熟禾、狗尾草、稗草、牛筋草、看麦娘、雀舌草、漆姑草、益母草、卷耳、繁缕、碎米荠、鼠麴草、通泉草、紫苏、婆婆纳、猪殃殃、刺苋、斑地锦、酢浆草、藜、空心莲子草、野豌豆、苋草等。

注意事项

（1）施药时应注意防止药液飘移到作物茎叶上，以免产生药害。

（2）草甘膦与土壤接触立即钝化丧失活性，宜作茎叶处理。施药时间以在杂草出齐处于旺盛生长期到开花前，有较大叶面积能接触较多药液为宜。

（3）草甘膦在使用时可加入适量的洗衣粉、柴油等表面活性剂，可提高除草效果，节省用药量。

（4）温暖晴天用药效果优于低温天气，施药后4～6h内遇雨会降低药效，应酌情补喷。

（5）草甘膦对金属如钢制成的镀锌容器有腐蚀作用，且可起化学反应产生氢气而易引起火灾，故贮存与使用时应尽量用塑料容器。

（6）易与钙离子、镁离子、铝离子等络合失去活性，稀释农药时应使用清洁的软水，兑入泥水或脏水时会降低药效。

（7）施药后3天内请勿割草、放牧和翻地。

生产厂家 江苏好收成韦恩作物股份有限公司、江苏快达农化股份有限公司、上海泸江生化有限公司、江苏安邦电化有限公司、山东胜邦绿野化学有限公司、安徽锦邦化工股份有限公司、捷马化工股份有限公司、江苏省江阴市农药二厂有限公司、江苏省裕廊化工有限公司、江苏省南通利华农化有限公司、江苏百灵农化有限公司、江苏瑞邦农药厂有限公司、安徽丰乐农化有限责任公司、安徽广信农化股份有限公司、山东潍坊润丰化工股份有限公司、江苏汇丰农化股份有限公司、江苏优士化学有限公司、重庆双丰化工有限公司、浙江胜杭州庆丰农化有限公司、山东省青岛奥迪斯生物科技有限公司、湖北仙隆化工股份有限公司、许昌东方化工股份有限公司、广西易多收生物科技有限公司、山东侨昌化学有限公司、宁夏新安科技有限公司、江西金龙化工有限公司、南京华洲药业有限公司、四川华英化工有限责任公司、安徽省益农科技有限公司、山东滨农科技有限公司、浙江拜克开普化工有限公司、江苏中旗作物保护股份有限公司、安徽华星化工股份有限公司、浙江省长兴第一化工有限公司、江苏省南通泰禾化工有限公司、江苏省无锡龙邦化工有限公司、湖南衡阳莱德生物药业有限公司、山东中禾化学有限公司、浙江省湖州荣盛农药化工有限公司、江苏省南通派斯第农药化工有限公司、江苏丰山集团有限公司、江苏省南通飞天化学实业有限公司、江苏省常州永泰丰化工有限公司、浙江新安化工集团股份有限公司、江苏绿利来股份有限公司、湖北省宜昌三峡农药厂、京博农化科技股份有限公司、湖北省武汉中鑫化工有限公司、山东中农民昌化学工业有限公司、允发化工（上海）有限公司、云南天丰农药有限公司、浙江德清邦化化工有限公司、山东大成农化有限公司、广西壮族自治区化工研究院、江苏省农用激素工程技术研究中心有限公司、江苏克胜药业有限公司、杭州禾新化工有限公司、重庆农药化工（天津）农用化学品有限公司、安徽中山化工有限公司、邯郸市新阳光化工有限公司、威海韩孚生化药业有限公司、河南省开封市丰田化工厂、湖北昊阳化工有限公司、湖南省永州广丰农化有限公司、宁夏垦原生物化工科技有限公司、浙江世佳科技有限公司、河南金悦生物科技有限公司、河北省邯郸市瑞田农药有限公司、山东鑫玛生物科技有限公司、浙江嘉化集团股份有限公司、浙江乐吉化工股份有限公司、江苏腾龙生物药业有限公司、四川省川东农药化工有限公司、连云港立本农药化工有限公司、江苏东宝农药化工有限公司、山东德浩化学有限公司、河南省郑州志信农化有限公司、河南省鹤壁市农林制药有限公司、北京沃特瑞尔科技发展有限公司、江苏省南京红太阳生物有限责任公司、利尔化学股份有限公司、江苏长青农化股份有限公司、重庆丰化科技有限公司、河北新兴化工有限责任公司、南通维立科化工有限分公司、江苏润红生物化学有限公司、广西平乐农药厂、浙江省上虞市银邦化工有限公司、天津人农药业有限责任公司、江苏七洲绿色化工股份有限公司、烟台沫丹阳药业有限公司、安徽国星生物化学有限公司、安徽东至广信农化有限公司、四川华英化工有限责任公司、甘肃省张掖市大弓农化有限公司、广安诚信化工有限责任公司、江西威力特生物科技有限公司、山东省淄博新农基农药化工有限公司、江苏常隆农化有限公司、安徽省合肥福瑞德生物化工厂、湖北汇达科技发展有限公司、镇江建苏农药化工有限公司、安徽扬子化工有限公司、安徽省丰臣农化有限公司、浙江新安化工集团股份有限公司、爱普瑞（焦作）农药有限公司、山东亿尔化学有限公司、江苏仁信作物保护技术有限公司、美国蒙山都公司、新加坡利农私人有限公司、四川迪美特生物科技有限公司、河北省石家庄宝丰化工有限公司、浙江金帆达生化股份有限公司、湖南省株洲邦化化工有限公司、四会市闰土作物科学有限公司、广东立威化工有限公司、江苏泰仓农化有限公司、江苏苏州佳辉化工有限公司、江苏蓝丰生物化工股份有限公司、江苏省常熟市农药厂有限公司、湖北沙隆达股份有限公司、江苏省南通江山农药化工股份有限公司、浙江菱化实业股份有限公司、河北德农生物化工有限公司、四川省乐山市浮华通达农药科技有限公司、宁夏格瑞精细化工有限公司、福建三农化学农药有限责任公司、上海升联化工有限公司、江苏省镇江江南化工有限公司、浙江新安化工集团股份有限公司、河北奇峰化工有限公司。

草克死 (sulfallate)

$C_2H_{14}ClNS_2$，223.79，95-06-7

其他中文名称 硫烯草丹、菜草特
其他英文名称 Thioallate、Vegedex、Verkemseedex
主要剂型 20%颗粒剂，48%乳油。
作用特点 低毒除草剂，由根部吸收，不能被叶面吸收。在体内传导，影响细胞膜的完整和抑制蛋白质合成，对正萌芽的杂草最有效，对已出苗的杂草和多年生杂草无效。主要用于甜菜地中芽后除草；也可用于小区内停车场、道路、楼宇等不适宜生长植物的区域。
防治对象 用于蔬菜、玉米、大豆地中防除一年生禾本科杂草及多种阔叶杂草。
注意事项
(1) 药品受热分解放出氯、氮氧化物和氧化硫，对环境有危害。

（2）药品可燃，有毒。皮肤接触后立即脱去污染的衣着，用大量流动清水冲洗。吸入后迅速脱离现场至空气新鲜处，保持呼吸道通畅。如呼吸困难，给输氧；如呼吸停止，立即进行人工呼吸。食入后饮足量温水，催吐，洗胃，导泻。

生产厂家 南京太化化工有限公司。

除草定（bromacil）

$C_9H_{13}BrN_2O_2$，261.12，314-40-9

其他中文名称 除草啶、必螨立克、丁溴啶

其他英文名称 Rout、Nalkil、Uragon、Urox B、Bromazil、Hyvarex、Borea、Bromax、Cynogan

主要剂型 80％可湿性粉剂，21.9％水溶性液剂。

作用特点 除草定是一类光合作用抑制型的新型嘧啶类非选择性除草剂，主要被根系吸收，进行传导，对禾本科和阔叶杂草都有效。

防治对象 用于防除一年生及多年生禾本科杂草。

注意事项 该物质对环境有危害，对水体应给予特别注意。

生产厂家 江苏中旗化工有限公司、江苏绿叶农化有限公司、江苏辉丰农化股份有限公司。

单嘧磺隆（monosullfuron）

$C_{12}H_{11}N_5O_5S$，337.31

其他中文名称 N-[2-(4-甲基) 嘧啶基]-2-硝基苯磺酰脲

其他英文名称 N-[(4-methyl) pyrimidin-2-yl]-2-nitro phenylsulfonylurea

主要剂型 10％可湿性粉剂。

作用特点 磺酰脲类乙酰乳酸合成酶（ALS）抑制剂，通过抑制乙酰乳酸合成酶的活性，进而抑制侧链氨基酸的生物合成，造成敏感植物停止生长而逐渐死亡。其可通过根、茎、叶吸收，但以根吸收为主，有内吸传导作用。其选择性主要来源于吸收及代谢差异，也可利用土壤位差效应。

防治对象 有效防除播娘蒿、荠菜等麦田一年生阔叶杂草，还能有效防除碱茅、硬草等麦田恶性杂草。

注意事项 干旱对单嘧磺隆的药效有一定的影响，在小麦灌水或降雨后田间

较潮湿的情况下用药，有利于药效的发挥。

生产厂家 南开大学农药国家工程研究中心。

敌稗（propanil）

$C_9H_9Cl_2NO$，218.08，709-98-8

其他中文名称 N-(3,4-二氯苯基)丙酰胺、斯达姆
其他英文名称 Ftam surlopur、Supernox、DCPA、Rogne
主要剂型 20%乳油。
作用特点 酰胺类高选择性触杀型光合作用除草剂，主要用于秧田或直播田，是防除稗草的特效药，也可用于防除其他多种禾本科和双子叶杂草，如鸭舌草、水芹、马唐、狗尾草等。敌稗在植物体内几乎不输导，只在药剂接触部位起作用。作用机制是多方面的，不仅破坏植物的光合作用，而且还抑制呼吸作用与氧化磷酸化作用，干扰核酸与蛋白质合成等。从而使敏感植物的生理机能受到影响，加速失水、叶片逐渐枯干，最后死亡。由于敌稗在水稻体内被水解酶迅速分解成无毒物质，所以对水稻安全。

防治对象 防除稗草、千金子、马唐、狗尾草、看麦娘等一年生禾本科杂草，对鸭舌草、水蓼、牛毛草、马齿苋等杂草也有一定的防效。

注意事项

（1）施药时最好为晴天，但不要超过30℃。水层不要淹没秧苗。

（2）敌稗在土壤中易分解，不能作土壤处理剂使用。盐碱较重的秧田，由于晒田引起泛盐，也会伤害水稻，可在保浅水或秧根湿润情况下施药，以免产生药害。

（3）不能与有机磷和氨基甲酸酯类农药混用，也不能在施用敌稗前两周或施用后两周内使用有机磷和氨基甲酸酯类农药，以免产生药害。

（4）敌稗与2,4-滴丁酯混用防除稻田稗草、千金子。

（5）避免敌稗与液体肥料一起混用。

生产厂家 湖北巨胜科技有限公司、上海江莱生物科技有限公司、上海谱振生物科技有限公司、上海抚生实业有限公司。

敌草胺（napropamide）

$C_{17}H_{21}NO_2$，271.35，15299-99-7

其他中文名称 萘丙酰草胺、大惠利、草萘胺、萘丙胺、萘丙安、萘氧丙草胺

其他英文名称 Propronamide、Waylay

主要剂型 20％乳油，50％可湿性粉剂，50％水分散颗粒。

作用特点 低毒除草剂。敌草胺为酰胺类选择性芽前土壤处理剂。通过杂草的根部或芽鞘吸入种子。在湿润土地中，半衰期长达12周。药剂经根和芽鞘进入杂草种子后，可抑制某些酶的形成而导致根芽不再生长，最后死亡。因而它能杀除由种子萌芽发生的很多单子叶杂草。该品可防除由种子发芽生长的一年生单子叶杂草和主要的阔叶杂草；持效期长，喷施后耐水淋，在土壤中的移渗距离小；适用于多种作物，是许多作物有选择性的旱田除草剂。

防治对象 用于油菜、花生、蔬菜、烟草、西瓜、果、桑、茶园防除稗草、马唐、狗尾草、野燕麦、早熟禾、蟋蟀草、看麦娘、黍草等禾本科杂草，也可防除藜、猪殃殃、马齿苋、野苋、繁缕、宝盖草、萹蓄等双子叶杂草。

注意事项

（1）敌草胺对芹菜、茴香等有药害，不宜使用。

（2）本品对已出土的杂草效果较差，故应在杂草出芽前较早施药，土地湿度大，除草效果好。

（3）使用本品时，应避免吸入和接触皮肤和眼睛。若遇吸入中毒者，应将其移至新鲜空气处，严重者应送医院。药液不慎溅入眼中和皮肤上，用大量清水冲洗15min以上。若误食引起中毒，应立即灌服清水或牛奶，并催吐，但对已昏迷者，不应灌服任何东西，立即就医。

生产厂家 江苏快达农化股份有限公司、四川宜宾川安高科农药有限责任公司。

敌草隆（diuron）

$C_9H_{10}Cl_2N_2O$，233.09，330-54-1

其他中文名称 达有龙、地草净、敌芜伦

其他英文名称 Aguron、Diater、Dichlorfenidim、Karmex

主要剂型 25％可湿性粉剂。

作用特点 内吸传导型光合作用除草剂，具有一定的触杀活力，可被植物的根和叶吸收，以根系吸收为主。杂草根系吸收药剂后，传到地上叶片中，并沿着叶脉向周围传播，抑制光合作用的希尔反应，致使叶片失绿，叶尖和叶缘褪色，进而发黄枯死。敌草隆在低剂量情况下，可作为选择性除草剂使用，高剂量下则可作为灭生性除草剂。敌草隆对种子萌发及根系无显著影响，药效期可维持60

天以上。

防治对象 适于水稻、棉花、玉米、甘蔗及果树、橡胶、桑、茶园使用，防除稗草、马唐、狗尾草、蓼、藜及眼子菜等。

注意事项

（1）对水生生物有极高毒性，可能对水体环境产生长期不良影响。

（2）敌草隆对麦苗有杀伤作用，麦田禁用。在茶、桑、果园宜采用毒土法，以免发生药害。

（3）敌草隆对棉叶有很强的触杀作用，施药必须施于土表，棉苗出土后不宜使用敌草隆。

（4）沙性土壤，用药量应比黏质土壤适当减少。沙性漏水稻田不宜用。

（5）敌草隆对果树及多种作物的叶片有较强的杀伤力，应避免药液飘移到作物叶片上。桃树对敌草隆敏感，使用时应注意。

（6）喷过敌草隆的器械必须用清水反复清洗。

（7）单独使用时，敌草隆不易被大多数植物叶面吸收，需加入一定的表面活性剂，以提高植物叶面的吸收能力。

生产厂家 浙江新安化工集团股份有限公司、湖北新银化工有限公司、石家庄伊宏化工有限公司。

地乐胺（butralin）

$C_{14}H_{21}N_3O_4$，295.33，33629-47-9

其他中文名称 丁乐灵、双丁乐灵

其他英文名称 dibutalin、Amex 820、Amchem 70-25、Amchem A-820

主要剂型 36％、37.3％、40％、48％乳油，30％水乳剂。

作用特点 低毒除草剂。地乐胺为二硝基苯胺类选择性芽前除草剂。药剂进入植物体后，主要抑制分生组织的细胞分裂，从而抑制杂草幼芽及幼根的生长，导致杂草死亡。对双子叶植物的地上部分抑制作用的典型症状为抑制茎伸长，子叶呈革质状，茎或下胚轴膨大变脆；对单子叶植物的地上部分产生倒伏、扭曲、生长停滞，幼苗逐渐变成紫色。

防治对象 对一年生种子繁殖的禾本科及阔叶杂草，如马唐、狗尾草、苋、藜等杂草有很好的防效。适用于西瓜、甜瓜、胡萝卜、马铃薯、西红柿、育苗韭菜、茴香、菜豆、芹菜、萝卜、大白菜、黄瓜等菜田应用。

注意事项

（1）地乐胺用药后一般要混土。混土深度3～5cm，可以在一定程度上提高施药效果。

（2）茎叶处理防除菟丝子时，喷雾力求细微均匀，使菟丝子缠绕的茎尖均能接受到药剂。

（3）使用本药剂时，要穿戴好保护衣、物，注意勿使药液溅入眼内。施药结束时要用肥皂洗手、洗脸。若溅入眼内，应立即用清水冲洗，并从速就医。溅到皮肤上，要用肥皂水洗净。经本药品污染的衣物，须洗涤后再穿。严禁儿童接触药剂、吞服。

（4）本品属易燃液体。在运输及贮存过程中应注意防火，远离火源。应贮存于阴凉干燥处，并不得与种子、饲料、食品混放。

（5）露地施药后应进行混土，以免光解和挥发。土壤湿润或浇水后施药，不混土也有较好的防除效果。

生产厂家 江苏盾牌化工有限责任公司、山东滨农科技有限公司、甘肃省张掖市大弓农化有限公司、山东侨昌化学有限公司、潍坊中农联合化工有限公司、山东华阳和乐农药有限公司。

丁草胺（butachlor）

$C_{17}H_{26}ClNO_2$，311.9，3184-66-9

其他中文名称 马歇特、灭草特、去草胺、丁草锁

其他英文名称 Machete、Macheta、Butanex

主要剂型 50％、60％、85％、90％乳油，400g/L、600g/L水乳剂，50％微乳剂，5％颗粒剂，10％微粒剂，25％微囊悬浮剂。

作用特点 低毒除草剂。内吸传导型选择性芽前除草剂。主要通过杂草幼芽和幼小的次生根吸收，抑制体内蛋白质合成，使杂草幼株肿大、畸形、色深绿，最终导致死亡。只有少量丁草胺能被稻苗吸收，而且在体内迅速完全分解代谢，因而稻苗有较大的耐药力。

防治对象 主要用于稻田防除一年生禾本科杂草和一年生莎草科杂草，以及某些一年生阔叶杂草。也可用于大麦、小麦、棉花、花生作物田的杂草防除，如防除稻田稗草、水葱、萤蔺、牛毛毡、节节草、鸭舌草等杂草。

注意事项

（1）丁草胺对3叶期以上的稗草效果差，因此必须掌握在杂草3叶期以前使用，水不要淹没秧心。

（2）目前麦田除草一般不用丁草胺，丁草胺用于菜地，若土壤水分过低会影响药效的发挥。

(3) 丁草胺对鱼毒性较强，养鱼稻田不能使用。用药后的田水也不能排入鱼塘。

(4) 丁草胺对人的眼睛和皮肤有一定的刺激性，施药时应注意防护。

生产厂家　山东胜邦绿野化学有限公司、天津市绿农生物技术有限公司、山东潍坊润丰化工股份有限公司、山东中石药业有限公司、大连瑞泽生物科技有限公司、内蒙古宏裕科技股份有限公司、兴农药业（中国）有限公司、广西易多收生物科技有限公司河池农药厂、山东侨昌化学有限公司、无锡和美农化科技有限公司、江苏常隆农化有限公司、山东德浩化学有限公司、黑龙江省哈尔滨利民农化技术有限公司、允发化工（上海）有限公司、南通维立科化工有限公司、信阳信化化工有限公司、江苏辉丰科技有限公司、河南颖泰农化股份有限公司、浙江胜杭州庆丰农化有限公司、江苏绿利来股份有限公司、吉林市绿盛农药化工有限公司、江苏省南通江山农药化工股份有限公司。

啶磺草胺（pyroxsulam）

$C_{14}H_{13}F_3N_6O_5S$，434.35，422556-08-9

其他中文名称　甲氧磺草胺、磺草胺唑、磺草唑胺

其他英文名称　Pyroxsulam

主要剂型　7.5%水分散粒剂。

作用特点　啶磺草胺是磺酰胺类内吸传导型、选择性冬小麦田苗后除草剂，杀草谱广、除草活性高、药效作用快。该药经由杂草叶片、鞘部、茎部或根部吸收，在生长点累积，抑制乙酰乳酸合成酶，从而无法合成支链氨基酸，进而影响蛋白质合成，影响杂草细胞分裂，造成杂草停止生长、黄化，然后死亡。

防治对象　苗后用于小麦、大麦、黑麦田中大多数重要的阔叶杂草如猪殃殃、繁缕等。苗前和苗后使用可防除玉米田中大多数重要的阔叶杂草如藜、西风古、龙葵、蓼等。

注意事项

(1) 在冬麦区建议，啶磺草胺冬前茎叶处理使用正常用量（12.5g/亩），3个月后可种植小麦、大麦、燕麦、玉米、大豆、水稻、棉花、花生、西瓜等作物；6个月后可种植番茄、小白菜、油菜、甜菜、马铃薯、苜蓿、三叶草等作物；如果种植其他后茬作物，事前应进行安全性试验。

(2) 准备或已间作或套种有其他作物的冬小麦田，不能使用本品。

(3) 用过的药械清洗干净，避免残留药剂对其他作物产生药害。

(4) 每季作物最多使用1次。

生产厂家 美国陶氏益农公司。

啶嘧磺隆（flazasulfuron）

$C_{13}H_{12}F_3N_5O_5S$，407.33，104040-78-0

其他中文名称 草坪清、绿坊、金百秀、秀百宫

其他英文名称 flazasulfuron、Shibagen

主要剂型 25%水分散粒剂。

作用特点 药剂能迅速被杂草的茎叶和根系吸收，并传导至整株杂草，主要抑制乙酰乳酸合成酶（ALS）的活性，进而抑制杂草体内的支链氨基酸（亮氨酸、异亮氨酸）的合成，阻碍蛋白质的合成和其他代谢过程，导致杂草死亡。

防治对象 马唐、稗草、牛筋草、早熟禾、看麦娘等禾本科杂草和空心莲子草、天胡荽、小飞蓬等阔叶杂草，以及碎米草、香附子、水蜈蚣等一年生或多年生莎草科杂草。

注意事项

(1) 本产品茎叶处理时，药液中加入适量的表面活性剂效果会更理想。

(2) 施药4～5天后，修剪草坪不会影响药效。应避免在雨前使用，施药后24h内降雨会影响药效。

(3) 在施药后4～7天杂草出现中毒症状，然后慢慢枯死，部分杂草在施药后20～40天才枯死，请勿重复用药。

(4) 对草本花会产生一定药害，落叶树木茎叶接触药液的部位也会出现失绿、落叶等药害症状，但不会被树木根系吸收产生药害，使用时避免药液飘移到这些植物及附近农作物上。

生产厂家 浙江海正化工股份有限公司。

毒莠啶（picloram）

$C_6H_3Cl_3N_2O_2$，241.46，1918-02-1

其他中文名称 氨氯吡啶酸、毒莠定、毒草丹

其他英文名称 Amdon、Tordon、Grazon、Borolin、Picloram、Chloramp

主要剂型 24%水剂。

作用特点 激素型除草剂。可被植物叶片、根和茎部吸收传导。能够快速向

生长点传导，引起植物上部畸形、枯萎、脱叶、坏死，木质部导管受堵变色，最终导致死亡。作用机制是抑制线粒体系统呼吸作用、核酸代谢。大多数禾本科植物是耐药的，大多数双子叶作物（十字花科除外）、杂草、灌木敏感。在土壤中较为稳定，半衰期 1～12 个月。高温高湿衰解快。

防治对象 可防治大多数双子叶杂草、灌木。对根生杂草如刺儿菜、小旋花等效果突出。对十字花科杂草效果差。

注意事项

（1）施药时应避免药液飘逸到敏感作物，如大豆、花生、莴苣等，以免造成药害。

（2）喷雾器用后，应清洗干净方可用于阔叶作物喷其他农药。

（3）后茬种植莴苣等菊科蔬菜安全间隔期在 45 天左右。

（4）本品为低毒农药，但使用时仍要注意防护，保证人畜安全。

生产厂家 湖北源顺化工有限公司

噁草酮（oxadiazon）

$C_{15}H_{18}Cl_2N_2O_3$，345.23，19666-30-9

其他中文名称 农思它、噁草酮

其他英文名称 Ronstar

主要剂型 30% 微乳剂，35%、380g/L、40% 悬浮剂，120g/L、12.5%、13%、250g/L、25.5%、26% 乳油，30% 可湿性粉剂，30% 水乳剂。

作用特点 低毒除草剂。选择性芽前、芽后除草剂，水旱田使用，土壤处理，通过杂草幼芽或幼苗与药剂接触、吸收而引起作用。苗后施药，杂草通过地上部分吸收，药剂进入植物体后积累在生长旺盛部位，抑制生长，致使杂草组织腐烂死亡。在光照条件下才能发挥杀草作用，但并不影响光合作用的希尔反应。

防治对象 用于稻田防除稗草、千金子、雀稗、异型莎草、鸭舌草、节节菜、球花碱草、瓜皮草等。亦可用于防除棉花、大豆、向日葵、花生、马铃薯、甘蔗、芹菜、果树等作物一年生禾本科杂草和阔叶杂草。对苋科、藜科、大戟科、酢浆草科、旋光科杂草有良好防效。

注意事项

（1）用于水稻插秧田，弱苗、小苗或超过常规用药量，水层过深淹没心叶时，易出现药害，秧田及水直播田勿使用催芽谷。催芽播种秧田，必须在播种前 2～3 天施药，如播种后马上施药，易出现药害。

（2）旱田使用时，土壤润湿有助于药效发挥。

生产厂家 安徽科立化工有限公司、宁夏新安科技有限公司、连云港市金囤农化有限公司、江苏蓝丰生物化工股份有限公司、江苏百灵农化有限公司、河北新兴化工有限责任公司、佳木斯黑龙农药化工股份有限公司、山东东泰农化有限公司、浙江嘉化集团有限公司、合肥星宇化学有限责任公司、河北省吴桥农药有限公司、湖南博翰化学科技有限公司、安徽广信农化股份有限公司、衡水景美化学工业有限公司、江苏维尤纳特精细化工有限公司、山东潍坊润丰化工股份有限公司。

噁嗪草酮（oxaziclomefone）

$C_{20}H_{19}Cl_2NO_2$，376.28，153197-14-9

其他中文名称 去稗安
其他英文名称 Samurai、Sat-Ful、Tredy
主要剂型 21％、25％、40％、48％乳油，10％、16％、20％高渗乳油，15％烟雾剂，30％水乳剂，3％、5％、10％、15％颗粒剂
作用特点 属于有机杂环类，是内吸传导型水稻田除草剂。除草机理主要是通过杂草的根和茎叶基部吸收，阻碍植株内GA3激素的形成，使杂草茎叶失绿，生长受抑制，直至枯死。杀草保苗的原理主要是药剂在水稻与杂草中的吸收传导及代谢速度的差异所致。对土壤吸附力极强，漏水田、药后下雨等均不影响药效。
防治对象 在直播田、秧田、抛秧田、移栽田均可应用，可防除稗草、沟繁缕、千金子、异型莎草等多种杂草。
生产厂家 日本安万特作物科学公司。

噁唑酰草胺（metamifop）

$C_{23}H_{18}ClFN_2O_4$，440.85，256412-89-2

其他中文名称 韩秋好
其他英文名称 K-12974、DBH-129
主要剂型 3.3％、10％乳油。
作用特点 噁唑酰草胺属乙酰辅酶A羧化酶抑制剂，能抑制植物脂肪酸的合成。用药后几天内敏感品种出现叶面退绿，抑制生长，有些品种在施药后2周

出现干枯,甚至死亡。适合在缺水地区各种稻作栽培田除草(水直播田、旱直播田、秧田、移栽田、抛秧田等);安全性好,对水稻和下茬作物安全,在稻米、水、环境中无残留。

防治对象 水稻田防除大多数一年生禾本科稻田杂草,如稗属、千金子、马唐、牛筋草,对稗草、千金子、马唐等有特效。

注意事项

(1) 禁止使用弥雾机。每亩用水量不少于30kg。喷雾要均匀,不要重喷、漏喷。

(2) 单独使用,不要和其他农药或助剂混用。

(3) 水稻三叶期后用药较为安全。

生产厂家 苏州富美实植物保护剂有限公司、无锡瑞泽农药有限公司、上海纳谦化学科技有限公司。

二甲戊乐灵 (pendimethalin)

$C_{13}H_{19}N_3O_4$,281.31,40487-42-1

其他中文名称 施田补、胺硝草、除草通、甲戊乐灵、二甲戊灵、菜草灵

其他英文名称 Penoxalin

主要剂型 33%乳油。

作用特点 低毒除草剂。二硝基苯胺类选择性芽前、芽后旱田土壤处理除草剂。主要抑制分生组织细胞分裂。不影响杂草种子的萌发。在杂草种子萌发过程中幼芽、茎和根吸收药剂后而起作用。双子叶植物吸收部位为下胚轴。单子叶植物吸收部位为幼芽,其受害症状为幼芽和次生根被抑制。杂草通过正在萌发的幼芽吸收药剂,进入植物体内的药剂与微管蛋白结合,抑制植物细胞的有丝分裂,从而造成杂草死亡。

防治对象 防除稗草、马唐、狗尾草、千金子、牛筋草、马齿苋、苋、藜、苘麻、龙葵、碎米莎草、异型莎草等。对禾本科杂草的防除效果优于阔叶杂草,对多年生杂草效果差。

注意事项

(1) 为增加土壤吸附,减轻除草剂对作物的药害,在土壤处理时,应先浇水,后施药。当土壤黏重或有机质含量超过2%时,应使用高剂量。土壤墒情不足或干旱气候条件下,用药后需混土3~5cm。

(2) 二甲戊乐灵对鱼有毒,应防止药剂污染水源。

(3) 本产品为可燃性液体,运输及使用时应避开火源。液体贮存应放在原容

器内，并加以封闭，贮放在远离食品、饲料及儿童、家畜接触不到的场地。使用的空筒或空瓶应深埋。

（4）甜瓜、甜菜、西瓜、菠菜等作物对本品敏感，容易产生药害，不得在这些作物上使用本品。

（5）本品在土壤中的持效期为 45～60 天。

生产厂家　山东华阳农药化工集团。

二氯吡啶酸（clopyralid）

$C_6H_3Cl_2NO_2$，192.00，1702-17-6

其他中文名称　二氯吡啶酸、毕克草、3,6-二氯吡啶-2-羧酸

其他英文名称　3,6-dichlorpicolinic acid

主要剂型　75%可溶性粉剂，75%可溶性粒剂，30%水剂。

作用特点　二氯吡啶酸是一种人工合成的植物生长激素，它的化学结构和许多天然的植物生长激素类似，但在植物的组织内具有更好的持久性。对杂草施药后，它被植物的叶片或根部吸收，在植物体中上下移动并迅速传导到整个植株。低浓度的二氯吡啶酸能够刺激植物的DNA、RNA和蛋白质的合成从而导致细胞分裂的失控和无序生长，最后导致管束被破坏；高浓度的二氯吡啶酸则能够抑制细胞的分裂和生长。

防治对象　可以防除油菜、玉米、草坪、苗圃所有苗木田间一年生阔叶杂草和深根多年生杂草。

注意事项

（1）二氯吡啶酸在油菜抽薹后不要施用，以免发生药害。

（2）在土壤中的持效期中等，对多种后茬作物可能造成不良影响，10个月后种植不会出现药害。

生产厂家　利尔化学股份有限公司、重庆双丰化工有限公司、重庆双丰化工有限公司。

二氯喹啉酸（quinclorac）

$C_{10}H_5Cl_2NO_2$，242.06，84087-01-4

其他中文名称　稗草净、氯喹酸、神锄、稗草亡、快杀稗、克稗星、杀稗净

其他英文名称 Facet、Queen、Dichloroquinolinicacid

主要剂型 25％、50％可湿性粉剂，30％悬浮剂，50％水分散粒剂。

作用特点 二氯喹啉酸属激素型喹啉羧酸类除草剂，杂草中毒症状与生长素类作用相似，主要用于防治稗草且适用期很长，1～7叶期均有效。水稻安全性好。

防治对象 适用水稻移栽田或秧田直播田，用于防治稗草、马唐、牛筋草、千金子、异型莎草、节节菜、苍耳、苘麻等多种禾本科、莎草科杂草及阔叶杂草等。

注意事项

(1) 土壤中残留量较大，对后茬易产生药害，后茬可种水稻、玉米、高粱。

(2) 茄科（烟草、马铃薯、辣椒等）、伞形花科（胡萝卜、芹菜）、藜科（菠菜、甜菜）、锦葵科、葫芦科（各种瓜类）、豆科、菊科、旋花科作物对该药敏感。

(3) 可与杀草丹、苄嘧磺隆、敌稗等混用。

生产厂家 太原市瑞和丰科贸有限公司、武汉凯威斯科技有限公司、阿达玛斯试剂有限公司。

砜嘧磺隆（rimsulfuron）

$C_{14}H_{17}N_5O_7S_2$，431.44，122931-48-0

其他中文名称 玉嘧磺隆、宝成

其他英文名称 Titus、Totis、Rimsulfuro

主要剂型 20％可湿性粉剂，25％干悬浮剂。

作用特点 磺酰脲类选择性芽后除草剂。玉嘧磺隆是乙酰乳酸合成酶（ALS）抑制剂，即通过抑制植物的乙酰乳酸合成酶，阻止支链氨基酸的生物合成，从而抑制细胞分裂。经玉嘧磺隆处理后敏感的禾本科和阔叶杂草分生组织停止生长，然后退绿、斑枯直至全株死亡。

防治对象 大多数一年生和多年生禾本科及阔叶杂草。可防除稗草、马唐、狗尾草、金狗尾草、野燕麦、野高粱、牛筋草、野黍、藜、风花菜、鸭跖草、荠菜、马齿苋、猪毛菜、狼巴草、反枝苋、野西瓜苗、豚草、苣荬菜、酸模叶蓼、铁苋菜、苘麻、鼬瓣花、刺儿菜、鳢肠、莎草等。

注意事项

(1) 使用本剂前后7天内，尽量避免使用有机磷杀虫剂，否则可能会引起玉米药害。

（2）在 4 叶期前施药，如玉米超过 4 叶期，单用或混用玉米均有药害发生，药害症状表现为拔节困难，株高矮小，叶色浅，发黄，心叶卷缩变硬，有发红现象，10~15 天恢复。

（3）甜玉米、爆玉米、黏玉米及制种田不宜使用。

生产厂家 江苏省农用激素工程技术研究中心有限公司、浙江泰达作物科技有限公司、上海市松江区中邦精细化工、河南多尔化工产品有限公司。

氟吡磺隆（flucetosulfuron）

$C_{18}H_{21}FN_5O_8S$，487.46，412928-75-7

其他中文名称 韩乐盛

其他英文名称 Flucetosulfuron

主要剂型 10%可湿性粉剂。

作用特点 磺酰脲类除草剂，是乙酰乳酸合成酶（ALS）抑制剂，即通过抑制植物的 ALS，阻止支链氨基酸如缬氨酸、异亮氨酸、亮氨酸的生物合成，最终破坏蛋白质的合成，干扰 DNA 的合成及细胞分裂与生长。它可以通过植物的根、茎和叶吸收，通过叶片的传输速度比草甘膦快。药害症状包括生长停止、失绿、顶端分生组织死亡，植株在 2~3 周后死亡。

防治对象 可用于移栽和直播水稻田，有效防除稗草、阔叶杂草和莎草科杂草。

注意事项 氟吡磺隆对千金子的效果不好。因此在千金子发生多的田块，有必要和防除千金子的特效除草剂复配。

生产厂家 韩国 LG 公司生命科学有限公司。

氟磺胺草醚（fomesafen）

$C_{15}H_{10}ClF_3N_2O_6S$，438.76，72178-02-0

其他中文名称 氟黄胺草醚、虎威、龙威

其他英文名称 Flex、Reflex

主要剂型 25%水剂。

作用特点 高效、选择性除草剂。主要用于豆田芽后除草,对防除阔叶杂草有特效,作用原理是通过叶部吸收,破坏光合作用。药剂在土壤中也有很好的活性。缺点是对大豆会有一定药害,但很快恢复,采用播后苗前施药对大豆不易产生药害。

防治对象 适用于大豆、花生田防除苘麻、铁苋菜、三叶鬼针草、苋属、豚草属、油菜、荠菜、藜、鸭跖草属、曼陀罗、龙葵、裂叶牵牛、粟米草、萹蓄、宾州蓼、马齿苋、刺黄花稔、野苋、决明、地锦草、猪殃殃、水棘针、酸浆属、田菁、苦苣菜、蒺藜、车轴草、荨麻、宾州苍耳、刺苍耳、苍耳等阔叶杂草。也可用于果园、橡胶种植园防除阔叶杂草。

注意事项

(1) 氟磺胺草醚在土壤中持效期长,如用药量偏高,对第二年种植敏感作物,如白菜、谷子、高粱、甜菜、玉米、小米、亚麻等均有不同程度药害;在推荐剂量下,不翻耕种玉米、高粱,都有轻度影响。应严格掌握药量,选择安全后茬作物。

(2) 在果园中使用,切勿将药液喷到树叶上。

(3) 氟磺胺草醚对大豆安全,但对玉米、高粱、蔬菜等作物敏感,施药时注意不要污染这些作物,以免产生药害。

生产厂家 山东侨昌化学有限公司济南绿邦化工有限公司、济南绿邦化工有限公司、江苏百灵农化有限公司、连云港立本农药化工有限公司。

氟乐灵 (trifluraline)

$C_{13}H_{16}F_3N_3O_4$,335.28,1582-09-8

其他中文名称 茄科宁、氟特力、特福力、氟利克、氟乐宁、特富力、氟利克

其他英文名称 Flutrix、Treflan、Basalin、Elancolan、Su seguro Carpidor、Trim、Trefenocide、Treficon、Triflurex、Triflurolin

主要剂型 24%、48%乳油,5%、50%颗粒剂。

作用特点 低毒除草剂。二硝基苯胺类选择性芽前土壤处理剂,主要通过杂草的胚芽鞘与胚轴吸收。对已出土杂草无效。对禾本科和部分小粒种子的阔叶杂草有效,持效期长。是选择性触杀除草剂。在植物体内输导能力差。能通过杂草种子发芽生长穿出土层的过程中吸收。禾本科杂草通过幼芽吸收,阔叶杂草通过下胚轴吸收,子叶和幼根也能吸收,但出苗后的茎叶不能吸收。氟乐灵是一种应用广泛的旱田除草剂。作物播前或播后苗前或移栽前、后进行土壤处理后及时混

土 3~5cm，混土要均匀，混土后即可播种。

防治对象 适用于大豆、棉花、玉米、小麦、旱稻、甘蔗、甜菜、向日葵、番茄、甘蓝、菜豆、胡萝卜、芹菜、香菜等 40 多种作物及果园、林业苗圃、花卉、草坪、种植园等防除稗草、野燕麦、狗尾草、马唐、牛筋草、碱茅、千金子、早熟禾、看麦娘、藜、苋、繁缕、猪毛菜、宝盖草、马齿苋等一年生禾本科杂草及部分双子叶杂草。

注意事项

（1）氟乐灵易挥发和光解，喷药后应及时拌土 3~5cm 深。不宜过深，以免相对降低药土层中的含药量和增加药剂对作物幼苗的伤害。从施药到混土的间隔时间一般不能超过 8h，否则会影响药效。

（2）药效受土壤质地和有机质含量影响较大，用药量应根据不同条件确定。沙质土地及有机质含量低的土壤宜适当减少用量。

（3）氟乐灵残效期较长。在北方低温干旱地区可长达 10~12 个月，对后茬的高粱、谷子有一定的影响，高粱尤为敏感。

（4）瓜类作物及育苗韭菜、直播小葱、菠菜、甜菜、小麦、玉米、高粱等对氟乐灵比较敏感，不宜应用，以免产生药害。

（5）氟乐灵乳油对塑料制品有腐蚀作用，不宜用塑料桶盛装氟乐灵。以深色玻璃瓶避光贮存为宜，且不要靠近火源和热气，用前摇动。

（6）药液溅到皮肤和眼睛上，应立即用清水大量反复冲洗。

生产厂家 江苏丰山集团有限公司、山东潍坊润丰化工股份有限公司、南京华洲药业有限公司、山东侨昌化学有限公司、江苏百灵农化有限公司、山东省青岛瀚生生物科技股份有限公司、捷马化工股份有限公司、山东滨农科技有限公司、一帆生物科技集团有限公司、山东省济南绿邦化工有限公司、江苏连云港立本农药化工有限公司、江苏腾龙生物药业有限公司。

氟硫草定（dithiopyr）

$C_{15}H_{16}F_5NO_2S_2$，401.42，97886-45-8

其他中文名称 氟氯草定

其他英文名称 Dictran

作用特点 氟硫草定属吡啶羧酸类芽前除草剂，除草活性不受环境因素变化的影响，用于稻田和草坪除草，对水稻安全，持效期可达 80 天。

防治对象 可防除稗、鸭舌草、异型莎草、节节菜、窄叶泽泻等一年生杂草。但不能防除萤蔺、水莎草、瓜皮草和野慈菇。

生产厂家 上海将来实业有限公司、上海宝曼生物科技有限公司、无锡凯姆麦高化学品有限公司。

氟烯草酸 (flumiclorac-pentyl)

$C_{21}H_{23}ClFNO_5$，423.86，87546-18-7

其他中文名称 氟胺草酯、利收、氟亚胺草酯、阔氟胺
其他英文名称 Sumiverde、Resource
主要剂型 10％乳油。
作用特点 氟烯草酸为触杀芽后选择性原卟啉原氧化酶抑制剂。药剂被敏感杂草叶面吸收后，迅速作用于植株组织，引起原卟啉积累，使细胞膜脂质过氧化作用增强，从而导致敏感杂草的细胞结构和细胞功能不可逆损害。
防治对象 本药剂为苗后除草剂，用于防除大豆田一年生阔叶杂草，如苍耳、豚草、藜、苋属杂草、斑地锦、黄花稔、曼陀罗、苘麻等，也可用于玉米作物除草。
注意事项
（1）施药1周后，大豆叶片可能出现皱缩、枯斑、新叶发黄等症状，两周后会恢复正常，对产量没有影响。
（2）氟烯草酸只对阔叶杂草有效，与防除禾本科杂草的除草剂混合使用，可降低用量，扩大杀草谱。
生产厂家 上海佳和生物科技有限公司。

氟唑磺隆 (flucarbazone)

$C_{12}H_{11}F_3N_4O_6S$，396.30，145026-88-6

其他中文名称 彪虎、氟酮磺隆
其他英文名称 Everest
主要剂型 70％水分散粒剂。
作用特点 其进口名称为彪虎，是一种全新化合物，其有效成分可被杂草的根和茎叶吸收，通过抑制杂草体内乙酰乳酸合成酶的活性，破坏杂草正常的生理生化代谢而发挥除草活性。彪虎可有效防除小麦田大部分禾本科杂草，同时也可有效控制部分阔叶杂草。彪虎在小麦体内可很快代谢，对小麦具有极好的安

全性。

防治对象 对野燕麦、雀麦、看麦娘等禾本科杂草和多种双子叶杂草有明显防效。

注意事项

（1）对大麦、荞麦、燕麦、十字花科和豆科作物敏感，因此不能在上述作物田使用。

（2）冬小麦区在晚秋或初冬施药时，应注意选择冷尾暖头天气用药，最好在气温高于 8℃时施药；恶劣天气下使用，小麦可能表现受害症状，也可能影响防治效果。

（3）在冬小麦区对玉米、大豆、水稻、棉花及花生的安全间隔期为 60～65 天。

生产厂家 爱利思达公司。

禾草丹（thiobencarb）

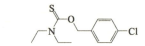

$C_{12}H_{16}ClNOS$，257.78，28249-77-6

其他中文名称 杀草丹、稻草完、稻草丹、除田莠

其他英文名称 Saturn、Bolera、Satarno

主要剂型 10％颗粒剂，25％速溶乳粉，50％、90％乳油。

作用特点 低毒除草剂。内吸传导型的选择性除草剂。通过杂草的幼芽和根吸收，抑制 α-淀粉酶的生物合成过程，使发芽种子中的淀粉水解减弱或停止，使幼芽死亡。对杂草种子萌发没有作用，只有当杂草萌发后吸收药剂才起作用。作土壤处理剂使用，对水稻安全，对稗草有优良防治效果。

防治对象 适用于水稻、麦类、大豆、花生、玉米、蔬菜田及果园等防除稗草、牛毛草、异型莎草、千金子、马唐、蟋蟀草、狗尾草、碎米莎草、马齿草、看麦娘等。

注意事项

（1）在秧田使用，边播种边用药或在秧苗立针期灌水条件下用药，对秧苗都会发生药害，不宜使用。稻草还田的移栽稻田，不宜使用禾草丹。

（2）禾草丹对 3 叶期稗草效果下降，应掌握在稗草 2 叶 1 心前使用。

（3）禾草丹与 2 甲 4 氯、苄嘧黄隆、西草净混用，在移栽田可兼除瓜皮草等阔叶杂草。

（4）禾草丹不可与 2,4-滴混用，否则会降低禾草丹除草效果。

生产厂家 连云港纽泰克化工有限公司、江苏省南通泰禾化工有限公司。

禾草敌 (molinate)

$C_9H_{17}NOS$,187.3,2212-67-1

其他中文名称 雅兰、禾大状、草达灭、希克尔、草灭达、禾草特、稻科壮、杀克尔、田禾净

其他英文名称 Felan、Jalan、Ordam、Yalan、Yulan

主要剂型 71%、91%、96%乳油，5%、10%颗粒剂。

作用特点 防除水稻稗草的选择性除草剂。药剂通过杂草芽鞘和初生根被吸收，抑制α-淀粉酶活性，阻止蛋白质转化，从而使增殖细胞得不到原生质，新叶不能生长，致使杂草死亡。

防治对象 适用于水稻田防除稗草、牛毛草、异型莎草等。

注意事项

(1) 禾草特挥发性强，施药时和施药后保持水层7天，否则药效不能保证。

(2) 籼稻对禾草特敏感，剂量过高或用药不均匀，易产生药害。

(3) 禾草特对稗草特效，对其他阔叶杂草及多年生宿根杂草无效，如要兼除可与其他除草剂混用。

(4) 剩余的药剂应密封保存在阴凉干燥处，远离食品、饲料、种子、火源及儿童接触不到的地方。施药时应注意安全防护措施，避免污染皮肤和眼睛。

生产厂家 江苏傲伦达科技实业股份有限公司、先正达（中国）投资有限公司。

禾草灵 (diclofop-methyl)

$C_{16}H_{14}Cl_2O_4$,341.19,51338-27-3

其他中文名称 伊洛克桑、(RS)-2-[4-(2,4-二氯苯氧基)苯氧基]丙酸甲酯

其他英文名称 Hoegrass、Hoelon、Illoxan

主要剂型 28%、36%乳油。

作用特点 禾草灵是乙酰辅酶A羧化酶抑制剂，苗后处理，可被杂草根、茎、叶吸收，但在体内传导性差。根吸收药剂，绝大部分停留在根部，杀伤初生根，只有很少量的药剂传导到地上部。叶片吸收的药剂，大部分分布在施药点上下叶脉中，破坏叶绿体，使叶片坏死，但不会抑制植株生长。对幼芽抑制作用

强，将药剂施到杂草顶端或节间分生组织附近，能抑制生长，破坏细胞膜，导致杂草枯死。

防治对象 适用于小麦、大麦、大豆、油菜、花生、向日葵、甜菜、马铃薯、亚麻等作物地防除稗草、马唐、毒麦、野燕麦、看麦娘、早熟禾、狗尾草、画眉草、千金子、牛筋等一年生禾本科杂草；对多年生禾本科杂草及阔叶杂草无效。也不能用于玉米、高粱、谷子、水稻、燕麦、甘蔗等作物地。

注意事项

（1）禾草灵不能与苯氧乙酸类除草剂2,4-滴丁酯、2甲4氯以及麦草畏、灭草松等混用，也不能与氮肥混用，否则会降低药效。

（2）喷施禾草灵后，接触药液的小麦叶片会出现稀疏的退绿斑，但新长出的叶片完全不会受害。对3～4片复叶期的大豆有轻微药害，叶片出现褐色斑点，一周后可恢复，对大豆生长无影响。

生产厂家 一帆生物科技集团有限公司。

环丙嘧磺隆（cyclosulfamuron）

$C_{17}H_{19}N_5O_6S$，421.43，136849-15-5

其他中文名称 金秋、环胺磺隆

其他英文名称 Ienvest

主要剂型 10%可湿性粉剂。

作用特点 磺酰胺类除草剂，主要通过抑制杂草体内乙酰乳酸合成酶，从而阻碍支链氨基酸的合成，使细胞停止分裂，最后导致死亡。作茎叶处理后，敏感杂草停止生长，叶色退绿，根据不同的环境条件，经过几周后才能使杂草完全枯死。在高剂量下对稗草有较好的抑制作用，对多年生难防杂草扁秆藨草也有较强的抑制效果。

防治对象 主要用于水稻直播田及本田，还可用于小麦、大麦、草皮中。用于防除阔叶杂草和莎草科杂草如鸭舌草、雨久花、泽泻、狼巴草、母草、瓜皮草、牛毛毡、矮慈姑、异型莎草等。对多年生鹿杆草也有较强抑制效果。对水稻有增产作用。

注意事项 在高剂量下，如60g/hm²，水稻会发生矮化或白化现象，但能很快恢复，对后期生长和产量无任何影响。

生产厂家 上海谱振生物科技有限公司。

环嗪酮（hexazinone）

$C_{12}H_{20}N_4O_2$，252.31，51235-04-2

其他中文名称 林草净、威尔柏、菲草净、3-环己基-6-二甲氨基-1-甲基-1,3,5-三嗪-2,4-二酮

其他英文名称 Velpar、Brushkiller、Gridball、Hexazinon

主要剂型 25%水剂，10%颗粒剂。

作用特点 三嗪酮类芽后触杀性除草剂，抑制植物的光合作用。它的杀草谱和杀灌木谱较广，而且毒力强，持效长。植物根、叶都能吸收，主要通过木质部传导，对松树根部没有伤害，是优良的林用除草剂。防除一年生和二年生杂草。药效进程较慢，杂草1个月，灌木2个月，乔木3～10个月。

防治对象 适用于常绿针叶林，如红松、樟子松、云杉、马尾松等幼林抚育。造林前除草灭灌、维护森林防火线及林分改造等，可防除大部分单子叶和双子叶杂草及木本植物黄花忍冬、珍珠梅、榛子、柳叶绣线菊、刺五加、山杨、木桦、椴、水曲柳、黄波罗、核桃楸等。

注意事项

（1）最好在雨季前用药。

（2）兑水稀释药液时，温度不可过低，否则药剂溶解不好，影响药效。

（3）使用时注意树种，落叶松敏感，不能使用。

生产厂家 江苏蓝丰生物化工股份有限公司、江苏省江阴凯江农化有限公司、江苏中旗化工有限公司、安徽中山化工有限公司。

环酯草醚（pyriftalid）

$C_{15}H_{14}N_2O_4S$，318.40，135186-78-6

其他中文名称 7-[(4,6-二甲基-2-嘧啶基)硫]-3-甲基-1(3H)-异丙并呋喃酮

其他英文名称 7-[(4,6-dimethoxy-2-pyrimidinyl) thio]-3-methyl-1(3H)- isobenzofuranone

主要剂型 25%悬浮剂。

作用特点 嘧啶水杨酸类除草剂，乙酰乳酸合成酶（ALS）抑制剂，离体条件下用酶测定其活性较低，但通过茎叶吸收，在植株体内代谢后，产生药效佳的代谢物，并经内吸传导，使杂草停止生长，继而枯死。

防治对象 用于防治水稻田禾本科杂草和部分阔叶杂草。对移栽水稻田的稗草、千金子防治效果较好，对丁香蓼、碎米莎草、牛毛毡、节节菜、鸭舌草等阔叶杂草和莎草有一定的防效。

生产厂家 沙隆达郑州农药有限公司。

磺草酮（sulcotrione）

$C_{14}H_{13}ClO_5S$，328.77，99105-77-8

其他中文名称 玉草施、2-(2-氯-4-甲砜基)苯甲酰基-1,3-环己二酮

其他英文名称 2-[2-chloro-4-(methylsulfonyl) benzoyl]-1,3-cyclohexanedione、ICIA0051、SC0051

主要剂型 15%水剂，15%油悬浮剂，26%悬浮剂。

作用特点 环己二酮类除草剂，作用于类胡萝卜素合成，导致叶绿素被破坏，细胞膜破裂，杂草则表现为幼芽脱色或白色，最后整株萎蔫死亡。

防治对象 用于玉米、豌豆、菜豆、马铃薯、冬油菜等作物防除多种阔叶杂草和禾本科杂草，防除马唐、血根草、锡兰稗、洋野黍、藜、茄、龙葵、蓼、酸膜、叶蓼等大部分杂草。

生产厂家 沈阳科创化学品有限公司、浙江博仕达作物科技有限公司、上虞颖泰精细化工有限公司、大连松辽化工公司、江苏长青农化股份有限公司、江苏中旗化工有限公司、江苏苏化集团新沂农化有限公司、浙江禾本农药化学有限公司、安徽华星化工。

甲草胺（alachlor）

$C_{14}H_{20}ClNO_2$，269.77，15972-60-8

其他中文名称 拉索、澳特拉索、草不绿

其他英文名称 Metachlor、Alamex、Alanex、Alanox、Alazine、Bullet、Cannon

主要剂型　10%、15%颗粒剂，43%乳油，48%乳油。

作用特点　低毒除草剂。甲草胺为选择性芽前土壤处理除草剂。主要通过杂草芽鞘吸收，根部和种子也可少量吸收。甲草胺进入杂草体内后，抑制蛋白酶活性，使蛋白质合成遭破坏而杀死杂草。甲草胺主要杀死出苗前土壤中萌发的杂草，对已出土的杂草防除效果不好。甲草胺能被土壤团粒吸附，不易在土壤中淋失，也不易挥发失效，但能被土壤微生物所分解，一般有效控制杂草时间为35天左右。主要作为选择性旱地芽前除草剂。

防治对象　防除大豆、棉花、甜菜、玉米、花生、油菜等旱地作物田间的一年生禾本科杂草，如稗草、牛筋草、秋稷、马唐、狗尾草、蟋蟀草、臂形草等。

注意事项

(1) 甲草胺水溶性差，如遇干旱天气又无灌溉条件，应采用播前混土法。否则药效难于发挥。使用甲草胺后半个月内如无降雨，应进行浇水或浅湿土，以保证药效。但土壤积水易发生药害。

(2) 甲草胺对眼睛和皮肤有一定的刺激作用。在施药、配药时要注意防护。如溅入眼睛和皮肤要立即清洗干净。

(3) 高粱、谷子、黄瓜、胡萝卜、韭菜、菠菜等对甲草胺敏感，不宜使用。

(4) 甲草胺乳油能溶解聚氯乙烯、丙烯腈、丁二烯、苯二烯塑料和其他塑料制品，因此不能用此类材料做包装容器，对金属如铝、铁、不锈钢等无腐蚀作用。

(5) 甲草胺对已出土杂草无效，应注意在杂草种子萌动高峰而又未出土前喷药，方能获得最大药效。

生产厂家　兴农药业（中国）有限公司、江苏省南通江山农药化工股份有限公司、山东潍坊润丰化工股份有限公司、山东中石药业有限公司、山东滨农科技有限公司、浙江省杭州庆丰农化有限公司、山东侨昌化学有限公司、江苏常隆农化有限公司、山东东营胜利绿叶农药化工有限公司、上虞颖泰精细化工有限公司、信阳信化化工有限公司、南通维立科化工有限公司、安徽富田农化有限公司。

甲磺胺磺隆（mesosulfuron-methyl）

$C_{17}H_{21}N_5O_9S_2$，503.51，208465-21-8

其他中文名称　甲基二磺隆、世玛
其他英文名称　Atlantis、Mesomaxx、Mesosulfuron
主要剂型　30g/L油悬浮剂。
作用特点　为磺酰脲类除草剂，主要通过植物的茎叶吸收，经韧皮部和木质部传导，少量通过土壤吸收，抑制敏感植物体内的乙酰乳酸合成酶的活性，导致支链氨基酸的合成受阻，从而抑制细胞分裂，导致敏感植物死亡。

防治对象 可防除看麦娘、野燕麦、棒头草、早熟禾、硬草、碱茅、多花黑麦草、毒麦、雀麦、蜡烛草、节节麦、菵草、冰草、荠菜、播娘蒿、牛繁缕、自生油菜等。

注意事项

（1）生产上如果遇阴雨天田间过湿、低洼积水或者麦苗受涝害、冻害、盐碱、病虫危害及植株营养不良时不能用药，小麦拔节或株高达13cm后不能使用，否则容易产生药害。施药后4天内有大雨、霜冻容易发生药害。施药时田间不能有积水，施药前后2天内不能大水漫灌，以免出现药害。冰冻条件下施用甲基二磺隆容易发生药害，导致小麦叶片发黄、矮缩不长，严重的出现死苗。

（2）后茬玉米、水稻、大豆、花生、棉花等作物需在施药100天后播种，间套作上述作物的麦田慎用该药。

生产厂家 德国拜耳作物科学公司。

甲磺隆（metsulfuron-methyl）

$C_{14}H_{15}N_5O_6S$，381.36，74223-64-6

其他中文名称 合力

其他英文名称 Quit、Brush-Off

主要剂型 20%乳油，5%颗粒剂。

作用特点 甲磺隆是一种内吸传导选择性麦田高效磺酰脲类除草剂，通过植物的根、茎、叶吸收，在体内迅速传导，抑制乙酰乳酸合成酶（ALS）活性，导致缬氨酸与异亮氨酸生物合成受阻，从而造成生长受抑制而死亡。甲磺隆是现有磺酰脲除草剂中活性最高的品种。

防治对象 主要防治麦田大多数阔叶杂草，对禾本科杂草也有显著抑制作用。对风草、黑麦草、蓼、长春蔓、繁缕、荠菜、虞美人、小野芝麻、荞麦蔓等均有活性。对猪殃殃效果不佳。

注意事项 该药残留期长，不应在麦套玉米、棉花、烟草等敏感作物田使用。中性土壤小麦田用药120天后播种油菜、棉花、大豆、黄瓜等会产生药害，碱性土壤药害更重。

生产厂家 湖北盛天恒创生物科技有限责任公司、上海宝曼生物科技有限公司。

2甲4氯 (MCPA acid)

$C_9H_9ClO_3$,200.62,94-74-6

其他中文名称 2-甲基-4-氯苯氧乙酸
其他英文名称 Chipton、Agroxone、Agritox、Cornox、Methoxone
主要剂型 13%、20%水剂,56%可湿性粉剂。
作用特点 2甲4氯为苯氧乙酸类选择性内吸传导激素型除草剂,可以破坏双子叶植物的输导组织,使生长发育受到干扰,茎叶扭曲,茎基部膨大变粗或者开裂。挥发性、作用速度较2,4-滴丁酯乳油低且慢,因而在寒地稻区使用比2,4-滴安全。禾本科植物幼苗期很敏感,3~4叶期后抗性逐渐增强,分蘖末期最强,到幼穗分化敏感性又上升,因此宜在水稻分蘖末期施药。
防治对象 可防除大部分一年生阔叶杂草和莎草科杂草。
注意事项
(1) 喷雾时一定在无风或微风天气进行,切勿喷到或飘移到敏感作物中去,以免发生药害。
(2) 不能与碱性农药混用,以免分解失效。
生产厂家 江苏省百灵农化有限责任公司、山东侨昌化学有限公司。

甲咪唑烟酸 (imazapic)

$C_{14}H_{17}N_3O_3$,275.30,104098-48-8

其他中文名称 百垄通、甲基咪草烟
其他英文名称 Imazameth、Pestanal
主要剂型 24%水剂。
作用特点 甲咪唑烟酸是一种强内吸性除草剂,不仅能很好地杀死杂草地上部分植株,而且对地下部的根及地下茎也有较强的防除效果。
防治对象 可有效地防除或抑制花生田或甘蔗田禾本科杂草及莎草。包括稗草、马唐、牛筋草、狗尾草、千金子、碎米莎草、香附子等;防除的阔叶杂草有苋、黎、苘麻、马齿苋、龙葵、芥菜、碎米芥、牛繁缕、苍耳、胜红蓟、莲子草、空心莲子草、打碗花等。
生产厂家 无锡振日化工产品有限公司、杭州易隆化工有限公司、德国巴斯

夫公司。

甲嘧磺隆（sulfometuron-methyl）

$C_{15}H_{16}N_4O_5S$，364.38，74222-97-2

其他中文名称 嘧磺隆、傲杀、奥斯达、甲基嗪磺隆、森草净、嘧黄隆甲酯

其他英文名称 Oust

主要剂型 75%可湿性粉剂，10%、25%可溶性粉剂，10%悬浮剂。

作用特点 磺酰脲类除草剂，抑制支链氨基酸合成，从而抑制植株生长端的细胞分裂，阻止杂草生长至失绿坏死。该品为芽前、芽后灭生性除草剂，适用于林木防除一年生和多年生禾本科杂草及阔叶杂草，或开辟森林隔离带，伐木后林地清理、荒地垦前、休闲非耕地、道路边荒地除草灭灌。

防治对象 用于果园、林地、草场防除一年生和多年生禾本科杂草和双子叶杂草及阔叶杂草灌木。

注意事项

（1）风力在2级以下的晴朗天气喷洒，以免发生飘移而使附近的农作物受到药害。

（2）甲嘧磺隆显效较慢，施药后6~8h。杂草即停止生长，先是茎叶由绿变紫红，端芽坏死，直至全株死亡。故施药后不要因显效慢，而重喷或人工除草。

（3）施药完后喷洒工具不能在河沟、水塘清洗，以免农业用水而使农作物受药害。

（4）本品为林业除草剂，不得用于农田除草。非耕地施药时要保证药液不飘移到农作物和其他不希望杀伤的植物上，以免造成药害。该药对门氏黄松、美国黄松等松树有药害，不能使用。

生产厂家 湖北巨胜科技有限公司、上海宝曼生物科技有限公司、太原瑞和丰科贸有限公司。

甲氧咪草烟（imazamox）

$C_{15}H_{19}N_3O_4$，305.33，114311-32-9

其他中文名称 金豆

其他英文名称 Odyseey、Raptor、Sweeper

主要剂型 0.8%、4%、12%水剂，70%水分散粒剂，70%水溶性粒剂。

作用特点 甲氧咪草烟为咪唑啉酮类除草剂，通过叶片吸收、传导并积累于分生组织，抑制AHAS的活性，导致支链氨基酸——缬氨酸、亮氨酸与异亮氨酸生物合成停止，干扰DNA合成及细胞有丝分裂与植物生长，最终造成植株死亡。

防治对象 甲氧咪草烟可有效防治大多数一年生禾本科杂草与阔叶杂草，如野燕麦、稗草、狗尾草、金狗尾草、看麦娘、稷、千金子、马唐、鸭跖草（3叶期前）、龙葵、苘麻、反枝苋、藜、小藜、苍耳、香薷、水棘针、狼把草、繁缕、柳叶刺蓼、鼬瓣花、荠菜等，对多年生的苣荬菜、刺儿菜等有抑制作用。

注意事项 甲氧咪草烟施后2天内遇10℃以下低温，大豆对甲氧咪草烟代谢能力降低，易造成药害。在北方低洼地及山间冷凉地区不宜使用甲氧咪草烟。

生产厂家 济南浩化实业有限责任公司、上海特伯化学科技有限公司。

精吡氟禾草灵（fluazifop-P-butyl）

$C_{19}H_{20}F_3NO_4$，383.36，79241-46-6

其他中文名称 伏寄普、氟吡醚、稳杀得、吡氟禾对丁基

其他英文名称 Fluazifop-P

主要剂型 17%、28%微乳剂，10.8%、22%、52%乳油。

作用特点 低毒除草剂。是乙酰辅酶A羧化酶抑制剂，用于各种阔叶作物田中防除各种禾本科杂草。尤其对芦苇、白茅、狗牙根等多年生顽固禾本科杂草具有卓越的防除效果。对阔叶作物高度安全。低温条件下效果稳定。施药后能很快被禾本科杂草的叶片吸收，并传导至整个植株，抑制植物分生组织生长，从而杀死杂草。持效期长，对出苗后到分蘖、抽穗初期的一年生和多年生禾本科杂草均具有很好的防除效果。正常使用情况下对各种阔叶作物高度安全。低温、干旱条件下仍能表现出优异的除草效果。

防治对象 可防除稗草、野燕麦、狗尾草、金色狗尾草、牛筋草、看麦娘、千金子、画眉草、雀麦、大麦属、黑麦属、稷属、早熟禾、狗牙根、双穗雀稗、假高粱、芦苇、野蚕、白茅、匍匐冰草等一年生和多年生禾本科杂草。

注意事项

（1）本品使用时加入有机硅助剂可以显著提高药效。

（2）禾本科作物对本品敏感，施药时应避免药液飘移到玉米、小麦、水稻等禾本科作物上，以防产生药害。

（3）施药后1h下雨，不会影响药效。

（4）与阔叶除草剂混用时，可能出现禾本科草防效减退，而阔叶草防效增加的现象。

（5）中毒与急救：无特殊解毒药，请医生根据症状治疗。不慎入眼，要用水缓慢、轻柔冲洗15min以上；如误食不要立即催吐，立即就医，由医生决定是否引吐。

生产厂家 山东绿霸化工股份有限公司、佳木斯黑龙农药化工股份有限公司、山东滨农科技有限公司、沈阳科创化学品有限公司、安徽丰乐农化有限责任公司、美国陶氏益农公司、浙江省宁波中化化学品有限公司、浙江永农化工有限公司、河北万全力华化工有限责任公司、湖北沙隆达股份有限公司、江苏东宝农药化工有限公司、利尔化学股份有限公司、安徽华星化工股份有限公司、江苏扬农化工集团有限公司、江苏中旗作物保护股份有限公司、江苏连云港立本农药化工有限公司、山东侨昌化学有限公司、河北万全农药厂、南京华洲药业有限公司、德州绿霸精细化工有限公司、江苏威耳化工有限公司、山东潍坊润丰化工股份有限公司、江苏省农用激素工程技术研究中心有限公司。

精噁唑禾草灵（fenoxaprop-P-ethyl）

$C_{18}H_{16}ClNO_5$，361.78，71283-80-2

其他中文名称 骠马、威霸、维利、高噁唑禾草灵

其他英文名称 Fenova（Tm）、（R）-Fenoxaprop-P-Ethyl、（R）-Puma、Whip Super

主要剂型 6.5％、69g/L、7.5％水乳剂，80.5g/L、10％、18％乳油。

作用特点 低毒除草剂。属杂环氧基苯氧基丙酸类除草剂，主要是通过抑制脂肪酸合成的关键酶——乙酰辅酶A羧化酶，从而抑制了脂肪酸的合成。药剂通过茎叶吸收传导至分生组织及根的生长点，作用迅速，施药后2～3天停止生长，5～6天心叶失绿变紫色，分生组织变褐色，叶片逐渐枯死，是选择性极强的茎叶处理剂。

防治对象 适于双子叶作物如大豆、花生、油菜、棉花、甜菜、亚麻、马铃薯、蔬菜田及桑果园等田中防除单子叶杂草。

注意事项

（1）对水生生物毒性较强，使用时注意保护水生生物，避免药液流入池塘、水渠，施药稻田勿养鱼。

（2）精噁唑禾草灵用于水稻田应严格控制用药剂量，在大苗、壮苗、湿度状况良好等条件下使用。

(3) 在单、双子叶杂草混生地，精噁唑禾草灵可与异丙隆、溴苯腈等除草剂混用。与苯达松、2,4-滴丁酯类盐制剂混用会降低精噁唑禾草灵对看麦娘、野燕麦等禾本科杂草的防效，但不会降低对双子叶杂草的防效，因此不宜混用，可采取间隔期7~10天先后使用。

(4) 大麦、燕麦、玉米、高粱对本剂敏感，不可使用。

生产厂家 江苏天容集团股份有限公司、沈阳科创化学品有限公司、捷马化工股份有限公司、安徽丰乐农化有限责任公司、江苏中旗作物保护股份有限公司、安徽华星化工股份有限公司、浙江省杭州宇龙化工有限公司、浙江海正化工股份有限公司、京博农化科技股份有限公司、安徽久易农业股份有限公司、江苏省农用激素工程技术技术研究中心有限公司。

精喹禾灵（quizalofop-P-ethyl）

$C_{17}H_{13}ClN_2O_4$，372.8，100646-51-3

其他中文名称 （R）-2-[4-(6-氯喹喔啉-2-基氧)苯氧基]丙酸乙酯、精禾草克

其他英文名称 （R）-Quizalofop、Propaquizafop free acid

主要剂型 5%、8.8%、10%、10.8%、15.8%、200g/L乳油，5%、8%微乳剂，20%、60%水分散粒剂，5%、10.8%水乳剂，15%、20%悬浮剂。

作用特点 低毒除草剂。乙酰辅酶A羧化酶抑制剂。精喹禾灵是在合成禾草克的过程中去除了非活性的光学异构体后的改良制品。其作用机制和杀草谱与禾草克相似，通过杂草茎叶吸收，在植物体内向上和向下双向传导，积累在顶端及居间分生组织，抑制细胞脂肪酸合成，使杂草坏死。精喹禾灵是一种高度选择性的新型旱田茎叶处理剂，在禾本科杂草和双子叶作物间有高度的选择性，对阔叶作物田的禾本科杂草有很好的防效。精喹禾灵作用速度更快，药效更加稳定，不易受雨水气温及湿度等环境条件的影响。药剂对一年生禾本科杂草在24h内可传遍全株，使其坏死。一年生禾本科杂草受药后，2~3天新叶变黄，停止生长，一周左右茎叶坏死，10天内整株枯死。对多年生禾本科杂草也有作用，使其失去再生能力。适用于阔叶草坪田，通常用于杂草茎叶喷雾处理。

防治对象 旱田芽后除草剂，主要用于大豆、棉花、花生、甜菜、番茄、甘蓝、葡萄等作物田，防除稗草、马唐、牛筋草、看麦娘、狗尾草、野燕麦、狗牙根、芦苇、白茅等一年生和多年生禾本科杂草。

注意事项

(1) 对禾本科作物敏感，喷药时切勿喷到邻近水稻、玉米、大麦、小麦等禾本科作物上，以免产生药害。

（2）对莎草科杂草和阔叶杂草无效。

（3）喷雾要均匀，杂草全株喷到。喷药后 2h 内遇雨，对药效影响不大，不必重喷。

（4）土壤干燥时，可适当加大用药量。

（5）在天气干燥条件下，作物的叶片有时会出现药害，但对新叶不会有药害，对产量无影响。

生产厂家　江苏天容集团股份有限公司、安徽丰乐农化有限责任公司、江苏丰山集团有限公司、江苏省南通江山农药化工股份有限公司、吉林市绿盛农药化工有限公司、安徽华星化工股份有限公司、辽宁省大连松辽化工有限公司、山东碧奥生物科技有限公司、京博农化科技股份有限公司、浙江海正化工股份有限公司、齐齐哈尔盛泽农药有限公司、江苏蓝丰生物化工股份有限公司、江苏省南通嘉禾化工有限公司、山东潍坊润丰化工股份有限公司、安徽久易农业股份有限公司、江苏省农用激素工程技术研究中心有限公司、江苏维尤纳特精细化工有限公司。

精异丙甲草胺 （S-metolachlor）

$C_{15}H_{22}ClNO_2$，283.79，178961-20-1

其他中文名称　（S）-异丙甲草胺

其他英文名称　S-metolachlor

主要剂型　40％微囊悬浮剂，960g/L 乳油。

作用特点　低毒。精异丙甲草胺是一种防治阔叶作物田间杂草的除草剂，一般作播后芽前或移栽前土壤处理。作用机制主要抑制发芽种子的蛋白质合成，其次抑制胆碱渗入磷脂，干扰卵磷脂形成。

防治对象　主要用于玉米、大豆、花生、甘蔗，也可用于非沙性土壤的棉花、油菜、马铃薯和洋葱、辣椒、甘蓝等作物，防治一年生杂草和某些阔叶杂草。

注意事项

（1）露地栽培作物在干旱条件下施药，应迅速进行浅混土；覆膜作物田施药不混土；施药后必须立即覆膜。药效易受气温和土壤肥力条件的影响。温度偏高时和沙质土壤用药量宜低；反之，气温较低时和黏质土壤用药量可适当偏高。

（2）采用毒土法，应掌握在下雨或灌溉前后施药。

（3）不得用于水稻秧田和直播田，瓜类、茄果类蔬菜使用浓度偏高时易产生药害，施药时要慎重。

生产厂家 瑞士先正达作物保护有限公司、上虞颖泰精细化工有限公司、浙江省杭州庆丰农化有限公司、江苏长青农化股份有限公司、江苏优士化学有限公司、山东中农民昌化学工业有限公司、江苏汇丰科技有限公司、山东潍坊润丰化工股份有限公司、四川省乐山市福华通达农药科技有限公司。

喹禾糠酯（quizalofop-P-tefuryl）

$C_{22}H_{21}N_2ClO_5$，428.87，119738-06-6

其他中文名称 喷特、糖草酯
其他英文名称 Ubi c4874
主要剂型 5%乳油。
作用特点 乙酰辅酶A羧化酶抑制剂，茎叶处理后能很快被禾本科杂草的茎叶吸收，传导到整个植株的分生组织，抑制脂肪酸的合成，阻止发芽和根茎生长而杀死杂草。
防治对象 适用作物有马铃薯、亚麻、甜菜、豌豆、大豆和棉花等双子叶作物。防治对象为鼠尾看麦娘、野燕麦、扁叶臂形草、毛雀麦、旱雀麦、蒺藜草属、毛地黄属、稗、蟋蟀草、秋稷、得克萨斯稷、黍、罗氏草、二色高粱、龙爪茅、芒稷、千金子属等，高剂量下还能抑制匍匐野麦、狗牙根、阿拉伯高粱等多年生单子叶杂草的生长。

注意事项
（1）晴天9~16时不宜施药，药后1h内应无雨。
（2）长期干旱，近期无雨，待雨后田间的水分和湿度改善后再施药或有灌水条件的灌水后再施药。

生产厂家 湖北艺康源化工有限公司、上海邦成化工有限公司、上海刘氏医药科技有限公司。

喹禾灵（quizalofop-ethyl）

$C_{19}H_{17}ClN_2O_4$，372.8，76578-14-8

其他中文名称 禾草克、喹乐灵
其他英文名称 Assure、Pilot Super、Assure Ⅱ、Pilot、Targa
主要剂型 10%、20%、25%、50%悬浮剂，10%乳油。

作用特点 低毒除草剂。属杂环氧基苯氧基丙酸类内吸传导型茎叶处理的乙酰辅酶 A 羧化酶抑制剂，苗后除草，可有效防除一年生及多年生禾本科杂草。叶片吸收可向上向下传导到整株，并在分生组织积累，对多年生禾本科杂草，能抑制地下根茎的生长。药液被杂草叶片吸收后，向植株上下方移动。它对 60 多种阔叶作物、多种阔叶蔬菜和苹果、葡萄等都很安全，对莎草科杂草及阔叶杂草无效。禾本科杂草发芽后的旺盛生长期内，随时可用，最好在杂草 3～6 叶期、作物封垄前施药。

防治对象 适用于大豆、花生、棉花、马铃薯、绿豆、西瓜、油菜等阔叶作物田防除禾本科杂草。

注意事项

（1）对禾本科作物敏感，喷药时切勿喷到邻近水稻、玉米、大麦、小麦等禾本科作物上，以免对这些作物产生药害。

（2）对禾本科杂草特效，对阔叶杂草无效，使用时要选择以禾本科杂草为主的田块。

（3）喷雾要均匀，杂草全株喷到。喷药后 2h 内降雨，药效影响不大，不必重喷。土壤干燥、杂草生长缓慢时，可适当增加用量。

（4）在天气干燥条件下，作物的叶片有时会出现药害，但对新叶不会有药害，对产量无影响。

生产厂家 江苏省南通江山农药化工股份有限公司。

利谷隆（linuron）

$C_9H_{10}Cl_2N_2O_2$，249.09，330-55-2

其他中文名称 3-(3,4-二氯苯基)-1-甲氧基-1-甲基脲、直西龙

其他英文名称 lorox、Afalon、garnitran、Prefalon、Sarclex、Premalin、linurex、Cephalon、Provigil

主要剂型 25%、50%可湿性粉剂，500g/L悬浮剂。

作用特点 低毒除草剂。利谷隆为取代脲类光合作用除草剂，具有内吸传导和触杀作用。选择性芽前、芽后除草剂。遇酸、碱，在潮湿土壤中或在高温下都会分解。主要通过杂草的根部吸收，也可被叶片吸收。

防治对象 对一年生禾本科杂草，如马唐、狗尾草、蓼等有很好的防除效果，适于芹菜、豆科、胡萝卜、马铃薯、葱等菜田应用。

注意事项

（1）大豆田使用，要求大豆播种深度为 4～5cm，过浅易产生药害。并注意防暴雨积涝。

(2) 棉花田使用量超过50%利谷隆2.3kg/hm²，易产生药害。

(3) 在作物芽后使用时药量一定要严格控制，否则易产生药害。

(4) 药后半个月内不下雨，应进行浅混土，混土深度为1～2cm，以保证药效。

(5) 土壤有机质含量低于1%或高于5%的田块不宜使用，沙性重、雨水多的地区不宜使用。

生产厂家 迈克斯（如东）化工有限公司、江苏瑞邦农药厂有限公司、江苏快达农化股份有限公司。

绿麦隆 (chlortoluron)

$C_{10}H_{13}ClN_2O$，212.68，15545-48-9

其他中文名称 大克灵、氯途同、迪柯兰、氯麦隆

其他英文名称 Dicuran、Tolurex、Clortokem、Highuron

主要剂型 25%、50%、80%可湿性粉剂。

作用特点 选择性内吸传导型脲类光合作用除草剂。主要通过杂草的根系吸收，并有叶面触杀作用。作用比较缓慢，持效期70天以上。

防治对象 适用于麦类、棉花、玉米、谷子、花生等作物田防除看麦娘、早熟禾、野燕麦、繁缕、猪殃殃、藜、婆婆纳等多种禾本科杂草及阔叶杂草。对田旋花、问荆、锦葵等杂草无效。

注意事项

(1) 绿麦隆水溶性差，施药时应保持土壤湿润，否则药效差。

(2) 绿麦隆在土壤中残效时间长，对后茬敏感作物，如水稻，可能有不良影响。应严格掌握用药量和用药时间。

(3) 喷雾器具使用后要清洗干净。

生产厂家 黑龙江鹤岗市农药二厂、利尔化学股份有限公司、湖北巨胜科技有限公司。

氯氟吡氧乙酸 (fluroxypyr)

$C_7H_5Cl_2FN_2O_3$，255.03，69377-81-7

其他中文名称 氟草烟、前进、提前、掘进、氟草定、氟草定、氟氯比、氟

氧吡啶、使它隆、治荞灵

其他英文名称 4,5-amino-3,5-dichloro-6-fluoro-2-pyridinyloxyacetic acid

主要剂型 14%、20%乳油。

作用特点 吡啶氧乙酸类除草剂。具有内吸传导作用，有典型的激素型除草剂反应。苗后使用，敏感作物出现典型激素类除草剂的反应。

防治对象 在禾谷类作物上使用适期较宽，可用于小麦、大麦、玉米、葡萄及果园、牧场、林场等地防除阔叶杂草，如猪殃殃、田旋花、荠菜、繁缕、卷茎苋、马齿苋等杂草。

注意事项

（1）施药时应防止雾滴飘移到大豆、花生、甘薯、甘蓝等阔叶作物上。用过的喷雾器要充分洗净后，方可用于阔叶作物上喷药，以免发生药害。

（2）此药对鱼类有毒，防止污染养鱼水域。

（3）在果林茶桑等地施药，要防止药液（雾滴）飘移到果树等枝叶上。

生产厂家 凯试（上海）科技有限公司、成都贝斯特试剂有限公司、上海岚克医药科技发展有限公司。

氯磺隆（chlorsulfuron）

$C_{12}H_{12}ClN_5O_4S$，357.77，64902-72-3

其他中文名称 绿黄隆、嗪磺隆

其他英文名称 Press、Telar、Trilixon、

主要剂型 80%可湿性粉剂，20%、75%干胶悬剂。

作用特点 内吸、超高效磺酰脲类除草剂。药剂被杂草叶面或根系吸收后，可传导到植株全身，通过抑制乙酰乳酸合成酶的活性，阻碍支链氨基酸缬氨酸和亮氨酸的合成，从而使细胞分裂停止，植株失绿，枯萎而死。芽前或芽后早期使用，一般在秋季作物播后芽前或春季杂草芽后施药，适宜芽后叶面处理。

防治对象 用于防除禾谷作物田的阔叶杂草及禾本科杂草，如藜、蓼、苋、猪殃殃、苘麻、田旋花、田蓟、荞麦蔓、母菊，以及狗尾草、黑麦草、早熟禾、小根蒜等。对野燕麦、龙葵效果不佳。

注意事项

（1）旱地应慎用，碱性土壤禁用。

（2）由于该药活性高，对后茬作物大豆、棉花有影响。对甜菜、玉米、油菜、菜豆、豌豆、芹菜、洋葱、棉花、辣椒、胡萝卜、苜蓿作物有药害。

生产厂家 沈阳丰收农药有限公司、太原市瑞和丰科贸有限公司。

氯嘧磺隆 (chlorimuron-ethyl)

$C_{15}H_{15}ClN_4O_6S$, 414.83, 90982-32-4

其他中文名称 豆磺隆、豆草隆、豆威、氯嗪黄隆、乙磺隆

其他英文名称 Chlorimuron ethyl ester

主要剂型 5%、10%、20%可湿性粉剂。

作用特点 属于磺酰脲类选择性芽前、芽后除草剂,主要从处理部位(根和幼芽)向上传导,至生长点发挥作用。用于大豆田防除阔叶杂草。作用机制为抑制植物体内乙酰乳酸合成酶的活性而干扰支链氨基酸的合成。

防治对象 大豆芽前芽后选择性地防除莎草、阔叶杂草及某些禾本科杂草,如苍耳、反枝苋、蓼、藜、苋、苘麻、独行菜、香薷、铁苋菜、牵牛、狼把草、苦菜、羊蹄叶、鼠曲草、决明等,对稗草、早熟禾等也有较好的防效。

生产厂家 江苏省溧阳市化工厂、辽宁省大连瑞泽农药股份有限公司、江苏省激素研究所。

氯酯磺草胺 (cloransulam-methyl)

$C_{15}H_{13}ClFN_5O_5S$, 429.81, 147150-35-4

其他中文名称 3-氯-2-[(5-乙氧基-7-氟-[1,2,4]三唑并[5,1-c]嘧啶-2-基)磺酰氨基]苯甲酸甲酯

其他英文名称 2-Ethoxy-4,6-dichloro pyrimidine、First Rate、Amplify

主要剂型 84%水分散粒剂。

作用特点 磺酰胺类除草剂。经杂草叶片、根吸收,累积在生长点,抑制乙酰乳酸合成酶(ALS),抑制带支链氨基酸(如缬氨酸、亮氨酸和异亮氨酸)的生物合成,进而影响蛋白质合成,最终影响杂草的细胞分裂,造成杂草停止生长、黄化,然后死亡。后茬可以安全种植玉米、马铃薯、向日葵、西瓜、甘蓝和甜菜等作物。

防治对象 适用于春大豆田,对大豆、水稻、小麦安全,防治稗草、牵牛花、苋、苘麻、卷茎蓼、蓟等禾本科及阔叶杂草。

注意事项

（1）施药后，大豆叶片可能出现暂时的退绿药害症状，后期可恢复正常，不影响产量。

（2）用药后所有药械必须彻底洗净，以免对其他敏感作物产生药害。

生产厂家 美国陶氏益农公司、上海石头化工有限公司。

麦草畏（dicamba）

$C_8H_6Cl_2O_3$，221.04，1918-00-9

其他中文名称 麦草威、百草敌、3,6-二氯-2-甲氧基苯甲酸、敌草平、麦草丹

其他英文名称 Banvel、Mediben、2,5-Dichloro-6-methoxybenzoic acid

主要剂型 48%水剂。

作用特点 安息香酸系列除草剂。具有内吸传导作用，对一年生和多年生阔叶杂草有显著防效。苗后喷雾，药剂通过杂草的茎、叶、根吸收，通过韧皮部及木质部上下传导，阻碍植物激素的正常活动，从而使其死亡。

防治对象 用于小麦、玉米、谷子、水稻等禾本科作物防除猪殃殃、荞麦蔓、藜、牛繁缕、大巢菜、播娘蒿、苍耳、薄朔草、田旋花、刺儿菜、问荆、鳢肠等。

注意事项

（1）由于麦草畏杀草谱较窄，对某些抗性杂草效果不佳。对小麦安全性较小，小麦三叶前和拔节后禁止使用，常与2,4-滴丁酯或2甲4氯铵盐混用。

（2）麦草畏主要通过茎叶吸收，故此药不宜作土壤处理。

（3）对水稍微有危害，勿让未稀释或大量的产品接触地下水、水道或者污水系统。

（4）万一接触眼睛，立即使用大量清水冲洗并送医诊治。

生产厂家 山东潍坊润丰化工有限公司、升华集团控股有限公司、江苏长青农化股份有限公司。

咪草烟（imazethapyr）

$C_{15}H_{19}N_3O_3$，289.33，81335-77-5

其他中文名称　普杀特、咪唑乙烟酸、豆草唑、普施特、灭草烟

其他英文名称　Imazethapyr-ammonium、Pivot、Pursuit、Pivot、Pursuit

主要剂型　5%、10%、15%、20%水剂，70%可湿性粉剂，16%颗粒剂，5%微乳剂，70%可溶性粉剂。

作用特点　低毒除草剂。咪草烟是一种有机杂环类除草剂，属咪唑啉酮类化合物，内吸传导型选择性芽前及早期苗后除草剂。通过根、叶吸收，并在木质部和韧皮部内传导，积累于植物分生组织内，抑制乙酰乳酸合成酶的活性，影响缬氨酸、亮氨酸、异亮氨酸的生物合成，破坏蛋白质，使植物生长受抑制而死亡。叶面处理后敏感杂草立即停止生长，一般在2~4周后死亡。选择性是由于植物对其代谢速度不同，抗性植物代谢速度比敏感性植物快。豆科植物吸收咪草烟后，其在体内很快代谢分解，对大豆安全，咪草烟在大豆体内的半衰期约1.6天。咪草烟适用于豆科作物防除一年生、多年生禾本科杂草和阔叶杂草，杀草谱广。

防治对象　可有效防除苋、蓼、苘麻、龙葵、苍耳、狗尾草、马唐等禾本科杂草。

注意事项　低洼田块、酸性土壤慎用。该药在土壤中的残效期较长，对本药敏感性作物，如白菜、油菜、黄瓜、马铃薯、茄子、辣椒、番茄、甜菜、西瓜、高粱等均不能在施用咪草烟3年内的地块上种植。

生产厂家　衡水景美化学工业有限公司、沈阳科创化学品有限公司、巴斯夫欧洲公司、江苏省南通泰禾化工有限公司、江苏长青农化股份有限公司、山东省淄博新农基农药化工有限公司、江苏中旗作物保护股份有限公司、山东先正达股份有限公司、潍坊先达化工有限公司、江苏省盐城南方化工有限公司、江苏省农用激素工程技术研究中心有限公司。

咪唑烟酸（imazapyr）

$C_{13}H_{15}N_3O_3$，261.28，81334-34-1

其他中文名称　依灭草、灭草烟

其他英文名称　Imazapyr Acid、Arsenal（R）

主要剂型　25%可溶性液剂。

作用特点　咪唑烟酸为内吸性咪唑啉酮类除草剂。作用机制为抑制支链氨基酸的合成。属灭生性除草剂，其异丙胺盐可芽前或芽后使用，能迅速被植物根和叶片吸收，抑制植物侧链氨基酸的生物合成，阻止杂草生长，促使其死亡。在土壤中持效期可达1年，若用于农田要注意安排好后茬作物。采用涂抹或注射法可

防止落叶树的树桩萌发而不生萌条。

防治对象 防治对象包括所有杂草，对莎草科杂草、一年生和多年生单子叶杂草、阔叶杂草和杂木有很好的除草活性。适用于非耕地以及橡胶园、油棕、森林和茶园。

生产厂家 武汉福德精细化工有限公司。

嘧苯胺磺隆（orthosulfamuron）

$C_{16}H_{20}N_6O_6S$，424.44，213464-77-8

其他中文名称 1-(4,6-二甲氧基嘧啶-2-基)-3-［2-(二甲基氨基甲酰基) 苯氨基磺酰基］脲

其他英文名称 Orthosulfamuron

主要剂型 50%水分散粒剂。

作用特点 嘧苯胺磺隆属于磺酰脲类除草剂，通过抑制杂草的乙酰乳酸合成酶，阻止植物支链氨基酸的合成，从而阻止杂草蛋白质的合成，使杂草细胞分裂停止，最后杂草枯死。嘧苯胺磺隆可经杂草叶、根吸收。嘧苯胺磺隆在水稻移栽田使用，防除稗草、莎草、阔叶杂草及浮萍青苔有特效。

防治对象 对水稻田稗草、莎草及阔叶杂草有较好的防效。

注意事项 对鱼、鸟、蜜蜂、家蚕均为低毒，风险较低，这类农药在施用后对周围水域中的水生生物无危害影响。但因鱼的种类复杂，使用时仍需小心，不推荐直接用于鱼塘。

生产厂家 意大利易赛格公司。

醚苯磺隆（triasulfuron）

$C_{14}H_{16}ClN_5O_5S$，401.83，82097-50-5

其他中文名称 琥珀、琥珀色

其他英文名称 Amber（R）、Logran（R）

主要剂型 10%可湿性粉剂，70%水分散粒剂。

作用特点 醚苯磺隆是磺酰脲类除草剂，属于内吸性除草剂，通过杂草的根、叶吸收，迅速传导到分生组织，抑制侧链氨基酸的生物合成，发挥杀草作用。在小麦播后芽前土壤处理或小麦生长前期茎叶喷雾，而以芽后茎叶喷雾的除

草效果更好。

防治对象 适用于麦田防除一年生阔叶杂草和某些禾本科杂草,对猪殃殃、三色堇防效很高。

注意事项

(1) 对水生生物有极高毒性,可能对水体环境产生长期不良影响。

(2) 该物质及其容器须作为危险性废料处置。

生产厂家 湖北远成药业有限公司、成都格雷西亚化学技术有限公司、湖北巨胜科技有限公司、上海甄准生物科技有限公司。

醚磺隆 (cinosulfuron)

$C_{15}H_{19}N_5O_7S$,413.41,94593-91-6

其他中文名称 莎多伏、醚黄隆

其他英文名称 Setoff

主要剂型 10%可湿性粉剂,20%水分散粒剂。

作用特点 磺酰脲类除草剂,抑制支链氨基酸合成,抑制细胞分裂。在施药后中毒杂草不会立即死亡,但生长停止,外表看起来好像正常,随后植株开始黄化、枯萎,整个过程5～10天。水稻极易将其降解,因而安全。

防治对象 防治水稻田一年生阔叶杂草和莎草科杂草。如水苋菜、异型莎草、鸭舌草、慈姑、萤蔺、繁缕、眼子菜、鸭趾草、反枝苋、碎米莎草、泽泻、节节菜等。还可用于可可、橡胶、棕榈园中防除一年生阔叶杂草和蕨类杂草。

注意事项

(1) 不宜用于渗漏性大的田块,否则易造成药害。

(2) 对禾本科杂草效果不好,可酌情考虑与其他除草剂混配或混用。

生产厂家 江苏安邦电化有限公司、江苏连云港立本农药化工有限公司、瑞士先正达作物保护有限公司。

嘧草醚 (pyriminobac-methyl)

$C_{17}H_{19}N_3O_6$,361.35,147411-69-6

其他中文名称 必利必能

其他英文名称 Prosper

主要剂型　10%可湿性粉剂。

作用特点　嘧草醚是内吸传导型专业除稗剂,属嘧啶水杨酸类除草剂。通过杂草的茎叶和根吸收,并迅速传导至全株,抑制乙酰乳酸合成酶(ALS)和氨基酸的生物合成,从而抑制和阻碍杂草体内的细胞分裂,使杂草停止生长,最终使杂草白化而枯死。

防治对象　棉花田一年生和多年生阔叶杂草,稗草。

注意事项

(1) 对水稻极为安全,即使在播种后 0~3 天也可使用;能防除 3 叶期以前的稗草。

(2) 使用方便,毒土、毒肥或茎叶喷施均可。

(3) 施药后杂草死亡速度比较慢,一般为 7~10 天,在有水层的条件下,持效期可长达 40~60 天以上;嘧草醚对未发芽的杂草种子和芽期杂草无效。

生产厂家　上海瀚香生物科技有限公司。

嘧啶肟草醚 (pyribenzoxim)

$C_{32}H_{27}N_5O_8$,609.59,168088-61-7

其他中文名称　嘧啶草醚

其他英文名称　Pyanchor

主要剂型　1%、5%乳油。

作用特点　新颖的肟酯类化合物,广谱选择性芽后除草剂,无芽前除草活性。作用机制与磺酰脲类及咪唑啉酮类除草剂相似,均属乙酰乳酸合成酶(ALS)抑制剂。

防治对象　广谱性除草剂,对水稻移栽田、直播田的稗草、一年生莎草及阔叶杂草有较好的防除效果。可以防除稗草、野慈姑、雨久花、谷精草、母草、狼把草、萤蔺、日本藨草、眼子菜、四叶萍、鸭舌草、节节菜、泽泻、牛毛毡、异型莎草、水莎草、千金子等。

注意事项

(1) 嘧啶肟草醚为茎叶处理剂,药液必须喷到叶面上才有效果,用毒土、毒沙法无效。

(2) 本品具有迟效性,用药 7 天后逐渐见效。

(3) 药量过高,有效成分>60g/hm² 或重复喷施或施药后遇低温对水稻产生药害,表现为抑制水稻生长,水稻叶发黄,对水稻产量有影响。

生产厂家　上海谱振生物科技有限公司、上海紫一制剂厂、上海图赫实业有限公司。

灭草猛（vernolate）

$C_{10}H_{21}NOS$，203.34，1929-77-7

其他中文名称　卫农、灭草敌、灭草丹、S-丙基二丙基硫代氨基甲酸酯
其他英文名称　Vernam、Stabam、Spropyl dipropylthiocarbamate
主要剂型　10%、72%乳油，88.5%颗粒剂。
作用特点　低毒除草剂。选择性氨基甲酸酯类除草剂。灭草猛在用作芽前土壤处理后，被抗性作物如大豆、花生等的根吸收，向上传导并迅速代谢为二氧化碳和植物组织的组分，而一年生杂草的幼芽和根吸收药剂后不能将其代谢分解。通过干扰核酸代谢，抑制蛋白质合成使杂草幼小茎叶分生组织停止生长而死亡，对刚萌动的杂草幼芽防除效果最好。具有挥发性，喷施于土表后应立即混入土层中或适当灌水，多雨地区在降雨前后喷药，利用雨水将有效成分带入土中，以便杂草的根吸收。
防治对象　适用于大豆、花生、马铃薯、甘蔗和烟草田防治野燕麦、稗草、马唐、狗尾草、香附子、油莎草、牛筋草等禾本科杂草及猪毛菜、马齿苋、藜、田旋花、苘麻等部分阔叶杂草。

注意事项
（1）灭草猛具有挥发性，为保证药效发挥，喷药后应立即混土。
（2）大豆在发芽时如遇低温，因生长缓慢易发生药害，症状为叶片皱缩不展，不平滑。发生药害时灌水1次促使幼苗生长可使药害消除，逐渐恢复正常。
（3）本品易被土壤吸附。在土壤中能被微生物降解，半衰期较短，持效期1~3个月。
生产厂家　天津东天正精细化学品厂。

灭草松（bentazone）

$C_{10}H_{12}N_2O_3S$，240.28，22057-89-0

其他中文名称　苯达松、噻草平、百草丹、百草克、本达隆、排草丹
其他英文名称　laddok、leader、Adagio、Thianon
主要剂型　25%、48%水剂。

作用特点　触杀型选择性苗后除草剂，用于苗期茎叶处理，通过叶片接触而起作用。旱田使用，先通过叶面渗透传导到叶绿体内抑制光合作用；水田使用，既能通过叶面渗透又能通过根部吸收，传导到茎叶，强烈阻碍杂草光合作用和水分代谢，造成营养饥饿，使生理机能失调而致死。有效成分在耐性作物体内向活性弱的糖轭合物代谢而解毒，对作物安全。

防治对象　一年生阔叶杂草和莎草科杂草。如蓿蓄、鸭跖草、蚤缀、苍耳、地肤、苘麻、麦家公、猪殃殃、荠菜、播娘蒿（麦蒿）、马齿苋、刺儿菜、藜、蓼、龙葵、繁缕、异型莎草、碎米莎草、球花莎草、油莎草、莎草、香附子等。

注意事项

（1）因本品以触杀作用为主，喷药时必须充分湿润杂草茎叶。对禾本科杂草无效。

（2）喷药后8h内不应降雨，否则影响药效。

（3）高温、晴朗的天气有利于药效的发挥，故应尽量选择高温晴天施药。在阴天或气温低时施药，则效果欠佳。

（4）在干旱、水涝或气温大幅度波动的不利情况下使用苯达松，容易对作物造成伤害或无除草效果。施药后部分作物叶片会出现干枯、黄化等轻微受害症状，一般7～10天后即可恢复正常生长，不影响最终产量。

（5）苯达松对棉花、蔬菜等作物较为敏感，应避免接触。

生产厂家　湖北巨胜科技有限公司、武汉鸿瑞康科技有限公司、上海沪镇实业有限公司。

哌草丹（dimepiperate）

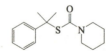

$C_{15}H_{21}NOS$，263.4，61432-55-1

其他中文名称　优克稗、稗净

其他英文名称　Yukamate、Muw-1193

主要剂型　7%颗粒剂，50%乳油。

作用特点　属硫代氨基甲酸酯类除草剂。是水稻与稗草间高选择性除草剂，能被植物根、茎、叶吸收并向顶传导，在水稻中迅速降解。作用原理是抑制类脂的合成及与IAA起拮抗作用，同时阻碍赤霉素的合成，导致蛋白质合成受阻，生长发育停止。

防治对象　水稻田防除稗草及牛毛草，对其他杂草无效。

注意事项　最好与其他除草剂混用以扩大杀草谱。

生产厂家　上海谱振生物科技有限公司、上海沪震实业有限公司、上海甄准生物科技有限公司。

扑草净 (prometryne)

$C_{10}H_{19}N_5S$，241.36，7287-19-6

其他中文名称 扑蔓尽、割草佳、4,6-双异丙氨基-2-甲硫基-1,3,5-三嗪

其他英文名称 Mekazin、Selektin、Caparol

主要剂型 25％、40％、50％可湿性粉剂，50％悬浮剂，25％泡腾颗粒剂。

作用特点 低毒除草剂。均三氮苯类内吸选择性光合作用除草剂。对刚萌发的杂草防效最好，杀草谱广，可防除一年生禾本科杂草及阔叶杂草。选择性内吸传导，主要通过根部吸收，也可从茎、叶渗入植物体内。吸收的扑草净通过蒸腾流进行传导，抑制光合作用中的希尔反应，使植物失绿，干枯死亡。

防治对象 用于棉花、大豆、麦类、花生、向日葵、马铃薯、果树、蔬菜、茶树及水稻田防除稗草、马唐、千金子、野苋菜、蓼、藜、马齿苋、看麦娘、繁缕、车前草等一年生禾本科杂草及阔叶杂草。

注意事项

(1) 有机质含量低的沙质土不宜使用。施药时适当的土壤水分有利于发挥药效。

(2) 避免高温时施药，气温超过30℃时容易产生药害，用于水田一定要在秧苗返青后才可施药。

(3) 施药时应做好人体防护，背风用药。施药时勿吸烟，施药后要用肥皂洗净身体裸露部位。该药吸入高浓度时，可引发支气管炎、肺炎、肺水肿等肺部疾病及肝、肾功能障碍，应对症治疗，并注意保护肝、肾。

(4) 施药后半个月不要任意松土或耘耥，以免破坏药层影响药效。

生产厂家 山东胜邦绿野化学有限公司、山东潍坊润丰化工股份有限公司、浙江省长兴第一化工有限公司、浙江中山化工集团股份有限公司、山东侨昌化学有限公司、山东滨农科技有限公司、安徽中山化工有限公司、昆明农药有限公司、吉林市绿盛农药化工有限公司。

嗪草酸甲酯 (fluthiacet-methyl)

$C_{15}H_{15}ClFN_3O_3S_2$，403.88，117337-19-6

其它中文名称 氟噻甲草酯、阔草特，阔少

其他英文名称 Eluthiacet-methyl

主要剂型 5%乳油，5%可湿性粉剂。

作用特点 嗪草酸甲酯属于原卟啉原氧化酶类抑制剂，为触杀性茎叶处理除草剂，在敏感杂草叶面作用迅速，引起原卟啉原积累，使细胞质过氧化作用加强，从而导致敏感杂草的细胞膜结构和细胞功能不可逆损害，在光照条件下，24～48h叶面出现枯斑症状，其活性高、作用速度快。

防治对象 用于防除玉米、大豆田一年生阔叶杂草。防除玉米田苘麻、藜、红蓼等阔叶杂草，对禾本科杂草没有防除作用。

生产厂家 大连瑞泽农药股份有限公司、沈阳科创化学品有限公司、江苏联化科技有限公司。

嗪草酮（metribuzin）

$C_8H_{14}N_4OS$，214.29，21087-64-9

其他中文名称 赛克津、特丁嗪、赛克、立克除、赛克嗪、甲草嗪

其他英文名称 métribuzine、Sencor、lexone

主要剂型 50%、70%可湿性粉剂，44%、480g/L悬浮剂，70%、75%水分散粒剂。

作用特点 低毒除草剂。三嗪酮类选择性光合作用除草剂。有效成分被杂草根系吸收随蒸腾流向上部传导，也可被叶片吸收在体内作有限的传导。主要通过抑制敏感植物的光合作用而发挥杀草活性，施药后各敏感杂草萌发出苗不受影响，出苗后叶片退绿，最后营养枯竭而致死。在播种前或播种后苗前作土壤处理。作为苗后处理除草效果更为显著，剂量要酌情降低，否则会对阔叶作物产生药害。

防治对象 适用于大豆、马铃薯、番茄、甘蔗、玉米等田间作物多种阔叶杂草，也适用于某些禾本科杂草，对多年生杂草药效较差。

注意事项

（1）嗪草酮的安全性较差，当施药量过高或施药不均匀，施药后遇有较大降雨或大水漫灌时，大豆根部吸收药剂而发生药害，使用时要根据不同情况灵活用药。沙质土、有机质含量2%以下的大豆田不能施药。土壤pH值7.5以上的碱性土壤和降雨多、气温高的地区要适当减少用药量。

（2）大豆播种深度至少3.5～4cm，播种过浅也易发生药害。大豆田只能苗前使用，苗期使用有药害。

（3）嗪草酮人体每日允许摄入量（ADI）是0.025mg/kg。在大豆中的最高残限留为0.1mg/kg（美国标准），安全间隔期为75～120天。

(4) 对下茬或隔后茬白菜、豌豆之类有药害影响。

生产厂家 大连瑞泽生物科技有限公司、江苏剑牌农化股份有限公司、江苏省常州市武进恒隆农药有限公司、河北新兴化工有限责任公司、江苏七洲绿色化工股份有限公司、江苏省昆山瑞泽农药有限公司、江苏省南通派斯第农药化工有限公司、江苏省盐城南方化工有限公司、湖南省临湘市化学农药厂、安徽瑞然生物药肥料科技有限公司、山东潍坊润丰化工股份有限公司、江苏省农用激素工程技术研究中心有限公司、江苏瑞邦农药厂有限公司。

氰草津（cyanazine）

$C_9H_{13}ClN_6$，240.69，21725-46-2

其他中文名称 百得斯、草净津、丙腈津

其他英文名称 Fortrol、Bladex、Radikill、Payze

主要剂型 15%颗粒剂，40%胶悬剂，43%悬浮剂，50%、80%可湿性粉剂。

作用特点 中等毒性除草剂。均三氮苯类选择性内吸传导型光合作用除草剂，以根部吸收为主，叶部也能吸收，通过抑制光合作用，使杂草枯萎而死亡。选择性是因为玉米本身含有一种酶能分解氰草津。药效2~3个月，对后茬种植小麦无影响。除草活性与土壤类型有关，土壤有机质多或为黏土时用量需要适当增加，在潮湿土壤中半衰期14~16天，在土壤有机质中被土壤微生物分解。

防治对象 适用于玉米、豌豆、蚕豆、马铃薯、甘蔗、棉花等作物，防除多种禾本科杂草和阔叶杂草。

注意事项

(1) 温度低、空气湿度大时对玉米不安全。施药后即下中雨至大雨时玉米易发生药害，尤其积水的玉米田，药害更为严重，所以在雨前1~2天内施药对玉米不安全。

(2) 华北地区麦套玉米应在麦收前10~15天套种，麦收后玉米3~4叶期，为氰草津安全施药期。套种玉米过早，玉米植株过大，就不可能使用氰草津防除杂草。

(3) 沙土和有机质含量低于1%的沙壤土不宜使用。

(4) 在使用过程中，如有药剂溅到眼中，应立即用大量清水冲洗，如溅到皮肤上，立即用肥皂清洗。

(5) 贮存时远离食品、儿童及家禽的地方。空药罐应埋在地下或烧掉，不要污染池塘、水道和沟渠。

（6）玉米 4 叶期后使用，易产生药害，所以玉米长到 5 叶后就不能再使用了。

生产厂家　山东侨昌化学有限公司、山东润丰化工有限公司、山东胜邦绿野化学有限公司、山东大成农化有限公司。

氰氟草酯（cyhalofop-butyl）

$C_{20}H_{20}FNO_4$，357.38，122008-85-9

其他中文名称　（R）-2-[4(4-氰基-2-氟苯氧基）苯氧基]丙酸丁酯、千金
其他英文名称　Cyhalofop butyl ester、Clincher
主要剂型　15%乳油。
作用特点　氰氟草酯是芳氧苯氧丙酸类除草剂中唯一对水稻具有高度安全性的品种，内吸传导性除草剂。由植物体的叶片和叶鞘吸收，韧皮部传导，积累于植物体的分生组织区，抵制乙酰辅酶 A 羧化酶，使脂肪酸合成停止，细胞的生长分裂不能正常进行，膜系统等含脂结构破坏，最后导致植物死亡；从氰氟草酯被吸收到杂草死亡比较缓慢，一般需要 1~3 周。杂草在施药后的症状如下：四叶期的嫩芽萎缩，导致死亡；二叶期的老叶变化极小，保持绿色。
防治对象　主要用来防治旱稗、稻稗、千金子、马唐、狗尾草、双穗雀稗、牛筋草、剪股颖等禾本科杂草。
注意事项　该药对水生节肢动物毒性大，避免流入水产养殖场所。其与部分阔叶除草剂混用时有可能会表现出拮抗作用。
生产厂家　江苏辉丰农化股份有限公司、湖北巨胜科技有限公司、上海谱振生物科技有限公司。

炔草酯（clodinafop-propargyl）

$C_{17}H_{13}ClFNO_4$，349.74，105512-06-9

其他中文名称　麦极、丙炔酯、炔草酸酯、炔草酸
其他英文名称　Topik、CGA-184927
主要剂型　15%、24%乳油。
作用特点　属芳氧苯氧丙酸类除草剂，对恶性禾本科杂草特别有效，为乙酰辅酶 A 羧化酶抑制剂，能有效抑制类脂的生物合成。
防治对象　主要用于防除野燕麦、看麦娘、燕麦、黑麦草、普通早熟禾、狗

尾草等。

注意事项 燕麦田或大麦不能使用本品。

生产厂家 湖北巨胜科技有限公司、湖北中科化工有限公司、上海刘氏医药科技有限公司、绉平铭兴化工有限公司。

乳氟禾草灵（lactofen）

$C_{19}H_{15}ClF_3NO_7$，461.77，77501-63-4

其他中文名称 克阔乐、眼镜蛇
其他英文名称 Cobra、Phoenix
主要剂型 24%乳油。
作用特点 乙酰辅酶A羧化酶抑制剂，选择性芽后除草剂。药剂被杂草茎叶吸收，破坏细胞膜而使杂草干枯死亡。当气温与土壤湿度有利杂草生长时，杀草活性高。
防治对象 有效防治大豆、棉花、花生、水稻、玉米、葡萄等多种作物田间的阔叶杂草。
注意事项
（1）该药安全性较差，故施药时应尽可能保证药液均匀，做到不重喷，不漏喷，且严格限制用药量。
（2）该药对4叶期以前生长旺盛的杂草活性高。低温、干旱不利于药效的发挥。
（3）施药后可能对大豆会产生不同程度的药害，但后期生长的叶片正常。
生产厂家 河北润田化工有限公司、海天化工有限公司、南京太化化工有限公司。

噻吩磺隆（thifensulfuron-methyl）

$C_{12}H_{13}N_5O_6S_2$，387.39，79277-27-3

其他中文名称 阔叶散、宝收、噻磺隆甲酯、噻黄隆
其他英文名称 Harmony、Thiameturon、Pinnacle
主要剂型 10%、15%、25%、30%、70%、75%可湿性粉剂，75%干悬浮剂。
作用特点 噻吩磺隆属于磺酰脲类除草剂，是侧链氨基酸合成抑制剂，抑制

缬氨酸和异亮氨酸的生物合成，从而阻止植物细胞分裂。杂草受药后十几小时就受害，虽然仍保持青绿，但已经停止生长，1～3 周后生长点的叶片开始退绿变黄，周边叶片披垂，随后生长点枯死，草株萎缩，最后整株死亡。个别未死草株，生长严重受抑制，萎缩在麦株或玉米株下面，难于开花结实。

防治对象 麦田、玉米田防除一年生阔叶杂草，如播娘蒿、繁缕、牛繁缕、荠菜、猪殃殃、麦瓶草、荞麦蔓、麦家公、大巢菜、猪毛菜、狼把草、酸模、藜、鬼针草、遏蓝菜、鼬瓣花、麦蓝菜、野西瓜苗、野田芥、羊蹄、3 叶以前的鸭跖草等。对苣荬菜、刺儿菜、田蓟、田旋花等多年生草有一定抑制作用。

注意事项

（1）施药适期为杂草生长早期（10cm 以内）和作物生长前期。

（2）对阔叶作物敏感，喷药时切勿污染以防引起药害。

生产厂家 上海隆盛化工有限公司、孝感深远化工（原料）有限公司、杭州杰恒化工有限公司。

三氟羧草醚（acifluorfen）

$C_{14}H_7ClF_3NO_5$，361.66，50594-66-6

其他中文名称 杂草焚、达尔克、羧氟草醚、木星、杂草净、豆阔净

其他英文名称 Carbofluorfen

主要剂型 20%、21%、21.4%、24%水剂

作用特点 含氟二苯醚类原卟啉原氧化酶抑制剂，为接触性选择性芽后除草剂。主要通过杂草茎叶吸收，抑制线粒体电子传导，引起呼吸系统和能量生产系统停滞，抑制细胞分裂而使杂草死亡。

防治对象 用于大豆田防除多种阔叶杂草，如马齿苋、铁苋菜、鸭跖草、龙葵、藜、蓼、苍耳、水棘针、辣子草、鬼针草、粟米草、苋、香薷、葎草、牵牛花、曼陀罗、蒿属等。

注意事项

（1）大豆与其他作物间作或混种时不宜使用本制剂。

（2）在干旱、水涝、盐碱或霜冻等异常条件下不宜使用。

（3）为了防除禾本科杂草，可与氟乐灵、稀禾定、吡氟禾草灵等混合使用。

（4）对阔叶杂草的使用时期不能超过 6 叶期，否则防效较差。

（5）施药时注意风向，不要使雾剂飘入棉花、甜菜、向日葵、观赏植物与敏感作物中。

生产厂家 成都贝斯特试剂有限公司、南京维奥化工有限公司、斯百全化学（上海）有限公司。

三氯吡氧乙酸（triclopyr）

$C_7H_4Cl_3NO_3$，256.47，55335-06-3

其他中文名称 盖灌能、盖灌林、定草酯、绿草定、绿草完

其他英文名称 Trident、Ace-Brush、Crossbow、Crossbowturflon、Curtail、Exetor、Garlon

主要剂型 48％、61.6％乳油。

作用特点 属内吸传导型选择性除草剂。药剂可由植物的叶面和根系吸收，并在植物体内传导到全株，主要作用于核酸代谢，使植物产生过量的核酸，一些组织转变成分生组织，造成其根、茎、叶畸形，贮藏物质耗尽，维管束被栓塞或破裂，植株逐渐死亡。禾本科作物对它具有耐药性。在土壤中该药能被土壤微生物迅速分解，半衰期为46天。

防治对象 能防除走马芹、胡枝子、榛材、山刺玫、萌条桦、山杨、柳、蒙古柞、铁线莲、山丁子、稠李、山梨、红丁香、柳叶乡菊、婆婆纳、唐松草、蕨、蚊子草等灌木、小乔木和阔叶杂草，尤其对木苓属、栎属及其他根萌芽的木本植物具有特效，对禾本科和莎草科杂草无效。

注意事项

（1）用药后2h内无雨才能有效。

（2）施药时要注意风向，不能喷到阔叶作物如茄科、豆科作物及蔬菜上，以免发生药害。

（3）施药后3～7天发现杂草心叶卷曲现象，表明杂草已中毒停止生长，顽固杂草施药后30天才完全死亡，灌木死亡的时间更长。

生产厂家 上海研域生物科技有限公司、利尔化学股份有限公司。

莎稗磷（anilofos）

$C_{13}H_{19}ClNO_3PS_2$，367.85，64249-01-0

其他中文名称 O,O-二甲基-S-4-氯-N-异丙基苯氨基甲酰基甲基二硫代磷酸酯、阿罗津

其他英文名称 phosphorodithioicacid，S-[2-[(4-chlorophenyl) (1-methylethyl) amino]-2-oxoethyl]

主要剂型 30％乳油。

作用特点 有机磷类选择性内吸传导型除草剂。通过植物的幼芽和地下茎吸

收,抑制细胞裂变伸展,使杂草新叶不易抽出,生长停止,最后枯死。对正萌发的杂草效果最好,对已长大的杂草效果较差。杂草受药后生长停止,叶片深绿,有时脱色,叶片变短而厚,极易折断,心叶不易抽出,最后整株枯死。能有效防除 3 叶期内的稗草和莎草科杂草,对水稻安全。

防治对象　可以用于水稻本田,也能在棉花、油菜、玉米、小麦、大豆、花生、黄瓜田中安全施用,防治一年生禾本科杂草和莎草科杂草,如马唐、狗尾草、蟋蟀草、野燕麦、稗草、千金子、水莎草、异型莎草、碎米莎草、鹿草、牛毛毡等;对阔叶杂草防效差。

注意事项　旱育秧苗对本品的耐药性与丁草胺相近,轻度药害一般在 3～4 周消失,对分蘖和产量没有影响。水育秧苗在栽后 3 天前施药,药害严重。

生产厂家　湖北巨胜科技有限公司、上海谱振生物科技有限公司、上海江莱生物科技有限公司。

双丙氨膦(bialaphos-sodium)

$C_{11}H_{21}N_3NaO_6P$,345.26,71048-99-2

其他中文名称　双丙氨膦钠、双丙氨磷、好必思
其他英文名称　Bialaphos-sodium
主要剂型　32%液剂。
作用特点　双丙氨膦是从链霉菌发酵液中分离、提纯的一种三肽天然产物。是非选择性内吸传导型茎叶处理除草剂。作用比草甘膦快,比百草枯慢;而且对多年生植物有效,对哺乳动物低毒,在土壤中半衰期较短(20～30 天)。双丙氨膦本身无除草活性,在植物体内降解成具有除草活性的草丁膦和丙氨酸。此品在土壤中丧失活性,易代谢和生物降解,因此使用安全。

防治对象　可防除一年生和多年生阔叶杂草及禾本科杂草,如荠菜、猪殃殃、雀舌草、繁缕、婆婆纳、冰草、看麦娘、野燕麦、藜、莎草、稗草、早熟禾、马齿苋、狗尾草、车前草、蒿、田旋花、问荆等。对阔叶杂草的防效高于禾本科杂草,对某些生长快、个体大的多年生杂草作用弱。

生产厂家　上海前尘生物科技有限公司、上海研拓生物科技有限公司。

双草醚(bispyribac-sodium)

$C_{19}H_{17}N_4NaO_8$,452.35,125401-92-5

其它中文名称 一奇、水杨酸双嘧啶、农美利、双嘧草醚

其他英文名称 Nominee、Grasssbort、Short-Keep

主要剂型 10%悬浮剂，20%可湿性粉剂。

作用特点 双草醚属于嘧啶水杨酸类除草剂，乙酰乳酸合成酶抑制剂，通过阻止支链氨基酸的生物合成而起作用。本品施药后能很快被杂草的茎叶吸收，并传导至整个植株，抑制植物分生组织生长，从而杀死杂草。高效、广谱、用量极低。

防治对象 有效防除稻田稗草及其他禾本科杂草，兼治大多数阔叶杂草、一些莎草科杂草及对其他除草剂产生抗性的稗草。如稗草、双穗雀稗、稻李氏禾、马唐、匍茎剪股颖、看麦娘、东北甜茅、狼巴草、异型莎草、日照飘拂草、碎米莎草、萤蔺、日本草、扁秆草、鸭舌草、雨久花、野慈姑、泽泻、眼子菜、谷精草、牛毛毡、节节菜、陌上菜、水竹叶、空心莲子草、花蔺等水稻田常见的绝大部分杂草。

注意事项

（1）本品只能用于稻田除草，请勿用于其他作物。

（2）粳稻品种喷施本品后有叶片发黄现象，4~5天即可恢复，不影响产量。

（3）稗草1~7叶期均可用药，稗草小，用低剂量；稗草大，用高剂量。

生产厂家 湖北巨胜科技有限公司、上海谱振生物科技有限公司、湖北艺康源化工有限公司。

双氟磺草胺（florasulam）

$C_{12}H_8F_3N_5O_3S$，359.28，145701-23-1

其他中文名称 麦喜为、麦施达

其他英文名称 2′,6′,8-trifluoro-5-methoxy-5-triazolo [1,5-c] pyrimidine-2-sulfonanilide

主要剂型 50g/L悬浮剂。

作用特点 双氟磺草胺是三唑并嘧啶磺酰胺类超高效除草剂，是内吸传导型除草剂，可以传导至杂草全株，因而杀草彻底，不会复发。在低温下药效稳定，即使是在2℃时仍能保证稳定药效，这一点是其他除草剂无法比拟的。

防治对象 主要用于冬小麦田防除阔叶杂草，如猪殃殃、繁缕、蓼属杂草、菊科杂草等。也可有效防除花生、烟草、苜蓿和其他饲料作物中的一年生禾本科杂草及阔叶杂草。

注意事项 死草速度慢，40天后基本上草死干净。

生产厂家　美国陶氏农业科学公司、上海隆盛化工有限公司、南京康满林化工实业有限公司、常州黄隆化工有限公司。

特丁津（terbuthylazine）

$C_9H_{16}ClN_5$，229.71，5915-41-3

其他中文名称　2-氯-4-叔丁氨基-6-乙氨基-1,3,5-三嗪

其他英文名称　Primatol M、Gardoprim、Primatol-M80、Sorgoprim、Topogard

主要剂型　50%可湿性粉剂。

作用特点　均三氮苯类光合作用除草剂，具内吸传导能力，主要通过根部吸收，属广谱性除草剂。

防治对象　芽前施用，用于玉米、小麦、大麦、马铃薯、豌豆、高粱及柑橘等作物田中防除多种杂草。

注意事项

（1）本品非常易燃，远离火源。

（2）穿戴合适的防护服装，避免接触皮肤。

生产厂家　山东胜邦绿野化学有限公司、江苏省百灵农化有限责任公司、浙江省长兴第一化工有限公司、浙江省长兴中山化工有限公司。

特丁净（terbutryn）

$C_{10}H_{19}N_5S$，241.35，886-50-0

其他中文名称　去草净、2-甲硫基-4-乙氨基-6-叔丁氨基-1,3,5-三嗪

其他英文名称　Clarosan、Igran、Prebane、Athado、saterb、Ternit、Sunter

主要剂型　50%、80%可湿性粉剂。

作用特点　均三氮苯类光合作用除草剂，具有内吸性传导作用，属选择性芽前和芽后除草剂。

防治对象　可用于冬小麦、大麦、高粱、向日葵、花生、大豆、豌豆、马铃薯等作物田，防除多年生裸麦草、黑麦草及秋季萌发的繁缕、母菊、罂粟、看麦

娘、马唐、狗尾草等。

注意事项

（1）穿戴合适的防护服和手套，万一接触眼睛，立即使用大量清水冲洗并送医诊治。

（2）避免排放到环境中，对水生生物极毒，可能导致对水生环境的长期不良影响。本物质残余物和容器必须作为危险废物处理。

生产厂家　山东滨州农药厂有限公司、浙江省长兴第一化工有限公司、江苏省百灵农化有限责任公司、浙江省长兴中山化工有限公司。

甜菜安（desmedipham）

$C_{16}H_{16}N_2O_4$，300.31，13684-56-5

其他中文名称　甜草灵、甜菜胺、苯敌草、凯米双、

其他英文名称　Betanal、Fenmedifam、Betanex

主要剂型　16％乳油，16％浓乳剂。

作用特点　选择内吸性光合作用除草剂，通过叶面吸收。用在甜菜地苗后防除阔叶杂草如苋菜。可与甜菜宁混用。甜菜安只能通过叶子吸收，正常生长条件下土壤和湿度对其药效无影响，杂草生长期最适宜用药。

防治对象　适用于甜菜地防除阔叶杂草，如繁缕、藜、芥菜、野燕麦、野芝麻、野萝卜、荠菜、牛舌草、鼬瓣花、牛藤菊等，通常与甜菜宁混用。

注意事项

（1）对水生生物极毒，可能导致对水生环境的长期不良影响。

（2）本物质残余物和容器必须作为危险废物处理。

生产厂家　上海植信化工有限公司、杭州展邦生物技术有限公司、浙江东风化工有限公司。

甜菜宁（phenmedipham）

$C_{16}H_{16}N_2O_4$，300.31，13684-63-4

其他中文名称　苯敌草、凯米丰、甲二威灵

其他英文名称　Betamix、Betanal、Kemifan

主要剂型　16％乳油。

作用特点　选择性苗后茎叶处理剂。对甜菜田许多阔叶杂草有良好的防治效果，对甜菜高度安全。杂草通过茎叶吸收，传导到各部分。阻止合成腺苷三

磷酸和还原型烟酰胺嘌呤磷酸二苷之前的希尔反应中的电子传递作用,从而使杂草的光合同化作用遭到破坏;甜菜对进入体内的甜菜宁可进行水解代谢,使之转化为无害化合物,从而获得选择性。甜菜宁药效受土壤类型和湿度影响较小。

防治对象 适用于甜菜地防除阔叶杂草,如繁缕、藜、芥菜、野燕麦、野芝麻、野萝卜、荠菜、牛舌草、鼬瓣花、牛藤菊等。

注意事项

(1) 蓼、苋等双子叶杂草耐性强,对禾本科杂草和未萌发的杂草无效。

(2) 可与其他防除单子叶杂草的除草剂(如拿捕净等)混用,以扩大杀草谱。

(3) 配制药液时,应先在喷雾器药箱内加少量水,倒入药剂摇匀后加入足量水再摇匀。甜菜宁乳剂一经稀释,应立即喷雾,久置不用会有结晶沉淀形成。

(4) 甜菜宁可与大多数杀虫剂混合使用,每次宜与一种药剂混合,随混随用。

(5) 避免本药剂接触皮肤和眼睛,或吸入药雾。如果药液溅入眼中,应立即用大量清水冲洗,然后用阿托品解毒,无专门解毒剂,应对症治疗。

生产厂家 浙江永农化工有限公司、南京仁信化工有限公司。

五氟磺草胺(penoxsulam)

$C_{16}H_{14}F_5N_5O_5S$,483.37,219714-96-2

其他中文名称 稻杰

其他英文名称 Clipper、Cranite、Graniee

主要剂型 2.5%油悬浮剂。

作用特点 五氟磺草胺为传导型除草剂,经茎叶、幼芽及根系吸收,通过木质部和韧皮部传导至分生组织,抑制植株生长,使生长点失绿,处理后7~14天顶芽变红,坏死,2~4周植株死亡;乙酰乳酸合成酶抑制剂,药剂作用较慢,需一定时间杂草才逐渐死亡。

防治对象 为稻田用广谱除草剂,可有效防除稗草、一年生莎草科杂草,并对众多阔叶杂草有效,如沼生异蕊花、鳢肠、田菁、竹节花、鸭舌草等。

注意事项

(1) 该药对千金子杂草无效,如需防治,可与氰氟草酯混用。

(2) 当使用超高剂量时,早期对水稻根部的生长有一定的抑制作用,但迅速恢复，不影响产量。

生产厂家　美国陶氏农业科学公司、安徽科迪达化工有限公司。

戊炔草胺（propyzamide）

$C_{12}H_{11}Cl_2NO$，256.13，23950-58-5

其他中文名称　拿草特、炔苯酰草胺、炔敌稗
其他英文名称　3,5-dichloro-N-(1,1-dimethylpropynyl) benzamide
主要剂型　50%可湿性粉剂，40%悬浮剂，80%水分散粒剂。
作用特点　是一种内吸传导选择性酰胺类除草剂，作用机理是通过根系吸收传导，干扰杂草细胞的有丝分裂。主要防治单子叶杂草，对阔叶作物安全。在土壤中的持效期可达60天左右。可有效控制杂草的出苗，即使出苗后，仍可通过芽鞘吸收药剂死亡。一般播后芽前比苗后早期用药效果好。
防治对象　对一年生禾本科杂草及部分小粒种子阔叶杂草的防治效果较好，如马唐、看麦娘、早熟禾等杂草。
注意事项
（1）作用特点为土壤喷雾。使用时应注意土壤的有机质含量，当有机质含量过低时，则应当减少使用剂量。
（2）要避免因雨水或灌水而造成淋溶药害。
生产厂家　安徽丰乐农化有限责任公司、河北中化滏恒股份有限公司、瑞邦农化（江苏）有限公司、江苏绿叶农化有限公司、发事达（南通）化工有限公司。

西草净（simetryn）

$C_8H_{15}N_5S$，213.30，1014-70-6

其他中文名称　西散净、西散津、2,4-双乙氨基-6-甲硫基-1,3,5-三氮苯
其他英文名称　Simetryne、2,4-Bis (ethylamino)-6-methylmercapto- 1,3,5-triazine
主要剂型　25%可湿性粉剂。
作用特点　均三氮苯类选择性内吸传导型光合作用除草剂。可从根部吸收，也可从茎叶透入体内，运输至绿色叶片内，抑制光合作用的希尔反应，影响糖类

的合成和淀粉的积累，发挥除草作用。主要用于稻田，对恶性杂草眼子菜有特殊防效，对早期稗草、瓜皮草、牛毛草均有显著效果，施药晚则防效差，因此应视杂草基数选择施药适期及药用剂量。

防治对象　适用于稻田防除稗草、牛毛草、眼子菜、泽泻、野慈姑、母草、小慈姑等杂草，与杀草丹、丁草胺、禾大壮等除草剂混用，可扩大杀草谱。亦可用于玉米、大豆、小麦、花生、棉花等作物田除草。

注意事项
（1）施药时超过30℃易产生药害。
（2）在低洼积水地、重盐碱地或强酸性土上使用，易受药害。

生产厂家　浙江省长兴第一化工有限公司、上海植信化工有限公司、山东滨农科技有限公司。

西玛津（simazine）

$C_7H_{12}ClN_5$，201.66，122-34-9

其他中文名称　西玛嗪、田保净、2-氯-4,6-二乙氨基-1,3,5-三嗪
其他英文名称　Simanex、Simaxin、Weedex、Gesatop
主要剂型　40%悬浮剂，5%可湿性粉剂。
作用特点　西玛津是均三氮苯类选择性内吸传导型土壤处理光合作用除草剂。被杂草的根系吸收后沿木质部随蒸腾迅速向上传导到绿色叶片内，抑制杂草光合作用，使杂草死亡。温度高时植物吸收传导快。西玛津水溶性小，在土壤中不易向下移动，被土壤吸附在表层形成药层。一年生杂草大多发生于浅层，杂草幼苗根吸收到药剂而死，而深根性作物主根明显，并迅速下扎而不受害。西玛津在抗性植物体内解毒反应是由苯并恶嗪酮所催化水解为无毒的羟基西玛津，此外抗体植物体内含有谷胱甘肽-S-转移酶，通过谷胱甘肽轭合作用，使西玛津在其体内丧失毒性而对作物安全。西玛津在土壤中残效期长，特别在干旱、低温、低肥条件下微生物分解缓慢，持效期可长达一年，因而影响下茬敏感作物出苗生长。

防治对象　用于玉米、甘蔗、高粱、茶树、橡胶及果园、苗圃除防由种子繁殖的一年生或越年生阔叶杂草和多数单子叶杂草；对由根茎或根芽繁殖的多年生杂草有明显的抑制作用；适当增大剂量也用于森林防火道、铁路路基沿线、庭院、仓库存区、油罐区、贮木场等作灭生性除草剂。

注意事项
（1）本物质残余物和容器必须作为危险废物处理；喷雾器具用后要反复清洗干净。

（2）对水生生物极毒，可能导致对水生环境的长期不良影响。

（3）西玛津的用药量受土壤质地、有机质含量、气温高低影响很大。一般气温高、有机质含量低、沙质土用量少，药效好，但也易产生药害。反之用量要高。

（4）西玛津残效期长，可持续 12 个月左右。对后茬敏感作物有不良影响，对小麦、大麦、棉花、大豆、水稻、十字花科蔬菜等有药害。

生产厂家　湖北巨胜科技有限公司、山东胜邦绿野化学有限公司、山东潍坊润丰化工有限公司。

烯草酮（clethodim）

$C_{17}H_{26}ClNO_3S$，359.91，99129-21-2

其他中文名称　收乐通、赛乐特、氟烯草酸、乐田特

其他英文名称　Clethodime、Select（R）、Prism（R）

主要剂型　12%、24%乳油。

作用特点　内吸传导型、高选择性的茎叶处理除草剂。可防除一年生和多年生禾本科杂草。施药后，能被禾本科杂草茎叶迅速吸收并传导至茎尖及分生组织，抑制分生组织的活性和脂肪酸合成，破坏细胞分裂，使植株生长延缓，施药后 1～3 周植株退绿，最终导致杂草死亡。

防治对象　适于多数双子叶作物，如棉花、花生、大豆、烟草、油菜及果园中防除一年生禾本科杂草，如稗草、野燕麦、马唐、狗尾草、牛筋草、看麦娘、早熟禾、硬草等。

注意事项　杂草通过叶面的气孔和角质层吸收药剂，干旱、高温、低温等条件下气孔大量关闭，角质层加厚，这些都不利于杂草对药剂的吸收。空气相对湿度 65%以上，夏季选择早晚、冬季选择晴天中午时喷药，利于药剂的吸收和药效的发挥。

生产厂家　江苏龙灯化学有限公司、江苏辉丰农化股份有限公司、成都邦农化学有限公司

烯禾定（sethoxydim）

$C_{17}H_{29}NO_3S$，327.48，74051-80-2

其他中文名称 拿捕净、稀禾定
其他英文名称 Cyethoxydim、Expand、Fervinal、Grasidim、Nabu、Poast、Sertin
主要剂型 50%母药,12.5%、20%、25%乳油。
作用特点 低毒除草剂。属肟类选择性强的内吸传导型茎叶处理除草剂,能被禾本科杂草茎叶迅速吸收,并传导到顶端和节间分生组织,使其细胞分裂遭到破坏。由生长点和节间分生组织开始坏死,受药植株3天后停止生长,7天后新叶褪色或出现花青素色,2~3周内全株枯死。本剂在禾本科与双子叶植物间选择很高,对阔叶作物安全。
防治对象 稗草、野燕麦、狗尾草、马唐、牛筋草、看麦娘、野黍、臂形草、黑麦草、稷属、旱雀麦、自生玉米、自生小麦、狗牙根、芦苇、冰草、假高粱、白茅等一年生和多年生禾本科杂草。

注意事项
(1) 喷药后应注意防止药雾飘移到临近的单子叶作物上。
(2) 在杂草3~5叶期施用,最多使用1次。
(3) 喷药后用肥皂把露在外面的脸、手、腿洗干净,勿吞服,若误服应大量饮水,催吐,保持安静,立即就医。
(4) 用后剩余的药剂不要倒进水田、湖沼、河川里。容器不能装其他东西,用后洗净、焚烧或掩埋,妥善处理。
生产厂家 山东先正达农化股份有限公司、沈阳科创化学品有限公司、河北省沧州科润化工有限公司、河北万全力华化工有限责任公司。

酰嘧磺隆 (amidosulfuron)

$C_9H_{15}N_5O_7S_2$,369.37,120923-37-7

其他中文名称 氨基嘧磺隆
其他英文名称 Gratil、Amidosulfuron Pestanal、Methylmethanesulfonamide
主要剂型 50%水分散粒剂。
作用特点 属磺酰脲类除草剂,杂草通过茎叶吸收抑制细胞有丝分裂,植株停止生长而死亡。在推荐剂量下对当茬麦类和下茬玉米较安全。
防治对象 春小麦、冬小麦、硬质小麦、大麦、稞麦、燕麦等,以及草坪和牧场。对禾谷类作物安全,对后茬作物玉米等安全。
注意事项 因对皮肤和眼睛有轻微刺激作用,因此施药时一定注意防护。

生产厂家 江苏瑞邦农药厂有限公司。

硝磺草酮（mesotrione）

$C_{14}H_{13}NO_7S$，339.32，104206-82-8

其他中文名称 甲基磺草酮、米斯通、千层红

其他英文名称 Mesotrion、Pestanal

主要剂型 40%、100g/L 悬浮剂。

作用特点 环己二酮类除草剂，抑制羟基苯基丙酮酸酯双氧化酶（HPPD）的芽前和苗后广谱选择性除草剂，HPPD可将氨基酸酪氨酸转化为质体醌。质体醌是八氢番茄红素去饱和酶的辅助因子，是类胡萝卜素生物合成的关键酶。使用甲基磺草酮3～5天内，植物分生组织出现黄化症状，随之引起枯斑，两周后遍及整株植物。温度高，有利于甲基磺草酮药效发挥；施药后1h降雨，对甲基磺草酮药效无影响。

防治对象 对玉米田一年生阔叶杂草和部分禾本科杂草如苘麻、苋菜、藜、蓼、稗草、马唐等有较好的防治效果。而对铁苋菜和一些禾本科杂草防治效果较差。

注意事项

（1）温度高于27℃、空气相对湿度低于65%、风速大于4m/s时应停止施药。

（2）人工施药不要左右甩动或随意降低喷头高度喷雾。

生产厂家 瑞士先正达作物保护公司、丹东农药总厂。

溴苯腈（bromoxynil）

$C_7H_3Br_2NO$，276.91，1689-84-5

其他中文名称 伴地农、3,5-二溴-4-羟基苯腈

其他英文名称 Emblem、Kaleis、Buctril、3,5-dibromo-4-hydroxybenzonitrile

主要剂型 80%水分散粒剂，25%、80%可湿性粉剂。

作用特点 三氮苯类中等毒性除草剂。溴苯腈以它的辛酸酯、钠盐、钾盐的形式被广泛用作选择性芽后茎叶处理触杀型除草剂，用于芽后防除苗期阔叶杂

草。主要由叶片吸收，通过抑制光合作用的各个过程，迅速使组织坏死。

防治对象 主要用于小麦、大麦、黑麦、玉米、高粱、亚麻等作物田间，防除藜、苋、麦瓶草、龙葵、苍耳、猪毛菜、麦家公、田旋花、荞麦蔓等阔叶杂草。除单用外，还可以和多种除草剂混配，扩大除草谱。

注意事项

（1）施用伴地农遇到低温或高湿的天气，除草效果可能降低，作物安全性降低，尤其是亚麻，当气温超过35℃、湿度过大时不能施药，否则会发生药害。

（2）施药后需6h内无雨，以保证药效。

（3）伴地农不宜与肥料混用，也不能添加助剂，否则也会造成作物药害。

（4）溴苯腈人体每日允许摄入量（ADI）是0.05mg/kg，美国推荐的在谷物中的最高残留限量（MRL）为0.1mg/kg。

（5）避免药剂接触皮肤和眼睛，若不慎溅入眼内或皮肤上，立即用大量清水冲洗。避免吸入药剂雾滴。如有误服，不要引吐；如果患者处于昏迷状态，应将其置于通风处，并立即求医治疗。该药无特殊解毒药，应对症治疗。

（6）避免残剩药液污染池塘、河流和其他水源。用完的空容器应集中深埋在非种植区的地下，并远离水源。

（7）本药剂应贮存在0℃以上，同时要注意存放在远离非种子、化肥和食物以及儿童接触不到的地方。如本药在0℃以下时发生冰冻，在使用时应将药剂放在温度较高的室内，并不断搅动，直至冰块融解。

（8）用药量过大，尤其是在玉米生长期，高温、高湿条件下易产生药害。药害的典型症状是叶片失绿，枯黄而死亡。生产中由于误用或飘移，对阔叶作物产生药害。

生产厂家 江苏辉丰农化股份有限公司、江苏联合农药化学股份有限公司。

烟嘧磺隆（nicosulfuron）

$C_{15}H_{18}N_6O_6S$，410.41，111991-09-4

其他中文名称 玉农乐、烟磺隆

其他英文名称 Accent、Dasul、Nicosulfuronoxamide

主要剂型 4%悬浮剂，40g/L可分散油悬浮剂，10%可湿性粉剂，75%水分散粒剂。

作用特点 烟嘧磺隆是内吸性除草剂，可为杂草茎叶和根部吸收，其被叶和根迅速吸收，并通过木质部和韧皮部迅速传导。通过抑制乙酰乳酸合成酶来阻止支链氨基酸的合成，造成敏感植物生长停滞、茎叶退绿、逐渐枯死，一般情况下

20~25天死亡，但在气温较低的情况下对某些多年生杂草需较长的时间。在芽后4叶期以前施药药效好，苗大时施药药效下降。该药具有芽前除草活性，但活性较芽后低。

防治对象 可以防除玉米田中一年生和多年生禾本科杂草、部分阔叶杂草。对药敏感性强的杂草有稗草、狗尾草、野燕麦、反枝苋；敏感性中等的杂草有本氏蓼、荏草、马齿苋、鸭舌草、苍耳和苘麻、莎草；敏感性较差的杂草主要有藜、龙葵、鸭趾草、地肤和鼬瓣花。

注意事项

（1）施药后观察，玉米叶片有轻度退绿黄斑，但能很快恢复。

（2）对后茬小麦、大蒜、苜蓿、马铃薯、大豆等无残留药害；但对小白菜、甜菜、菠菜、黄瓜、向日葵及油葵等有药害。在粮菜间作或轮作地区，应做好对后茬蔬菜的药害试验。

（3）用有机磷药剂处理过的玉米对该药敏感。两药剂的使用间隔期为7天左右。烟嘧磺隆可与菊酯类农药混用。

（4）在玉米中最高残留限量（MRL）为0.02mg/kg，最高每亩使用剂量为4g（有效成分），最多应用次数1次，安全间隔期30天。

生产厂家 上海迈瑞尔化学技术有限公司、太原市瑞和丰科贸有限公司、嘉兴市艾森化工有限公司。

野麦畏（triallate）

$C_{10}H_{16}Cl_3NOS$，304.66，2303-17-5

其他中文名称 阿畏达、燕麦畏、三氟烯丹

其他英文名称 Avadax BW

主要剂型 40%乳油，10%颗粒剂。

作用特点 是防除野燕麦的高效选择性除草剂。主要用于土壤处理，野燕麦在萌发出土的过程中通过芽鞘和第一片子叶吸收，根系吸收很少。野麦畏挥发性强，对野燕麦也有熏蒸毒杀作用。

防治对象 适用于小麦、大麦、青稞、油菜、豌豆、蚕豆、亚麻、甜菜、大豆等作物中防除野燕麦。

注意事项

（1）野麦畏挥发性强，施药后必须立即混土，否则药效会严重降低。

（2）作物种子不能直接接触药剂，否则会产生药害。所以务必使播种深度与施药层分开。

（3）皮肤接触会产生过敏反应。长期接触或不慎吞咽会严重损害健康。
（4）对水生生物极毒，可能导致对水生环境的长期不良影响。

生产厂家 美国孟山都公司、江苏省百灵农化有限责任公司、甘肃省兰州农药厂。

野燕枯（difenzoquat）

$C_{17}H_{17}N_2$，249.33，49866-87-7

其他中文名称 草吡唑、燕麦枯、双苯唑快
其他英文名称 1,2-Dimethyl-3,5-diphenyl-1H-pyrazolium
主要剂型 64%可湿性粉剂，40%水剂。
作用特点 选择性苗后茎叶处理除草剂。作用于燕麦植株的生长点，使顶端、节间分生组织中细胞分裂和伸长受破坏，抑制植株生长。
防治对象 主要用于小麦、大麦、黑麦田防除野燕麦，防除效果达到90%左右，也用于油菜、亚麻等作物田。
注意事项
（1）相对湿度65%以下、气温15℃以下不要施药，施药后应保持4h无雨。
（2）野燕枯不能与钠盐、铵盐混用，以免产生沉淀，影响药效。
（3）40%燕麦枯水剂在北方冬季应放温室贮存，遇零度以下低温会结晶，难以再溶解而失去使用价值。
生产厂家 美国氰胺公司、德国巴斯夫股份有限公司、陕西农大德力邦科技股份有限公司。

乙草胺（acetochlor）

$C_{14}H_{20}ClNO_2$，269.77，34256-82-1

其他中文名称 禾耐斯、消草安、乙基乙草安
其他英文名称 Acenit、Sacemid
主要剂型 50%、81.5%、880g/L、89%、900g/L、90.5%、990g/L乳油，50%微乳剂，40%、48%水乳剂，20%可湿性粉剂，25%微囊悬浮剂。
作用特点 低毒除草剂。乙草胺属选择性芽前除草剂，可防除一年生禾本科杂草和某些一年生阔叶杂草，通过单子叶植物的胚芽鞘或双子叶植物的下胚轴吸

收，吸收后向上传导，主要通过阻碍蛋白质合成而抑制细胞生长，使杂草幼芽、幼根生长停止，进而死亡。禾本科杂草吸收乙草胺的能力比阔叶杂草强，所以防除禾本科杂草的效果优于阔叶杂草。

防治对象　可用于玉米、棉花、大豆、花生、油菜、马铃薯、甘蔗、芝麻、向日葵和豆科、十字花科、茄科、菊科、伞形花科等多种蔬菜田及果园防除一年生禾本科杂草。

注意事项

(1) 沙质土壤使用低剂量，黏质土壤使用高剂量。土壤含水量低时，使用高剂量；土壤含水量高时，使用低剂量。

(2) 小麦、水稻、谷子、高粱、黄瓜、西瓜、甜瓜、菠菜、韭菜对乙草胺敏感，应慎用。

(3) 本品只对萌芽出土前的杂草有效，只能作土壤处理剂使用。

(4) 施药后遇连阴雨天低温，作物可能会表现出叶片退绿、生长缓慢或皱缩，但随着温度升高，便会恢复生长，一般不影响产量。

生产厂家　山东胜邦绿野化学有限公司、浙江省杭州庆丰农化有限公司、郑州兰博尔科技有限公司、内蒙古宏裕科技股份有限公司、大连瑞泽生物科技有限公司、山东潍坊润丰化工股份有限公司、天津市绿农生物技术有限公司、江苏百灵农化有限公司、江苏省南通江山农药化工股份有限公司、江苏富田农化有限公司、无锡禾美农化科技有限公司、山东中石药业有限公司、吉林金秋农药有限公司、广东省英德广农康盛化工有限责任公司、山东侨昌化学有限公司、吉林市绿盛农药化工有限公司、江苏绿利来股份有限公司、江苏常隆农化有限公司、江苏省新沂中凯农用化工有限公司、山东华阳农药化工集团有限公司、辽宁省大连宋辽化工有限公司、上虞颖泰精细化工有限公司、山东德浩化学有限公司、江苏连云港立本农药化工有限公司、安徽中山化工有限公司、山东大成农化有限公司、江苏省南通派斯第农药化工有限公司、江苏安邦电化有限公司、信阳信化化工有限公司、南通维立科化工有限公司、河南颖泰农化股份有限公司、四川省乐山市福华通达农药科技有限公司。

乙羧氟草醚 (fluoroglycofen-ethyl)

$C_{18}H_{13}ClF_3NO_7$，447.75，77501-60-1

其他中文名称　阔锄
其他英文名称　Fluoroglycofen ethyl ester、Super Blazer、Benzofluorfen
主要剂型　10%、15%、20%乳油。
作用特点　乙羧氟草醚是苗后选择性触杀型二苯醚类除草剂，原卟啉原氧化酶抑制剂,芽后施用防除阔叶杂草兼治禾本科杂草。本品一旦被植物吸收,只有在光照条件下才发挥效力。相对于其他二苯醚除草剂而言,乙羧氟草醚的突出特点是高效、广谱、安全和低成本。

防治对象 可用于大豆、花生、棉花、果园、小麦等作物,防除阔叶杂草,尤其是猪殃殃、婆婆纳、堇菜、苍耳属和甘薯杂草。

注意事项

(1) 喷施后,遇到气温过高或在作物上局部触药过多时,作物上会产生不同程度的灼伤斑,由于不具有内吸传导作用,经过10~15天作物会完全得到恢复,不造成减产,反而能起到增产效果。

(2) 使用时应该穿戴好防护用品,避免药剂接触皮肤和眼睛,喷药时不要吸烟、饮食,身体不适时不宜喷药,用药后及时清洗。

生产厂家 山东盛邦绿野化学有限公司、江苏连云港立本农药化工有限公司、天津市华宇农药有限公司、山东省青岛金尔农化研制开发有限公司。

乙氧氟草醚(oxyfluorfen)

$C_{15}H_{11}ClF_3NO_4$,361.7,42874-03-3

其他中文名称 果尔、割草醚、氟果尔、割地草

其他英文名称 Goaldate

主要剂型 20%、23.5%、240g/L乳油,25%悬浮剂,2%颗粒剂,10%水乳剂。

作用特点 低毒除草剂。触杀型二苯醚类除草剂,在有光的情况下发挥杀草作用。主要通过胚芽、中胚轴进入植物体内,经根部吸收较少,并有极微量通过根部向上运输进入叶部。芽前和芽后早期施用效果最好,对种子萌发的杂草除草谱较广,能防除阔叶杂草、莎草及稗,但对多年生杂草只有抑制作用。

防治对象 可防除移栽稻、大豆、玉米、棉花、花生、甘蔗、葡萄园、果园、蔬菜田和森林苗圃的单子叶和阔叶杂草。陆稻施药可与丁草胺混用;在大豆、花生、棉花田等施药,可与甲草胺、氟乐灵等混用;在果园等处施药,可与百草枯、草甘膦混用。

注意事项

(1) 乙氧氟草醚为触杀型除草剂,喷施药时要求均匀周到,施药剂量要准。用于大豆田,在大豆出苗后即停止使用,以免对大豆产生药害。

(2) 本药用量少,活性高,对水稻、大豆易产生药害,使用时切勿任意提高用药量,以免产生药害。

(3) 乙氧氟草醚对人体每日允许摄入量(ADI)是3μg/kg。安全间隔期为

50天。

(4) 本药剂对人体有害,避免与眼睛和皮肤接触。若药剂溅入眼中或皮肤上,立即用大量清水冲洗,并立即送医院。

生产厂家 浙江兰溪巨氟化学有限公司、一帆生物科技集团有限公司、江苏绿利来股份有限公司、江苏省南通嘉禾化工有限公司、山东侨昌化学有限公司、江苏中旗作物保护股份有限公司、上虞颖泰精细化工有限公司、岳阳地铺化工技术有限公司、上海生农生化制品有限公司、江苏禾本生化有限公司、池州飞昊达化工有限公司、江苏云帆化工有限公司、山东潍坊润丰化工股份有限公司。

乙氧磺隆 (ethoxysulfuron)

$C_{15}H_{18}N_4O_7S$,398.39,126801-58-9

其他中文名称 乙氧嘧磺隆、太阳星
其他英文名称 Sunrice
主要剂型 15%水分散粒剂。
作用特点 乙氧磺隆为分支链氨基酸合成抑制剂。通过阻断缬氨酸和异亮氨酸的生物合成,从而阻止细胞分裂和植物生长。具有很好的选择性。
防治对象 用于防治水稻田一年生阔叶杂草、莎草及藻类,如鸭舌草、雨久花、飘拂草、异型莎草、牛毛毡、水莎草、萤蔺、野荸荠、眼子菜、泽泻、鳢肠、矮慈姑、长辨慈姑、狼把草、鬼针草、草龙、丁香蓼、节节菜、耳叶水苋、水苋菜、小茨藻、苦草、谷精草等杂草。
生产厂家 浙江泰达作物科技有限公司。

异丙甲草胺 (metolachlor)

$C_{15}H_{22}ClNO_2$,283.79,51218-45-2

其他中文名称 都尔、稻乐思、屠莠胺、毒禾草、杜尔、丙草胺
其他英文名称 metolachlore (ISO-F)
主要剂型 5%、50%、72%、96%乳油。
作用特点 低毒除草剂。异丙甲草胺为酰胺类选择性除草剂,芽前土壤处理。对单子叶杂草,主要被种子上部的幼芽吸收;对双子叶杂草可以被幼芽和根

部吸收,抑制蛋白质的分解。土中持效期 20~50 天。作用机制主要抑制发芽种子的蛋白质合成,其次抑制胆碱渗入磷脂,干扰卵磷脂形成。异丙甲草胺主要通过植物的幼芽即单子叶和胚芽鞘、双子叶植物的下胚轴吸收向上传导。出苗后主要靠根吸收向上传导,抑制幼芽与根的生长。

防治对象 可防除稗、牛筋草、马唐、狗尾草、棉草等一年生禾本科杂草以及苋菜、马齿苋、苋、藜等阔叶杂草和碎米莎草、油莎草。适用于马铃薯、十字花科、西瓜和茄科蔬菜等菜田除草。

注意事项

(1) 露地栽培作物在干旱条件下施药,应迅速进行浅混土,覆膜作物田施药不混土,施药后必须立即覆膜。药效易受气温和土壤肥力条件的影响。温度偏高时和沙质土壤用药量宜低;反之,气温较低时和黏质土壤用药量可适当偏高。

(2) 采用毒土法,应掌握在下雨或灌溉前后施药。

(3) 不得用于水稻秧田和直播田,瓜类、茄果类蔬菜使用浓度偏高时易产生药害,施药时要慎重。

生产厂家 浙江省杭州庆丰农化有限公司、江苏蓝丰生物化工股份有限公司、大连瑞泽生物科技有限公司、江苏辉丰农化股份有限公司、山东滨农科技有限公司、山东中石药业有限公司、山东侨昌化学有限公司、江苏南通江山农药化工股份有限公司、安徽中山化工有限公司、上虞颖秦精细化工有限公司、江苏常隆农化有限公司、山东潍坊润丰化工股份有限公司、江苏连云港立本农药化工有限公司、内蒙古宏裕科技股份有限公司、河南颖泰农化股份有限公司。

异丙隆 (isoproturon)

$(H_3C)_2HC--NH-\underset{O}{C}-N(CH_3)_2$

$C_{12}H_{18}N_2O$, 206.28, 34123-59-6

其他中文名称 3-(4-异丙基苯基)-1,1-二甲基脲

其他英文名称 Tolkan、Alon、Arelon、Hytane

主要剂型 50%悬浮剂,25%、50%、70%、75%可湿性粉剂。

作用特点 低毒除草剂。异丙隆属取代脲类选择性芽前、芽后抑制光合作用除草剂,具有内吸传导作用。主要由杂草根吸收,茎叶吸收少,在导管内随水分向上传导到叶,多分布于叶尖和叶缘,在绿色细胞内发挥作用,它是光合作用电子传递的抑制剂,干扰光合作用的正常进行,在光照下不能放出氧和二氧化碳,有机物生成停止,敏感杂草饥饿而死。通过根部吸收,可作播后苗前土壤处理,也可作苗后茎叶处理。

防治对象 播后苗前处理一般在小麦或大麦播种覆土后至出苗前,苗后处理一般在小麦或大麦 3 叶期至分蘖前期。

注意事项

（1）施用过磷酸钙的土地不要使用。

（2）作物生长势弱或受冻害的、漏耕地段及沙性重或排水不良的土壤不宜施用。

（3）为防止产生不良影响，最好在使用前先做小面积试验，确定无不良反应和最佳使用量后再大面积应用。

生产厂家 江苏快达农化股份有限公司、江苏常隆农化有限公司、宁夏新安科技有限公司、安徽华星化工股份有限公司、连云港市金囤农化有限公司。

莠去津（atrazine）

$C_8H_{14}ClN_5$，215.68，1912-24-9

其他中文名称 阿特拉津、盖萨普林、莠去尽、园保净

其他英文名称 Aatrex、Atazinax、Atranex、Atrasnl、Atratol A、Atrator、Atrazina、Atrad、Candex、Crisatrina、Crisazine、Fenamin、Fenamine、Fenatrol、gesaprim、gesoprim、Hungazin、NuTrazine、Pirmatol A、Primaze、Radazin、Residox

主要剂型 20%、38%、45%、50%、55%、60%悬浮剂，48%、80%可湿性粉剂，90%水分散粒剂，25%可分散油悬浮剂。

作用特点 莠去津是均三氮苯类选择性内吸传导型苗前、苗后抑制光合作用除草剂。根吸收为主，茎叶吸收很少，迅速传导到植物分生组织及叶部，干扰光合作用，使杂草致死。在玉米等抗性作物体内被玉米酮酶分解生成无毒物质，因而对作物安全。易被雨水淋洗至较深层，致使对某些深根性杂草有抑制作用。在土壤中可被微生物分解，残效期视用药剂量、土壤质地等因素影响，可长达半年左右。可防除多种一年生禾本科和阔叶杂草。

防治对象 适用于玉米、高粱、甘蔗、果树、苗圃、林地等旱田作物防除马唐、稗草、狗尾草、莎草、看麦娘、蓼、藜、十字花科、豆科杂草，尤其对玉米有较好的选择性（因玉米体内有解毒机制），对某些多年生杂草也有一定抑制作用。

注意事项

（1）莠去津的残效期较长，对某些后茬敏感作物，如小麦、大豆、水稻等有药害，可采用降低剂量与别的除草剂混用，避免对后茬作物的影响。

（2）因桃树对莠去津敏感，果园使用莠去津，对桃树不安全。表现为叶黄、缺绿、落果、严重减产，一般不宜使用。

(3) 玉米套种豆类，不宜使用莠去津。

(4) 莠去津播后苗前，土表处理时，要求施药前整地要平，土块要整碎。

(5) 莠去津可通过食道和呼吸道等引起中毒，中毒解救无特效解毒药。

(6) 施药后，各种工具要认真清洗，污水和剩余药液要妥善处理或者保存，不得任意倾倒，以免污染水源、土壤和造成药害。空瓶要及时回收，并妥善处理，不得再作它用。

生产厂家 山东胜邦绿野化学有限公司、无锡和美农化科技有限公司、辽宁天一农药化工有限责任公司、山东潍坊润丰化工股份有限公司、南京华洲药业有限公司、昆明农药有限公司、山东滨农科技有限公司、浙江中山化工集团股份有限公司、山东侨昌化学有限公司、吉林金秋农药有限公司、河南省博爱惠丰生化农药有限公司、江苏绿利来股份有限公司、山东大成农化有限公司、山东德浩化学有限公司、广西壮族自治区化工研究院、辽宁三征化学有限公司、安徽中山化工有限公司、江苏省南通派斯第农药化工有限公司、捷马化工股份有限公司。

唑草酮 (carfentrazone-ethyl)

$C_{15}H_{14}Cl_2F_3N_3O_3$，412.19，128639-02-1

其他中文名称 福农、快灭灵、三唑酮草酯、唑草酯、氟酮唑草

其他英文名称 Aim、Aurora、Affinity

主要剂型 20%微囊悬浮剂，34%氯吡·唑草酮可湿性粉剂。

作用特点 一种触杀型选择性除草剂，通过抑制原卟啉原氧化酶导致有毒中间物的积累，从而破坏杂草的细胞膜，使叶片迅速干枯、死亡。杀草速度快，受低温影响小，用药机会广。由于唑草酮有良好的耐低温和耐雨水冲刷效应，可在冬前气温降到很低时用药，也可在降雨频繁的春季抢在雨天间隙及时用药，而且对后茬作物十分安全，是麦田春季化除的优良除草剂。唑草酮的药效发挥与光照条件有一定的关系，施药后光照条件好，有利于药效充分发挥，阴天不利于药效正常发挥。在喷药后15min内即被植物叶片吸收，其不受雨淋影响，3～4h后杂草就出现中毒症状，2～4天死亡。

防治对象 主要用于防除阔叶杂草和莎草如猪殃殃、野芝麻、婆婆纳、苘麻、萹蓄、藜、红心藜、空管牵牛、鼬瓣花、酸模叶蓼、柳叶刺蓼、卷茎蓼、反枝苋、铁苋菜、宝盖菜、苣荬菜、野芝麻、小果亚麻、地肤、龙葵、白芥等杂草。对猪殃殃、苘麻、红心藜、荠、泽漆、麦家公、空管牵牛等杂草具有优异的防效，对磺酰脲类除草剂产生抗性的杂草等具有很好的活性。

注意事项

(1) 唑草酮只对杂草有触杀作用，没有土壤封闭作用，在用药时期上应尽量

在田间杂草大部分出苗后进行。

（2）小麦在拔节期至孕穗期喷药后，叶片上会出现黄色斑点，但施药后1周就可恢复正常绿色，不影响产量。

（3）喷施过唑草酮的药械要彻底清洗，以免药剂残留药效影响其他作物。

（4）含唑草酮的药剂不宜与骠马等乳油制剂混用，否则可能影响唑草酮在药液中的分散性，喷药后药物在叶片上分布不均，着药多的部位容易受到药害。

生产厂家　FMC 公司。

唑啉草酯（pinoxaden）

$C_{23}H_{32}N_2O_4$，400.52，243973-20-8

其他中文名称　唑啉草酯

其他英文名称　Propanoic acid、Axial

主要剂型　5％乳油。

作用特点　唑啉草酯属新苯基吡唑啉类除草剂，为乙酰辅酶A羧化酶抑制剂。造成脂肪酸合成受阻，使细胞生长分裂停止。细胞膜含脂结构被破坏，导致杂草死亡。具有内吸传导性，主要用于大麦田防除一年生禾本科杂草。

防治对象　能有效防除黑麦草、野燕麦、狗尾草、看麦娘、日本看麦娘、硬草、菵草、棒头草等禾本科杂草。

注意事项

（1）高剂量处理大麦产生轻微药害，一周后可恢复正常，对作物的正常生长及产量没有影响。

（2）喷药时要求均匀细致，严格按推荐剂量施药。

（3）避免药液飘移到邻近作物田，避免在极端气候如异常干旱、低温、高温条件下施药。

（4）每季使用1次。

生产厂家　先正达作物保护有限公司、上海甄准生物科技有限公司。

唑嘧磺草胺（flumetsulam）

$C_{12}H_9F_2N_5O_2S$，325.294，98967-40-9

其他中文名称　氟唑嘧磺草胺、氟唑啶草、阔草清、普田庆

其他英文名称 Broad Strike、Aurora

主要剂型 80%水分散粒剂。

作用特点 属三唑并嘧啶磺酰胺类除草剂，是典型的乙酰乳酸合成酶抑制剂。通过抑制支链氨基酸的合成使蛋白质合成受阻，植物停止生长。残效期长、杀草谱广，土壤、茎叶处理均可。

防治对象 适于玉米、大豆、小麦、大麦、三叶草、苜蓿等田中防治1年生及多年生阔叶杂草，如问荆（节骨草）、荠菜、小花糖芥、独行菜、播娘蒿（麦蒿）、蓼、婆婆纳（被窝絮）、苍耳（老场子）、龙葵（野葡萄）、反枝苋（苋菜）、藜（灰菜）、苘麻（麻果）、猪殃殃（涩拉秧）、曼陀罗等。对幼龄禾本科杂草也有一定抑制作用。

注意事项

（1）后茬勿轮作棉花、甜菜、油菜、向日葵、高粱及番茄。

（2）用于芽前表面处理或播前土壤混拌，能防除大豆、玉米等的阔叶杂草，对禾本科和莎草科草效果较差。

（3）对鱼类有害，应避免药液流入湖泊、河流或鱼塘中。

（4）施药时地表不宜太干燥或下雨，避免药液飘移到邻近作物上。

生产厂家 美国陶氏益农公司、青岛瀚生生物科技股份有限公司。

第五节 植物生长调节剂与杀鼠剂

矮壮素（chlormequat chloride）

$C_5H_{13}Cl_2N$，158.07，999-81-5

其他中文名称 2-氯乙基三甲基氯化铵、稻麦立、氯化氯代胆碱

其他英文名称 chlormequat、Cycocel、Hormocel

主要剂型 50%水剂，80%可溶性粉剂。

作用特点 低毒。矮壮素是一种优良的植物生长调节剂，生理功能是控制植株的营养生长（即根、茎、叶的生长），促进植株的生殖生长（即花和果实的生长），使植株的间节缩短，植株长得矮、壮、粗，根系发达，抗倒伏，同时叶色加深，叶片增厚，叶绿素含量增多，光合作用增强，从而提高某些作物的坐果率，也能改善某些作物果实、种子的品质，提高产量，还可提高某些作物抗旱、抗寒及抗病虫害的能力。

使用对象 适用于棉花、小麦、玉米、水稻、烟草、番茄、西红柿和各种块根作物。能使植株变矮，秆茎变粗，叶色变绿，防止作物徒长、倒伏，使作物耐

旱、耐涝、抗盐碱。

注意事项

（1）不能与碱性农药混用。其水溶液稳定，对金属有腐蚀作用，可贮于玻璃、高密度塑料、橡胶或涂环氧树脂的金属容器中。能被土壤微生物迅速降解。

（2）对人畜有轻微毒性。误服50%矮壮素水可引起中毒，对中毒者可采用一般急救措施和对症处理，毒蕈碱样症状明显者可用阿托品治疗。

生产厂家 浙江省绍兴市东湖生化有限公司、安徽省黄骅市鸿承企业有限公司、四川国光农化股份有限公司、安阳全丰生物科技有限责任公司、河北省衡水北方农药化工有限公司。

胺鲜酯（diethyl aminoethyl hexanoate）

$C_{12}H_{25}NO_2$，215.33，10369-83-2

其他中文名称 己酸二乙氨基乙醇酯、增效灵、增效胺、胺鲜脂

其他英文名称 DA-6、2-Diethylaminoethyl hexanoate

主要剂型 2%、5%、8%水剂，8%可溶性粉剂。

作用特点 能提高植株体内叶绿素、蛋白质、核酸的含量和光合速率，提高过氧化物酶及硝酸还原酶的活性，促进植株的碳、氮代谢，增强植株对水肥的吸收和干物质的积累，调节体内水分平衡，增强作物、果树的抗病、抗旱、抗寒能力；延缓植株衰老、促进作物早熟、增产，提高作物的品质，从而达到增产、增质。

使用对象 广泛用于各种农作物、食用菌、花卉、药材，可浸种、沾根、灌根及叶面喷施。

注意事项

（1）胺鲜酯遇碱易分解，不宜与碱性农药、化肥混用。

（2）不要在高温烈日下喷洒，下午4时后喷药效果较好。喷后6h若遇雨应减半补喷。使用不宜过频，间隔至少一周以上。

生产厂家 四川国光农化股份有限公司、广东植物龙生物技术有限公司、河南省郑州郑氏化工产品有限公司。

赤霉酸（gibberellic acid）

$C_{19}H_{22}O_6$，346.37，77-06-5

其他中文名称 赤霉素、赤霉素 A、九二零、奇宝

其他英文名称 Progibb、ProVide、Release、gibrel、gibgro、Falgro、Actirol、Benelex、Cekugib

主要剂型 20%粉剂，0.03%、0.1%、0.6%、1%、4.2%、5%水剂，1%、40%可溶性粉剂。

作用特点 低毒生长调节剂。赤霉酸是植物生长激素，能促进茎、叶的生长，提早抽薹开花，促进种子、块茎、块根发芽，刺激果实生长，增加结果率或形成无籽果实等。赤霉酸主要经叶片、嫩枝、花、种子或果实进入到植株体内，然后传导到生长活跃的部位起作用。促进细胞、茎伸长，叶片扩大，单性结实，果实生长，打破种子休眠，改变雌、雄花比率，影响开花时间，减少花、果的脱落。是多效唑、矮壮素等生长抑制剂的拮抗剂。赤霉素还可用于从大麦制造麦芽。它对昆虫的发育也有促进作用。

使用对象 用于马铃薯、番茄、稻、麦、棉花、大豆、烟草、果树等作物，促进其生长、发芽、开花结果。

注意事项

（1）赤霉酸遇碱易分解，与酸性、中性化肥、农药可混用，与尿素混用增产效果好。在干燥状态下不易分解，其水溶液在5℃以上时易被破坏而失效。

（2）使用赤霉酸过量，副作用可造成倒伏，常使用助壮素进行调节。

（3）喷药时间最好在上午10时以前、下午3时以后，喷药后4h内下雨要重喷。

生产厂家 四川省兰月科技有限公司、安徽金丰生物科技有限公司、浙江天丰生物科学有限公司、四川国光农化股份有限公司。

毒鼠磷（phosazetim）

$C_{14}H_{11}Cl_2N_2O_2PS$，405.19，4104-14-7

其他中文名称 毒鼠灵、杀鼠药丸

其他英文名称 Gophacide

主要剂型 0.5%毒饵。

作用特点 高毒杀鼠剂。毒鼠磷为速效性杀鼠剂。对鼠类有极强的胃毒作用，鼠无拒食性。能抑制血液中胆碱酯酶的活性，鼠中毒后表现流口水、出汗、尿多、血压升高、抽筋，最终死于呼吸道充血和心血管麻痹，服药后10h即可死亡。毒鼠磷对野鼠的毒性大，但黄鼠、鸡、食肉动物比较耐药，二次中毒的危险

较小。因此，主要用于防治野鼠。

使用对象　主要适用于农田、林区、农牧场等野外灭鼠，以春、秋两季效果较好。近年来，抗凝血杀鼠剂品种较多。

注意事项

（1）毒鼠磷的经口和经皮毒性都很高，保管和使用都需按剧毒农药的有关规定处理。一旦中毒，数不时内可出现的症状为头痛、多汗、瞳孔缩小、流涎、呕吐、腹泻、肌肉颤搐、惊厥、呼吸困难和视力模糊等。

（2）配制毒饵时应戴上皮手套。中毒后的解毒方法与其他有机磷农药相似，中毒患者要立即催吐、洗胃和导泻，皮下注射或静脉注射硫酸阿托品。

生产厂家　辽宁省化工研究院、郑州市伊展日用化工有限公司。

多效唑（paclobutrazol）

$C_{15}H_{20}ClN_3O$，293.79，76738-62-0

其他中文名称　氯丁唑、剪板机

其他英文名称　Clipper、Cultar、Bonzi、Parlay、Smarect

主要剂型　24％、25％悬浮剂，5％乳油，10％、15％可湿性粉剂。

作用特点　低毒生长调节剂。内源赤霉素生物合成抑制剂。阻碍植物生长，缩短节距功能，减少植物细胞的分裂和伸长。易被根、茎、叶吸收，通过植物的木质部进行传导，兼有杀菌作用。对禾本科植物有广泛活性，能使植物茎节间变得矮壮，减少倒伏，增加产量。

使用对象　适用于水稻、麦类、花生、果树、烟草、油菜、大豆、花卉、草坪等作（植）物，使用效果显著。

注意事项

（1）多效唑在土壤中残留时间较长，施药田块收获后，必须经过耕翻，以防对后作有抑制作用。

（2）一般情况下，使用多效唑不易产生药害，若用量过高，秧苗抑制过度时，可增施氮或赤霉素解救。

（3）不同品种的水稻因其内源赤霉素、吲哚乙酸水平不同，生长势也不相同，生长势较强的品种需多用药，生长势较弱的品种则少用。另外，温度高时多施药，反之少施。

生产厂家　江苏剑牌农化股份有限公司、江苏建农农药化工有限公司、四川省化学工业研究设计院、江苏七洲绿色化工股份有限公司、沈阳科创化学品有限公司、江苏省盐城利民农化有限公司、上海升联化工有限公司、江苏百灵农化有限公司。

防落素（4-CPA）

$C_8H_7ClO_3$，186.6，122-88-3

其他中文名称 促生灵、番茄灵、番茄通、蕃茄灵、防落叶素、防落壮果剂

其他英文名称 4-CPA、Sure-Set、Tomato Fix、Marks 4-CPA、Tomato Hold、Tomatotone

主要剂型 2%水剂、片剂、气雾剂（加工品常为其二乙醇铵盐或钠盐）。

作用特点 低毒生长调节剂。用于防止落花落果，抑制豆类生根，促进坐果，诱导无核果，并有催熟增产和除草等作用。主要用作植物生长调节剂、落果防止剂、除草剂，可用于番茄疏花、桃树疏果。

使用对象 适用于多种果树、蔬菜以及西瓜、茶叶、葡萄等作物，可提前成熟，增加产量。还能使果形美观，色泽鲜艳，商品性能提高。

注意事项

（1）喷花时一定要定点（只喷花而不能喷茎、叶），宜采用小型喷雾器喷花（如医用喉头喷雾器），喷洒时间宜选晴天早晨或傍晚，如果在高温、烈日下或阴雨天喷洒就容易产生药害。

（2）防落素的纯品要先用酒精或高浓度的烧酒溶解，再加水到所需要的浓度。

（3）在蔬菜收获前3天停用。在留种蔬菜上不能使用本剂。

（4）避免在高温烈日天及阴雨天施药，以防药害。

生产厂家 中天红集团南京化工有限公司、山东康朴恩生物科技有限公司。

氟鼠酮（flocoumafen）

$C_{33}H_{25}O_4F_3$，542.54，90035-08-8

其他中文名称 杀它仗、氟羟香豆素

其他英文名称 Stratagen、Storm

主要剂型 0.005%饵料，0.1%粉剂和蜡块。

作用特点 剧毒杀鼠剂。第2代抗凝血剂，抑制动物体内凝血酶的生成，使血液不能凝结而死。出血症状要几天后才发作。较轻的症状为尿中带血、鼻出血

或眼分泌物带血、皮下出血、大便带血；如多处出血，则将有生命危险。严重的中毒症状为腹部和背部疼痛、神志昏迷、脑出血，最后由于内出血造成死亡。具有适口性好、毒力强、使用安全、灭鼠效果好的特点。对啮齿动物的毒力强，鼠类只需摄食其日食量10%的毒饵就可以致死，所以适宜1次投毒防治各种害鼠。

注意事项

（1）使用时避免药剂接触皮肤、眼睛、鼻子或嘴。投饵结束后要洗净手脸和裸露的皮肤。谨防儿童、家畜及鸟类接近毒饵。

（2）对非靶标动物较安全，但狗对其很敏感。

（3）用药后不仅要清理所有装毒饵的包装物，将其掩埋或烧掉，同时将死鼠掩埋或烧掉。

生产厂家 常州双益化工有限公司。

甲哌鎓（mepiquat chloride）

C₇H₁₆ClN，149.66，24307-26-4

其他中文名称 缩节胺、调节啶、皮克斯、缩节安、助壮素、甲哌啶、壮棉素、健壮素

其他英文名称 mepiquat、Pix、Terpal

主要剂型 50g/L、250g/L 水剂，8%、10%、12.5%、90%、98%可溶性粉剂。

作用特点 低毒生长调节剂。甲哌鎓为植物生长调节剂，对植物有较好的内吸传导作用。能增强叶绿素合成，抑制主茎和果枝伸长。用作植物生长调节剂，能促进植物发育、提前开花、防止脱落、增加产量。在棉花上使用较广，可有效地防止棉花疯长，控制株形紧凑，减少落铃，促进成熟，使棉花增产。用于冬小麦可防止倒伏；用于苹果可增加钙离子吸收；用于柑橘可增加糖度。

使用对象 广泛应用于棉花、小麦、水稻、花生、玉米、马铃薯、葡萄、蔬菜、豆类、花卉等农作物。

注意事项

（1）本剂在水肥条件好、棉花徒长严重的地块使用时增产效果明显。

（2）使用甲哌鎓应遵守一般农药安全使用操作规程，避免吸入药雾和长时间与皮肤、眼睛接触。

（3）甲哌鎓易潮解，要严防受潮。潮解后可在100℃左右温度下烘干。本剂虽毒性低，但贮存时还需妥善保管，勿使人、畜误食。不要与食物、饲料、种子混放。

生产厂家 成都新朝阳作物科学有限公司、河南省安阳市小康农药有限责任公司、江苏省南通金陵农化有限公司、四川国光农化股份有限公司、江苏润泽农

化有限公司、安陆市华鑫化工有限公司、江苏省南通施壮化工有限公司、上虞颖泰精细化工有限公司、潍坊华诺生物科技有限公司、河北省张家口长城农化（集团）有限责任公司、江苏省激素研究所股份有限公司。

氯吡脲（forchlorfenuron）

$C_{12}H_{10}ClN_3O$，247.68，68157-60-8

其他中文名称 氯吡苯脲、吡效隆、吡效隆醇、调吡脲、施特优

其他英文名称 4-CPPU、Fulmet、Sitofex

主要剂型 0.1%、0.3%、0.5%可溶性液剂。

作用特点 低毒生长调节剂。氯吡脲是苯脲类细胞分裂素，具有影响植物芽的发育、加速细胞有丝分裂、促进细胞增大和分化、防止果实和花的脱落的作用，从而促进植物生长、早熟，延缓作物后期叶片的衰老，增加产量。主要表现在：①促进茎、叶、根、果生长的功能，如用于烟草种植可使叶片肥大而增产；②促进结果，可以增加西红柿（番茄）、茄子、苹果等水果和蔬菜的产量；③加速疏果和落叶作用，疏果可增加果实产量，提高品质，使果实大小均匀，对棉花和大豆而言，落叶可使收获易行；④浓度高时可作除草剂；⑤其他，如棉花的干枯作用、甜菜和甘蔗增加糖分等。

使用对象 葡萄、猕猴桃、甜瓜、苹果等水果和一些蔬菜等。

注意事项 可与其他农药、肥料混用；使用时应按规定时期、浓度、用量和方法，浓度过高可引起果实空心、畸形。

生产厂家 四川施特优化工有限公司、四川省蓝月科技有限公司、四川国光农化有限公司、浙江平湖农药厂。

灭梭威（methiocarb）

$C_{11}H_{15}O_2NS$，225.31，2032-65-7

其他中文名称 灭虫威、甲硫威、灭赐克

其他英文名称 Mercaptodimethur、Mercapturon、Baysol、Draza、Mesurol、Grandslam

主要剂型 50%、75%可湿性粉剂，3%粉剂，4%小药丸，5%毒饵。

作用特点 中等毒性杀螺剂。触杀和胃毒，当进入动物体内，可产生抑制胆碱酯酶的作用。杀软体动物主要是胃毒作用。

使用对象　用于猪、牛、羊、马、兔和家禽等体内外寄生虫（如线虫、螨、虱、蝉、蝇蛆等）。

注意事项

（1）不能与碱性农药混用。

（2）稻田施药的前后10天内，不能使用敌稗。

（3）如发生中毒，可在医生指导下服用大治疗剂量的硫酸阿托品，必要时须反复使用至允许极限。

生产厂家　杭州宇昊化工科技有限公司、成都化夏化学试剂有限公司、宁波赛伦化工有限公司、杭州金尔太化工有限公司。

萘乙酸（α-naphthaleneacetic acid）

$C_{12}H_{10}O_2$，186.21，86-87-3

其他中文名称　α-萘乙酸、α-萘醋酸

其他英文名称　α-naphthaleneacetic acid、NAA 800、Fruitone-N、Agronaa、Alman

主要剂型　3.5%、6.34%水溶性粉剂，5%水剂。

作用特点　低毒生长调节剂。α-萘乙酸是萘类具有生长素类活性的植物生长调节剂，它有内源生长素吲哚乙酸的作用特点和生理功能，如促进细胞分裂与扩大，诱导形成不定根，增加坐果，防止落果，改变雌、雄花比率等。由根、茎、叶吸收。广泛用于农业、林业、蔬菜、花卉、果树等领域，诱发不定根形成，提高树木扦插成活率，提高坐果率，防止采前落果。

使用对象　通常用于小麦、水稻、棉花、茶、桑、番茄、苹果、瓜类、马铃薯、林木等，是一种良好的植物生长刺激素。

注意事项

（1）刺激皮肤及黏膜，对中枢神经有麻痹作用。

（2）萘乙酸难溶于冷水，配制时可先用少量酒精溶解，再加水稀释或先加少量水调成糊状再加适量水，然后加碳酸氢钠搅拌直至全部溶解。

（3）早熟苹果品种使用疏花、疏果易产生药害，不宜使用。中午前后气温较高时不宜使用，作物开花授粉期不宜使用。

生产厂家　四川国光农化股份有限公司、山西科星农药液肥有限公司。

三十烷醇（triacontanol）

$$CH_3(CH_2)_{28}CH_2OH$$

$C_{30}H_{62}O$，438.81，593-50-0

其他中文名称　1-羟基三十烷、蜂花醇、蜂花烷醇、正三十烷醇、三十醇
其他英文名称　N-Triacontanol、Myricylalcohol、Miraculan、Triacon-10
主要剂型　0.1%微乳剂，0.1%可溶性液剂。
作用特点　三十烷醇可经由植物的茎、叶吸收，促进植物的生长，增加干物质的积累，改善细胞膜的透性，增加叶绿素的含量，提高光合强度，增强淀粉酶、多氧化酶、过氧化物酶活性。三十烷醇能促进发芽、生根、茎叶生长及开花，使农作物早熟，提高结实率，增强抗寒、抗旱能力，增加产量，改善产品品质。
使用对象　主要用于水稻、玉米、高粱、棉花、大豆、烟草、甜菜、甘蔗、花生、蔬菜、果树、花卉等多种作物和海带养殖。

注意事项
（1）三十烷醇生理活性很强，使用浓度很低，配制药液要准确。
（2）喷药后4～6h，遇雨需补喷。
（3）三十烷醇的有效成分含量和加工制剂的质量对药效影响极大，注意择优选购。

生产厂家　四川国光农化股份有限公司、河南省郑州天邦生物制品有限公司、广西桂林宝胜农药有限公司、陕西先农生物科技有限公司。

杀螺胺（niclosamide）

$C_{13}H_8Cl_2N_2O_4$，327.12，50-65-7

其他中文名称　杀螺胺乙醇胺盐、贝螺杀、氯硝柳胺、灭绦灵、血防-67、育末生、清塘净、耐克螺、杀鳗剂
其他英文名称　Clonitralid、Niclosamide、Mollutox
主要剂型　50%、70%可湿性粉剂，25%乳油。
作用特点　抑制虫体细胞内线粒体氧化磷酸化过程，能量物质ATP生成减少，使绦虫的头节和邻近节片变质，虫体从肠壁脱落随粪便排出体外。影响虫体的呼吸和糖类代谢活动，能杀死很多种蜗牛、绦虫、牛肉绦虫、猪肉绦虫和尾蚴。它很可能通过抑制虫体对氧气的摄取从而打乱其呼吸程序。
使用对象　能杀死很多种蜗牛、牛肉绦虫、猪肉绦虫、鱼绦虫、阔节裂头绦虫、短膜壳绦虫、尾蚴、福寿螺、钉螺。

注意事项
（1）对于鱼类毒性很大，可以在鱼塘换新水之前杀死和清除不想要的鱼。在水中的半衰期很短。

（2）有轻微头晕、胸闷、腹部不适或腹痛、发热、瘙痒等。

（3）可与甲氧氯普胺（灭吐灵）合服，以防止节片被消化散出的虫卵因呕吐逆流入胃及十二指肠而引起囊虫病。

生产厂家　四川省化工研究设计院、江苏广丰农药有限公司、江苏徐州神农化工有限责任公司、南通施壮化工有限公司。

杀鼠灵（warfarin）

$C_{19}H_{16}O_4$，308.33，81-81-2

其他中文名称　灭鼠灵、华法令、华法林

其他英文名称　Banarat、Coamafene、Dethmor、Dethnell、Duocide、Kypfarin、Mar-Frin、Panwarfin、Prolin、Rattunal、Ratsakl、Ratrix、Ratorex、Ratblox、Solfarin、Tintorane、Warf、Warfarat、Warficide、Zoocoumarin、Raremin、CoRax

主要剂型　2.5%母粉，0.025%毒饵，25%液剂。

作用特点　剧毒杀鼠剂。杀鼠灵属于4-羟基香豆素类的抗凝血灭鼠剂，是第一个用于灭鼠的慢性药物。一是破坏正常的凝血功能，降低血液的凝固能力。药剂进入机体后首先作用于肝脏，对抗维生素K_1，阻碍凝血酶原的生成。二是损害毛细血管，使血管变脆，渗透性增强。所以鼠服药后体虚弱，怕冷，行动缓慢，鼻、爪、肛门、阴道出血，并有内出血发生，最后由于慢性出血不止而死亡。杀鼠灵的急性毒力低于慢性毒力，多次服药后毒力增强。所以灭鼠时常用低浓度毒饵连续多次投饵的方法。饱和投饵法适合于防治家栖鼠。杀鼠灵适口性很好，一般不产生拒食，中毒鼠虽已出血，行动艰难，但仍会取食毒饵，所以只要放好诱饵，保证足够的投饵量，就能达到满意的效果。

防治对象　主要用于杀灭小家鼠、大家鼠、褐家鼠等家栖鼠，也可用于灭野鼠。

注意事项

（1）毒饵必须多次投饵，使鼠每天都能吃到毒饵，间隔时间最多不要超过48h，以免产生耐药性。

（2）对禽类比较安全，适宜在养禽场和动物园防治褐家鼠。

（3）配制毒饵时应加入容易辨认的染料，即警戒色，以防人、畜误食中毒，一般选用红色或蓝色的食品色素。

（4）收集的鼠尸应予以深埋，防止污染。

（5）中毒症状：腹痛、背痛、恶心、呕吐、鼻衄、齿龈出血、皮下出血、关

节周围出血、尿血、便血等全身广泛性出血，持续出血可引起贫血，导致休克。在急救过程中要注意保持病人安静，用抗生素预防合并感染，且需对症治疗。维生素 K_1 是有效的解毒剂。

生产厂家　江苏省泗阳县鼠药厂、河北省张家口金赛制药有限公司。

四聚乙醛（metaldehyde）

$C_8H_{16}O_4$，176.21，108-62-3

其他中文名称　密达、蜗牛敌、多聚乙醛

其他英文名称　Ariotox、Halizan、Namekil、Helarion、Slug-tox、Tetramer、Antimilace、Metaldehyd、Metaldeide

主要剂型　5％、6％、10％颗粒剂，80％可湿性粉剂，40％悬浮剂。

作用特点　中等毒性杀螺剂。四聚乙醛是杀软体动物剂，一种神经毒物，使螺体内乙酰胆碱酯酶大量释放，破坏螺体内特殊的黏液，从而导致神经麻痹而死亡。在防治蜗牛和蛞蝓的危害方面起重要作用。本品是一种胃毒剂。对蜗牛和蛞蝓有一定的引诱作用。植物体不吸收该药，因此不会在植物体内积累。

防治对象　防治蜗牛和蛞蝓。

注意事项

（1）施药后，不要在田中践踏。

（2）使用本剂后应用肥皂水清洗双手及接触药物的皮肤。本品对人、畜中等毒。如误服，应立即喝 3～4 杯开水，但不要诱导呕吐。若痉挛、昏迷、休克，应立即送医院诊治。

（3）对环境有危害，对水体可造成污染。

生产厂家　日照力德士化工有限公司、金坛市威德龙化学有限公司、南京艾康化工有限公司。

脱落酸 [（＋）-abscisic acid]

$C_{15}H_{20}O_4$，264.32，21293-29-8

其他中文名称　S-诱抗素、脱落素、休眠酸、落叶酸

其他英文名称　（＋）-abscisinii、（＋）-cis-abscisicacid、[s-(z,e)]-methyl、abscisinii

主要剂型　0.006%、0.1%、0.25%水剂，0.1%可溶性粉剂。

作用特点　激素类植物生长调节剂，可抑制植物生长，具有形成离层、诱发休眠、抑制伸长的作用。在逆境胁迫时，S-诱抗素在细胞间传递逆境信息，诱导植物机体产生各种应对的抵抗能力，能显著提高作物的生长素质，诱导并激活植物体内产生150余种基因参与调节平衡生长和营养物质合成，增强作物抗干旱、低温、盐碱、涝渍能力，有效预防病虫害的发生，解除药害肥害，并能稳花、保果和促进果实膨胀与早熟。

使用对象　各种粮食作物、经济作物、蔬菜、果树、茶树、中药材、花卉及园艺作物等。

注意事项　勿与碱性物质混用；与非碱性杀菌剂、杀虫剂混用，药效将大大提高；植株弱小时，兑水量应取上限；喷施后6h遇雨补喷。

生产厂家　四川龙蟒福生科技有限责任公司、四川国光农化有限公司、四川赛诺化工科技有限公司。

溴鼠灵（brodifacoum）

$C_{31}H_{23}O_3Br$，523.42，56073-10-0

其他中文名称　溴联苯鼠隆、溴鼠隆、溴联苯杀鼠萘、大隆、溴敌拿鼠

其他英文名称　Talon、Havoc、Klerat、Ratakt、Volid

主要剂型　0.005%毒饵。

作用特点　属剧毒杀鼠剂。第二代抗凝血杀鼠剂，对鼠类的毒杀机理和其他4-羟基香豆素抗凝血性杀鼠剂相同。在动物体内耗尽了维生素K_1的提供，使血液不能凝结，出血死亡。靶谱广、毒力强大，居抗凝血剂之首。具有急性和慢性杀鼠剂的双重优点，既可以作为急性杀鼠剂，单剂量使用防治害鼠；又可以采取小剂量、多次投饵的方式达到较好消灭害鼠的目的。中毒潜伏期一般在3~5天。

防治对象　用于城市、乡村、住宅、宾馆、饭店、仓库、车、船及野外各种环境灭鼠。

注意事项

(1) 高毒杀鼠剂，应小心使用，勿在可能污染食物和饲料的地方使用。有二次中毒现象，所有死鼠应烧掉或深埋，勿使其他动物取食死鼠。

(2) 猪、狗、鸟类对大隆较敏感，对其他动物则比较安全。

(3) 如果误服溴联苯鼠隆毒饵（几小时内），可用干净的手指插入喉咙引吐，并立即送往医院。服维生素K或者缓慢静脉注射均可。

生产厂家 泗阳县鼠药厂、沈阳东大迪克化工药业有限公司、沈阳东大迪克生物药业有限公司。

乙烯利（ethephon）

$C_2H_6ClO_3P$，144.49，16672-87-0

其他中文名称 一试灵、乙烯磷、2-氯乙基膦酸、艾斯勒尔、乙烯膦、玉米健壮素

其他英文名称 Ethrel、Cepha、Cerone、Chlorethephon、Flordimex

主要剂型 2%涂抹剂，40%、70%、75%水剂，10%可溶性粉剂，5%膏剂，5%糊剂，20%颗粒剂。

作用特点 低毒生长调节剂。具有植物激素增进乳液分泌、加速成熟、脱落、衰老以及促进开花的生理效应。在一定条件下，乙烯利不仅自身能释放出乙烯，而且还能诱导植株产生乙烯。乙烯利能在植物的根、荚、花和果实等组织中放出乙烯，以调节植物的代谢、生长和发育，加速水果和蔬菜收获前的成熟，以及用作水果收获后的催熟剂。

使用对象 可促进各类瓜果，如香蕉、柑橘、番茄、西瓜等早熟，可促进橡胶、漆树等吐胶，可促进黄瓜早开雌花、多开雌花，可用于棉花、烟叶的催熟，还有抑制植物生长、使植株变矮、打破种子休眠等多种作用。

注意事项

（1）乙烯利药液对喷雾器械有一定的腐蚀作用，使用结束后，应立即进行清洗干净。

（2）乙烯利遇碱金属的盐类即发生分解。因此在运输和贮藏过程中，切勿使这些物质与乙烯利接触。

（3）乙烯利为强酸性溶液，对皮肤和眼睛有刺激作用。

（4）不能与碱性农药混用，不能用污水配制。

生产厂家 江苏金龙化工有限公司、河北瑞宝德生物化学有限公司、江苏百灵农化有限公司、河北省黄骅市鸿承企业有限公司、江苏辉丰农化股份有限公司、浙江省绍兴市东湖生化有限公司、山东大成农化有限公司、江苏南京常丰农化有限公司、江苏连云港立本农药化工有限公司、安徽全丰生物科技有限公司、江苏省江阴市农药二厂有限公司、上海华谊集团华原化工有限公司彭浦化工厂、石家庄瑞凯化工有限公司、江苏蓝丰生物化工股份有限公司、江苏省常熟市农药厂有限公司、江苏安邦电化有限公司、江苏省常熟市农药厂有限公司。

异戊烯腺嘌呤（isoamyl alkenyl adenine）

$C_{10}H_{13}N_5$，203.25，2365-40-4

其他中文名称　羟烯腺嘌呤·烯腺嘌呤
其他英文名称　N6-(2-Isopentenyl) adenosine
主要剂型　0.0001%可湿性粉剂，0.0004%可溶性粉剂。
作用特点　为链霉素通过深层发酵而制成的腺嘌呤细胞分裂素植物生长调节剂。对蛋白质合成、酶活性及细胞代谢平衡具有调节作用，生理功能是促进细胞分裂和分化以及生长活跃部位的生长发育，刺激植物细胞分裂，促进叶绿素形成，加速植物新陈代谢和蛋白质的合成，从而达到有机体迅速增长，促使作物早熟丰产，提高植物抗病、抗衰、抗寒能力。
使用对象　适用于多种作物，一般增产12%～14%。主要用于调节水稻、玉米、大豆等农作物的生长。
生产厂家　浙江惠光生化有限公司、海南博士威农用化学有限公司、中国农科院植保所廊坊农药中试厂、黑龙江齐齐哈尔四友化工有限公司。

吲哚丁酸（4-indol-3-ylbutyric acid）

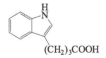

$C_{12}H_{13}NO_2$，203.24，133-32-4

其他中文名称　3-吲哚基丁酸、氮茚基丁酸
其他英文名称　IBA、JBAA、Hormex、Rootex、Seradix、Hormodin、Oxyberon、Jiffygrow
主要剂型　0.11%水剂，可溶性粉剂。
作用特点　是内源生长素，能促进细胞分裂与细胞生长，诱导形成不定根，增加坐果，防止落果，改变雌、雄花比率等。可经由叶片、树枝的嫩表皮、种子进入到植物体内，随营养流输导到起作用的部位。
使用对象　广泛应用于树木、花卉的扦插生根，如苹果、桃、梨、柑橘、葡萄、猕猴桃、草莓、一品红、石竹、菊花、月季、木兰、杜鹃、茶、水杉、杨树等。
注意事项　见光易分解，产品须用黑色包装物包装，存放在阴凉干燥处。

生产厂家 浙江泰达作物科技有限公司、重庆双峰化工有限公司、四川省蓝月科技有限公司，四川国光农化有限公司、浙江天丰生物科技有限公司。

吲哚乙酸（indol-3-ylacetic acid）

$C_{10}H_9NO_2$，175.18，87-51-4

其他中文名称 3-吲哚乙酸、氮茚基乙酸、茁长素、生长素、异生长素
其他英文名称 Heteroauxin、IAA
主要剂型 0.11%水剂，可溶性粉剂。
作用特点 吲哚乙酸（IAA）是一种吲哚类具有生长素活性的广谱性植物生长调节剂，促进细胞伸长和细胞分化，进而促进植物的生长与发育。目前主要用于促进草本和木本观赏植物插枝的生根。
使用对象 诱导蔬菜和水果单性结实和坐果，提高坐果率；可促进茶树、胶树、柞树、水杉、胡椒等作物不定根的形成，加快营养繁殖速度。
生产厂家 衢州市明锋化工有限公司、湖北艺康源化工有限公司、上海海曲化工有限公司。

芸薹素内酯（brassinolide）

$C_{28}H_{48}O_6$，480.68，72962-43-7

其他中文名称 金威丰素、益丰素、天丰素、芸天力、果宝、油菜素内酯、保靓、金云大
其他英文名称 Brassins、Kayaminori、Epibrassinolide
主要剂型 0.01%可溶性液剂，0.01%、0.15%乳油，0.0075%水剂。
作用特点 芸薹素内酯是一种新型甾醇类植物内源激素，在低浓度下能明显增加植物的营养体生长和促进受精作用。是国际上公认活性最高的高效、广谱、无毒的植物生长调节剂，具有使植物细胞分裂和延长的双重作用，促进根系发达，增强光合作用，提高作物叶绿素含量，促进作物对肥料的有效吸收，辅助作物劣势部分良好生长，促根壮苗、保花保果；提高作物的抗寒、抗旱、抗盐碱等抗逆性，显著减少病害的发生；并能显著缓解药害的发生，药害发生后使用可解

毒，使作物快速恢复生长，并能消除病斑；芸薹素内酯还能显著增加产量和提高作物的品质。

使用对象　玉米、小麦、水稻、梨树、柑橘、香蕉、荔枝、草莓、小白菜、番茄、黄瓜、大豆、花生、葡萄、茶叶、棉花、烟草等。

注意事项

（1）下雨时不能喷药，喷药后 6h 内下雨要重喷。

（2）喷药时间最好在上午 10 时以前，下午 3 时以后。

（3）芸薹素内酯活性较高，施用时要正确配制使用浓度，防止浓度过高。

（4）芸薹素内酯有毒性，操作时防止溅到皮肤与眼中，操作后用肥皂和清水洗净手、脸。

生产厂家　成都新朝阳作物科技有限公司、江宁市大光明农化新会有限公司广东省东莞市瑞德丰作物科技有限公司、上海威迪生化有限公司、浙江省义乌市皇嘉生化有限公司、广东金农达生物科技有限公司、浙江世佳科技有限公司、山东潍坊双星农药有限公司。

第六节　农药质量的简易鉴别

1. 从包装上鉴别

国家规定：农药产品包装必须贴有标签或附具说明书，上面应当注明农药名称、企业名称、地址、产品批号和农药登记证号或者农药临时登记证号、农药生产许可证号或者农药生产批准文件号。还应当注明农药的有效成分、含量、重量、产品性能、毒性、用途、使用技术、使用方法、生产日期、有效期和注意事项等。如上述标志残缺，尤其是农药名称、企业名称和地址、产品批号、有效成分、生产日期短缺或不完整，可能是假农药。此外，还可检查厂家包装的瓶、包、箱的封口，如有明显的拆封痕迹或现象，其质量就可疑。

2. 从外观上判别

(1) 粉剂、可湿性粉剂应为疏松粉末、无团块。如有结块或有较大的颗粒，说明已经受潮，不仅产品的细度达不到要求，其有效成分含量也可能发生变化。如果颜色不均，亦说明可能存在质量问题。

(2) 乳油应为均相液体，无沉淀或悬浮物。如出现分层或混浊现象，或者加水稀释后的乳液不均匀，有肉眼可见的漂浮颗粒，或有乳油、沉淀物，都说明产品质量可能有问题。

(3) 悬浮剂、悬乳剂应为可流动的悬浮液，无结块，长期存放，可能存在少量分层现象，但经摇晃后应能恢复原状。如果经摇晃后，产品不能恢复原状或仍有结块，说明产品存在质量问题。

(4) 熏蒸用的片剂如呈粉末状，表明已失效。

(5) 水剂应为均相液体，无沉淀或悬浮物，加水稀释后一般不出现混浊沉淀。

(6) 颗粒剂产品应粗细均匀，不应含有过多粉末。

3. 简易识别法

水溶解法：将乳剂农药取出少许放入盛有水的容器中，搅拌后观察溶解情况，若立刻变为乳白色液体，属真农药，若出现油水分离现象或溶解程度差则是假农药。

看受潮状况：粉剂或可湿剂农药，一般含水量在5%以下，正常情况下不结块，呈粉末状。若药粉已结团、成块或用手捏成团，就说明已经失效或部分失效。

加热法：把已经产生沉淀的乳剂农药连瓶放入热水中，1h后，未失效农药的沉淀物会缓慢溶化，而失效农药的沉淀物不溶解。

摇荡法：一般乳剂农药瓶内出现分层现象，上层是乳油，下层是沉淀，可用力摇动药瓶，使农药均匀，静置1h，若还是分层，证明农药变质失效；若分层消失，说明农药尚未失效。

烧灼法：可取粉剂农药10～20g，放在金属片上置于火上烧烤，若冒出白烟，证明未失效，否则已失效。

悬乳法：对可湿性粉剂，可取50g药倒入瓶中，加少量水调成糊状，再加适量清水搅拌均匀，稍等一下进行观察。没有变质的农药，其粉粒较细，悬乳性好，沉淀慢而少；已变质的农药或假农药悬乳性差，沉淀快而多；介于二者之间说明药效降低了。另外也可以将农药样品撒到水面上，1～2min观察，若全部湿润，说明有效；若长时间地漂浮在水面，不湿润，说明失效或药效降低。

第四章 肥料

第一节 肥料简介及质量标准

一、肥料及作用

德国农业化学家李比希的养分归还学说认为，随着作物每次种植与收获，必然从土壤中带走大量养分，使土壤中养分逐渐减少，连续种植会使土壤贫瘠。为维持土壤肥力，将植物带走的矿质养分归还就显得很有必要，这对于恢复和维持土壤肥力具有重要意义。养分归还学说是合理施肥的理论基础之一，尽管有一定的局限性，但对化学肥料的发展起到了巨大的推动作用。

什么是肥料？所谓肥料是指能直接供给植物生长发育所必需的养分，并具有培肥改土作用的一类物质。肥料包括有机肥料和化学肥料两大类。二者的区别见表 4-1。

表 4-1 有机肥料和化学肥料的差异

肥料类型 项目	有机肥料	化学肥料
来源	动植物残体和人类排泄物	大气中的物质和自然界矿石
加工过程	堆置、发酵	化学方法或直接粉碎
养分种类	含有多种养分，养分全面平衡	养分种类单一
养分含量	养分浓度低，需要大量施用	养分浓度高，施用量少

续表

肥料类型 项目	有机肥料	化学肥料
养分供应特点	迟效,和缓,肥效长	肥效期短而猛,易造成养分流失,污染环境
对土壤改良的影响	含有大量有机质,能明显地改土培肥;含有大量有益微生物,促进土壤中的生物转化过程,有利于土壤肥力不断提高	只提供无机养分,长期施用对土壤造成不良影响,使土壤"越种越馋";长期大量施用化学肥料可抑制土壤微生物活动,导致土壤自动调节能力下降
对作物的影响	生产加工过程中,经过充分的腐熟处理,施用后可提高作物的抗旱、抗病、抗虫能力,减少农药的使用量	长期施用化肥,由于降低了植物的免疫力,往往需要大量的化学农药维持作物生长,容易造成食品中有害物质积累

科学施肥可以促进和改善农业生态系统中营养元素的平衡、交换和循环,保证植物产量和品质;科学合理施肥有利于地力的维持和提高,从而使得土壤这一有限资源获得永续的利用,以满足人口不断增长以及生活水平不断提高对各种农产品种类和数量的需求;科学施肥可以使植被生长茂盛,增加了地表覆盖率,减缓和防止雨滴对地表的溅蚀和地表径流的冲刷侵蚀,从而维护地表水环境;最后,科学施肥获得的良好农产品和优美环境,有益于人体健康。

肥料有"植物的粮食"的称号,能提高植物产量和品质。人们施肥入土以营养植物,必然会对植物-土壤系统产生影响,甚至会波及整个生物圈。因此,施肥具有双重性。科学、正确的施肥能对植物的生长发育起到积极作用,从而造福于人类;反之,不但不能增产,还会降低产量,造成农产品品质的下降。其次,施肥的不科学、不合理,还会恶化土壤环境,威胁到农业的持续发展。现在农业,尤其是高度集约化的农业,是以土地的高强度利用及农用化学品的大量投入为主要特征,不合理施肥造成土壤养分失衡、有害物质积累、土壤酸化以及微生物种群和功能多样性衰退等退化类型的发生,严重影响土壤生态系统的稳定性及土壤功能的发挥。

二、化学肥料基本概念及特点

化学肥料,简称化肥,也称无机肥料,是在工厂中用化学方法合成制造或开采矿石,经过简单处理加工而制成的肥料。目前,作为肥料提供给植物需要的氮、磷、钾以及中微量元素大都是以化肥方式投入到土壤中的。

当前,化学肥料品种繁多,规格各异,化学肥料一般具有以下特点。

1. 养分种类集中,有效成分高

化学肥料的成分为无机物质,养分种类比较集中。单质化学肥料中的有效营养成分只有一种，如化学氮肥的主要营养成分只有氮素，如尿素；化学磷肥的主要营养成分只有磷素，如过磷酸钙；化学钾肥的主要营养成分是钾素，如硫酸钾及氯化钾。复合或复混肥料的营养成分虽然有几种，但主要还是氮、磷、钾中的两种或三种，或者在此基础上添加些中微量营养元素，或者一些如维生素、生长素等类的生理活性物质。作物生长需要的养分是全面的，因此，单一施用一种化学肥料满足不了植物对养分的需求，但化学肥料的养分单一，可以按不同比例人为地配合施用，这样一方面满足了各种作物对不同养分的需求，另一方面配合施用比单独施用的肥效更显著。

化学肥料的有效成分是以其中所含有效元素或者该元素氧化物的重量百分比来表示。一般而言，氮肥以所含氮的重量百分比表示，磷肥以五氧化二磷的重量百分比表示，钾肥以氧化钾的重量百分比来表示。化学肥料的有效成分远远高于有机肥料，如人粪尿一般含 N $0.5\%\sim0.8\%$，P_2O_5 $0.4\%\sim0.4\%$，K_2O $0.2\%\sim0.3\%$。尿素的氮含量为 46%，1kg 尿素相当于 $70\sim80$kg 人粪尿的氮含量。有的化学肥料，如磷酸二氢钾中磷和钾的有效成分之和更是达到 85% 左右。化学肥料养分含量高，便于运输、贮存和施用。

2. 肥效发挥快，但肥效短

除少数难溶于水的化学肥料，如钙镁磷肥、磷矿粉等，以及施肥后其转化成植物吸收的形态需要较长时间，如长效氮肥等外，大多数化学肥料中含有植物可以直接吸收的形态的养分或者是肥料中的养分能快速转化成植物吸收的养分形态。肥料易溶于水，施入土壤或进行根外追肥后，能够很快被植物吸收利用，肥效快而显著。水溶性肥料施入土壤后，如果不能被植物吸收利用，会流失、挥发或者被土壤固定，肥效不持久，并且肥料的利用率不高。如铵态氮肥在碱性土壤上表施用易造成氨挥发；多雨、水田或者灌溉条件下施用硝态氮易随水流失；水溶性磷肥进入土壤后极易发生固定等。

3. 长期施用化学肥料，影响土壤性质

长期大量单施化学肥料，会造成一定程度的土壤酸化、板结和结构变差。在设施栽培中，大量施肥还会使土壤盐分增加，发生次生盐渍化，导致土壤通透性变差。长期施用生理酸性肥料，如硫酸钾、氯化钾等，其中阳离子被吸收利用，残留的硫酸根和氯离子等会导致土壤酸度提高。

4. 化肥肥料用途广泛，但应用成本较高

有些化学肥料不但能够提供给植物需要的营养元素，而且还具有一定的杀虫防病功能。如氨水对蝼蛄有驱避和杀伤的作用。由于化学肥料是高耗能产品，生产和使用成本较高。

三、化学肥料的质量标准

化学肥料的质量标准是对化学肥料的质量和质量有关的各方面（如原料、工艺、品种、规格、检验方法等）所制定的衡量准则，是保证化学肥料质量的重要保证。

化学肥料质量标准分三个等级，分别为国家标准、部颁标准（专业标准）和企业标准。三级标准制定的原则是：部颁标准不得与国家标准相抵触，企业标准不得与国家标准和部颁标准相抵触，也就是下位标准服从上位标准。但是，企业标准在很多情况下，一些指标可以超过国家标准和部颁标准，从而使其产品具有独特的质量特点。

化学肥料质量的内容通常由以下几部分组成。

(1) 说明质量标准适用的肥料类型。

(2) 规定肥料的质量指标和各等级肥料的具体要求 化肥质量标准和对各类化肥不同等级的具体要求，是化肥标准的核心内容，是化肥生产企业保证完成质量指标和商业部门做好商品采购、验收和供应工作的依据。掌握肥料标准，可以有效防止质量不合格的肥料产品进入市场。化肥质量指标具体又包括以下内容。

① 肥料外形。品质好的肥料应保持原来盐分的形状，如尿素，纯的尿素是无色或白色针状或棒状结晶体，而用作肥料的尿素则是白色略带微红色固体颗粒。

② 肥料有效养分含量。有效养分含量越接近通过肥料的化学式计算的理论值，其品质越好。

③ 水分。除有机肥料（含益生菌）对水分含量有要求外，化学肥料一般要求水分含量越少越好。

④ 杂质。必须严格控制杂质，杂质的存在不但影响有效养分含量，还可能在施肥后，对作物产生伤害。如尿素中的缩二脲。

⑤ 其他。如磷肥中要控制游离酸的含量，游离酸危害作物生长，应尽可能降低到最低限度。

上述各指标的不同含量对应着肥料的不同等级。对于不用等级的肥料而言，上述要求一般以生产水平为基础，以更高一级水平为方向。原则就是既不宜过高，也不宜过低。过高的要求，如果肥料生产厂家不改进设备，是难以完成的；过低则影响肥料肥效的发挥，也阻碍先进技术的应用与发展。

(3) 规定取样方法和检验方法 通过选择代表性的肥料样品并采取规定的检验方法，获得化学肥料是否达到上述质量指标。其内容包括：每批肥料应抽检多少量；采样方法和数量；采样工具；肥料样品的检验分析前处理和保存方法等。

对于每项指标的检验都有具体规定的检验方法。内容涉及：每项指标的概念含义；检验分析所需要的仪器种类和规格；检验所需试剂的种类、规格和配制方法；检验的操作程序、注意事项以及操作方法；检验分析获得的数据的计算方法等。

(4) 肥料的包装、标志及保管和运输的条件　对于化肥的包装、标志，在化肥质量标准中也有明确的规定，如包装的种类、形态和规格；包装方法；每一包的质量；包装袋上的标志（包括品名、品牌、生产厂家、生产日期、质量等）。

在化肥质量标准中，明确规定了肥料的运输和保管的相关事项，如保存环境的湿度、温度，搬运和堆存的要求，检查制度和保存期限等，以防止肥料质量变化和危险情况发生。

第二节　化肥的分类

化肥是工厂里经过化学合成和精细加工而成的无机化合物，其养分形态能被作物直接吸收。按化肥的理化性状，可将化肥分成以下几种类型。

一、按所含养分分类

(1) 氮肥　指主要含有氮元素的化肥。如硫酸铵、硝酸铵、尿素、碳酸氢铵、氯化铵、氨水等。

(2) 磷肥　指主要含有磷元素的化肥。如普通的过磷酸钙、重过磷酸钙、脱氟磷肥、钢渣磷肥、钙镁磷肥、磷矿粉、骨粉等。

(3) 钾肥　指主要含有钾元素的化肥。如硫酸钾、氯化钾、窑灰钾肥等。

(4) 中量元素肥料　指含有钙镁硫元素的化肥。如石灰石膏，含钙镁或硫的氮磷钾化肥，过磷酸钙，重过磷酸钙，钙镁磷肥，硫酸铵，硫酸钾等。

(5) 微量元素肥料　指含硼、铜、锌、锰、钼、铁等元素的化肥。如硫酸铜、硫酸锌、硫酸锰、硫酸亚铁、硼砂、钼酸铵等。

(6) 复合肥料　只含有两种以上主要养分的化肥，包括化学合成的复合肥，如磷酸铵、硝酸钾、硫酸磷肥、磷酸二氢钾等；物理（机械）混合的复混肥，如将现成的固体氮肥、磷肥、钾肥用团粒法或掺混法（BB肥）混合，生产成通用型（相同比例）或专用型（不同配方）的复混肥。

二、按酸碱性质分类

1. 酸性化肥

酸性化肥可分为两种：一种是化学酸性，它的水溶液呈酸性反应，如普通过磷酸钙；另一种是生理酸性，它在水溶液中呈中性，但施入土壤后，一部分被作物吸收，另一部分阴离子遗留在土壤中，阳离子把根胶体上的氢离子代换出来，使土壤酸性增加，如氯化铵、硫酸铵、硫酸钾等。

2. 碱性化肥

碱性化肥也可分为两种：一种是化学碱性，它的水溶液呈碱性反应，如液氨、氨水等；另一种是生理碱性，它的水溶液呈中性，但施入土壤后，未被作物吸收的一部分遗留在土壤中，使土壤碱性增加，如硝酸钠、硝酸钙等。

3. 中性化肥

中性化肥的水溶液既非酸性，也非碱性，施入土壤后也不呈酸性或碱性。因此可适用于任何土壤，如尿素。

三、按肥效快慢分类

1. 速效化肥

这种化肥施入土壤后，随即溶解于土壤溶液中而被作物吸收，见效很快。如大部分的氮肥品种，磷肥中的过磷酸钙等，钾肥中的硫酸钾、氯化钾等。速效化肥一般用作追肥，也可用作基肥。

2. 缓效化肥

也称长效肥料、缓释肥料，这些肥料养分表现的化合物或物理状态，能在一段时间内缓慢释放，供植物持续吸收和利用。肥料施入土壤后，难以立即为土壤溶液所溶解，要经过转化才能溶解，才能见到肥效，且肥效比较持久，肥料中养分的释放完全由自然因素决定，并未加以人为控制，如钙镁磷肥、钢渣磷肥、磷矿粉、磷酸二钙、脱氟磷肥、磷酸铵镁、偏磷酸钙等，一些有机化合物有脲醛（UF）、亚丁烯基二脲（IBDU），还有一些含添加剂（如硝化抑制剂、脲酶抑制）的等，如长效尿素、长效碳酸氢铵，或加包膜的化肥如硫包尿素等。缓效化肥常作为基肥使用。

3. 控释化肥

控释化肥属于缓效肥料，是指肥料的养分释放速率、数量和时间是人为设计的，是一类专用型肥料。其养分释放动力得到控制，使其与作物生长期内养分需求相匹配。控制释放的手段是包膜方法，用包膜的材料、厚度、开孔率来控制养分的释放速率，如浙江省农科院土肥所研制的控释BB肥，浙江大学环资学院研制的肥效调控肥料（CA肥料）等。将控释化肥作为基肥一次施用，一般可满足作物全生育期的需要。

四、按所含养分种类多少分类

(1) 单元化学肥料　指只含氮、磷、钾三种主要养分之一的，称单质化肥，如硫酸铵只含氮素，普通过磷酸钙只含磷素，硫酸钾只含钾素。

(2) 多元化学肥料　指化肥中含有三种主要养分的两种或两种以上的，如磷酸铵含有氮和磷。

(3) 完全化学肥料　指化肥中含有作物生长发育所需的多种养分。

五、按形态分类

(1) 固体化肥　指呈结晶状、颗粒状或粉末状的固体形态的化肥。

(2) 液体化肥　指呈液体形态的化肥，如液氨、氨水、液态叶面肥、液态生物肥等。

(3) 气体化肥　指二氧化碳气肥，在温室或塑料大棚中应用，如碳酸氢铵加硫酸可产生二氧化碳，以补充大棚中二氧化碳的不足。

六、按作用分类

(1) 直接化肥　指直接为作物提供养肥的肥料，如氮肥、磷肥、钾肥及微肥等。

(2) 间接化肥　指首先以改善土壤理化性状和生理性质为主要目的肥料，如石膏、石灰、细菌肥料等。

(3) 激素化肥　指那些对作物生长有刺激作用的化肥，如腐植酸类肥料等。

第三节　氮肥

氮是作物体内蛋白质、核酸、叶绿素等许多重要化合物的主要成分。此外，氮还是一些维生素（如维生素 B_1、维生素 B_2、维生素 B_6 等）和生物碱（如烟碱、茶碱）的成分。氮在多方面影响着植物的代谢过程和生长发育。所以氮是植物生命活动的基础，没有氮就没有生命现象，故氮被称为生命元素。

植物缺氮时，植株矮小、瘦弱，植物的分蘖或分枝减少；叶片均匀地、成片地转成淡绿色、浅黄色，乃至黄色；叶色发黄始于老叶，由下而上地逐渐蔓延。过量氮供应时，叶色浓绿，植株徒长，贪青晚熟。因此，氮不足或者过量，都不利于产量的形成和品质的保障。化学氮肥种类很多，按氮基团分为铵态氮肥、硝态氮肥和酰胺态氮肥 3 种。

铵态氮肥包括碳酸氢铵（NH_4HCO_3）、硫酸铵 [$(NH_4)_2SO_4$]、氯化铵（NH_4Cl）、氨水（$NH_3·H_2O$）和液氨（NH_3）。铵态氮肥易被土壤胶体吸附，有一部分 NH_4^+ 可以进入 2∶1 型黏土矿物的晶层内，成为固定态铵。铵态氮还易被微生物氧化成硝酸盐，并且在碱性环境易挥发，因此，该类型氮肥不能和碱性物质同时混合施用。施用铵态氮肥还要注意，不能一次性大量施用，以免在土壤中形成高浓度的铵态氮离子，对作物产生毒害。另外，大量施用铵态氮，作物吸收过多铵态氮可会对钙、镁、钾等其他阳离子的吸收产生拮抗作用。

碳酸氢铵

纯碳酸氢铵为无色或白色晶体，表面有光泽，无毒，有氨臭味。碳酸氢铵的质量要求由 GB 3559—83 规定，具体见表 4-2。碳酸氢铵的水溶液呈弱碱性，是一种碱性肥料。碳酸氢铵遇到碱，会发生反应，放出氨气。作为酸式碳酸盐，碳酸氢铵化学性质不稳定，常温下就能发生分解，生成氨气、水和二氧化碳。碳酸氢铵的分解速度受外界环境因素，如温度、存放时间、水分多少、密封程度、空气湿度和暴露面积等影响。因此，碳酸氢铵的贮存时要注意防雨、防潮、防晒，同时避免长期贮存。

碳酸氢铵的制造工艺简单，投资少，见效快，其氮含量为 16.5%～17.5%。用作氮肥可为作物生长提供铵态氮和二氧化碳。在设施大棚中，将碳酸氢铵放在密封蔬菜大棚内，加入稀盐酸，反应后的产物为氯化铵、水和二氧化碳，其中二氧化碳可被植物用来进行光合作用，增加蔬菜产量，氯化铵也可再次作为肥料使用。

表 4-2 碳酸氢铵的质量标准（GB 3559—83） %

指标		干碳酸氢铵	湿碳酸氢铵	
			一级品	二级品
氮(N)含量	≥	17.5	17.1	16.8
水分(H_2O)含量	≤	0.5	3.50	5.00

注：一级品为内含添加剂的碳酸氢铵。

碳酸氢铵适用于各种作物和土壤，可作追肥，也可作底肥直接施用，但不宜做种肥。由于该肥料具有速效、价廉、经济、不板结土壤等优点，在 20 世纪 80 年代初，碳酸氢铵的用量约占中国氮肥总产量的一半以上。如今每年的用量约占到氮肥总产量的 1/4，是我国除尿素外使用最广泛的一种氮肥产品。由于碳酸氢铵的含氮量低、易结块、易挥发，使得该肥料的氮利用率低。因此，在施用时，无论作基肥或追肥，要深施覆土。无论在水田还是旱地，均宜深施 7～10cm，并立即覆土，切忌撒施地表。此外，碳酸氢铵施用时还要求该肥料不能和碱性肥料混合施用及避开高温施用。为了防止肥害发生，碳酸氢铵不宜做种肥和叶面喷施，也忌与菌肥混用。

硫酸铵

简称硫铵,其中氮含量为20%～21%。硫酸铵通常被作为氮肥标准肥料。农用硫酸铵的产品质量标准由GB 535—83规范,具体见表4-3。

表4-3 硫酸铵的质量标准(GB 535—83) %

指标名称		农用品	
		一级品	二级品
氮含量(以干基计)	≥	21.0	20.8
水分含量	≤	0.5	1.0
游离酸(H_2SO_4)含量	≤	0.08	0.20

纯硫酸铵为白色晶体,略带碱味。农用硫酸铵则多为白色或浅色结晶。硫酸铵易溶于水,常温下,100kg水可溶解75kg的硫酸铵,其水溶液呈弱酸性反应,是一种酸性肥料。硫酸铵有吸湿性,吸湿后能固结成块。在运输和贮存时要注意防雨防潮,贮存库的相对湿度要保持在80%以下。

硫酸铵的稳定性较高,只有加热到513℃以上时才能完全分解成氨气、氮气、二氧化硫和水。和所有的铵态氮肥一样,硫酸铵遇到碱性物质,放出氨气。

硫酸铵作为一种优良的氮肥(俗称肥田粉),适用于一般的土壤和作物,可作基肥、追肥和种肥。作基肥后,不论旱地和水田均需要结合耕作进行深施,以利于作物吸收利用和肥料保持。在旱地或雨水较少地区,基肥效果更好。

与其他铵态氮肥一样,硫酸铵不能与碱性肥料或碱性物质接触或混合施用,以防降低肥效。另外,同一块耕地上长期施用硫酸铵,土壤会变酸、板结。如确需施用,可适量配合一些石灰或有机肥,但必须注意不能和石灰混施,以防止硫酸铵分解,造成氮素损失。一般两者的施用要相隔3～5天。硫酸铵是生理酸性肥料,不适于酸性土壤上施用。水田施用时,注意调节水田的通透性,避免过还原条件的发生。在淹水的厌氧环境下,硫酸根可以被还原成S^{2-},因此,水田不建议施用硫酸铵。

氯化铵

简称氯铵,又称卤砂,也是一种速效的化学氮肥,含氮量24%～25%。农用氯化铵的质量标准见表4-4。

表4-4 农用氯化铵的质量标准(GB 2946—82) %

指标名称	农业用	指标名称	农业用
氮素含量(以干基计)	≥25.39	氯化钠含量(以干基计)	≤2.5
水分含量	≤1.0		

纯氯化铵为白色晶体，有咸味。由于含有杂质，一般的氯化铵为微黄色。氯化铵易溶于水，水溶液呈弱酸性，是一种化学酸性肥料。氯化铵的吸湿性小，但在潮湿的阴雨天气也能吸潮结块。粉状氯化铵更容易吸潮，湿的氯化铵尤甚，当空气中相对湿度大于吸湿点（76%）时，即产生吸潮现象。因此，氯化铵贮放时要注意干燥通风，要求库房相对湿度在73%以下。作物的选择吸收性使得氯化铵施入后的土壤变酸，因此，氯化铵是生理酸性肥料。相对于硫酸铵而言，氯化铵的热稳定性较差，但氯化铵受热后不是发生分解，而是发生升华，分解出氨和氯化氢气体。

氯化铵可以以基肥或者追肥方式进行。对于盐碱土和忌氯作物而言，不适宜使用氯化铵。如果施用不对，往往会给土壤和农作物带来一些不良影响。忌氯作物，如大多数果树、蔬菜以及盐碱地，不适宜施用氯化铵。其中，氯化铵施用危害较大的有茶树、葡萄、马铃薯、甘薯、甜菜、西瓜、桃树和香蕉等。氯化铵较适用于小（大）麦、水稻、菠菜、萝卜、玉米、油菜、豆类和番茄等耐氯强和中等耐氯的作物上，尤其对棉麻类作物有增强纤维韧性和拉力并提高品质之功效。对耐氯弱的忌氯作物，如莴苣、紫云英、烟草等不建议施用。旱地不宜用氯化铵作种肥。氯化铵使用方法和硫酸铵相似。追肥的时候掌握"少量多次"原则。

液氨

又称无水氨，是由合成氨直接经冷却、分离而成的一种无色液体，有强烈刺激性气味的高浓度氮肥，氮含量为82%。我国液氨的质量标准见表4-5。

表4-5 液氨的质量标准（GB 536—65）

指　　标		一级品	二级品
氨（NH_3）含量/%	≥	99.8	99.5
水分（H_2O）、油含量/%	≤	0.2	0.5

液氨是一种无色液体，有辛辣的臭味，易挥发。液氨与空气或者氧混合时，可以点燃，发出黄绿色的火焰。但要注意，即使在常温常压下，空气中的氨量如果达到15.5%～28%时，易发生爆炸。另外，当液氨与卤族元素，如氯、溴、碘等混合的时候，也会发生爆炸。因此，液氨要贮存在低温、通风的场所，防止日晒。堆放时要平卧，并且不要堆得过高。在运输中要求装载用的钢瓶或者槽车能承受30～35kgf/cm^2 [1]的压力，并且要求上面附上安全装置及试压证明书。为防止激烈撞击或震动，在采用钢瓶运输时，要求用橡皮圈套裹钢瓶。在运输过程中还要远离电源、火源、热源等。装卸时要用台架或者搬运车，以防止撞击、脱落和拖拉。

---

[1] 1kgf/cm^2=98.0665kPa。

液氨的肥效稳而快，便于机械化施肥。在欧美等国家，是一种优秀的氮肥类型。液氨可适用于中性和酸性土壤，也适用于多种作物，可作基肥和追肥施肥。在作追肥施用时，务必要使施肥点与植物根保持至少10cm的距离。液氨也要求深施，其方法通常有两种：一种是直接用机械深施；另一种是兑水深施。施肥时，要求土壤湿度适中，并要避免肥料与皮肤接触。施肥人员要带皮手套，防护眼镜和防氨口罩。另外一个要注意的是，决不可将钢瓶内的液氨放尽，否则容易进入空气。

目前，国家鼓励土地流转，农业种植上规模。土地种植的规模化、集约化和机械化程度逐步提升的前提下，相对于其他氮肥而言，液氨具有成本低、节约能源和便于管道运输等优点，是一种有发展前途的肥料。

氨水

又称阿摩尼亚水，主要成分为$NH_3 \cdot H_2O$，是氨气的水溶液，无色透明且具有刺激性气味。农业上经稀释后可用作化肥。农用氨水一般为无色透明或带微黄色的液体，其色度号小于80，氨含量要求大于15%，残渣含量要求小于0.3g/L。生产上实际应用的氨水一般含氨15%～20%，含氮12.4%～16.5%。氨水的化学性质很不稳定，极易挥发。因此，氨水要贮存于阴凉、干燥、通风处，并且要远离火种、热源和防止阳光直射，同时要保持容器密封。由于运输和贮存以及施用上的较高要求，大多数农资销售部门已很少有此种氮肥销售。

硝态氮肥包括硝酸铵（NH_4NO_3）、硝酸钙$Ca(NO_3)_2$、硝酸钠（$NaNO_3$）、硝酸铵钙[$5Ca(NO_3)_2 \cdot NH_4NO_3 \cdot 10H_2O$]等。硝态氮易溶于水，在土壤中移动较快，由于硝酸盐是带负电荷的，不能被土壤胶体所吸附，在土壤水分含量较多情况下，容易随水发生径流和淋失。因此，水稻田不建议施用硝态氮肥。硝酸盐还易通过反硝化作用还原成气体物质，如NO、N_2O和N_2等，从土壤中逸失，造成氮的利用率低。作物容易吸收硝酸盐，硝态氮对作物吸收钙、镁、钾等养分无抑制作用。但要注意，一部分硝态氮化肥的氧化性较强，在摩擦或撞击时易引起燃烧或爆炸。在运输和贮存时要特别注意，避免碰撞并要贮存于阴凉、通风的库房内，并且要远离火种和热源。

硝酸铵

简称硝铵，是一种可同时供应铵态和硝态两种不同形态氮源的速效氮肥。硝酸铵是目前世界上仅次于尿素的固体氮肥品种。农用硝酸铵含氮为33%～34%，相较于纯硝酸铵的无色无臭的透明结晶或白色的小颗粒而言，农用的允许带微黄色，并允许存在无肉眼可见的杂质。农用硝酸铵的质量标准见表4-6。

表 4-6 农用硝酸铵的质量标准（GB 2945—82）　　　　　　　　　　%

指　　标		一　级	二　级
总氮含量(以干基计)	≥	34.6	34.4
水分含量	≤	1.0	1.7
酸度(以硝酸计)	≤	0.02	0.02
填料含量(以硝酸钙计)			0.4~1.2

　　硝酸铵有潮解性，易溶于水。纯硝酸铵在常温下是稳定的，对打击、碰撞或摩擦都不敏感，但在高温、高压和有可被氧化物质存在下会发生爆炸。目前，农业生产上应用硝酸铵一般是白色粉状结晶，也有白色或浅黄色颗粒，易溶于水，20℃时的溶解度为187%，水溶液呈中性反应。施入土壤后，硝酸铵不影响土壤的pH值，因此，硝酸铵是化学中性和生理中性的肥料。硝铵吸湿性强，易结块、潮解，发生"出水"现象。硝铵与易被氧化的金属粉末混在一起，经剧烈摩擦能引起爆炸。因此，硝酸铵在运输、贮藏和施用时要注意以下事项：一定要放在打扫干净的铁路棚车或其他有棚盖的交通运输工具内进行运输，运输过程中禁止与有机物、易燃物等放在一起；贮存库要保持阴凉、通风、干燥，温度要保持在0~30℃，相对湿度不能超过70%；运输与贮存库不能靠近高温地，更不能靠近锅炉；夏季要防止烈日暴晒；已经结块的硝酸铵不能用铁锤敲打，需用木棒打碎。

　　硝酸铵高的溶解度使其成为氮溶液等液体氮肥的主要原料。硝铵适用的土壤和作物范围广，但最适于旱地和旱作物。硝酸铵宜作追肥，可分期施用。对于灌溉条件好或者降雨量多的地方，更应多次施用。除水稻等少数水田生长的作物外，大多数作物，尤其是果树、瓜菜和烟草等经济作物都喜好硝酸铵。硝酸铵用作棉花、亚麻、大麻、烟草和蔬菜等农作物时，效果特别好；硝酸铵还用于制造含钾、磷、钙等的复合肥料。在气温较低地区的旱田作物上施用硝酸铵比施用硫酸铵和尿素等铵态氮肥的肥效快，效果好。另外，硝铵在土壤中不留残物，均能被作物吸收，是生理中性肥料。对水稻一般用作中、晚期追肥，效果也好，若做基肥，其肥效比其他氮肥低。

　　20世纪60年代，硝酸铵曾是我国氮肥的领先品种，但由于硝酸铵极易溶于水，且具有较强的吸湿性，易结块、易燃、易爆，我国曾禁止硝酸铵进入肥料市场。硝酸铵改性，通过使其粒状化或添加稳定剂和惰性的物质，可以降低其吸湿性，并增加其安全性。硝铵的改性是改善其吸湿性和防止燃爆的重要途径。最重要的硝铵改性氮肥是硝酸铵钙和硫硝酸铵。硝酸铵钙是由硝铵和碳酸钙（石灰石或白云石）混合共熔而成。硫硝酸铵是由硝铵和硫铵混合共熔而成或由硝硫酸混合后吸收铵，使其结晶、干燥成粒而成。一些企业通过将硝酸铵进行改性以提高其稳定性，如生产颗粒状硝铵，并在造粒前添加吸湿性低的稳定剂或加入不溶解的惰性物质；或者使用成膜剂，在硝铵颗粒表面涂覆一层保护膜以隔绝空气；或适当改变硝铵的组成成分，生产硝酸铵钙、硫硝铵和磷硝铵等。由于掌握这些硝酸铵的规律，一些国家允许硝酸铵直接用作肥料，但对产品的安全使用制定了标准。目前，在欧洲、北美和一些温带地区国家常用硝酸铵。

硝酸铵钙

硝酸铵钙是硝酸铵的改性产品，是一种含氮和速效钙的新型高效复合肥料，肥效快，能快速补氮补钙。

农用硝酸铵钙为白色或灰白色、均匀颗粒状固体。其质量标准见表4-7。农业实际生产中应用的硝酸铵钙，其硝态氮含量为13.5%～14.4%，氨态氮为1.1%～13.5%。硝酸铵钙是化学中性肥料。硝酸铵钙的吸湿性小，不易结块，分散性好，具有良好的物理性状。尽管其稳定性好于硝酸铵，但在运输和贮存过程中，仍要注意防潮、防嗮、防破裂。

硝酸铵钙对酸性土壤有改良作用，施入土壤后不会引起土壤板结，还会使土壤变得疏松，同时能降低活性铝的浓度，减少活性磷的固定，其提供的水溶性钙，可提高植物对病害的抵抗力。在种植经济作物、花卉、水果、蔬菜等农作物时，该肥可延长花期，促使根、茎、叶正常生长，保证果实颜色鲜艳，增加果实糖分。硝酸铵钙可作基肥和追肥施用。水田施用硝酸铵钙的肥效稍低于等氮量的硫酸铵，而在旱地上施用，其肥效与硫酸铵相似。

表4-7 硝酸铵钙的质量标准（NY 2269—2012）

项目	指标	项目	指标
总氮(N)含量/%	≥15.0	水不溶物含量/%	≤0.5
硝态氮(N)含量/%	≥14.0	水分含量(H_2O)/%	≤3.0
钙(Ca)含量/%	≥18.0	粒度(1.00～4.75mm)/%	≥90
pH（1∶250倍稀释）	5.5～8.5		

硝酸钙

硝酸钙是白色结晶，在空气中潮解，易溶于水，可形成一水化合物和四水化合物。硝酸钙有氧化性，在加热的时候放出氧气，当遇到有机物、硫等即可以发生燃烧和爆炸。硝酸钙在运输和贮存过程的注意事项：铁路运输时应严格按照铁道部《危险货物运输规则》中的危险货物配装表进行配装。要严禁硝酸钙与酸类、易燃物、有机物、还原剂、自燃物品、遇热易燃物品等并车混运。运输车辆装卸前后，均应彻底清扫、洗净，严禁混入有机物、易燃物等杂质。要将硝酸钙贮存于阴凉、通风的库房。要远离火种、热源。硝酸钙要与氧化剂、还原剂、碱类分开存放，切忌混贮。库房内要采用防爆型照明，并有通风设施。禁止使用易产生火花的机械设备和工具等。

表 4-8 农用硝酸钙推荐质量标准

项目	指标	
	一等品	合格品
硝酸钙[以 $Ca(NO_3)_2 \cdot 4H_2O$]的质量分数/% ≥	99.5	99.0
水不溶性的质量分数/% ≤	0.01	
硫及其化合物(以 S 计)的质量分数/% ≤	0.05	
氯及其化合物(Cl)的质量分数/% ≤	0.015	
pH 值(50g/L 溶液)	5.0～7.0	

硝酸钙的氮含量 11.8%，此外还含有 23.7% 的钙（CaO）。目前，只有工业硝酸钙的质量标准，尚没有制定出农用硝酸钙的质量标准。表 4-8 给出的是农用硝酸钙推荐质量标准，由山西阳煤丰喜肥业（集团）有限公司和国家化肥质量监督检验中心（上海）承担制定的推荐性标准。

硝酸钙可广泛应用于各类土壤。连年施用硝酸钙不仅不恶化土壤物理性质，还能一定程度上改善土壤的物理性质，特别是缺钙的酸性土壤。硝酸钙最适宜的作物为甜菜、马铃薯、大麦、麻类等作物。硝酸钙能快速补钙和补氮，提供了许多其他化肥所没有的性质和优点，是市场上最有价值的化肥之一，有利于作物对营养元素的吸收，增强瓜果蔬菜抗逆性，促进早熟，提高果菜品质。硝酸钙广泛用于基施、追施、冲施和叶面喷施，还可做为无土栽培的营养液。硝酸钙施用时注意事项：硝酸钙较宜作旱田的追肥，水田不宜施用，但施用时要少量分次施用，且一般不要在雨前施用；硝酸钙作基肥时，可与腐熟的有机肥料、磷肥（过磷酸钙）和钾肥配合施用，但不宜单独与过磷酸钙混合；硝酸钙施用量要比其他氮肥的用量多一些；硝酸钙不能与新鲜的厩肥、堆肥混用。目前，硝酸钙较多作为一种速效的叶面肥料应用。

硝酸钠

硝酸钠为无色透明或白微带黄色菱形晶体，味苦咸，易溶于水，水溶液呈中性。硝酸钠的含氮量在 18% 左右。具体质量标准见表 4-9。硝酸钠易潮解，特别在含有极少量氯化钠杂质时，硝酸钠潮解性就大为增加。此外，硝酸钠不稳定，在加热时易分解成亚硝酸钠和氧气。硝酸钠是强氧化剂，可助燃，在与有机物摩擦或撞击能引起燃烧或爆炸。因此硝酸钠在运输要注意防雨、防潮、防撞；搬运时要轻装轻卸，防止包装及容器损坏。要贮存于阴凉、通风的库房。并且要远离火种和热源。要求贮存库的温度不超过 30℃，相对湿度不超过 80%。还要求与还原剂、活性金属粉末、酸类、易（可）燃物等分开存放，切忌混贮。

表 4-9 硝酸钠的质量标准（CG-1-524-67）

指标名称		一级	二级
硝酸钠含量(以干基计)/%	≥	99.3	98.5
氯化钠含量(以干基计)/%	≤	0.5	不规定
亚硝酸钠含量/%	≤	0.03	0.25
水分/%	≤	2.0	2.0

硝酸钠施入土壤，会因为作物选择吸收而使土壤呈碱性，是一种生理碱性肥料，适合施用于酸性或中性土壤中，不适用于盐碱性土壤。因此，有人将硝酸钠作为化肥工业上用作酸性土壤的重要的速效氮肥类型之一。硝酸铵适用于块根类作物，对甜菜、亚麻、萝卜等作物肥效较好。硝酸钠施用时可采用追肥方式进行，在旱地上可以作基肥施用，在水田不宜施用，施用时间最好选在白天进行。

尿素

凡含有酰胺基的氮肥都叫酰胺态氮肥。常用的酰胺态氮肥是尿素 $[CO(NH_2)_2]$。尿素是由氨和二氧化碳合成制得，作为肥料的尿素的质量标准见表 4-10。

表 4-10 农业用尿素的质量标准（GB 2440—81）

指 标 名 称		一级品	二级品
颜色		白色或浅色	
总氮含量(以干基计)/%	≥	46.0	46.0
缩二脲含量/%	≤	1.0	1.8
水分含量/%	≤	0.5	1.0
粒度(直径 0.8～2.5mm)/%	≥	90	90

纯尿素是白色针状或棱柱形结晶，无味无臭。尿素的水溶液呈中性，是一种中性氮肥，其溶解度随温度升高而增大。尿素具有一定的吸湿性，吸湿程度与温度和湿度关系密切。温度越高，相对湿度越大，吸湿潮解越快。尿素对热反应相对较稳定。尿素的这些性质决定了尿素贮运过程中要求库存温度以 20℃ 以下较为适宜，相对湿度小于 80%。

尿素是固体氮肥中含氮最高的肥料。作为生理中性肥料，尿素在土壤中不残留任何有害物质，长期施用没有不良影响。因此，尿素适用于一切作物和所有土壤，可用作基肥和追肥，旱水田均能施用。施入土壤的尿素经过脲酶作用后水解成碳酸铵或碳酸氢铵后，才能大量被作物吸收利用。因此，尿素要在作物的需肥期前 4～8 天施用。施肥时要深施覆土。由于尿素在土壤中转化可积累大量的铵离子，会导致 pH 值升高 2～3 个单位，再加上尿素本身含有一定数量的缩二脲，其浓度在 500mg/L 时，便会对作物幼根和幼芽起抑制作用，因此尿素不宜用作种肥。

尿素是以分子形态存在，它可以与土壤中的胶体形成氢键，在土壤中移动慢，淋溶损失少。此外，尿素经过水解形成铵根离子以及铵根离子被氧化后形成的硝酸根离子是作物吸收的主要形态，由于需要经历上述两阶段，因此尿素的肥效比铵态氮和硝态氮要慢。由于尿素的分子小，易通过叶片的气孔吸收，故尿素还可以作为叶面追肥。更为重要的，尿素的施用对钙、镁、钾等阳离子的吸收无明显影响。尿素喷施浓度一般为0.5%~2%。每隔7~10天喷1次，一般喷2~3次，以早晨或傍晚或阴天效果较好。

尿素在高氮复混肥中也占据着举足轻重的地位。为解决尿素利用率低等问题，以尿素为原料，开发研制了一些新类型的尿素，主要有聚氨酸尿素和多肽尿素。

聚氨酸尿素

聚氨酸尿素是指添加用生物合成的聚谷氨酸聚合物［相对分子质量在$(80\sim130)\times10^4$］而构成的尿素。聚氨酸尿素是速效和高效肥料。聚氨酸活性物，相对常规肥料而言，增加了抗旱、保水、养分高效利用等功能。

多肽尿素

多肽尿素是在尿素形成过程中，在尿素液体中加入金属蛋白酶，经蒸发器浓缩造粒而成。酶是生物发育成长不可缺少的催化剂。多肽是涉及生物体内各种细胞功能的生物活性物质。肽键是氨基酸在蛋白质分子中的主要连接方式，肽键金属离子化合而成的金属蛋白酶具有很强的生物活性，酶鲜明地体现了生物的识别、催化、调节等功能，可激化化肥，促进化肥分子活跃。金属蛋白酶可以被植物直接吸收，可节省植物在转化微量元素中所需要的"体能"，大大促进植物生长发育。

第四节 磷肥

磷是植物体内核酸、核蛋白、磷脂、植素、磷酸腺苷和许多酶的组成成分，在加强光合作用、碳水化合物合成与运转、氮素代谢、脂肪代谢等方面发挥着重要作用。此外，磷还具有提高植物的抗逆性和适应外界环境条件的能力。磷不足时，植株生长发育迟缓、矮小、瘦弱，叶色呈暗绿或灰绿。由于磷的缺乏，有助于花青素生长，使得一些作物，如玉米、大豆、甘薯等，茎叶上出现紫红色斑点或条纹。磷的再利用能力强，缺乏症状一般从基部老叶开始，逐步向上部扩展。

按照磷酸盐的溶解度可将磷肥分为水溶性磷肥、枸溶性（弱酸溶性）磷肥和难溶性磷肥三种类型。

凡养分标明量主要属于水溶性磷酸一钙的磷肥，称为水溶性磷肥。包括普通过磷酸钙（普钙）和重过磷酸钙，其中磷的主要成分是磷酸一钙，易溶于水，肥效较快。

过磷酸钙

称普通过磷酸钙（简称普钙），又称过磷酸石灰（简称过石），是用硫酸分解磷矿粉直接制得的磷肥。过磷酸钙主要有用组分是磷酸二氢钙的水合物 $[Ca(H_2PO_4)_2·H_2O]$ 和少量游离的磷酸，还含有无水硫酸钙组分（对缺硫土壤有用）。过磷酸钙的有效 P_2O_5 含量为 14%～20%（其中 80%～95% 溶于水），属于水溶性速效磷肥。可直接施用，也可作为复合肥料的配料。过磷酸钙的质量标准见表 4-11。

表 4-11 过磷酸钙的质量标准（HG 2740—1995）

项　　目		指　　标			
		优等品	一等品	合格品	
				I	II
外观		有色疏松状物			
有效五氧化二磷(P_2O_5)含量/%	≥	18.0	16.0	14.0	12.0
游离酸（以 P_2O_5 计）含量/%	≤	5.0	5.5	5.5	5.5
水分/%	≤	12.0	14.0	14.0	15.0

过磷酸钙是最早的化肥磷素品种，也是目前我国生产量最多、使用最广的一种磷肥。过磷酸钙除供给植物磷外，还可以提供钙和硫等元素，并且具有改良碱性土壤作用。过磷酸钙的施用除可用基肥外，还可采用根外追肥和叶面喷洒的方式进行。

过磷酸钙的颜色为灰色或灰白色，有粉末状的，也有颗粒状的，稍有酸味。过磷酸钙的主要成分磷酸一钙易溶于水，水溶液呈酸性。过磷酸钙易吸湿，吸湿后易结块。此外，过磷酸钙中的磷酸一钙还会与硫酸铁等反应形成溶解度低的铁磷酸盐等，该作用称为磷酸的退化作用。因此，过磷酸钙在贮运过程中，要注意防潮和避免淋雨，由于过磷酸钙有腐蚀性，在运输时要用耐腐蚀的篷布等物遮盖。

过磷酸钙遇热不稳定，当加热到 120℃时，磷酸会失去结晶水，水溶性磷酸会减少，继续加热到 150℃时，磷酸一钙会因缩合失水而转变成焦磷酸氢钙，此形态的磷难以被作物吸收利用。

过磷酸钙施入土壤后，还可以发生异成分溶解，即在施肥点附近由于水分的汇集，使磷酸一钙溶解和水解，形成一种磷酸一钙、磷酸和含水磷酸二钙的饱和溶液。此时施肥点周围的土壤溶液中磷浓度可达 10～20mg/kg，pH 值可达 1～1.5，这样低的 pH 值能将土壤中的铁、铝、钙、镁等溶解出来，与磷酸根离子作用，形成相应的磷酸盐。其中，石灰性土壤中，磷可以与钙反应，生成磷酸二钙和磷酸八钙，其中大部分最终转化形成稳定的羟基磷灰石。酸性土壤中，则与铁、铝反应生成磷酸铁、铝沉淀，从而影响到过磷酸钙在土壤中移动性及当年利用率，使得利用率很低，通常为10%~25%。

  为提高过磷酸钙中磷的利用效率，首先，建议采用集中深施、分层施用、与有机肥混合施用、制成粒状磷肥施用、分层施用或者根外施肥方式等，以期望减少过磷酸钙与土壤接触，降低土壤的固定。集中施肥是指过磷酸钙不管做基肥、种肥和追肥，都以集中施用为好。过磷酸钙与有机肥混合施用的目的主要是减少磷肥与土壤的接触面积，以减少磷的固定。有机肥腐熟过程中产生的如草酸、柠檬酸、苹果酸等有机酸具有络合铁、铝、钙等离子的能力，能使它们成为稳定的有机络合物，减少磷被铁、铝和钙离子固定的可能性。其次，有机肥和过磷酸钙混合沤制，为微生物提供能源和磷素营养，加速微生物的繁殖与活动，这既有利于难溶性磷的转化，也利于提高磷的有效性。制成有机-无机颗粒磷肥，一方面因表面积降低了，而减少了与土壤的接触面积；另外，颗粒的周围可形成含磷的饱和层，利于磷的扩散和作物的吸收。第三，颗粒磷肥利于机械施肥和减少施肥时的损失。当然，对颗粒的直径也有要求，一般以3~5mm为宜。分层施肥则是指将磷肥施到作物根系分布比较集中或者是作物活动根群附近，一般浅施时的深度为5~6cm，深施的深度为10~20cm。浅施和深施的用量比例为1:2。根外施肥则指将过磷酸钙水溶液进行叶面施肥，此种施肥方法避免了磷与土壤的接触。

重过磷酸钙

  由于普通过磷酸钙的品位低，其单位有效成分的销售费用高，磷肥工业又出现一种高浓度的磷肥。它用磷酸和磷灰石反应，所获得的产物中不是硫酸钙，而是磷酸二氢钙，该产品被称为重过磷酸钙，简称为重钙，又叫三料过磷酸钙。重过磷酸钙属水溶性磷肥，即肥料所含的磷易溶于水，能为植物直接吸收利用。重过磷酸钙一般含有效五氧化二磷（P_2O_5）为40%~50%，是普通过磷酸钙的两倍以上，不含石膏，游离磷酸含量为4%~8%或更低。重过磷酸钙的质量技术指标见表4-12。

表4-12 重过磷酸钙的质量技术指标（GB 10205—2001）

项目		优等品	一等品	合格品
总磷(P_2O_5)含量/%	≥	47.0	44.0	40.0
有效五氧化二磷(P_2O_5)含量/%	≥	46.0	42.0	38.0
游离酸(以P_2O_5计)含量/%	≤	4.5	5.0	5.0
游离水分/%	≤	3.5	4.0	5.0
粒度(≤2.0mm)/%	≥	80	80	70

重过磷酸钙的有效成分为 $Ca(H_2PO_4)_2$，溶于水，肥效比过磷酸钙高。作为肥料，重过磷酸钙可用于各种土壤，施用方法与普通过磷酸钙相同，可用作基肥、种肥、根外追肥和叶面喷洒，广泛应用于水稻、小麦、玉米、高粱、棉花、瓜果、蔬菜等各种粮食作物和经济作物。因其有效磷含量比普通过磷酸钙高，其施用量根据需要按照五氧化二磷含量，参照普通过磷酸钙适量减少。提高重过磷酸钙中有效磷的利用效率的方法与原则同普通过磷酸钙类似。

重过磷酸钙的外观呈深灰色或灰白色的颗粒或粉末状，溶于水中，呈微酸性，受潮后易结块。重过磷酸钙的腐蚀性和吸湿性比过磷酸钙更强。由于重过磷酸钙中不含硫酸铁、硫酸铝，因此不易发生磷酸盐的退化。重过磷酸钙忌碱，与氧化钙反应，能生成磷酸三钙沉淀，从而降低肥效。

能溶于 2% 的柠檬酸或中性柠檬酸铵溶液的磷肥称为枸溶性磷肥或弱酸溶性磷肥。这一类型磷肥的主要成分是磷酸二钙，肥效较慢，包括沉淀磷肥、钢渣磷肥、钙镁磷肥、脱氟磷肥等。枸溶性磷肥大都适宜于酸性土壤，以基肥方式施用或与有机肥一起沤制后施用效果最佳。目前，应用较为广泛的枸溶性磷肥是钙镁磷肥。

钙镁磷肥

钙镁磷肥是一种含有磷酸根的硅铝酸盐玻璃体，没有明确的分子式与分子量的多元素肥料，其主要成分包括 $Ca_3(PO_4)_2$、$CaSiO_3$、$MgSiO_3$，又称熔融含镁磷肥或简称熔融磷肥，是我国目前磷肥的主要品种之一，镁磷肥的产量占我国磷肥总产量的 17% 左右，是仅次于过磷酸钙的第二大类型磷肥。

钙镁磷肥生产的基本过程是将磷矿石和适量蛇纹石、橄榄石、白云石、硅灰石等含镁、硅矿物混合一起，在 1350° 以上的高温熔融，再将熔融体进行水淬而成为玻璃体，随后粉碎磨细成细粉就成为钙镁磷肥。

钙镁磷肥的主要有效成分是 α-磷酸三钙，通常为深灰色、灰绿色或墨绿色粉末，无明确的分子式和分子量。钙镁磷肥不溶于水，肥料的水悬浮液呈碱性，是一种以碱性的，以 P 为主的多成分肥料。钙镁磷肥不仅能提供 14%～18% 的低浓度磷，还能提供大量的硅、钙、镁。钙镁磷肥的质量标准见表 4-13。

表 4-13 钙镁磷肥的质量标准（HG 2447—94）

项　目		指　标		
		优等品	一等品	二等品
外　观		灰白色、灰绿色或墨绿色粉末		
有效五氧化二磷(P_2O_5)含量/%	≥	18.0	15.0	12.0
水分含量/%	≤	0.5	0.5	0.5
碱分(CaO 计)含量/%	≥	45.0	—	—
可溶性硅(SiO_2)含量/%	≥	20.0	—	—
有效镁(MgO)含量/%	≥	12.0	—	—
细度(通过 250μm 标准筛)/%	≥	80	80	80

钙镁磷肥无毒，无腐蚀性，不吸湿，不结块，便于包装和运输。

钙镁磷肥可广泛地用于各种作物和缺磷的酸性土壤，特别是我国南方钙镁淋溶较严重的酸性红壤上。在改良酸性土壤，可以在土壤中酸或者作物根系及微生物分泌的酸的作用下溶解，供作物吸收利用。钙镁磷肥的肥效与作物种类有密切的关系，不同的作物对钙镁磷肥中磷的利用能力也不同，禾本科的小麦、玉米和水稻等的施用效果不显著，而油菜、豆科绿肥、瓜类等吸磷能力强的作物显著，因此，应优先将钙镁磷肥施用到这类作物上。

钙镁磷肥最适合作基肥深施，将肥料均匀施入土壤，并与土壤混合，以期利于土壤酸对它的溶解，以利于作物吸收。水田可以采用沾秧根方式来进行施肥。每亩水稻田的用量大概在10kg，或者将钙镁磷肥与优质有机肥混拌堆沤后施用。钙镁磷肥也可做追肥（酸性土壤上）。由于钙镁磷肥不对种子有伤害作用，可以用作拌种肥。钙镁磷肥与有机肥的混合堆沤后，可以促进钙镁磷肥中磷的有效化，提高了磷的肥效和有效性。

难溶性磷肥是指所含的磷酸盐大部分只溶解于强酸中，肥效迟缓的一类磷肥。难溶性磷肥的类型有磷矿粉、鸟粪磷矿粉和骨粉。

磷矿粉

磷矿粉是由天然磷灰石直接磨成粉末制造而成的。它既是生产各种磷肥的原料，也可以单独直接当作磷肥使用。磷矿粉是我国南方磷矿石厂附近农民常用的磷肥品种之一。

磷矿粉有灰色或褐色两种，能被作物吸收利用，其他大部分作物难于直接吸收利用，属于难溶性磷肥。磷矿粉产品呈中性或者微碱性，主要成分为氟-磷灰石，磷是磷酸三钙形式存在，其全磷为10%～35%，其中3%～5%的磷可溶于弱酸。磷矿粉的质量因磷矿石的种类不同而有差异，由于生产过程没有经过化学反应和提纯加工，仅通过机械磨碎工艺，所以至今国家有关部门没有制定产品的统一技术标准，商品磷矿粉通常以五氧化二磷总含量进行分级。一级品要求P_2O_5总含量$\geqslant 30\%$，二级品的P_2O_5总含量在25%～30%之间，三级品的P_2O_5总含量为22%～25%，四级品的P_2O_5总含量$\leqslant 19\%$。此外，还要求磷矿粉的细度一般90%的要通过100目筛，水分不超过3%。

磷矿粉呈中性至微碱性，不溶于水，化学性质稳定，具有不潮解、不结块和无腐蚀性等优点。在一般情况下，磷矿粉与碱、盐和弱酸等都不反应，受温度、日光及空气影响很小。

磷矿粉施入土壤以后，主要依靠土壤酸、微生物和作物根系分泌的酸等作用才能进行转化，然后才能被作物吸收利用。因此，磷矿粉宜用于磷吸收能力强的作物上。在作物选择上，除考虑作物类型外，还要考虑作物根系生态特征和根系酸化环境的能力等。从土壤类型而言，宜以低pH值的土壤为佳，磷矿粉应尽量先安排在酸性较大和缺磷的土壤中施用。其肥效很慢而且持久。作为迟效性肥料，磷矿粉宜作基肥施用，不宜作追肥和种肥。作基肥时，以撒施、深施效果较好，一般用量为 750~1500kg/hm²。磷矿粉具有较长的肥效，施用一次，肥效可维持几年。连续几年施用后，可以停一段时间后再施用。

骨粉

骨粉是动物的骨骼经过粉碎磨细并通过规定筛后的粉末，分为生骨粉、蒸制骨粉和脱胶骨粉三种。目前，由于骨粉的价格一直较高，一般多数用作饲料，但其随着有机食品和绿色食品快速发展，种植所需要的农资产品也应该是纯天然或者无残留的，骨粉作为有机肥料而被当作磷肥来施用的总量也会越来越多。

骨粉的主要成分是磷酸三钙，占骨粉的 58%~62%。此外，骨粉中还含有脂肪和骨胶（26%~30%）、磷酸三镁（1%~2%）、碳酸钙（6%~7%）、氟化钙（2%）和氮等。一般骨粉常含有过多的脂肪，不容易被机械粉碎，也不易被自然界里存在的微生物所分解，在将骨粉作为肥料施用前需要进行脱脂处理。

一般骨粉为灰白色粉末，目前国家没有该产品的质量标准。骨粉的肥效比较迟缓，在农业生产上不能用作种肥和追肥，只能用作基肥施用。施肥量建议为 450~600kg/hm² 为佳。跟大多数难溶性磷肥一样，骨粉不适宜于石灰性土壤上，最适宜于酸性土壤上，尤其是吸收磷能力较强的豆科作物、十字花科作物和荞麦等上施用。此外，将骨粉与有机肥堆积发酵后施用，更有利于提高肥效。骨粉的肥效优于磷矿粉。

第五节 钾肥

钾不是植物体内有机化合物的成分，主要呈离子状态存在于植物细胞液中。钾是植物体内最有效的酶活化剂，与植物体内许多代谢过程，如光合作用、呼吸作用、碳水化合物、蛋白质和脂肪合成等有密切关系。钾不仅可增强光合作用和光合产物的运输，还可以促进氮代谢，提高植物对氮的吸收和利用，促进蛋白质和核酸的形成。此外，钾有助于增强植物的抗逆性，源于钾能调节细胞的渗透压，调节植物生长和经济用水，增强植物的抗不良因素（旱、寒、病害、盐碱、倒伏）的能力，并可改善农产品品质。因此，可以将钾称抗性元素和品质元素。

具有钾（K 或 K_2O）标明量的单元肥料就是钾肥，钾肥的来源与磷肥基本一致，都是通过对钾（磷）矿产资源的提炼和深加工过程而产生的，我国钾矿资源贫乏，大部分钾肥都来自进口。钾肥品种比较简单，常用的钾肥主要是氯化钾、约占钾肥总用量的95%；其次为硫酸钾，此外，还有工业生产上的废弃物也有用作钾肥，如窑灰钾肥、钾镁肥和钾钙肥。

氯化钾

纯氯化钾是白色结晶体，但氯化钾肥料中一般含有杂质，该杂质与原矿成分有很大关系。加拿大钾肥来源于钾石岩，其杂质为氧化铁和其他金属氧化物，外观呈现砖红色。来源于盐湖中提取的钾肥，其杂质多为氯化物，如氯化钠、氯化镁、氯化钙等，外观颜色为灰白色或暗灰色或浅黄色。作为肥料的氯化钾要求产品中的氯化钾净含量不低于90%，质量标准见表4-14。

表4-14 氯化钾的质量标准（GB 6549—1996）

项目		指标		
		优等品	一等品	合格品
氧化钾(K_2O)含量/%	≥	60	57	54
水分(H_2O)/%	≤	6	6	6

氯化钾易溶于水，水溶液为中性。氯化钾是化学中性肥料，但施入土壤后，由于作物选择吸收K^+，而在土壤中形成盐酸而成为生理酸性肥料。氯化钾吸湿性强，吸湿后易结块，因此氯化钾要求用塑料编织袋内衬聚乙烯薄膜袋或者复合塑料编织包装以密封。在高温潮湿多雨季节里，氯化钾更应该注意通风，防止仓库地面返潮和屋顶漏雨。

氯化钾属速效性钾肥，可用作追肥和基肥。当氯化钾施于中性或石灰性土壤中，K^+可以取代土壤胶体表面吸附的Ca^{2+}，多雨或者灌溉频繁的条件下，会造成Ca^{2+}流失，土壤会因钙的减少而板结。酸性土壤中，K^+会置换取代土壤胶体上吸附的H^+和Al^{3+}，加剧土壤的酸性。因此，氯化钾施于酸性土壤时应配合施用有机肥料和石灰。氯化钾不适于盐碱地，以避免增加土壤的盐分含量，危害加重。由于氯化钾中含有氯离子，残留的氯离子会增加施肥区土壤的盐分浓度，对种子的萌发和幼苗根系生长不利，因此，氯化钾一般不用作种肥。

氯化钾可适用于多种作物，尤其是棉麻类纤维作物，但对于忌氯作物，如烟草、甘薯、马铃薯、甜菜、果树、茶树、甘蔗等，不能施用。

硫酸钾

硫酸钾是仅次于氯化钾的主要商品钾肥。纯净的硫酸钾是白色结晶体，作为肥料的硫酸钾则由于含有杂质而呈灰白色、浅黄色或红色。硫酸钾是一种含钾量较高的钾素肥料，含氧化钾48%~52%。作为肥料的硫酸钾还没有其质量标准，其质量一般要求是：外观为白色或浅黄色的结晶颗粒；硫酸钾的含量≥90%；氧化钾的含量≥48%；水分含量≤1.0%；游离酸的含量≤2.0%；氯含量≤2.2%。

硫酸钾易溶于水，水溶液呈中性。施入土壤后，由于作物的选择吸收，会使土壤残留大量的硫酸根离子，这些离子与根系分泌的氢离子形成硫酸，而使土壤变酸，故硫酸钾也是生理酸性肥料。硫酸钾的定性检验方法有两个：一是它可与氯化钡作用生成乳白色的硫酸钡沉淀；二是在酒精灯上燃烧，发生紫色的火焰。硫酸钾化学性质稳定，不易吸湿结块，便于贮存、运输和施用。

硫酸钾在土壤中的转化与氯化钾相似，但在中性或石灰性土壤中，由于硫酸钙的溶解度小，其脱钙程度也就小。同时，对土壤的酸化程度比氯化钾缓慢。作为一种无氯的钾肥，由于含有硫，特别适宜于十字花科和葱蒜类作物以及烟草、葡萄、甜菜、茶树、马铃薯、亚麻及各种果树等忌氯作物上。硫酸钾可作基肥、追肥、种肥及根外追肥。同样，和氯化钾一样，要配合使用有机肥和石灰。在水田淹水条件下，过多的硫酸根会被还原生成硫化氢，使得根受害变黑。所以，长期使用硫酸钾要与农家肥、碱性磷肥和石灰配合，降低酸性，在实践中还应结合排水晒田措施，改善通气。

硫酸钾可用作基肥、追肥和种肥，但做种肥应注意肥料不能与种子直接接触，应距离种子3～5cm。硫酸钾也可用作根外追肥，应根据作物种类控制喷施浓度，一般喷施的浓度应控制在2%～3%范围内，遵循的原则是越嫩叶片，水分含量越高，喷施浓度越低。

窑灰钾肥

窑灰钾肥是水泥工业的副产品，也是水泥窑烟气中带出来的粉尘，外观为灰黄色或灰褐色粉末。窑灰钾肥没有固定的分子式，是硫酸钾、氯化钾、碳酸钾、氯化钙以及铝硅酸钾盐等物质的混合物。

窑灰钾肥是部分水溶性的肥料，由于产品中含有氧化钙和碳酸钾，该肥料呈碱性。由于各厂的养分含量各有差异，窑灰钾肥还没有国家标准。

窑灰钾肥的吸湿性强，贮藏、运输过程中应避免暴露于空气中，同时要注意防雨防潮。

窑灰钾肥适合酸性土壤，可以中和酸性土壤的酸性并提供一定的钙素。由于碱性太强，窑灰钾肥不适宜于石灰性土壤，也不能和铵态氮肥和水溶性磷肥混合储存和使用。

窑灰钾肥只适合做基肥和追肥，不能做种肥。在做追肥时候，避免肥料黏附到叶片上，以免引起叶片灼伤，同时也要防止肥料与根系直接接触，避免伤根。

钾镁肥

钾镁肥又称卤渣，是制盐工业综合利用的副产品。含钾20%～25%，含镁27%。钾镁肥是灰白色的，易溶于水，吸湿性强，易潮解，是一种速效性肥料。

钾镁肥适用于酸性红黄壤、烂泥田和沙性土壤上施用，可作基肥和追肥，使用前最好与有机肥堆沤或混合施用。由于该肥料含有一定的氯化物，因此不能作种肥以及不适宜在盐碱地和忌氯作物上施用。

硫钾镁肥

硫钾镁肥是用高品位无水钾镁生产的，含钾22%、镁12%。该肥料一般呈白色或者浅灰色，易溶解于水，不易吸湿潮解。

硫钾镁肥可用于各种作物上作基肥和追肥，施肥时尽量避免肥料与种子或幼根接触。

第六节 复混肥料

相对于单质化肥而言，复混肥料是指在一种化学肥料中，同时还有两种或两种以上营养成分（N、P、K）的化学肥料。目前，肥料发展趋势是高浓度、复合化、液体化和缓效化，以便于节能降耗，降低运输成本，减少副成分和提高肥效等。相对于单质肥料而言，复混肥料具有养分种类多、浓度高，颗粒中养分分布均匀及施用安全方便等优点。因此，复混肥料因肥料发展趋势，市场前景远大。

复混肥料的有效养分，一般用氮（N）-磷（P_2O_5）-钾（K_2O）元素的相应百分含量来表示，用阿拉伯数字表示其含量，"0"表示不含该营养成分。应特别注意的是：在表达时它们的次序不能发生变化。如表达式"15-15-15"是指肥料中氮（N）、磷（P_2O_5）和钾（K_2O）含量的百分比是一样的，都是15%。如果某二元复合肥含氮（N）15%、含磷（P_2O_5）46%，不含有钾，则该复合肥养分的表达式为15-46-0；如果复合肥中含有微量元素，则在表达式中钾位置的后面标明其含量，并在括号内用元素符号注明其类型，如表达式10-10-10-0.5（Zn）的肥料中除N、P_2O_5、K_2O各含有10%外，还含有0.5%的锌。

按所含元素种类多少，复混肥料可分为二元、三元和多元复混肥料。而按照制造方法，复混肥料分为复合肥料和混合肥料两大类。下面以按制造方法，来介绍复混肥料。

复合肥料是由化学方法制成的肥料，具有性质稳定、组成养分比例固定的特点，因此复合肥料难以适应不同土壤和作物的要求。

目前在世界范围内生产使用的复合肥料品种有氮磷二元复合肥、氮钾二元复合肥、磷钾二元复合肥和氮磷钾三元复合肥等。

磷酸铵

简称磷铵，属氮磷二元复合肥，是用氨中和浓缩磷酸而生成的一组产物，含有N和P两种养分。磷酸铵是目前国内外发展较快的复合肥料品种之一。

根据氨中和的程度不同,其产物也不同。生成的产物主要有磷酸一铵($NH_4H_2PO_4$)和磷酸二铵[$(HN_4)_2HPO_4$]。

磷酸一铵的化学名称为磷酸二氢铵,又称安福粉,缩写为MAP。总养分含量62%~66%,其中N为11%~13%、P_2O_5为51%~53%。磷酸一铵是酸性化肥,其水溶液的pH值为4.4,磷酸一铵的性质较为稳定。磷酸二铵的化学名称为磷酸氢二铵,又称重安福粉,缩写为DAP。磷酸二铵的总有效养分为62%~75%,其中N为16%~21%、P_2O_5为46%~54%。磷酸二铵是碱性化肥,其水溶液的pH值为8.0。磷酸二铵在湿热条件下,会发生氨挥发。磷酸一铵和磷酸二铵的质量标准见表4-15。

表4-15 磷酸一铵和磷酸二铵的质量技术标准 (GB 10205—2001)   %

项 目		磷酸一铵			磷酸二铵		
		优等品 12-52-0	一等品 11-49-0	合格品 10-46-0	优等品 18-46-0	一等品 15-42-0	合格品 13-38-0
总养分(N+ P_2O_5)	≥	64.0	60.0	56.0	64.0	57.0	51.0
总氮(N)	≥	11.0	10.0	9.0	17.0	14.0	12.0
有效P(以P_2O_5计)	≥	51.0	48.0	45.0	45.0	41.0	37.0
水溶性P占有效P百分率	≥	90	85	80	90	85	80
水分(H_2O)	≤	2.0	2.0	2.5	2.0	2.0	2.5
粒度(1.00~4.00mm)	≥	90	80	80	90	80	80

纯净磷酸铵为白色结晶,农用磷酸铵因含有杂质及添加防潮剂,而呈灰白色、深灰色、深褐色、浅黄色等。磷酸铵生产过程中添加了防潮剂,故产品吸湿性小;但磷酸铵如果和尿素、硝酸铵、硝酸钠等肥料混合后,混合物的吸湿性大大增加。

磷酸铵的溶解性高,施入土壤后其中所含的N和P均能被作物吸收利用,从而对土壤的pH值影响甚微,故磷酸铵是生理中性肥料。

磷酸铵具有加工成粒好,氮、磷的总含量和有效磷的含量都较高的特点,可以与其他多数的氮肥和钾肥品种混合施用。尤其是复混肥料产业将磷酸铵作为复混肥料中的磷肥原料。

磷酸铵适合于各种土壤和作物,水旱田都可施用。磷铵可作基肥、追肥和种肥。做种肥时要控制用量,避免与种子接触。由于磷酸铵的磷多氮少,该肥料适宜于需磷多的作物。

磷酸铵在储藏和运输时,要求包装密封、防潮、防雨、阴凉干燥;此外,磷酸铵应避免与碱性肥料或物质混放和混施。

偏磷酸铵

属氮磷二元复合肥,偏磷酸铵是P素在空气中燃烧生成的P_2O_5,在高温和水蒸气存在条件下和氨反应生成的物质。该产品呈白色粒状或者粉末，溶于水，稍有吸湿性，但不结块。

偏磷酸铵应用于农业上时，可以将其作为一种热法磷肥，一种高浓度的氮磷复合肥料，一般含 N 为 11%～12%、P_2O_5 为 58%～62%，其总有效养分为 69%～84%。该肥料适宜于酸性和中性土壤上施用。

氨化过磷酸钙

属氮磷二元复合肥，氨化过磷酸钙是通过用氨处理过磷酸钙而制成的一种物理性质较好的 N、P 复合肥。一般为白色或浅灰色粉末或粒状，大部分易溶于水，小部分只溶于 2%柠檬酸溶液。氨化过磷酸钙的主要有效成分是磷酸二氢钙、磷酸氢钙和少量的磷酸一铵和磷酸二铵，并含有少量石膏。氨化过磷酸钙的总养分为 15%～18%，其中 N 为 2%～3%、P_2O_5 为 13%～15%。该肥料的吸湿性、结块性和腐蚀性相对于过磷酸钙而言，有很大改善。

氨化过磷酸钙由于物理性能良好，即干燥、疏松、溶于水，因此该肥料的施用比较方便，可作基肥、追肥和种肥施用。由于添加了部分 N，该肥料的肥效对多数作物而言要优于过磷酸钙。

硝酸磷肥

属氮磷二元复合肥，硝酸磷肥是用硝酸分解磷矿制得的肥料。在该肥的生产工艺中，硝酸既用来分解磷矿粉，硝酸本身又成为产品中氮源，因此，该肥料在经济上较合理，磷资源短缺的国家或地区，生产这类肥料尤为适宜。

硝酸磷肥的主要组分是磷酸二钙、磷酸铵和硝酸钙、硝酸铵，其中的磷酸盐，一部分是水溶性的，另一部分是溶于柠檬酸铵溶液。作为氮磷二元复合肥，硝酸磷肥中 N、P 含量因制造方法而异，其中 N 含量为 25%～27%，P_2O_5 为 11%～13.5%，其代表产品有 20-20-0、28-14-0、26-13-0 和 16-23-0 四种类型。硝酸磷肥的质量标准见表 4-16。

表 4-16　硝酸磷肥的质量标准（GB/T 10510—2007）

项　目		优等品	一等品	合格品
总氮(N)含量/%	≥	27.0	26.0	25.0
有效磷(以 P_2O_5 计)含量/%	≥	13.5	11.0	10.0
水溶性磷占有效磷百分率/%	≥	70	55	40
水分(游离水)/%	≤	0.6	1.0	1.2
粒度(1.00～4.00mm)/%	≥	95	85	80
颗粒平均抗压碎力(2.00～2.80mm)/N	≥	50	40	30

硝酸磷肥外观呈深灰色，化学中性，吸湿性强，易结块，因此贮存和运输上

要注意防潮。由于硝酸磷肥中的氮素有一半左右是硝态氮,因此该肥料较适用于生长期短的喜硝态氮作物,如蔬菜、烟草等,又由于硝态氮不被土壤吸附,易随水流失,该肥料在旱地上施用效果比水田好。硝酸磷肥可作基肥和早期追肥以及种肥施用,作种肥时,应让肥料与种子之间相隔一定距离;做追肥时要避免肥料与根系直接接触。

硝酸钾

硝酸钾的分子式为KNO_3,属氮钾二元复合肥,在民间硝酸钾又叫钾硝石,俗称土硝或火硝,源于生产炸药和地雷等爆炸物的主要原料。

硝酸钾为白色,灰白色,浅黄色的结晶体或粉末,易溶于水,水溶液中性。该肥料是将硝酸钠与氯化钾在一起进行复分解后再重新结晶而制成的。肥料的副成分少,吸湿性小,不易结块,分散性和物理性状好。该肥料易分解,在受热条件下,分解放出氧气和有毒的氮氧化物。硝酸钾属易燃易爆物质,在生产、贮存和运输过程中特别注意安全,要按照危险品进行处理,注意轻拿轻放,避免硬摔或撞击;严格密封包装,防止遇水与雨淋。

硝酸钾是含氮和钾两种营养元素的复合肥料,其中的 N 含量为 12%～15%,K_2O 为 45%～46%。硝酸钾的具体质量标准见表 4-17。

表 4-17 硝酸钾的质量标准 (GB/T 20784—2006)

项　目		优等品	一等品	合格品
氧化钾(K_2O)的质量分数/%	≥	46.0	44.5	44.0
总氮(N)的质量分数/%	≥		13.5	
氯离子(Cl^-)的质量分数/%	≤	0.2	1.2	1.5
游离水(H_2O)的质量分数/%	≤	0.5	1.2	2.0

硝酸钾可用作基肥、种肥和追肥,但由于该产品不含氯,其生产成本和售价都很高,农业上该产品仅用于种肥和追肥。由于硝态氮易淋失,该产品较适合于旱地,不适合于水田。从作物类型而言,该产品较宜于喜钾的块根类(马铃薯、甘薯)、甜菜和烟草等作物。

磷酸二氢钾

磷酸二氢钾的化学式为KH_2PO_4,属于磷钾二元复合肥。纯净的磷酸二氢钾为白色晶体,作肥料用的产品一般含有杂质外观为浅黄色或灰白色粉末,作为高浓度的 P 和 K 复合肥料,其有效养分总含量为 85% 左右,其中 P 为 52% 左右,K_2O 为 34% 左右,具体质量标准见表 4-18。

磷酸二氢钾易溶于水,水溶液为酸性。磷酸二氢钾在空气中易潮解,但其吸湿性小,贮存时也要放在阴凉、干燥处,在空气中较稳定。由于价格昂贵,市售的产品包装一般都是小袋包装,虽然可以用作基肥、种肥和追肥,但考虑其肥效价格比,农业上多用于根外追肥和浸种,不用基肥和种肥。浸种时,磷酸二氢钾的常用浓度为0.2%,浸种时间为18~24h。根外追肥时,其浓度在0.1%~0.3%较安全。

表4-18 磷酸二氢钾的质量标准 (HG 2321—1992)

项 目		一等品	合格品
磷酸二氢钾(KH_2PO_4以干基计)含量/%	≥	96.0	92.0
水分/%	≤	4.0	5.0
pH值		4.3~4.7	
氧化钾(K_2O以干基计)含量/%	≥	33.2	31.8

混合肥料是根据土壤和作物需求情况,将两种或三种单质化肥或用一种复合肥做基础再加上一两种单质化肥,通过机械混合的方法,制取的不同养分比例的各种混合肥料。有时可在其中加入一些填充物,以改善肥料的物理和化学性质。混合肥料能根据土壤和作物需要分别配制成N、P、K养分比例各不相同的混合肥料。该肥料是今后肥料发展的方向,主要源于其具有以下优点:首先是肥料的养分全面,养分浓度高,故增产、节本显著,针对性强;其次是加工简便,生产的成本低,没有污染;第三是该肥料的配方比较灵活,可以根据作物需肥特性、土壤养分供应状况和和产量的水平等的不同而灵活改变,弥补了化合复合肥因固定养分配比而可能造成养分失调的缺点。目前市场销售的混合肥料最主要的类型是专用肥,它是根据作物养分特性以及当地的养分供应状况和产量水平,由单质化肥和复合肥配制成的不同N、P、K比例的混合肥料。如水稻专用肥、玉米专用肥等。该肥料中养分配比在不同地区的同一作物有差异;同样,同一地区的不同作物也有差异。在施用时要因地、因作物而异。

复混肥料中虽然也含有两种或两种以上的营养元素,但其生产过程不同于复合肥料。复混肥料只是将两种或两种以上的单质肥料或复合肥料通过简单机械方法混合而成,生产过程中不发生化学反应。此外,复混肥料和复合肥料差异还表现在养分总量和比例上,复合肥料是固定的,而复混肥料所含有的养分总量和比例则是不固定的,对于土壤和作物而言,复混肥料更具有针对性。随着科学技术发展和农民科学种田水平的提高,复混肥料理应得到越来越大的发展。

复混肥料养分表达方式和复合肥料一致。复混肥料种类繁多,分类方法也较多。一是根据复混肥料中氮、磷、钾三者养分总含量高低进行分类,可以将复混肥料分为高浓度、中浓度和低浓度复混肥料,此分类依据是参照国家标准GB 15063—2001进行的。其中高浓度复混肥料的氮、磷、钾总养分不低于40%;中浓度复混肥料的总养分浓度含量不低于30%,但低于40%;低浓度复混肥料的总养分浓度含量不低于25%,但低于30%。严禁生产总养分浓度低于25%的复混肥料。

复混肥料的第二种分类方法是按照所含养分类型进行分类,可将复混肥料分为三元型复混肥料和二元型复混肥料。所谓三元型复混肥料是指复混肥料氮磷钾三种养分都含有;二元复混肥料则是指肥料中含有氮磷钾三种养分中的任意两种营养元素。

第三种分类方法是根据复混肥料的生产工业,将复混肥料氮围料浆法复混肥料和掺混型复混肥料。料浆法复混肥料的生产投资较大,所涉及的技术水平较高,一般是由大中型企业生产,该类型的复混肥料一般可分成以下两种基本类型。

硝磷钾型

硝磷钾型复混肥是生产硝酸磷肥时加入一定量的钾肥和通入适量的液氨以调节产品的酸碱度,而后加工而成的肥料。该肥料是市场上较为常见的复混肥料,可以根据需要制造出氮磷钾不同的比例和总养分的品种。该肥料中的氮有硝态氮和铵态氮两种主要类型,磷有水溶性和弱酸溶解两种形式,钾以水溶性存在。

铵磷钾型

铵磷钾型复混肥是在生产磷酸一铵过程中,加入适量的钾肥和通入一定比例的液氨生产加工而成的肥料。该肥料含磷量高,外观呈灰白色或浅褐色,具有较好的物理性状,但产品的品种种类少。铵磷钾型复混肥料中的氮以铵态氮存在,磷有水溶和弱酸溶两种形式,钾以水溶形式存在。

掺混型复混肥是利用现有单质肥料和复合肥料为原料,进行掺混而成或将所用原料混合均匀并粉碎或者粉碎后造粒而成的肥料。掺混肥料造粒的工艺有多种,包括挤压造粒、圆盘造粒和转鼓造粒三种。掺混型复混肥料的生产主要是来料加工,因此生产技术含量低,投资所需资金较小,一般是乡镇企业或个人为主。

掺混型复混肥在选择原料时要避免相互混合的肥料间因发生化学反应而降低肥料有效成分的发生。一般而言,混合后的肥料,其临界湿度比单一肥料的要低,即混合后肥料更容易发生吸湿和结块。在进行掺混肥料加工时,要选择的化肥品种的临界湿度应尽可能高,肥料之间能否混合,见图4-1。

图4-1显示肥料之间混合的原则:混合后肥料的临界相对湿度较高以及有效养分不受损失。由图4-1可知,常见肥料间的混合表现出如下结果。

(1) 可以混合的肥料类型 主要有硫酸铵和过磷酸钙、硫酸铵和磷矿粉、尿素和磷酸盐肥料、硝酸铵和氯化钾等。组合之间进行混合后,可以形成氮磷和氮钾复合肥。形成的掺混复合肥不但养分没有损失,而且还能减少各种肥料单独施用时的不良作用,并且提高肥效。如硝酸铵和氯化钾混合后,潮解小,具有良好的物理性状,便于施用。硫酸铵与磷矿粉混合施用,可以增加磷矿粉的溶解度,提高磷矿粉的肥效。

肥料	硫酸铵	硝酸铵	氨水	碳酸氢铵	尿素	石灰氮	氯化铵	过磷酸钙	钙镁磷肥	钢渣磷肥	沉淀磷肥	脱氟磷肥	重钙	磷矿粉	硫酸钾	氯化钾	窑灰钾肥	磷酸铵	硝酸磷肥	钾氮混肥	氨化普钙	草木灰	粪尿	厩肥
硫酸铵																								
硝酸铵	∘																							
氨水	×	×																						
碳酸氢铵	×	∘	×																					
尿素	O	∘	×	×																				
石灰氮	×	×	×	×	×																			
氯化铵	O	∘	×	×	O	×																		
过磷酸钙	O	∘	×	×	O	×	O																	
钙镁磷肥	∘	∘	×	O	×	×	×	×																
钢渣磷肥	×	×	×	×	×	×	×	O	×															
沉淀磷肥	O	∘	×	O	×	×	O	O	O	×														
脱氟磷肥	∘	∘	×	O	×	×	×	O	O	×	O													
重钙	O	∘	×	×	O	×	O	×	O	×	O	×												
磷矿粉	O	∘	×	O	×	O	∘	O	O	O	O	∘												
硫酸钾	O	∘	×	O	×	×	O	O	O	O	O	O	O	O										
氯化钾	O	∘	×	O	O	×	O	O	O	O	O	O	O	O	O									
窑灰钾肥	×	×	×	O	×	×	×	×	O	O	O	×	×	O	O	O								
磷酸铵	O	∘	×	O	×	×	O	O	O	O	O	O	O	O	O	O	×							
硝酸磷肥	∘	∘	×	×	∘	×	∘	∘	∘	×	∘	∘	∘	∘	∘	∘	×	∘						
钾氮混肥	O	∘	×	O	O	×	O	O	O	O	O	O	O	O	O	O	×	O	∘					
氨化普钙	O	∘	×	O	O	×	O	×	O	×	O	×	∘	O	O	O	×	O	∘	O				
草木灰	×	×	×	O	×	×	×	O	O	O	O	O	×	×	O	O	O	×	×	×	×			
粪尿	O	O	×	O	O	×	O	O	O	O	O	O	O	O	O	O	O	O	∘	O	O	×		
厩肥	O	O	×	×	O	O	O	O	O	O	O	O	O	O	O	O	O	O	O	O	O	O	O	

O—表示可以混合
∘—表示混合后不易久放
×—表示不能混合

图 4-1　各种肥料混合一览

(2) 可以暂时混合但不可久置的肥料类型　这类肥料混合后要应该立即施用，如果长期放置，会引起有效养分含量降低及物理性状变差。最典型的例子是过磷酸钙和硝态氮肥（硝酸铵等）的混合，混合后肥料更易潮解，此外，还会引起硝态氮的分解，造成氮损失。另外，尿素和氯化钾以及石灰氮和氯化钾的混合也不能长时间放置。

(3) 不可混合的肥料类型　此类肥料混合后，会引起养分损失，降低肥效。

最突出的是铵态氮肥的挥发，如硝酸铵、硫酸铵等与碱性物质（石灰、钢渣磷肥、石灰氮或草木灰等）混合后会引起氨的大量挥发，造成大量的氮损失。此外，水溶性磷含量的降低也是掺混肥料中要避免的。如过磷酸钙中水溶性磷遇到碱性肥料（如石灰氮、石灰、钢渣磷肥、草木灰等），会引起磷的退化，降低了有效磷的含量。

生产复混肥料的原料一般是常用的单质或复合肥料，以及微量元素肥料。其中氮肥有尿素、硫酸铵、硝酸铵、氯化铵和碳酸氢铵；磷肥有过磷酸钙、重钙、钙镁磷肥；钾肥有氯化钾和硫酸钾等；复合肥有磷酸一铵、磷酸二铵、硝酸钾、硝酸磷肥等。复混肥料可以根据生产所用的原料分成不含氯的复混肥料和含氯的复混肥料。

(4) 不含氯的复混肥料　该类型的复混肥料的主要特点是所用原料中不含有氯离子，主要的配方有尿素-磷肥-硫酸钾、硫酸铵-磷肥-硫酸钾、硝酸铵和尿素-磷肥-硫酸钾等。该类型复混肥料适合各种土壤和作物。其中K来源硫酸钾，所以售价较高。该肥料主要用在忌氯作物和经济效益较高作物上，如果树、烟草和马铃薯、甘薯等。此外，盐碱地也宜使用这种肥料。

此外，由于供磷的磷肥品种可能是水溶性磷，也可能是弱酸溶的，在施用这类肥料时，要考虑施用地土壤酸碱性，如果以水溶性磷肥，如过磷酸钙或者重钙作为磷来源，该类型磷肥可在南北方施用，如果是弱酸溶性的钙镁磷肥作为磷来源，该类肥料只能在南方酸性土壤上施用。

(5) 含氯的复混肥料　该类型复混肥料采用含氯的肥料作为原料，主要的配方有尿素-磷肥-氯化钾、硫酸铵-磷肥-氯化钾、尿素和硫酸铵-磷肥-氯化钾、氯化铵-磷肥-硫酸钾、尿素和氯化铵-磷肥-硫酸钾以及氯化铵-磷肥-氯化钾，氯化铵和尿素-磷肥-氯化钾等。施用此类复混肥时，尤其要注意作物的类型和土壤类型，如果是忌氯作物则尽量少用或不用此类肥料。此外，盐碱地也应慎用此类肥料。由于原料成本低，该肥料售价也便宜，对于禾本科的小麦、玉米和水稻，尤其是水稻可考虑多选购施用此类肥料。此外，小麦施用此类含氯复混肥料，还能防止全蚀病的发生。

因复混肥料的原料不同，尽管供应氮磷钾的比例及总养分是相同的，但价格差异很大。一些不法企业偷梁换柱，采用价格便宜的肥料原料，如以含氯钾肥替换含硫的钾肥，以弱酸溶解的磷肥代替水溶性磷肥等方式来降低复混肥料成本。国家标准GB 15063—2001对此进行了规范（见表4-19）。

表4-19　复混肥料（复合肥料）的技术标准

项　目		指　　标		
		高浓度	中浓度	低浓度
总养分(N+P_2O_5+K_2O)/%	≥	40.0	30.0	25.0
水溶性磷占有效磷百分率/%	≥	70	50	40

续表

项　目	指　标		
	高浓度	中浓度	低浓度
水分（H$_2$O）/% ≤	2.0	2.5	5.0
粒度(1.00～4.75mm 或 3.35～5.60mm)/% ≥	90	90	80
氯离子（Cl$^-$）/% ≤	3.0		

组成产品的单一养分含量不得低于4.0%，且单一养分测定值与标明值负偏差的绝对值不得大于1.5%。

此外，复混肥料国家标准 GB 15063—2001 还对产品包装袋上的标识进行了明确的规定：①产品如含有硝态氮，应在包装容器上标明"含硝态氮"；②以钙镁磷肥等枸溶性磷肥为基础磷肥的产品应在包装袋上标明"枸溶性磷"；③如产品中氯离子的质量分数大于3%，应在包装容器上标明"含氯"。

因为硝态氮不适合施用在水田土壤上，因此种植水生作物时尽量不要选用"含硝态氮"标识的复混肥料；此外，硝态氮肥价格要高于同等氮素含量的其他氮肥，含有硝态氮的复混肥料适宜施用在经济效益较高的经济作物上。

第七节　钙、镁、硫、微量元素肥及叶面肥

钙是植物细胞某些结构的组分，可以增强细胞之间的黏结作用，起到稳定生物膜结构，保持细胞完整性的作用。钙对作物的离子选择性吸收、生长、衰老、信息传递以及植物抗逆性等方面也有着重要作用。镁是植物叶片叶绿素的重要组成成分，叶绿素 a 和叶绿素 b 中都含有镁。镁还是植物体中酶的活化剂，对植物的光合作用、碳水化合物的代谢和呼吸作用具有重要意义。硫是植物体中蛋白质和酶以及挥发性物质的组分，它可以参与植物体内的氧化还原反应以及减轻重金属离子对植物的危害等作用。十字花科、百合科以及豆科作物对硫的需求较多。

施用钙肥除补充钙营养外，还可借助含钙物质调节土壤酸度和改善土壤物理性状。目前应用较多的钙肥有含钙的氮肥、含钙的磷肥、改良土壤的石膏和石灰等。含钙的氮肥如前已介绍的硝酸钙和硝酸铵钙，含磷的肥料中一般也含有钙，在此不再重复论述。石灰是土壤酸调节的重要物质，也含有钙。石灰类型有生石灰、熟石灰和石灰石粉等。石膏也是一种重要的钙肥，此外，石膏也可用于改良盐碱土及调节土壤结构。石灰氮也含有相当数量的钙。

石灰

石灰是含钙或钙、镁的碳酸盐、氧化物和氢氧化物的总称，包括石灰石

（$CaCO_3$）、白云石（$MgCO_3$）及其煅烧产物，即氧化钙（CaO）和氢氧化钙 [$Ca(OH)_2$]。石灰主要在酸性土壤上施用以中和土壤酸度，从而提高土壤的pH值，以减轻或消除酸性土壤中铁、铝、锰等对植物生长的危害，并减少对磷的固定，实现对微量元素的调节供应，达到改善土壤微生物生活条件，增强土壤的通气透水性的目的，从而提高土壤的保肥能力。更为重要的一点是，石灰施用可以补充土壤的钙，使植物和土壤获得钙的补充，此外，石灰的施用对土壤有机质品质的改善有一定的作用。石灰施用量因土壤性质（主要是酸度）和作物种类而异。石灰多用作基肥。施肥施用过多会降低硼、锌等微量营养元素的有效性，并造成土壤的板结。

石膏

石膏是含水硫酸钙的俗称，其分子式为$CaSO_4 \cdot 2H_2O$，含CaO为32%，微溶于水。农业上施用的石膏是脱水后的熟石膏，脱水后的熟石膏易粉碎，溶解度亦提高。熟石膏的施用不但可以直接供给作物必需的钙和硫，而且可改善作物的氮、磷、钾三要素的营养条件，并可改良盐渍土。

石灰氮

石灰氮别名为氰氨化钙、碳氮化钙或者氰氨基化钙，分子式为$CaCN_2$。石灰氮用作肥料时，仅适用于酸性土壤，一般作基肥用。石灰氮遇水时最初形成氰胺，但很快转化为氨，同时钙离子释放出来。氰胺对植物有毒，能使植物叶子脱落，可用作除草剂、杀菌剂、杀虫剂和棉花脱叶剂。因此，在使用石灰氮的时候要谨慎。

硫酸镁

通常用做镁肥的是一些镁盐的粗制品、含镁的矿物、工业副产品或由肥料带入的一部分镁。镁肥分为水溶性镁肥和微溶性镁肥。前者有硫酸镁、氯化镁、硝酸镁和钾镁肥；后者主要有钙镁磷肥、白云石和菱镁矿等。作为农业上镁肥的主要是硫酸镁。此外，硝酸镁和氯化镁在水培营养液或叶面喷施时也可以作为供应镁的原料。白云石和菱镁矿是含镁的碳酸盐，在酸性土壤施用能一定程度改善土壤pH值，并能提供一定量的镁。

镁肥的施用可分为基肥和追肥。做基肥时，每公顷用氯化镁或硫酸镁150～200kg，要求浅施。在酸性土壤上施用时，可采用白云石粉作为镁肥。作为追肥时，通常采用1%～2%的硫酸镁溶液喷施，连续施用2～3次，每次间隔时间7天。

硫酸镁的分子式为$MgSO_4$，含镁为16%。在农业上被用于肥料，除补充镁外，还可以补充S。硫酸镁优于其他肥料的地方是溶解度较高。在农业和园艺，硫酸镁是用来改良缺镁的土壤（镁是一个叶绿素分子的基本要素），最常见的是多用于盆栽植物，或镁含量高的作物，如马铃薯、玫瑰、西红柿、辣椒和大麻。

硫黄

常用的硫肥除提供 S 外，还在土壤改良以及其他养分供应上具有很大的作用。施用含 S 物质进入土壤，有的是为了改善土壤性质，如施用硫黄粉或液态二氧化硫肥是为了降低石灰性土壤的 pH 值；碱性土壤施用石膏是为了让其中的钙离子代换出土壤胶体中的钠离子，形成硫酸钠盐随水排出土体，从而降低土壤中交换性钠的含量，减轻钠离子对土壤性质和作物的危害；施用过磷酸钙，主要是为了补充 P 肥。

硫肥多通过基肥方式进入土壤，其施用量因土壤、作物而异。一般而言，每亩以施用 10～15kg 石膏或 1.5～2.5kg 硫黄作为推荐施用量。如果以蘸水稻秧苗的根部（俗称蘸秧根）的方式，则每亩仅需 1.5～2.5kg 石膏或 0.5kg 硫黄粉。如果作物出现缺硫症，在矫正时，可使用 0.5%～2.0% 的硫酸盐溶液进行叶面喷施。

硫肥的主要的种类有硫黄（即元素硫）、石膏、硫酸铵、硫酸钾和过磷酸钙等。由于石膏、硫酸铵、硫酸钾和过磷酸钙在前面已经进行了介绍，在此仅介绍硫黄。

硫黄是硫的单质。硫黄施入土壤以后，经氧化硫细菌氧化后形成硫酸，其中的硫酸离子即可被作物吸收利用。

微量元素种类有铁、锰、硼、锌、铜、钼和氯等。铁是合成叶绿素所必需的，与光合作用有密切的关系，铁还参与核酸和蛋白质的代谢，对碳水化合物、有机酸和维生素的合成等有影响。锰在植物体内的作用主要是参与酶组分以及影响酶活性来实现的，所以锰又叫催化元素。此外，锰还参与光合作用、促进种子萌发和幼苗早期生长、加速花萌发和花粉管伸长、提高结实率以及增强植物抗病虫的能力。硼能促进碳水化合物的正常运转，促进生殖器官的形成和发育，促进细胞分裂和细胞伸长，提高豆科植物的固氮能力。锌是某些酶的成分或活化剂，锌通过酶的作用对植物碳、氮代谢产生广泛的影响，锌可参与光合作用，参与生长素的合成，锌还可促进生殖器官发育并具有提高植物抗逆性的作用。铜是植物体内许多氧化酶的成分，还是某些酶的活化剂，参与许多氧化还原反应，它还参与光合作用，影响氮的代谢，促进花器官的发育。钼是固氮酶和硝酸还原酶的成分，氮代谢和豆科植物共生固氮都少不了钼，钼还能促进光合作用。氯参与植物光合作用，调节气孔开启，激活 H^+-泵 ATP 酶及抑制病菌微生物的滋生等功能。

通过微量元素肥料施用以补充微量元素的不足是现在农业生产中常见的管理方式。微量元素肥料是指为了纠正土壤中有效微量元素的供求不足以维持农作物正常生长发育所需要的养分量而施用的含有微量元素的肥料，简称微肥。各种有机肥料中都含有一定数量的微量元素，农业生产上，有机肥施用可以补充一部分微量元素。此外，施用一些含有微量元素的化学物质也是补充微量元素的重要方式。当前，农业上应用的微肥种类很多，但其中多数属于工业级的产品或者本身就是工业肥料，具体到农业用的肥料级别较少。我国推广或将要应用的微肥主要有硼肥、钼肥、锌肥、铜肥、锰肥和铁肥。由于土壤中有效锌和硼含量常常低于作物需要的临界值，作物生长经常出现缺锌和缺硼的症状，因此，锌肥和硼肥是农业上施用较多的微肥类型。

微肥可采用土壤施肥、根外追肥和种子处理等方法进行。在微肥施用时要谨慎，注意控制施肥量。因为作物对微量元素的需要量很少，而且从适量到过量的范围很窄，因此要防止微肥用量过大，施肥过程中，必须均匀，否则可能引起植物的中毒，造成土壤与环境的污染。

铁肥

铁肥分为无机铁肥、有机铁肥和螯合铁肥三类。硫酸亚铁和硫酸铁是无机铁肥中的常用铁肥。有机铁肥的主要代表品种有尿素铁络合物（三硝酸六尿素合铁）和黄腐酸二胺铁（由尿素、硫酸亚铁和黄腐酸制得）。螯合铁肥有乙二胺四乙酸铁（Ⅲ）钠（NaFeEDTA）、乙二胺二邻苯基乙酸铁钠（NaFeEDDHA）和二乙烯三胺五乙酸铁钠（NaFeDTPA）。硫酸亚铁主要用于叶面喷施，也可用作基肥。有机铁肥和螯合铁肥用于喷施，效果更好，但成本高。

硼肥

硼肥是我国施用面积最大的微量元素肥料之一，主要品种为无机化合物，常用的品种有硼砂、硼酸和硼镁肥等，其中的硼砂在我国应用最广泛。

硼砂是白色细粒的晶体，如含有少量杂质则会呈现微黄色。硼砂没有农业级别的质量技术标准，只有工业标准的技术指标。硼砂一般作基肥施用，国家标准一等品硼砂中的硼（B）含量为11%，难溶于冷水，由于硼易被土壤固定，植物当季吸收利用率较低。

硼砂的主要施用方法是做基肥，其次是做种肥和根外追肥。为了施肥均匀，在作基肥施用时，硼砂可以与氮、磷等混合施用，或与干土、细沙等混合施用。利用硼砂浸种时，其常用浓度为 0.01%~0.1%，浸种时间为 6~12h；根外追肥的硼砂浓度作种肥一般为 0.05%~0.2%。喷施时应选在早晨或傍晚进行，此外，还应将溶液喷在叶片的背面，以利叶片的正常吸收。

硼酸可溶于水，也是传统的硼肥品种之一，含硼（B）量约为 17%。

硼镁肥是生产工业硼酸的副产品，含硫酸镁 80%~90%、硼 0.5%~1%，是含镁并含少量硼的中量元素肥料，适宜在缺镁，并轻度缺硼的酸性土壤上作基肥施用。

硼肥属于微量元素肥料，施用量过多不但无助于植物生长，反而会给植物生长造成危害。硼肥施用时，要根据土壤的测试结果和作物需硼情况来确定施硼量。硼肥施入土壤持效期长，一次施肥，其肥效可持续 3~5 年。

钼肥

钼肥主要包括钼酸铵和钼酸钠，三氧化钼、二硫化钼和含钼玻璃等也可作为钼肥。其中，钼酸铵（含钼 54.3%）是目前应用较广泛钼肥，其次为钼酸钠（含钼 35.5%）。钼肥很少施入土壤，而常用于拌种和喷施。

锌肥

农用锌肥有一水硫酸锌和七水硫酸锌，其外观均为白色或微带颜色的晶体，易溶于水。锌肥的质量技术标准见表 4-20。

表 4-20 农用硫酸锌的质量技术指标（HG 3277—2000） %

指标名称		指标					
		一水硫酸锌			七水硫酸锌		
		优等品	一等品	合格品	优等品	一等品	合格品
锌(Zn)含量	≥	35.3	33.8	32.3	22.0	21.0	20.0
游离酸含量以(H_2SO_4计)	≤	0.1	0.2	0.3	0.1	0.2	0.3
铅(Pb)含量	≤	0.002	0.010	0.015	0.002	0.005	0.010
镉(Cd)含量	≤	0.002	0.003	0.005	0.002	0.002	0.003
砷(As)含量	≤	0.002	0.005	0.010	0.002	0.005	0.007

硫酸锌吸湿性强，易于吸潮变成水状物。因此，在生产时硫酸锌的包装袋要注意密封而且要内衬塑料袋，贮运时包装袋不能受潮，贮藏地方应注意保持阴凉、干燥和通风。尤其要注意，硫酸锌在田间施用时，严禁将硫酸锌倒到地上，应直接从包装袋中取出。如果肥料不能用完，应将包装袋扎紧密封，防止剩余肥料在空气中吸潮。

硫酸锌施用时还应注意，以化工行业废弃物为原料生产的锌肥必须进行分析化验和综合评估，确认其达到农用标准后方能深加工或直接施用。

农用硫酸锌可以基施、追施、浸种、拌种和叶片喷施，生产中常见的施用方式是土壤施入；植物生长过程中如果出现缺锌症状，则可利用叶片喷施作为应急措施，其浓度要控制在 0.01%～0.05%，一般做叶面肥喷施效果最好；作为浸种方式施用硫酸锌时，适宜浓度为 0.02%～0.05%；蘸根的锌肥浓度应控制在 0.2%～0.5%。当然，任何一种方式施用锌，均应控制用量，防止过高浓度导致的植物中毒，否则轻者会减产，重者绝产。

除硫酸锌外，常用的锌肥还有螯合锌（$Na_2ZnEDTA$）。

铜肥

铜肥分为水溶性和不溶性两种。常见的水溶性铜肥有硫酸铜、氯化铜和螯合铜等；水溶性铜肥可用作基肥、拌种和浸种；不溶性铜肥，如铜矿渣，可作基肥施用。铜肥用量过多时，易毒害作物，需慎用。

锰肥

锰肥的主要品种有硫酸锰（$MnSO_4 \cdot 3H_2O$）和炼钢含锰炉渣、碳酸锰、含锰玻璃肥料和螯合锰（MnEDTA）等。锰肥可作基肥，易溶于水的硫酸锰也可用于拌种和叶面喷施。

硅肥

硅是一种重要有益元素。迄今认为，硅对大多数双子叶植物的发育并不是必需的，但对于稻、麦、甘蔗等含硅较高的禾本科单子叶植物而言，则是必需的。硅能促进碳水化合物的合成与转运，提高植物对病虫的抗性及促进作物对其他元素吸收等作用。此外。硅缺乏会使植物生殖生长期的植物受精能力减弱，降低果实数和果重。

硅肥的品种主要有枸溶性硅肥、水溶性硅肥两大类。枸溶性硅肥是指不溶于水而溶于酸后可以被植物吸收的硅肥。常见的多为炼钢厂的废钢渣、粉煤灰、矿石经高温煅烧工艺等加工而成，一般施用量较大（每亩25~50kg），适合做土壤基施，市场售价较低（每吨几百元到上千元不等）。水溶性硅肥是指溶于水可以被植物直接吸收的硅肥，农作物对其吸收利用率较高，为高温化学合成，生产工艺较复杂，成本较高，但施用量较小，一般常用作叶面喷施、冲施和滴灌，也可进行基施和追施。具体用量可根据作物品种喜硅情况、当地土壤的缺硅情况以及硅肥的具体含量而定。

表 4-21 硅肥的质量技术要求（NY T 797—2004）

项 目	合格品指标	项 目	合格品指标
有效硅(以 SiO_2)含量/%	≥20.0	细度(通过 250μm 标准筛)/%	≥80
水分含量/%	≤3.0		

包括以炼铁炉渣、黄磷炉渣、钾长石、海矿石、赤泥、粉煤灰等为主要原料制备的硅肥，其质量技术要求见表 4-21。

叶面肥

叶面施用的肥料称为叶面肥，叶面肥种类很多。一些大量元素的肥料和微量元素肥料以及复合肥都可以作为叶面肥来施用。氨基酸类叶面肥中，其氨基酸分子量较小，植物叶面可以直接吸收利用。微量元素中的铁、锰、铜和锌等施入土壤后，与土壤中物质发生沉淀，从而对作物无效。叶面施用微量元素肥料就成为很好的选择。微量元素肥料可以和酸性农药配合施用，从而减少了工作量。

叶面施肥是土壤施肥的重要补充。叶面施肥可以起到土壤施肥所起不到的作用。相对于土壤施肥而言，叶面施肥具有如下优点。

(1) 养分吸收快，肥效好。 由于肥料直接喷施叶面，养分可直接从叶片进入植物体内，直接参与作物的新陈代谢，故其速度和效果比土壤施肥的来得快。

(2) 针对性强， 可以满足作物的特殊性需肥，及时矫正作物缺素症。如缺钙的香蕉，叶片喷施硝酸钙后，可有效改善或矫正其钙缺乏。对于微量元素缺乏症，叶面施肥相对于土壤施肥有着无法比拟的优点。

(3) 弥补根系养分吸收不足，可增加产量，改善品质。 作物生长后期，根系老化导致的功能衰退使得根吸收能力降低，无法满足作物后期对养分的需求；或者土壤环境恶化，如淹水、干旱、酸碱等，造成根系吸收受阻；或者台风、冰雹等恶劣气象等造成植株伤害等，都可以通过叶面施肥方式以补充养分，以弥补养分吸收不足，或者恢复作物茁壮生长，提高坐过结实率等，从而实现增产、改善品质的目的。

(4) 减少养分固定，提高肥料利用率。 叶面施肥不经过土壤，避免了养分被土壤吸附固定、淋溶、挥发等损失，可以直接被作物吸收利用，养分利用率得以提高。

(5) 叶面施肥简单，方便。 叶面施肥不受作物生长状态和生育期影响；其次，叶面施肥可以将肥料、农药以及植物生长调节剂等一起结合使用，各物质相互促进，提高叶片的吸收效果，增强抗性和防治病虫害的目的。

表 4-22 叶面肥料质量技术标准

项目	大量元素叶面肥 粉剂/%	大量元素叶面肥 水剂/(g/L)	微量元素叶面肥 粉剂/%	微量元素叶面肥 水剂/(g/L)	含氨基酸叶面肥 粉剂/% 发酵	含氨基酸叶面肥 粉剂/% 水解	含氨基酸叶面肥 水剂/% 发酵	含氨基酸叶面肥 水剂/% 水解	含腐殖酸可溶性 粉剂/% I	含腐殖酸可溶性 粉剂/% II	含腐殖酸可溶性 水剂或膏剂/(g/L) 营养型	含腐殖酸可溶性 水剂或膏剂/(g/L) 抗旱型
(N+P$_2$O$_5$+K$_2$O)/% ≥	50.0	500.0								35.0	350.0	200.0
氨基酸含量/% ≥					8.0	10.0	80.0	100				
微量元素总量 (Fe+B+Cu+Zn+Mo+Mn)/% ≥	1.0	10.0	10.0	10.0		2.0		20.0	6.0			
腐殖酸含量/% ≥									8.0	5.0	30.0	40.0
水不溶物/% ≤	5.0	50.0	5.0	5.0	5.0		50.0		5.0	5.0	50.0	50.0
pH(稀释 250 倍)/% ≥	3.0	3.0	3.0	3.0	3.0		3.0		3.0	3.0	3.0	3.0
水分/% ≤	10.0		10.0		10.0				10.0	10.0		
有害元素/(mg/kg) ≤	砷(以 As 元素计) 0.002											
	铅(以 Pb 元素计) 0.01											
	镉(以 Cd 元素计) 0.002											
	铬(以 Cr 元素计) 0.003											
	汞(以 Hg 元素计) 0.0005											

叶面肥料大多用于作物的根外叶面喷施，作追肥。因此，叶面肥除极少部分残渣不溶于水外，绝大部分易溶于水。2002 年农业部肥料产品登记评审的大量元素、微量元素、含氨基酸和腐殖酸叶面肥的质量标准见表 4-22。

值得注意的是，叶面施肥是土壤施肥的补充，只能在短期内或者土壤施肥暂时无效或者来不及的情况下才施用的一种方法，而不能替代土壤施肥。

第八节 肥料的简易鉴别

化学肥料含有的养分类型及含量可以在实验室内进行检测，但需要完备的实验条件和经过培训的检验员按照步骤才能进行，其结果可以用来判断肥料是否合格或者是否是假冒伪劣评判的主要依据。对于化学肥料的消费者，尤其是我们国家广大农村的普通劳动者而言，根本无法通过上述化学肥料定性定量的检测方法去判断肥料的真实养分含量。

经过农业科技人员的长期的、多次试验和探索，研究出一些简单易行的方法来定性肥料中的成分。但需要强调的是，这些简单的方法只能定性确定肥料的种类，但无法对其技术指标进行定量测定。肥料经销商或用户在利用定性方法鉴定肥料时，应该清楚：定性方法只是一个依据，不是可靠的方法，真正可靠的方法是常规的定量分析方法。当遇到肥料质量问题时，应及时到肥料质量检验部门进行检测。

这些简单的肥料鉴别方法包括两种：一种是通过肥料的物理性质，如外观、形状、溶解度、吸湿性、气味和焰火反应等来进行；另一种就是采用一些常用的试剂，肥料中有效成分会与这些试剂反应，可能生成沉淀、放出气体或者产生颜色变化等，依据这些变化来确定肥料的成分。

一、物理定性鉴别方法

物理定性鉴别方法是利用肥料的物理性质，如肥料的外观、形状、颜色、溶解度、肥料的气味等，来判断肥料类型。一般而言，物理定性方法简单，易操作。

1. 氮肥的物理定性鉴别方法

表 4-23　氮肥的物理鉴别

氮肥类型	颜色	气味	溶解度	灼烧反应
硝酸铵	白色，含有杂质是呈微黄色	无味	完全溶解	边融化边燃烧，冒出白色烟雾，并有刺激性氨味，融化后铁板无残烬

续表

氮肥类型	颜色	气味	溶解度	灼烧反应
尿素	白色,含有杂质是呈微黄色	无味	完全溶解	边熔化边冒白烟,刺激性氨味,熔化后铁板无残烬
硫酸铵		有的煤气味,有的无味		逐渐熔化(不燃烧),出现肥料颗粒蹦跳现象,有白色烟雾和刺鼻子的氨味,熔化后铁板有残烬
碳酸氢铵		刺鼻氨味		
氯化铵		无味		迅速熔化并消失(不燃烧),放出浓烟,闻到氨味和盐酸味,熔化后铁板无残烬
石灰氮	黑色	电石臭味	不溶解,但能发生剧烈反应,放出刺鼻电石气味	

氮肥种类多,有铵态氮肥、硝态氮肥和酰胺态氮肥。它们在外观以及其他物理形状上存在着一些差别,可以利用这些差别定性鉴别氮肥类型(表4-23)。

2. 磷肥的物理定性鉴别方法

磷肥有水溶性磷肥、枸溶性磷肥和难溶性磷肥三种,物理定性区别磷肥的方法依据其溶解度和外观来进行。磷肥的物理定性鉴别方法见表4-24。

表4-24 磷肥的物理定性鉴别方法

磷肥类型	溶解情况	颜色	形状	气味
过磷酸钙	小部分溶解于水	灰白色,个别深灰色	粉末状	酸味
重钙	大部分溶解于水	灰色颗粒	颗粒状,粒形性圆润	无
钙镁磷肥	不溶解	暗绿色、灰褐色、灰黑色	粉末状	无
磷矿石	不溶解	灰褐色、灰黄色	粉末状	无

3. 钾肥的物理定性鉴别方法

钾肥常用的有氯化钾、硫酸钾和窑灰钾肥。用量最大的为氯化钾,其次为硫酸钾,窑灰钾肥用量较少。钾肥物理定性鉴别方法见表4-25。

表4-25 钾肥的物理定性鉴别方法

钾肥类型	外观颜色	吸湿性	水溶性	火焰颜色
氯化钾	白色、红色结晶体	吸湿性强	易溶解	紫色火焰
硫酸钾	白色、灰黄色、灰绿色或浅棕色结晶体	无	能溶解,但溶解速度和量没有氯化钾大	紫色火焰
窑灰钾肥	灰黄色或灰褐色粉末	无	不溶于水	难以燃烧

4. 复混肥料的物理定性鉴别方法

复混肥料包括复合肥和复混肥料。复合肥料和复混肥料都具有单质肥料的特性，可以通过其含有与单质肥料相同特性这一特点来进行鉴定。

(1) 复合肥料的物理定性鉴别方法 磷酸一铵和磷酸二铵。外观成灰色，灰白色或灰褐色颗粒；燃烧的红木炭上灼烧有刺激性的氨味，与有铵态氮肥特点相同，易溶于水。

硝酸磷肥。外观为灰色颗粒；燃烧的红木炭上灼烧能燃烧并放出刺激性的气味，与硝态氮一样；吸湿性强，肥料中的多数能溶解于水。

磷酸二氢钾。外观为白色或浅黄色的细小结晶；灼烧时具有钾离子特有的紫色火焰，易溶于水，与可溶性钾肥类似。

硝酸钾。外观为白色结晶；燃烧的红木炭上灼烧能燃烧且放出刺激性的气味和棕色烟雾；在潮湿空气中防止一晚上或在手心握一会，肥料表面会水化；灼烧时具有钾离子特有的紫色火焰；易溶于水。因此，硝酸钾具有硝态氮肥和钾肥的双重特征。

(2) 复混肥料的物理定性鉴别方法 复混肥料的制备组合方法一般有以下四种类型。不同原料制备的复混肥料的物理定性鉴别方法都与组成的原料肥料有着较为密切的关系。

以铵态氮肥或尿素为氮素原料、磷酸铵为磷素原料、氯化钾或硫酸钾为钾素原料生产的复混肥料，该类复混肥料的外观为颗粒状，由于厂家将肥料不同颗粒涂上不同颜色，产品颜色丰富；产品灼烧时放出刺激性的氨味，火上灼烧具有钾离子特有的紫色火焰；产品易溶于水。

以铵态氮肥或尿素为氮素原料、过磷酸钙为磷素原料、氯化钾或硫酸钾为钾素原料生产的复混肥料，该类复混肥料的颜色同样丰富，颗粒状；产品灼烧时放出刺激性的氨味，火上灼烧具有钾离子特有的紫色火焰；产品部分溶于水。

以铵态氮肥或尿素为氮素原料、钙镁磷肥为磷素原料、氯化钾或硫酸钾为钾素原料生产的复混肥料，外观为颗粒状，颜色较丰富；产品灼烧时放出刺激性的氨味，火上灼烧具有钾离子特有的紫色火焰；产品部分溶于水。

以硝酸铵为氮素原料的复混肥料，产品能发生燃烧现象，且有棕色烟雾放出。

5. 肥料的鉴别顺口溜

根据各种化肥所具有的物理性质，总结出单质化肥的鉴别方法，编成顺口溜以便记忆：

鉴别化肥简易行，洁净铁片先烧红。
化肥分别铁上放，统统表现不一样。

铁上冒烟化成水，尿素应该没问题。
如是仅熔不冒烟，氨气味道是碳铵。
如是融化有火星，氨气味道是硝铵。
铁上蒸出紫红焰，吱吱微响是硫铵。
铁上冒出盐酸味，氨气味道是氯铵。
磷肥多为灰白色，铁上味道不好闻。
放到铁上噼吧响，氨味没有硫酸钾。
上述现象都没有，假冒伪劣在其中。

二、化学定性鉴别方法

化学定性鉴别方法是利用肥料分子中的化学反应特性而开展的鉴别方法。该方法具有专一性的特点，相对而言，化学定性鉴别比物理定性鉴别更科学、更可靠。

化学定性鉴别需要一些化学试剂、一些玻璃器皿，如锥形瓶、烧杯、量筒、试管、胶头滴管等，以及酒精灯和天平等。当然，试剂的溶解需蒸馏水或去离子水，如果没有，可采用纯净水。肥料的化学定性鉴别如果想防止鉴别过程中的干扰产生的错误诊断，可以在基层的化验室进行。一些农资销售人员没有此条件，如果在农资销售点进行时，最好到室外或者通风较好的空间进行。

1. 氮肥的化学定性鉴别方法（表4-26）

表4-26 化学氮肥的鉴别步骤

肥料完全溶解于水形成水溶液	将10mL肥料溶液移入试管1	1	加入10mL 10%氢氧化钠溶液，置酒精灯上加热至沸腾	湿润pH试纸置试管口后变深蓝色；闻到刺激性的氨味	肥料中含有铵根离子
	将10mL肥料溶液移入试管2	2	加入5滴氯化钡溶液	出现大量白色沉淀；沉淀溶液中加入5mL 10%盐酸溶液，沉淀不溶解	肥料中含有硫酸根离子
		3	加入6滴10%盐酸溶液	气泡冒出	肥料中含有碳酸氢根或碳酸根离子
		4	加入6滴硝酸银	白色沉淀，沉淀中滴加6滴10%硝酸溶液，沉淀不溶解	肥料中含有氯离子
		5	加入2mL浓硫酸和2~3个铜粒，加热，液面有红棕色气体		肥料中有硝酸根离子
		6	加入5mL浓盐酸，有白色结晶析出		尿素

氮肥的化学定性鉴别所需要的试剂有：①2%～5%的氯化钡；②1%～2%的硝酸银；③10%氢氧化钠；④pH广泛试纸；⑤10%盐酸溶液；⑥10%硝酸溶液。

铵态氮和尿素的鉴别见表4-26。如果出现表4-26中1和2的现象，则该肥料为硫酸铵；出现1和3的现象，则肥料为碳酸氢铵；出现1和4现象，则肥料为氯化铵；出现1和5现象，则肥料为硝酸铵；单独出现6的现象，则肥料为尿素。

2. 磷肥的化学定性鉴别方法

磷肥的化学定性鉴别所需要的试剂有：①浓硝酸；②2%柠檬酸溶液；③钼酸铵溶液（70g钼酸铵溶解于100mL氨水中，用水稀释到1000mL）。还需pH广泛试纸。

常用的化学磷肥种类有过磷酸钙、重钙、钙镁磷肥和磷矿粉。化学定性鉴别上述四种化学磷肥的步骤如下。

(1) 未知的四种化学磷肥各取5g，置于200mL烧杯，加50mL水，摇动2～3min。采用pH试纸测定溶液酸碱度。试纸变红的过磷酸钙和重钙等水溶性磷肥，分别将其标记为1和2，试纸变蓝的为钙镁磷肥和磷矿粉，分别标记为3和4。

(2) 取标记为1和2的两种肥料的水溶液过滤，加入20mL钼酸铵溶液，后加入10滴浓硝酸。将混合液加热，肥料中将出现黄色沉淀，沉淀量大的为重钙，量小的为过磷酸钙。

(3) 将标记为3和4的肥料溶液过滤，取20mL滤液，加入20mL柠檬酸溶液，后加入10滴浓硝酸，将混合液加热，溶液中出现黄色沉淀的被鉴定为钙镁磷肥，没有出现沉淀的为磷矿粉。

通过上述排除法，可以鉴别区分四种磷肥类型。但对于磷矿粉还可以采用如下的方法确认。

(4) 取肥料5g，置于200mL烧杯，加20mL浓硝酸，加热保持沸腾2～3min。将溶液过滤，加入5mL钼酸铵溶液，后加入10滴浓硝酸。将混合液加热，如出现黄色沉淀，则待确认的磷肥为磷矿粉。

3. 钾肥的化学定性鉴定方法

钾肥的化学定性鉴定需要的试剂有：3%的四苯硼钠溶液、3%～4%的氯化钡溶液、1%～2%的硝酸银溶液、37%的甲醛、浓盐酸、浓硝酸。

常用的钾肥有氯化钾、硫酸钾和碳酸钾。其鉴定步骤见表4-27，如出现1和2的现象，则证实为氯化钾，出现1和3则证实为硫酸钾。

表 4-27 化学钾肥的化学定性鉴定

取 5g 待鉴定的钾肥,置于 200mL 烧杯中,加 50mL 水,摇动 2~3min,完全溶解的为氯化钾和硫酸钾,不溶解的为窑灰钾肥	溶解两种化学钾肥溶液,过滤,将滤液分成 3 份,每份 10mL	① 各取一个滤液,加 10mL 37%甲醛,后加 10 滴 3%的四苯硼钠溶液	存在沉淀,证明有钾离子存在。(如果没有,则为假冒)
		② 各取一个滤液,加 2 滴浓硝酸和 10 滴硝酸银溶液	出现沉淀,则证实含有氯离子
		③ 各取一个滤液,加 2 滴浓盐酸和 10 滴氯化钡	出现沉淀,则证实含有硫酸根离子

4. 复混肥料的化学定性鉴定方法

复混肥料因含有两种或两种以上的营养元素,鉴别起来比较复杂,尤其是复混肥料,由于成分复杂,产生的干扰比较多,完全鉴定出是哪种肥料比较困难。一般而言,仅鉴定出养分种类就够了。鉴别方法仍和单质肥料的鉴别方法一样。

第九节 化学肥料的标识、内容和要求

市场上经常发现一些化肥只标出总养分,而不标出易引起作物伤害的氯离子;或者用大字体标明养分含量,而在不容易引起人注意的地方用小字体标出其含量误差范围。这都是严重损害消费者的经济利益,也破坏了肥料市场的经济秩序。为强化肥料生产企业的诚信意识,提高为农民服务的觉悟,让农民对所购买化学肥料的基本情况有所了解,杜绝包装标识混乱,产品名不副实等现象出现。国家质量监督检验检疫局于 2001 年 7 月 26 日发布了《肥料标识·内容和要求》(Fertilizer marking—presentation and declaration) 国家标准 (GB 18382—2001)。自 2002 年 1 月 1 日起,肥料生产企业生产的肥料销售包装上的肥料标识应符合该标准;自 2002 年 7 月 1 日起,市场上停止销售肥料标识不符合该标准的肥料。该标准为强制执行性标准,由全国肥料和土壤调理剂标准化技术委员会归口并负责解释。现将主要内容刊登如下。

1. 范围

本标准规定了肥料标识的基本原则、一般要求及标识内容等。
本标准适用于中华人民共和国境内生产、销售的肥料。

2. 定义

(1) 标识 用于识别肥料产品及其质量、数量、特征和使用方法所做的各种表示的统称。标识可以用文字、符号、图案以及其他说明物等表示。

(2) 标签 供识别肥料和了解其主要性能而附以必要资料的纸片、塑料片或者包装袋等容器的印刷部分。

(3) 包装肥料 预先包装于容器中,以备交付给客户的肥料。

(4) 容器 直接与肥料相接触并可按其单位量运输或贮存的密闭贮器(例如袋、瓶、槽、桶)。

(5) 肥料 以提供植物养分为其主要功效的物料。

(6) 缓效肥料 养分所呈的化合物或物理状态,能在一段时间内缓慢释放供植物持续吸收利用的肥料。

(7) 包膜肥料 为改善肥料功效和(或)性能,在其颗粒表面涂以其他物质薄层制成的肥料。

(8) 复混肥料 氮、磷、钾三种养分中,至少有两种养分标明量的由化学方法和(或)掺混方法制成的肥料。

(9) 复合肥料 氮、磷、钾三种养分,至少有两种养分标明量的仅由化学方法制成的肥料,是复混肥料的一种。

(10) 有机-无机复混肥料 含有一定量有机质的复混肥料。

(11) 单一肥料 氮、磷、钾三种养分中,仅具有一种养分标明量的氮肥、磷肥或钾肥的通称。

(12) 大量元素(主要养分) 对元素氮、磷、钾的通称。

(13) 中量元素(次要养分) 对元素钙、镁、硫等的通称。

(14) 微量元素(微量养分) 植物生长所必需的,但相对来说是少量的元素,例如硼、锰、铁、锌、铜、钼或钴等。

(15) 肥料品位 以百分数表示的肥料养分含量。

(16) 配合式 按 N-P_2O_5-K_2O(总氮-有效五氧化二磷-氧化钾)顺序,用阿拉伯数字分别表示其在复混肥料中所占百分比含量的一种方式。"0"表示肥料中不含该元素。

(17) 标明量 在肥料或土壤调理剂标签或质量证明书上标明的元素(或氧化物)含量。

(18) 总养分 总氮、有效五氧化二磷和氧化钾含量之和,以质量百分数计。

3. **基本原则**

(1) 标识所标注的所有内容,必须符合国家法律和法规的规定,并符合相应产品标准的规定。

(2) 标识所标注的所有内容,必须准确、科学、通俗易懂。

(3) 标识所标注的所有内容,不得以错误的、引起误解的欺骗性的方式描述或介绍肥料。

(4) 标识所标注的所有内容,不得以直接或间接暗示性的语言、图形、符号导致用户将肥料或肥料的某一性质与另一肥料产品混淆。

4. 标识内容

(1) 应标明国家标准、行业标准已经规定的肥料名称。对商品名称或者特殊用途的肥料名称，可在产品名称下以小1号字体予以标注。

(2) 国家标准、行业标准对产品名称没有规定的，应使用不会引起用户、消费者误解和混淆的常用名称。

(3) 产品名称不允许添加带有不实、夸大性质的词语，如"高效×××"、"××肥王"、"全元素××肥料"等。

(4) 企业可以标注经注册登记的商标。

5. 养分含量

应以单一数值标明养分的含量。

(1) 单一肥料

① 应标明单一养分的百分含量。

② 若加入中量元素、微量元素，可标明中量元素、微量元素（以元素单质计，下同），应按中量元素、微量元素两种类型分别标明各单养分含量及各自相应的总含量，不得将中量元素、微量元素含量与主要养分相加。微量元素含量低于0.02%或（和）中量元素含量低于2%的不得标明。

(2) 复混肥料（复合肥料）

① 应标明 N、P_2O_5、K_2O 总养分的百分含量，总养分标明值应不低于配合式中单养分标明值之和，不得将其他元素或化合物计入总养分。

② 应以配合式分别标明总氮、有效五氧化二磷、氧化钾的百分含量，如氮磷钾复混肥料 15-15-15。二元肥料应在不含单养分的位置标以"0"，如氮钾复混肥料 15-0-10。

③ 若加入中量元素、微量元素，不在包装容器和质量证明书上标明（有国家标准或行业标准规定的除外）。

(3) 中量元素肥料

① 应分别单独标明各中量元素养分含量及中量元素养分含量之和。含量小于2%的单一中量元素不得标明。

② 若加入微量元素，可标明微量元素，应分别标明各微量元素的含量及总含量，不得将微量元素含量与中量元素相加。

(4) 微量元素肥料 应分别标出各种微量元素的单一含量及微量元素养分含量之和。

(5) 其他添加含量

① 若加入其他添加物，可标明其他添加物，应分别标明各添加物的含量及总含量，不得将添加物含量与主要养分相加。

② 产品标准中规定需要限制并标明的物质或元素等应单独标明。

(6) 生产许可证编号　对国家实施生产许可证管理的产品,应标明生产许可证的编号。

(7) 生产者或经销者的名称、地址　应标明经依法登记注册并能承担产品质量责任的生产者或经销者名称、地址。

(8) 生产日期或批号　应在产品合格证、质量证明书或产品外包装上标明肥料产品的生产日期或批号。

(9) 肥料标准

① 应标明肥料产品所执行的标准编号。

② 有国家或行业标准的肥料产品,如标明标准中未有规定的其他元素或添加物,应制定企业标准,该企业标准应包括所添加元素或添加物的分析方法,并应同时标明国家标准(或行业标准)和企业标准。

(10) 警示说明　运输、贮存、使用过程中不当,易造成财产损坏或危害人体健康和安全的,应有警示说明。

第五章 农膜

农用地膜地面覆盖栽培,简称"地面覆盖"。该技术是20世纪50年代首先应用于日本草莓生产上。由于该技术能有效地综合调节作物生长发育条件,并抵御外部不良环境,从而使作物能充分有效地利用光、热、水、肥等资源,实现早熟、高产和优质的效果。由此,农膜的使用范围和使用量得到迅速增加,已经成为继化肥、农药之后的第三大农业生产资料。

我国地膜使用量一直呈大幅度上升态势。2008年,我国农膜使用量达到107.8万吨,农膜使用面积达1561.3万公顷。农膜覆盖作物从初始的经济价值较高的蔬菜、花卉种植,扩大到花生、甘蔗、烟草、棉花等多种经济作物以及玉米、小麦、水稻等大宗粮食作物的栽培种植。我国农膜生产和应用一直居世界之首。

农膜按照利用方式及作用分成棚膜、地膜及遮阳网三大类。

第一节 棚膜

棚膜是指用于制作塑料大棚和温室的塑料农膜。覆盖棚膜形成的温室或大棚可为作物提供一个良好的温度、湿度及光质量的小气候环境,尤其是对我国北方冬季的反季节瓜菜以及高海拔地区的蔬菜生产而言,是不可或缺的。此外,温室或大棚还能防止病虫害的影响以及不良环境的影响,从而显著提高作物的产量及品质,提早收获或延长生长周期。

一、棚膜材料

我国棚膜的材料主要有四种,分别为聚氯乙烯(PVC)棚膜、聚乙烯(PE)

棚膜、乙烯-乙酸乙烯（EVA）棚膜和调光性棚膜。

聚氯乙烯棚膜的保温性、透光性、耐候性好，该类型棚膜柔软，易造型，适合温室、大棚及中小拱棚的外覆盖材料。但该材料的棚膜密度大，同等重量的棚膜，该类型的覆盖面积小，同时该类型棚膜对温度的适应范围窄，低温下容易变硬、变脆，高温下易软化、松弛等。此外，当该类型棚膜中的助剂析出后，膜面吸尘，影响透光，且残膜含氯，而不能燃烧处理。

聚乙烯材料棚膜是我国主要的农膜品种。该棚膜质地轻，柔软，容易造型，光透性好，无毒，适合做各种棚膜。但该种材料的棚膜，其耐候性和保温性差，不易粘接。

乙烯-乙酸乙烯棚膜是用于农业上新的农膜材料，该类型棚膜的透光性、保温性及耐候性强于聚氯乙烯和聚乙烯材料。该材料农膜施用时间长，老化前不变形，用后方便回收，不易造成土壤或环境污染。

调光性农膜是在 PE 中加入稀土或其他功能型助剂制成的调光膜，能对光线进行选择性透过，与其他材料相比，由于该类型的农膜能充分利用太阳光能，其增温保温效果好，作物生化效应强。

二、棚膜类型

1. 按照功能分类

（1）长寿膜是为了使薄膜耐老化、易回收，在棚膜生产过程中加入了防老化剂，这样可使薄膜寿命延长 2~4 倍。该类型棚膜使用时间长，这样既降低成本，又可减少田间的残膜量。

（2）无滴膜是在棚膜生产过程中，按一定比例加入表面活性剂，使棚膜的表面张力与水相近或相同，从而使棚膜下表面的凝聚水能在棚膜形成一薄层水膜，沿膜面流入棚室脚的土壤中，而不滞留在棚膜表面形成露珠。使用此种棚膜的大棚，由于棚室薄膜的下表面无露水，棚室内的空气相对湿度有所下降，加上无露珠下滴到植物上，有助于减轻病害的发生。此外，由于薄膜表面无密集的露珠，在天气转晴阳光照射的时候，该棚膜还能避免露珠对阳光的反射和吸收蒸发耗能，使棚室内的光照增强，更好达到保温效果。

（3）转光膜是生产普通棚膜的原料中添加"转光功能性母料"后制成的棚膜。该棚膜在阳光照射时，能利用转光母料将阳光中的紫外线和绿光吸收转换成对植物生长有利的蓝光和红光，从而使得棚内的蓝色和红色光谱成分增加。

（4）漫反射膜是在大棚生产过程中，加入对太阳光漫反射晶核。该类材料的大棚可有效抑制垂直入射阳光的透过作用，降低中午前后大棚内的高温峰值，防止高温危害。另外，这类大棚夜间的保温性又较好，积温性强。高温季节适宜采用此类材料作为大棚的棚膜。

（5）反光膜是在常规大棚膜表面镀上一层反射率高的物质，它可改变温室的光照分布，使温室内光、温分布相对均匀。

2. 按照用途分类

（1）耐老化薄膜。 我国生产的耐老化棚膜主要为聚乙烯长寿膜和聚乙烯长寿无滴膜，厚度为 0.06～0.12mm，寿命为 1.5～2 年，属于较薄型棚膜。该类型棚膜处具有长寿和无滴外，其余性能普通聚乙烯薄膜基本一致。

（2）防雾无滴膜。 主要有聚氯乙烯双防膜和聚氯乙烯无滴耐候防尘膜两种类型。聚氯乙烯双防膜是在聚氯乙烯树脂中加入一定比例的增塑剂、耐候剂和防雾滴剂，经塑化压延而成的，该类型棚膜的透光率衰减速度快，经高温强光季节后，透光率下降到50％以下，甚至只有30％左右。此外该膜的耐热性差，易松弛，不易压紧。聚氯乙烯无滴耐候防尘膜加入表面活化剂和耐老化剂，使得该棚膜除具有耐候流滴特性外，表面因增塑剂析出少，吸尘较少，提高了透光率。

（3）光效膜。 目前，在转光膜生产中应用的转光剂主要有稀土转光剂或有机荧光颜料组成的转光剂。一般可将紫外线或绿光吸收转换成利于植物生长利用的蓝紫光或红光。可使作物提前成熟，产量增加，实现增产增收的效果。

（4）多功能复合膜。 长寿、保温、消雾、透光性好等多功能是棚膜发展的方向。目前这类薄膜有聚乙烯多功能复合膜和乙烯-乙酸乙烯多功能复合膜。一般采用三层共挤复合吹膜技术，如把耐候剂集中于外层，保温剂集中于中层，防雾滴剂相对集中于内层，同时加入特定的紫外线阻隔剂，可将上述各功能集中于同一棚膜上。

（5）可降解棚膜。 可降解棚膜是农膜发展的一个趋势，为解决目前越来越严重的白色污染问题。可降解棚膜的类型有生物降解棚膜、光降解棚膜、光/生物降解膜、植物纤维膜、液态喷洒薄膜和多功能农用薄膜等。

第二节 地膜

地膜覆盖栽培具有显著提升地温、增强光照、保水抗旱、防病防虫、抑草灭草、抑盐保苗、保持产品卫生以及保持土壤疏松等功能，从而有效调节作物的生长发育条件以及抵抗外界不良环境，保证作物充分有效地利用光、热和水资源，实现早熟、高产和优质的效果。目前，我国地膜覆盖面积和地膜投入量均居世界第一。

一、制备地膜的材料

生产中使用的地膜绝大多数是由聚乙烯催塑而成的一种高分子碳氢化合物透

明膜。根据聚乙烯的聚合方法、分子量高低和链结构不同，聚乙烯可分为高密度聚乙烯（LDPE）、低密度聚乙烯（HDPE）和线性聚乙烯（LLDPE）。用来制备地膜可采用上述三种聚乙烯材料，或者由上述三种材料中两种聚乙烯混合材料，如高密度聚乙烯与线性聚乙烯共混、高密度聚乙烯与低密度聚乙烯共混、线性聚乙烯与低密度聚乙烯共混，这样加起来，用于制备地膜的聚乙烯材料就有6种之多。目前生产中使用较多的是后两种类型，即线性聚乙烯地膜和共混型地膜。如果采用再生的聚乙烯生产的地膜，则抗老化能力变弱。

1. 低密度聚乙烯地膜

以高压聚乙烯树脂为材料吹制的，是第一代地膜，按照覆盖面积80%计算，则每公顷用量为120~150kg。不加任何填充料的前提下，地膜是透明的，透光率在90%以上，如果附着水滴，则大大降低，只有30%左右。此外，膜面堆积尘土，透光率也可降低到不足50%。该地膜质地柔软，纵向和横向拉伸强度比较均匀，其耐候性、抗老化能力和强度较好。地膜厚度大都在0.014mm以上，增温、保水性能好，一般应用期限为4个月以上。如果添加不同助剂、填料、颜色或采用特殊工艺，可以加工成各种特殊地膜。缺点是成本高。

2. 高密度聚乙烯地膜

该地膜是以高密度聚乙烯树脂吹制而成的。该类地膜是第二代地膜，一般半透明，地膜的纵向横向拉伸长度不一致，纵向强度大，横向强度差，在拉伸时易出现拉裂，开口性好，易于吹制成微薄地膜。相对于低密度聚乙烯地膜而言，透明度变差，导致光线的穿透能力降低。同时质地硬，因此使用此地膜时候，地膜与地接触性差，也导致保温、保水性稍差。地膜的厚度在0.006~0.008mm之间，每公顷需60~75kg。该地膜使用期一般3个月左右。该类型成本比低密度材料的有所降低。

3. 线性聚乙烯地膜

以线性聚乙烯树脂为吹制而成的地膜，不添加任何填充料或色料前提下，该地膜透明度低于低密度聚乙烯地膜。该类型地膜的拉伸强度、断裂伸长率、抗穿刺性等性能优于低密度地膜和高密度地膜。因该类树脂的开口性好、强度大、耐老化以及韧性好、柔软、耐候性等特点，为降低成本，一般利用此种树脂材料来开发微薄地膜，能大大降低成本。此外，该地膜的保温、保水效果与低密度聚乙烯地膜基本接近。线型地膜的厚度为0.008~0.010mm，每公顷用量在90~129kg。使用期限一般在4个月左右。

4. 低密度聚乙烯与线性聚乙烯共混地膜

将低密度聚乙烯和线性聚乙烯两种材料，按照一定比例共混吹制而成，可以使二者的优点互补，其性能介于二者之间。

5. 低密度聚乙烯与高密度聚乙烯共混地膜

将低密度聚乙烯和高密度聚乙烯两种材料，按照一定比例共混吹制而成，可以使二者的优点互补，其性能介于二者之间。该地膜是我国在开发微薄地膜过程中开发的。

6. 线性聚乙烯和高密度聚乙烯共混地膜

将高密度聚乙烯和线性聚乙烯两种材料，按照一定比例共混吹制而成，可以使二者的优点互补，其性能介于二者之间。这也是我国在开发微薄地膜过程中一个创造。

上述三种共混型地膜为第四代地膜。该类型地膜的机械性能远超过纯高压或纯低压聚乙烯生产出来的地膜。该地膜厚度为 0.005~0.008mm，使用效果类似于线型地膜，但成本降低。

此外，比聚乙烯抗拉强度更为优良的乙烯-乙酸乙烯共聚物（EVA 树脂），也可应用于地膜的制备。

二、地膜的种类

按照地膜性能特点，可分为普通地膜和特殊地膜。普通地膜包括广谱地膜和微薄地膜。特殊地膜包括黑色地膜、银色反光膜、红色膜、蓝色膜、绿色膜、黑白两面膜、银黑两面地膜、防虫膜、防病膜、化学除草地膜、微孔地膜、切口地膜预置种植孔地膜、浮膜和降解膜等类型。

1. 普通地膜

(1) 广谱地膜 该地膜的厚度为 0.014mm 左右，幅宽 70~250cm，每千克地膜覆盖面积 67~90m^2。该类地膜透光性好，其增温、保水强，适合于各种地区、各种作物、各种茬口及各种覆盖方式。以越冬菜和早春菜覆盖栽培效果好。

(2) 微薄地膜 地膜厚度为 0.008~0.01mm，幅宽 80~120cm，每千克地膜理论覆盖面积为 108~135m^2。该地膜有透明的，也有半透明的，增温保水功能与光谱接近，由于薄、强度低，透明性比不上广谱地膜，适宜做地面覆盖，不适合做近地面覆盖。

2. 特殊地膜

又称为功能性地膜，是具有一种普通地膜所不具备的特殊功能的新型地膜，其主要特点是增温、保墒、降温、防病、避蚜、灭草、反光、透气以及种植利用等。

(1) 黑色地膜 黑色地膜是在聚乙烯树脂中加入 2%～3% 炭黑后吹塑而成的。黑色地膜的厚度 0.010～0.020mm 不等,太阳光的透光率较少,能有效防止土壤中水分的蒸发和抑制杂草的生长,但热量不易传给土壤,因而防止土壤水分蒸发的性能比无色透明膜强。该种地膜覆盖可明显降低地温、抑制杂草、保持土壤湿度。

黑色地膜主要适用于杂草丛生地块和高温季节栽培的蔬菜及果园,特别是北方夏秋季节的防高温栽培。这种地膜可以为作物根系创造良好的生长发育环境。

(2) 银色反光膜 在聚乙烯树脂中加入一定比例的钛白粉等白色母料后制成。该地膜具有较强的隔热和反射阳光的作用。高温季节可降低地表温度,并提高作物群体下部的光合作用强度。此外,这种地膜还具有反射紫外线、驱避蚜虫的作用。因此,对由蚜虫迁飞传染病毒有积极的防治作用。该地膜主要用于夏季栽培作物的防病和抗热栽培。

(3) 红色地膜 红色地膜能透射红色光,同时阻挡其他不利于作物生长的色光透过。红色地膜对作物生长的刺激作用比黑色地膜更强。主要适用于水稻、甜菜、韭菜、黄瓜等作物覆盖,使作物生长旺盛。实践证明,红色农膜覆盖栽培,水稻秧苗能更旺盛地生长;甜菜含糖量更高;韭菜变得叶宽肉厚,并且提前了收获期,增加了产量;胡萝卜的产量增加。

(4) 蓝色地膜 弱光照射蓝色地膜的透光率高于白色农膜的,强光照条件蓝色地膜的透光率又低于白色农膜,使得蓝色地膜覆盖下的环境的温度较为稳定,表现出较好的保温性。蓝色地膜适用于苗木繁育,如水稻的育秧。在蓝色地膜覆盖下的育秧,不但成秧率高,而且秧苗粗壮。因此,蓝色地膜非常适用于水稻的育秧。

(5) 绿色地膜 在聚乙烯树脂中添加一定量的绿色母料吹塑成绿色地膜。绿色地膜能使绿色光照增加,使得绿色地膜覆盖下的植物光合能力下降。这种绿色地膜主要是用来抑制杂草的生长,以实现防除杂草的效果。绿色地膜的厚度为 0.015～0.02mm。由于绿色地膜添加的绿色颜料昂贵,并且对聚乙烯薄膜有一定的破坏作用,从而影响膜的使用寿命,因此,这种地膜多用于经济效益较高的作物。

(6) 黑白双面膜 这种地膜的一面为黑色,另一面为乳白色。地面覆盖时,一般让黑色面朝下,白色面朝上。这种地膜既具有黑色地膜的作用,又有白色膜的反光效果,从而实现了乳白色的反射阳光以降低膜温,黑的一面抑制杂草生长的作用。

(7) 银黑双面膜 地膜的一面是银灰色,另一面是黑色。使用该地膜的时候,银灰色面朝上,黑色面贴地。这种膜具有更强的光反射和降低地温功能,此外,还具有驱赶蚜虫、减轻病毒病危害的功能。

(8) 防虫地膜 用普通乙烯和低密度乙烯制成的多层薄膜。通过膜四周反射阳光中的紫外线，而实现防虫效果。这种防虫地膜对防治耐药性强的蚜虫和红蜘蛛等有效。

(9) 防病地膜　防病地膜为专用薄膜，是利用不同作物具有专一性的病害而生产的。在防病地膜的生产过程中，针对性地加入防治某特定病害的农药。

(10) 化学除草地膜　除草薄膜是普通地膜生产过程中加入化学除草剂制成的。除草地膜包括含除草剂的地膜和含阳光蔽剂的除草地膜两种。

(11) 微孔地膜　这种地膜在膜上带有很多微小的孔（每平方米 2500 个），增温、保墒功能不如普通地膜，但能增加土壤与大气的空气交换。使用这种地膜可以避免地膜覆盖使作物根际的二氧化碳分压升高，氧分压降低带来的抑制根系的呼吸代谢，而影响增产。这种地膜适合南方温暖湿润气候条件下地面覆盖。

(12) 切口地膜　普通地膜基础上，按照一定规格切成带状小切口。切口膜的作用是幼苗出土时由切口处长出，适用于油菜、胡萝卜、萝卜及早春速生菜的撒播和条播。

(13) 预置种植孔地膜　在生产地膜过程中，按栽培作物株行距，在地膜上预置定植孔，铺地膜后不用打孔即可定植，省工又标准。

(14) 浮膜　直接在蔬菜作物群体上做天膜覆盖的专用地膜，膜上均匀分布着大量小孔，以利于膜内外水、气、热的交换，实现膜内温度、湿度和气体自然调节。

(15) 降解膜　可降解膜是降解塑料膜系列产品中的一类，主要优点是地膜失去增温保墒功能后，在各种因素作用下经过一段时间后能自动降解为对环境无污染的小分子物质，从而防止残膜对农田环境的污染。目前，对于可降解膜而言，还没有统一的分类标准和评价方法，根据引起降解的客观条件和作用机理，将可降解膜分为光降解、生物降解以及生物/光降解三种类型。

第三节　遮阳网

遮阳网又称遮光网、遮阴网、寒冷网或凉爽网。夏季覆盖该网后起到挡光、挡雨、保湿、降温和阻止病虫害迁移的作用。冬春季覆盖该网后，能有一定的保温增湿作用。

遮阳网可采用的原料有聚乙烯（HDPE）、高密度聚乙烯、PE、PB、PVC 的回收料和全新料，并加入防老化剂和各种色料，经熔化后拉丝编织而成的一种轻量化、高强度、耐老化的网状农用塑料覆盖材料。

遮阳网颜色有黑色、银灰色、白色、浅绿色、蓝色、黄色及黑色和银灰色相间等。生产上应用较多的是银灰色网和黑色网。银灰色网的透光性好，该网能较强反射蓝紫光，有避蚜的效果。宜用于初夏、早秋季节和对光照强度要求高的作物。黑色遮阳网通过改变经纬线密度，可制出不同遮光率的遮阳网，其最高遮光率可达90%。黑色网的遮光降温效果比银灰色的好，适宜伏天酷暑季节和对光照强度要求较低、病毒病较轻的蔬菜覆盖。

优质遮阳网，首先，要求网面平整、光滑，编丝与缝隙平行、整齐、均匀，经纬清晰明快；第二，光洁度好，有质亮感，如黑色这样网，是一种深沉的黑亮，而不是浮表光亮的感觉；第三，柔韧适中，有弹性，无生硬感，不粗糙，有平整的空间厚质感；第四，无异味、臭味，有的只是树脂的淡淡焦烟味；最后，看其包装，正规的包装，要求遮阳率、规格、尺寸等都要清楚标明。

第四节 农膜的鉴别及贮藏

一、鉴别

农用膜的识别较为简单，主要从其厚度、形状和颜色上来加以区分，其质量鉴别方法主要是根据农膜的外观和规格是否达到要求来确定。

棚膜通常厚度为0.03~0.12mm。如果采用农用聚乙烯进行吹塑成膜，则需执行国家标准GB 4455—1994《农业用聚乙烯吹塑薄膜》。首先，外观要求平整、明亮，厚度均匀，透明度一致。不允许有明显的因加工温度低使原料中树脂未充分塑化，而在薄膜上形成条条"水纹"或片片"云雾"。其次，不允许膜上出现气泡、穿孔、破裂等，不允许有0.6mm以上的杂质，不允许有2mm以上由于树脂没充分塑化而形成粒点和块状物。第三，不允许有明显的"条纹"存在（室温下，两拇指距离1cm，用手平撕），撕开时呈锯齿形，不应成直线。第四，允许有少量活褶存在，插叠基本整齐（指成捆的薄膜卷头整齐）。此外，宽度大于1500mm薄膜（双层未展开），允许厚度超偏差为加减0.005mm，且厚度不小于0.08mm。

地膜的厚度通常在0.004~0.014mm。如采用高压聚乙烯进行吹塑地膜，则需执行国家标准GB 13725—1992《聚乙烯吹塑型农用地面覆盖薄膜》。外观上要求塑化良好，不允许有明显的"水纹"或"云雾"；不允许膜上有气泡、穿孔及破裂；不允许有2mm以上的粒点和块状物，允许有轻微条纹，但在室温下用手撕开时不应成直线，而应呈锯齿形；成捆的地膜，膜卷表面平整，端面整齐，错位宽度不超过公称宽度50mm。此外，允许有10%的测量点厚度超过允许误差加减0.001mm。

农膜原料是人工合成的高分子化合物，在自然条件下很难分解或降解，随着农膜大量应用，残留农膜给我国的生态环境造成了较大的白色污染，尤其是农膜对土壤和农作物生长发育的影响，已经严重制约着农业的持续发展。减少农膜危害的有效措施是农膜回收及可降解材料应用于农膜生产，这样就出现了农膜厚度的国家标准及新型环保农膜。

二、贮藏

地膜覆盖技术在广大农村普遍应用，为了提高地膜的反复使用次数，合理贮藏地膜尤为重要。下面列举 5 种地膜收藏的方法。

（1）干袋存法　将覆盖过作物的地膜，回收、洗净叠好，装入塑料袋，扎紧袋口，放在湿润、阴凉的地方，不要接近热源，防止阳光照射变质。此法一般可保存 2 年左右，但该法贮藏的地膜容易黏结。

（2）草芯卷藏法　把洗净晒干的薄膜卷成筒状，中间加稻草作芯，以便通风透气。卷膜时最好加点滑石粉避免粘连，然后将卷好的薄膜放在仓柜等处，平时要少挪动，并应注意防高温、高湿和鼠害。

（3）水存法　将覆盖过的地膜洗净泥土，随即卷成捆或叠整齐，放入缸、池内，在地膜上面压上重物，倒入清水淹浸地膜，然后加盖遮阳；或装入塑料袋中，沉入水塘中保存，存放期间，池、缸内不能脱水。用此法保存，地膜使用寿命可达 5～6 年。

（4）土存法　将覆盖过的地膜，洗净泥土，叠好或卷成捆，用塑料袋包装好，挖一个 80cm 深的土坑，把地膜放入里面，上面覆盖 30cm 厚土。保存效果同水存法。

（5）窖存法　将洗净的地膜，随即带水滴叠好，装入塑料袋中，用细绳扎紧袋口，放入地窖即可。此法比干袋存法效果要好。

第六章 种子

种子是最重要的农业生产资料,优良品种对农作物改善品质和增加产量起到至关重要的作用。控制了种子,在农业竞争中就掌握了主动权。因此,在当今世界,各国政府都把加强种子科技研究,推动种子产业发展,列为促进农业发展的重要举措。

我国先后建设了一大批农作物良种繁育基地,培育了超级水稻、紧凑型玉米、双基因油菜等一大批优良品种,良种覆盖率达到95%以上。这些新品种的推广,为我国粮食产量达到10000亿斤[1]、棉花产量达到750万吨做出了突出贡献。

我国常年种子用量是$120×10^8$ kg左右,商品种子达到了60多亿千克,商品率已经达到了50%以上。种子的市场商业价值由2001年的200亿元增加到目前的500亿元左右。

2001年《种子法》颁布实施,确定了种子资源保护、新品种保护、生产经营许可、生产经营档案、标签真实性、种子检疫、种子储备、转基因安全评价等基本法律制度,有力推动了种子企业的政企分开和种子管理体系的建设,构建了公平竞争的市场环境。

第一节 种子的基本常识

种子是维持植物生命并向下一代延续生命的原始物质,种子有两种概念,植物学上的种子是由母株花器中的胚珠发育而来,是雌雄配子融合的有性过程产

---

[1] 1斤=500g。

物，如油菜、棉花、番茄、烟草、辣椒等作物的种子，这种种子称为真种子。有些植物的种子不是真种子，而是果实，如小麦、玉米、向日葵、甜菜等作物的种子。

农业生产上的种子具有比较广泛的涵义，凡是农业生产上的种子不论植物体的哪种器官或植物营养体的哪一部分，只要能作为该植物繁殖后代和用于扩大再生产的都概括地称为种子。

一、种子的形态、结构

种子的形态构造是做好种子真实性鉴定、纯度检验、清选分级以及安全贮藏的重要依据。如球形（豌豆）、椭圆形（大豆）、肾形（菜豆）、牙齿形（玉米）、纺锤形（大麦）、扁椭圆形（蓖麻）、卵形或圆锥形（棉花）、扁卵形（瓜类）、扁圆形（兵豆）、楔形或不规则形（黄麻）等较为常见。

绝大多数种子的构造具有共同点，主要由种皮、胚、胚乳三部分组成。种皮是包围在胚和胚乳外部的保护组织，对种子的休眠、寿命、发芽等有着直接影响，同时对种子的干燥速度和种子处理的效果也有直接影响。胚是由受精卵发育而成，实质是一个幼小的植物体。胚囊中的极核或次生细胞在受精后，随即进行分裂而形成大量核。此后各个核之间同时产生隔膜形成很多薄壁细胞，称为胚乳母细胞。胚乳母细胞继续分裂发育成为胚乳。

二、种子水分

在种子的成熟、后熟和贮存过程中，必须掌握种子的含水量，确保种子的安全贮藏。种子含水量分为安全水分、临界水分及平衡水分三种，临界水分对每种种子是相对稳定的。一般来说，禾谷类为12%～14%，油脂种子为9%～10%。安全水分一般禾谷类南方为13%，北方为14%，油料8%～10%。如果将种子放在固定不变的温湿度条件下，经过相当时间后，种子水分就基本上稳定不变，这时种子水分为平衡水分。含水量大于临界水分，种子生命呈活化状态，不耐贮存；相反呈钝化，耐贮存。

三、种子休眠

种子休眠的原因可归为两大类：第一类是胚本身的因素造成的，包括胚发育未完成、生理上未成熟、缺少必需的激素或存在抑制萌发的物质，用低温层积、变温处理、干燥、激素处理等方法可解除休眠；第二类是种壳（种皮和果皮等）的限制造成的，包括种壳的机械阻碍、不透水性、不透气性以及种壳中存在抑制萌发的物质等，用物理、化学方法破坏种皮或去除种壳即可解除休眠。

种子休眠是植物发育过程中的一个暂停现象或生命隐蔽现象。休眠种子对不良环境的抵抗力强，虽长期贮藏却仍保持生活力，能在恶劣的季节里存活下来，这对人类也有所裨益。在农业生产上，休眠可防止穗发芽，有利于种子贮藏，有些作物种子成熟后的休眠还有后熟作用，可以增加产量。

四、种子萌发

种子的萌发需要适宜的温度、一定的水分、充足的空气。种子含水量在14％以下时不能发芽。当吸水量达自身干重的25％时，开始发芽，但缓慢不整齐。种子含水量达到40％时最适合萌发。在适温范围内，温度较高，发芽快而整齐。

发芽率是检测种子质量的重要指标之一，数值越大，发芽势越强。它也是检测种子质量的重要指标之一。农作物种子，发芽率高、发芽势强，预示着出苗快而整齐，苗壮；若发芽率高、发芽势弱，预示着出苗不齐、弱苗多。一般来说，陈年种子发芽率不一定低，但发芽势不高，而新种的发芽率、发芽势都高，因此生产上应尽量"弃旧取新"。

五、种子寿命

种子寿命是指种子群体在一定环境条件下保持生活力的期限。农业种子寿命是指种子生活力在一定条件下能保持90％以上发芽率的期限。

植物种子寿命的差异很大，这种差异性受多种因素的影响。首先是由植物本身的遗传性所决定的，例如禾谷类种子寿命一般较短，而葫芦科种子的寿命则较长。同为豆科种子，绿豆和紫云英种子寿命较大豆和花生种子长得多。其次，这种差异性受环境条件的作用，包括种子留在母株上时的生态条件以及收获、脱粒、干燥、加工、贮藏和运输过程中所受到的影响。通常提到的某一种作物种子的寿命是指它在一定条件下能保持生活力的年限。当时间、地点以及各种环境因素发生改变时，作物种子的寿命也就随之改变。

第二节 种子生产、加工与贮藏

种子生产是采用最新技术繁育优良品种和杂交亲本的原种，保持和提高它们的种性；按照良种生产技术规程，迅速地生产市场需要的、质量合格的、生产上作为播种材料大量使用的、种植者自己不能留种或留种效果不好的种子、种苗和无性播种材料。

一、种子生产

种子生产的方法可分为两类:第一类为有性繁殖。凡由雌雄配子结合,经过受精过程,最后形成种子繁衍后代的,统称为有性繁殖。根据雌雄配子来自同一植株或不同植株,又可将有性繁殖分为自花授粉、异花授粉和常异花授粉。第二类是无性繁殖。凡不经过两性细胞受精过程而繁殖后代的方式统称为无性繁殖。无性繁殖又分为植株营养体繁殖和无融合生殖无性繁殖。

1. 有性繁殖

(1) 自花授粉繁殖 同一朵花的花粉授粉到同一朵花的雌蕊柱头上,或同株的花粉传播到同株的雌蕊柱头上,都称为自花授粉。通过自花授粉方式繁殖后代的作物称为自花授粉作物。常见的自花授粉作物有水稻、小麦、大麦、燕麦、大豆、豌豆、花生、芝麻、绿豆、马铃薯、亚麻、烟草等。

(2) 异花授粉繁殖 雌蕊柱头接受异株或异花花粉的称为异花授粉。通过异花授粉方式繁殖后代的作物称为异花授粉作物。常见的异花授粉作物有玉米、黑麦、甘薯、向日葵、白菜型油菜、甘蔗、甜菜、蓖麻、大麻、木薯、紫花苜蓿、三叶草、草木樨、啤酒花等。异花授粉作物主要由风力或昆虫传播异花花粉而结实,其自然异交率至少在 50% 以上,很多作物可达 100%。

(3) 常异花授粉繁殖 一种作物同时依靠自花授粉和异花授粉两种方式繁殖后代的称为常异花授粉作物。常异花授粉作物通常仍然以自花授粉为主要繁殖方式,同时存在一定比例的自然异交,是自花授粉作物和异花授粉作物的过渡类型。常见的常异花授粉作物有棉花、甘蓝型油菜、芥菜型油菜、高粱、蚕豆、粟等,它们的天然异交率为 5%~50%。

2. 无性繁殖

(1) 营养体繁殖 许多植物的植株营养体部分都具有再生繁殖能力,如植株的根、茎、叶、芽等营养器官及其变态部分,如块根、球茎、鳞茎、匍匐茎、地下茎等,都可利用其再生能力,采取分根、扦插、压条、嫁接等方法繁殖后代。主要利用营养体繁殖后代的作物称为无性繁殖作物,无性繁殖作物有甘薯、马铃薯、木薯、蕉芋、甘蔗、蓖麻等。大部分果树和花卉也是采用营养体繁殖后代。

(2) 人工种子生产 以组织培养的方式进行大量无性增殖所得到的体胚,称为人工种子。

二、种子加工

种子加工,即对采收的种子进行清选、分级、干燥、消毒、脱毛或包衣等处理，是提高和保证种子质量的主要措施。清选是从采收的种子中去除未熟、空瘪、受损种子及杂物的过程。种子必须干燥，达到安全贮藏的含水分标准，才能在一定的时期内保持活力和种用价值。种子消毒和包衣是采用物理化学方法处理，杀死病原生物，提高种子抗逆性和改善播种质量。脱毛是指种子表面脱毛和对伞形花科植物的果实（如胡萝卜的双悬果）除去其表面刺毛的加工工艺。脱毛后便于保存、包衣和播种。

种子干燥的方法可以分为自然干燥和人工机械干燥两类。利用日光、风等自然条件或稍加一点人工条件降低种子含水量使其达到或接近安全水分的方法。人工机械干燥是利用机械烘干种子。

种子处理是播种前对种子所采取的各种处理，包括杀虫消毒、浸种催芽及渗调包衣等，目的在于增加种子在逆境下成苗率高，使苗全、苗齐、苗壮，提高作物产量及品质。

三、种子贮藏

任何一种植物种子采收以后生活力的保持和寿命的延长都取决于贮藏条件，其中最主要的是温度、水分及通气状况这三个因素。因此，要想提高贮藏效果，延长种子寿命，必须以三个主要影响种子贮藏因素为主，创造出各种因素最佳配合的贮藏方法。种子贮藏方法主要有以下几种。

1. 普通贮藏法

将充分干燥的种子用麻袋、布袋、无毒塑料编织袋、缸、木箱等盛装种子贮存于贮藏库里，种子没有被密封起来，种子的温度、湿度（种子本身的含水量）的变化基本上随着贮藏库内的温、湿度变化而变化。

普通贮藏方法简单、经济，适合于贮藏大批量的生产用种。贮藏效果一般1～2年为好，贮藏3年以上的种子生活力明显下降。为保证贮藏效果，种子采收以后要进行严格的清选，分级、干燥以后再入库，贮藏库也要做好清理与消毒工作，还要检查防鸟、防鼠措施是否妥善，房顶、窗户是否漏雨等一系列工作。

2. 密封贮藏法

把种子干燥到符合密封要求的含水量标准，再用各种不同的容器或不透气的包装材料密封起来进行贮藏的方法。这种方法在一定的温度条件下，不仅能较长时间保持种子的生活力，延长种子的寿命，而且便于交换和运输。密封贮藏法在湿度变化较大，雨量较多的地区，其贮藏种子的效果更好，更有实用价值。目前利用于密封贮藏种子的容器有：玻璃瓶、干燥箱、缸、罐、铝箔袋、聚乙烯薄膜等。

3. 真空贮藏法

将充分干燥的种子密封在近似于真空条件的容器内，使种子与外界隔绝，不受外界湿度的影响，抑制种子的呼吸作用，强迫种子进入休眠状态，从而达到延长种子寿命，提高种子使用年限的目的。真空贮藏效果的好坏，取决于种子的干燥方法、种子含水量、真空和密封程序以及贮藏温度等条件。

4. 低温除湿贮藏法

在大型种子贮藏库中装备冷冻机和除湿机等设施，把贮藏库内温度降到15℃以下，相对湿度降到50%以下，从而加强了种子贮藏的安全性，延长了种子的寿命，这就是低温除湿贮藏法。温度在15℃以下，种子自身的呼吸强度比常温下要小得多，甚至非常微弱，种子的营养物质分解损失显著减少，一般贮藏库内的害虫不能发育繁殖，绝大多数危害种子的微生物也不能生长，因而在这一条件下即能取得种子安全贮藏的良好效果。

第三节 种子的营销

种子是农业生产中最重要的生产资料，是现代农业发展的核心要素。在现代农业的推进中，国家十分重视种业的发展。如何让好的种子让更多的农民受益？是政府、企业和科研生产者共同面对的问题。因此，研究种子的营销十分必要。在中国现实的种业市场环境下，种子销售一直面临着一个很头疼的问题：一个好的品种刚刚进入市场，就会有大批的人盯上，想方设法找亲本进行扩繁，接着套包品种紧跟其后。如果这个品种不能快速推广占领市场，将会给竞争对手、套包假货留下机会。一旦套包品种崛起占领市场，它会迅速消除你的品种优势、特性，品种的推广难度将大大增加。因此，在品种推广时，品种的推广速度至关重要！好品种一旦开始推广，一定要稳准狠迅速占领目标市场。因此，经营者认识到只有从种子销售策略上下工夫，才能驾驭市场，掌握主动权，取得更大的经济效益。

一、种子营销方式

1. 强调农民在种子营销策略中的重要性

（1）种子营销战略中，重视"农民的思想"。在种子营销战略中，目光投向农民，了解农民的心声，制定出适合农村农民的种子营销战略，那么，这样的种子企业将是"无往而不胜"的。

(2) 种子品种研发上，考虑"农民的需求"。现在的种田人大部分是 50 岁以上的中老年人，他们对密度要求不太精确，对肥料要求不太高，但要抗倒伏、抗病。他们的关注点主要就是稳产。种业公司要真正理解这种老龄化农民种地对品种的需求。

(3) 种子推广手册上，呈现"农民的笑脸"。实践表明，推广手册上含农民的笑脸，特别受农民欢迎。把农民的笑脸呈现在推广手册上，给他们分享其他地方农民种植的照片，农民将会特别爱看，尤其是看到比他们年龄大的人的笑脸时，更是笑得很开心。

(4) 种子现场展示会上，加强"农民的分享"。在种子现场展示会上，展示种植试验田农民的心声将会发挥重要作用。因为要种子的都是农民，农民的分享最有感染力。那种言不达意、脸红耳赤的消费者真实的分享最能打动人。如果我们把鲜花掌声都给了试种田的农民，这个农民从此就成为这个产品永远的宣传员。

(5) 收获考察品种定位上，考虑"农民的感受"。每个种子公司都会在收获时节去考察品种，里面会有很多专业内容，如地（种植地点、面积、土壤、前茬作物）、天（种植过程的天气状况）、人（年龄知识结构）、播种过程（时间、行距、株距）、生长期的表现、施肥打药管理的情况、长势（株高、穗位）、果实情况（棒长、行数、轴长、行粒数、百粒重）、亩产、病虫害情况、倒伏情况、竞争品牌的对应情况等。但是，很少有种子公司重视"农民的感受"。农民播种时有什么感觉，种子的说明书是否贴心，农民需要包衣吗，种子出苗后农民如何看，管理过程中有哪些问题，农民如何看待这个种子，这些农民的感受是至关重要的。因为挑选种子的人是农民，种子只有走进农民的心中，才能走进农民的田中。

2. 搭建合理的技术服务体系

种子是农民最重要的生产资料，是决定其丰收与否的关键。所以，好种子的营销必须要有技术服务体系的配合。

(1) 品种展示 通过良好的技术服务，安排好主导竞争品种展示田，通过召开县、乡镇、村级观摩会，利用观摩会来个体验式营销，可同步进行产品推介，企业宣讲等交流活动。要做到有目共睹，达成共识，获取口碑的观摩效果。品种的展示必须用农民看得懂的实物和图片说话，这样，效果更好。

(2) 品种种植技术手册 要编写得简单易懂，图文并茂，如同连环画那样的手册。这样农民喜欢看，也能看懂，如果同时还能挂在墙上做年历画，那更好。

(3) 科普讲座 科技下乡、下村、入户，可以宣讲公司、产品，可以有针对讲一些具体作物，管理的知识和技巧，可以讲一些作物高产栽培技术，可以讲如何甄选真假包装种子，如何使用农机配套，目前农户在种地过程中存在的误区等与农业技术相关的主题内容。因为农民需要这些知识，通过讲座大家建立了信任，从而信任品牌和品种。

(4) 科技示范推广 企业在生产一线，找出一部分在村、乡有较高威望的人或种植大户、种植能手，开展企业供种，免费提供技术服务的活动，开展示范推广活动。不定期的举办高产攻关试验，让好品种种出优势，带动其他农民一起丰收。

(5) 建立网络公益技术服务中心 农民在现实种植中会遇到很多实际问题和困难，有的不一定是公司种子的问题。但公司用网络的社会化影响力，提供长期的公益性技术服务，能够让农民增强对公司和品牌的信任度，从而成为种子的忠实用户。这些网络可以在手机上定期发布，也可以在地方电视节目中播出，从而拉近农户与企业的距离。

3. 创新宣传手段

种业公司喜欢用的宣传手段就是电视广告、彩页宣传、挂横幅、汽车广告、现场会。其实，针对农村农民的特殊性，我们还应该有很多创新手段，这些创新模式更容易让种子深入人心。

(1) 现场培训 通过农民业务员组织，当地经纪人邀请左邻右舍前来听课，人数不限，公司派服务人员进行培训，从作物的栽培技术，到种植注意事项，最后讲单粒播种的好处等。让农民转变传统种植观念，循序渐进讲主推产品，调动农民的积极性；同时一定要把当地种植户种出的产品实物展示出来，还要把种植户的照片打印出来，最好还有种植户的相关故事，这样最真实可靠。

(2) 以点带面 首先利用经纪人在当地的号召力和人脉关系，先做亲朋好友及左邻右舍工作，然后一起聚会，推广品种。让亲戚朋友先信服、购买，然后再发动左邻右舍购买，提前炒热品种。由此，通过农户的种植示范效应，高产结果的实物展示，带动全村、全乡人民购买。

(3) 趣味竞赛 在农闲季节，通过开展各种趣味竞赛的方法，拉近农户与企业的距离。如开展玉米棒子的比赛，让农民在比赛中得到荣誉，得到快乐；有组织播种比赛，也有猜产量的比赛，各种各样的比赛聚拢人气，参加的人越多品牌的宣传广度越大。

(4) 文艺演出 农民喜欢热闹。而农村文化生活相对匮乏。企业可以组织一些文艺演出活动。在演出期间，还可以搞一些农业知识竞猜，增加一些农民表演节目的有奖参与活动。寓教于乐，让农民参与进来，效果应该更佳。让文艺演出不仅是一种促销方式，更是回馈老百姓的一个节目。

二、种子分销渠道

分销渠道是作物优良品种由种子生产企业向购种者转移中所经过的流通路线，

是连接种子生产企业和市场的纽带，沟通商品种子与购种者的桥梁。近年来，随着我国种子法律法规的深入实施，跨国种业集团加紧在中国市场扩张。国内种子企业逐步趋向集约和完善，商品种子、价格乃至广告同质化日趋加剧。企业期望通过品种、价格、促销的差异化来获取竞争优势已越来越困难。分销渠道的竞争已成为种子生产企业重要的竞争策略和手段，谁掌控了渠道谁就掌握了市场。

我国种子市场生产经营环境的发展变化，将打破种子市场的中间商格局，种子市场传统的多级分销和区域销售为主体的分销体系面临巨大压力。我国种子市场已形成多元化、多主体、多渠道的格局，种子行业将进入市场竞争、资源整合和配置的新阶段，分销渠道也将不断发生变革。在市场广阔、区域市场差异明显的我国种子市场上，通过建立特有的渠道，实现渠道差异化来获取竞争优势，将是企业较为持久的竞争优势。

1. 改金字塔式分销渠道为扁平式分销渠道

传统的金字塔形分销渠道，有着强大的辐射能力，对新品种的推广曾经发挥了巨大作用。但是，在现今供过于求、激烈竞争的市场环境下，传统的渠道存在着许多不可克服的缺点：如企业难以有效控制渠道；多层结构有碍于效率的提高；臃肿的渠道剥夺了大部分利润，不利于终端市场形成价格竞争优势；单项式多层次的流通不能将季节性很强的种子在第一时间送往终端市场，同时信息不能及时反馈，这样不但会错失商机，而且还会造成大量人力、物力及时间资源的浪费，这对于一年一季的种子销售是致命的打击；顶级经销商由于掌握着众多的渠道资源且代理着众多商家的作物新品种，因而他们更看中单位数量种子的利润，而对生产企业要求的量却漠不关心，有的经销商甚至过了季节种子还堆在库里，最后不得不退货等待来年再销，仅此一项使不少种子生产企业濒临倒闭。综上所述，传统的分销渠道已不适应现代市场的要求，因而许多企业正尝试着将分销渠道由金字塔形向扁平化方向转变，以实现企业营销的最大化。

具体做法为：在目标市场的省级设立办事处或大区事业部，在地市级建立配货站，把总经销或总代理直接建在县市级，并且每县市只设一家。这样，既缩短了分销渠道，又增加了销售网点。由于分销渠道变短，从而增强了企业对渠道的控制力；由于销售网点的增多，从而大大提高了品种的销售量。

2. 以诚信、销量和网面覆盖率为综合指标科学选择经销商

如何选择好的经销商，这是令许多企业十分头痛的一件事情。有的经销商销量大但信誉差，有的经销商信誉好但能力差，当信誉与销量发生矛盾时应如何取舍。具体做法是：首先做好市场调查。将一个目标市场的作物布局、市场容量、市场环境、消费需求、购买能力等因素做详细周密的市场调查；然后进行分类排队，分品种找出企业的重点市场和二三类市场，并建立数据库；同时从重点市场到二三类市场依次对经销商进行详细调查，取得诸如年销量、信誉度、本网覆盖

率等资料，并进行分类排队。其次，根据调查资料，以诚信、销量和本网覆盖率为综合指标科学选择经销商。将那些销量大、信誉好、本网覆盖率高并且有合作诚意的经销商设为企业在当地的总经销，然后对二三类经销商进行有目标的引导、培育，开发为企业积蓄后备力量。做到重点市场重点对待、一般市场一般对待，合理分配资源，提高经济效益。

值得注意的是，当诚信和销量出现矛盾时要果断放弃销量，选择那些有诚意、信誉好、本网覆盖率高、销量居二三位且呈上升趋势的经销商，由于此类经销商正处在成长阶段，渴望做大、做强，所以最能与企业保持一致，有效执行企业的营销政策，打开新品种销路，提升企业经营理念和品牌形象，是拓展企业市场的有效驱动力。

3. 建立合理的价差梯级，确保以最快的速度、最大的流量把种子销往终端用户

以最快的速度、最大的流量将种子销往终端用户，除了好的品种、合理的价格和成功的促销外，关键是要构建一个理想的销售渠道。就像一座水库，只有给渠道合理的落差，才能使水流动并顺利将水输送到千家万户的农田。分销渠道也是如此，不建立合理的价差梯级，就不能产生市场动力推动物流，以实现流速和流量的最大化。

4. 与经销商建立战略联盟的伙伴关系

传统的渠道关系是简单的买卖关系，即每一个渠道成员都是一个独立的经济实体，以追求一时一地的经济利益为主，甚至不惜牺牲渠道的整体利益，结果导致整个渠道的运作成本提高和效益低下。随着种子市场的进一步放开和竞争的加剧，单靠自身的力量很难在现代市场环境下求得生存和发展，所以与经销商建立战略联盟的伙伴关系就显得十分必要。这样做，首先，可以同心协力，共同进行市场调研，开拓空白市场，寻找更多的市场机会；其次，共同致力于降低费用，提高整个渠道的运行效率；再次，积极稳妥地解决渠道纠纷，共同管制市场，以确保生产企业和经销商在互惠互利的基础上长期合作，共同成长，从而实现整个渠道的效益最大化。

三、 种子销售策略

1. 行政推动策略

当前在计划经济向市场经济转变过程中，依靠行政手段推动是十分有效的，具有其他措施无法代替的功能。农业部在制定全国种子产业化发展意见中明确指出：发展种子产业化分三步走，第一步即依靠"行政推三率"。由于行政推动，经营量提高，公司连年取得较好的经济效益。

2. 树立良好形象策略

良好的形象是公司无形的财富。要巩固老顾客，发展新客户，公司必须采取形象策略。选择此项策略，应把握以下原则。

(1) 质量第一的原则　质量是经营者信誉的基础。对销售的各作物各品种在制种、收脱、调运、贮藏等关键环节，都必须进行严格的田间和室内检验，做到心中有数。质量不合格的种子坚决不调入不销售，不能因小失大，影响信誉。

(2) 诚信待人的原则　公司在向当地群众销售种子以及在和外地客户交往中，必须言行一致，诚实待人，不能有半点欺诈，否则只能自坏门庭，使其弃之而去。

(3) 优质服务的原则　在当今种子市场激烈竞争中，在种子质量、价格相近的情况下，谁的服务工作做得好，谁就能争取到客户。做好售前、售中、售后服务工作是维护信誉，树立良好形象的关键。

售前要选派能力强、专业技术硬的人员到经营单位（户）或农村进行大力宣传，讲解所售品种优良特性和栽培要点，让其对所购的品种有一个全面的了解。

在销售过程中，热情、耐心接待每一个顾客，详细介绍所推品种的种性和前景，广泛征求他们对品种质量、包装、服务等方面的意见。为方便顾客，可采取送货上门、让利销售或暂时赊销、代办邮寄等业务。

对售后的种子，公司派人登门到户回访种子质量、长势情况和产量表现，帮助用户解决生产中遇到的各种技术性问题，切莫售后撒手不管。若纯属种子质量问题应勇于承担责任，履行合同，赔偿损失，维护信誉。

3. 价格定位策略

农业是效益比较差的行业，种子价格是顾客非常关心的问题，其定价应从市场需求、生产成本及竞争需要等因素考虑，大体有以下几个原则。

(1) 薄利多销原则　在买方市场情况下，追求过高利润是不现实的，只能靠微利来吸引客户，靠提高销量增加利润。

(2) 优质优价原则　优质优价反映了价值规律。定价时，应注意拉开各级各类种子之间的差价。品种新、有突出特点及品质特优的品种应明显高于一般品种价格，做到高、中、低档齐全，选择余地大，满足各类客户的需求。

(3) 非整数性原则　商品价格的微小差别就会对犹豫不决的顾客造成巨大的心理影响。国外消费心理学家从调查中发现，同样是非整数性订价，奇数订价比偶数订价更易被消费者接受。

(4) 订价的折扣原则　通过先订价，后根据购种数量多少再确定优惠结算数额，实行让利销售或赠送部分商品来吸引顾客。

(5) 灵活机动原则　市场经济条件下，价格是竞争的重要手段，在整个销售期间，应经常采取派人、打电话或网上查询等形式调查市场行情，敏锐地观察自身与同行的销售情况，及时调整价格，抓好机遇，抢占市场。

第七章 法律法规

第一节　农业生产资料市场监督管理办法

　　第一条　为了加强农业生产资料（以下简称农资）市场管理，规范农资市场经营行为，保护经营者和消费者，特别是维护农民的合法权益，保障粮食生产，促进农村改革发展，根据《产品质量法》、《种子法》、《农业机械化促进法》、《农药管理条例》等有关法律、法规，制定本办法。

　　第二条　在中华人民共和国境内的农资经营者和农资交易市场开办者，应当遵守本办法。

　　第三条　本办法所称农资，是指种子、农药、肥料、农业机械及零配件、农用薄膜等与农业生产密切相关的农业投入品。

　　本办法所称农资经营者，是指从事农资经营的自然人、企业法人和其他经济组织。

　　第四条　工商行政管理部门负责农资市场的监督管理，依法履行下列职责：

　　（一）依法监督检查辖区内农资经营者的经营行为，对违法行为进行查处；

　　（二）依法监督检查辖区内农资的质量，对不合格的农资进行查处；

　　（三）依法受理并处理辖区内农资消费者的申诉和举报；

　　（四）依法履行其它农资市场监督管理职责。

　　第五条　农资经营者和农资交易市场开办者，应当依法向工商行政管理部门申请办理登记，领取营业执照后，方可从事经营活动。

　　法律、行政法规或者国务院决定规定设立农资经营者和农资交易市场开办者须经批准的，或者申请登记的经营范围中属于法律、行政法规或者国务院决定规定在登记前须经批准的项目的，应当在申请登记前，报经国家有关部门批准，并在登记注册时提交有关批准文件。

第六条 申请从事化肥经营的企业、个体工商户、农民专业合作社，可以直接向工商行政管理部门申请办理登记。企业从事化肥连锁经营的，可以持企业总部的连锁经营相关文件和登记材料，直接到门店所在地工商行政管理部门申请办理登记。

申请从事化肥经营的企业、个体工商户应当有相应的住所、经营场所；企业注册资本（金）、个体工商户的资金数额不得少于3万元人民币。申请在省域范围内设立分支机构、从事化肥经营的企业，企业总部的注册资本（金）不得少于1000万元人民币；申请跨省域设立分支机构、从事化肥经营的企业，企业总部的注册资本（金）不得少于3000万元人民币。

专门经营不再分装的包装种子的，或者受具有种子经营许可证的种子经营者的书面委托为其代销种子的，或者种子经营者按照经营许可证规定的有效区域设立分支机构的，可以直接向工商行政管理部门申请办理登记。

第七条 农民专业合作社向其成员销售农资的，可以不办理营业执照。

农民个人自繁、自用的常规种子有剩余的，可以在集贸市场上出售、串换，可以不办理种子经营许可证和营业执照。

第八条 农资经营者应当依法从事经营活动，并接受工商行政管理部门的监督管理，不得从事下列经营活动：

（一）依法应当取得营业执照而未取得营业执照或者超出核准的经营范围和期限从事农资经营活动的；

（二）经营国家明令禁止、过期、失效、变质以及其他不合格农资的；

（三）经营标签标识标注内容不符合国家标准，伪造、涂改国家标准规定的标签标识标注内容，侵犯他人注册商标专用权，假冒知名商品特有的名称、包装、装潢或者使用与之近似的名称、包装、装潢的农资的；

（四）利用广告、说明书、标签或者包装标识等形式对农资的质量、制作成分、性能、用途、生产者、适用范围、有效期限和产地等做引人误解的虚假宣传的；

（五）其他违反法律、法规规定的行为。

第九条 农资经营者应当对其经营的农资的产品质量负责，建立健全内部产品质量管理制度，承担以下责任和义务：

（一）农资经营者应当建立健全进货索证索票制度，在进货时应当查验供货商的经营资格，验明产品合格证明和产品标识，并按照同种农资进货批次向供货商索要具备法定资质的质量检验机构出具的检验报告原件或者由供货商签字、盖章的检验报告复印件，以及产品销售发票或者其他销售凭证等相关票证；

（二）农资经营者应当建立进货台账，如实记录产品名称、规格、数量、供货商及其联系方式、进货时间等内容；从事批发业务的，应当建立产品销售台

账,如实记录批发的产品品种、规格、数量、流向等内容;进货台账和销售台账,保存期限不得少于2年;

(三)农资经营者应当向消费者提供销售凭证,按照国家法律法规规定或者与消费者的约定,承担修理、更换、退货等三包责任和赔偿损失等农资的产品质量责任;

(四)农资经营者发现其提供的农资存在严重缺陷,可能对农业生产、人身健康、生命财产安全造成危害的,应当立即停止销售该农资,通知生产企业或者供货商,及时向监管部门报告和告知消费者,采取有效措施,及时追回不合格的农资;已经使用的,要明确告知消费者真实情况和应当采取的补救措施;

(五)配合工商行政管理部门的监督管理工作;

(六)法律、法规规定的其他义务。

第十条 农资交易市场开办者应当遵守相关法律、法规,建立并落实农资的产品质量管理制度和责任制度,承担以下责任和义务:

(一)审查入场经营者的经营资格,对无证无照的,不得允许其在市场内经营;

(二)明确告知入场经营者对农资的质量管理责任,以书面形式约定入场经营者建立进货查验、索证索票、进销货台账、质量承诺、不合格产品下架、退市制度,对种子经营者还应当要求其建立种子经营档案;

(三)建立消费者投诉处理制度,配合有关部门处理消费纠纷;

(四)配合工商行政管理部门的监督管理,发现经营者有本办法第八条所禁止行为的,应当及时制止并报告工商行政管理部门;

(五)法律、法规规定的其他义务。

第十一条 工商行政管理部门应当建立下列制度,对农资市场实施监督管理:

(一)实行农资经营者信用分类监管制度;

(二)按照属地管理原则,实行农资市场巡查制度;

(三)实行农资市场监管预警制度,根据市场巡查、消费者申诉、举报和查处违法行为记录等情况,向社会公布农资市场监管动态信息,及时发布消费警示;

(四)建立12315消费者申诉举报网络,及时受理和处理农资消费者咨询、申诉和举报。

第十二条 工商行政管理部门监督管理农资市场,依据《行政处罚法》、《产品质量法》、《反不正当竞争法》、《无照经营查处取缔办法》等法律、法规的有关规定,可以行使下列职权:

(一)责令停止相关活动;

(二)向有关的单位和个人调查、了解有关情况;

(三)进入农资经营场所,实施现场检查;

（四）查阅、复制、查封、扣押有关的合同、票据、账簿等资料；

（五）查封、扣押有证据表明危害人体健康和人身、财产安全的或者有其他严重质量问题的农资，以及直接用于销售该农资的原材料、包装物、工具；

（六）法律、法规规定的其他职权。

第十三条　工商行政管理部门应当建立农资市场监管工作责任制度和责任追究制度。工商行政管理部门工作人员不依法履行职责，损害农资经营者、消费者的合法权益的，依法给予行政处分；构成犯罪的，依法追究刑事责任。

第十四条　农资经营者违反本办法第九条规定的，由工商行政管理部门责令改正，处 1000 元以上 1 万元以下的罚款。

第十五条　农资交易市场开办者违反本办法第十条规定，由工商行政管理部门责令改正，处 1000 元以上 1 万元以下罚款。

第十六条　违反本办法规定，现行法律、法规和规章有明确规定的，从其规定。

第十七条　本办法由国家工商行政管理总局负责解释。

第十八条　本办法自 2009 年 11 月 1 日起实施。

第二节　国务院关于加强化肥、农药、农膜经营管理的通知

《国务院关于完善化肥、农药、农膜专营办法的通知》实施以来，农业生产资料多头插手倒买倒卖和价格失控的现象得到遏制，对促进农业生产资料生产和经营工作的正常开展，维护农民利益，确保农业增产，起到了积极作用。为进一步发展经济，深化改革，做好农业生产资料经营管理工作，特通知如下：

一、中国农业生产资料公司（以下简称中国农资公司）和各级供销社的农资经营单位是农资经营的主渠道。

农业部直属直供垦区（含建设兵团、农垦总局、管理局、国营农场等），继续执行中央和地方直供体制，由垦区组织供应。

农业植保站、土肥站、农技推广站（中心）开展技术推广和有偿技术服务所需配套的化肥、农药、农膜（含棚膜、地膜，下同），凡列入国家统配计划的，由农资公司按批发价供货；未列入国家统配计划的，按照市场经营机制进行，可由农资公司按批发价供货，具体品种、数量由供需双方商定，也可与生产企业直接订货，按当地零售价有偿转让给农民。

中央和地方统配的化肥、农药、农膜，委托中国农资公司和省（区、市）农资公司按国家规定的收购分配政策具体执行。统配以外的化肥、农药、农膜，生产企业可与农资公司、植保站、土肥站、农技推广（中心）等农资经营单位进行合同定购、联销、代销或自销给农民；可直供基层供销社；也可实行农民预定、淡旺季差价的办法。在有条件的地方，可逐步推广农工商相结合的农业生产资料

社会化服务。具体采取哪种方式，由各省（区、市）人民政府结合实际情况决定。

除上述规定的单位外，任何单位和个人不得经营化肥、农药、农膜。各级工商行政管理机关要会同商业行政主管部门加强市场管理，坚决取缔非法经营。各级农资经营单位要利用自己的优势，充分发挥市场机制的作用，加强经营管理，降低经营费用，更好地为农业服务。

二、国家安排一部分企业承担统配化肥生产任务，由国家和省（区、市）计委按年度分别下达。同时，对利用外资进行建设和技术改造以及进口备品配件、调剂解决主要原材料所需的少量化肥一并下达。为挖掘企业生产能力，化肥、农药生产企业在完成国家年度统配计划的基础上，可组织来料加工。其产品可给来料加工单位用于农业生产，亦可通过农资经营单位经销。生产企业自己组织原料生产的产品，可销给农资经营单位。

三、要切实安排好中央统配的化肥、农药、农膜生产所需主要原材料、燃料和电力供应。所需原材料属中央指令性计划的，由国家计委同地方计委专项安排。其中生产化肥用天然气、油料分别由石油天然气总公司、石化总公司按计划保证供应；所需燃料、电力指标，由有关部门按产量、消耗定额核报，国家按双保企业下达。其他一般原料，由企业自行组织购进，有关部门和地方政府要积极协助。地方统配的化肥、农药、农膜，可参照中央统配化肥供应管理办法，由地方各级计委下达计划，并负责安排主要原材料、燃料、电力供应，实行产品分配权和义务分级负责。

中央和地方统配的化肥、农药、农膜，由生产企业与中国农资公司和省（区、市）农资公司，分别按计划签订生产、收购合同。

四、为了保证突发性病虫害和其他灾害急用，中央、地方要分级储备一部分农药。中央储备的具体数量，由国务院农业生产资料协调领导小组牵头，商计委、农业、商业等有关部门报国务院审定。所需储备资金，由人民银行与有关专业银行在安排信贷计划时优先解决，利息由中央财政负担。省（区、市）的储备办法，由各省（区、市）人民政府参照中央储备办法自行确定。此项储备，中央部分由中国农资公司承担，省（区、市）储备的部分由省（区、市）农资公司承担。具体方案，分别由中央、省级农业部门与农资公司协商提出，报同级农业生产资料协调领导小组审定后，由农资公司执行。为了做好这项工作，各级人民政府要安排好农资系统储备仓库的配套建设。

五、为了保证流通渠道畅通，农资经营周转金要配套。对生产和经营所需流动资金，要专项安排，优先保证。具体办法，由人民银行与有关专业银行制定。有关专业银行对生产企业、经营单位（包括农垦系统、农技推广部门）所需周转金核定定额，实行专项管理，专款专用。中央和地方进口统配化肥、农药、农膜所需配套人民币资金，银行要优先给予支持。

六、要切实搞好工商衔接。凡中央和地方的统配化肥、农药、农膜（不含试验、示范和新研制膜），全部由中国农资公司和省（区、市）农资公司负责按月生产计划，及时收购、储备、调运，生产企业要按时按量交货，农资公司及时收购。逾期不能收购或交货的，由各级农业生产资料协调领导小组协调解决。非统配的产品，由市场调节。为了满足农业需求，各级政府要及时协调解决生产企业与经营单位产销中遇到的问题。

七、中央外汇和地方、部门自有外汇进口的化肥、农药（包括原料和中间体）及农膜、化肥包装、农用水利灌溉管原料，按照择优委托的原则，中央外汇进口的，可委托中国化工进出口总公司代理；农垦系统自有外汇进口农药的业务，可委托中国农垦进出口总公司代理；其他部门和地方自有外汇进口的，其委托代理进口单位按经贸部有关规定办理。国外捐赠的化肥、农药、农膜（料）等农用物资，按国务院国发〔1989〕16号文件规定办理。

中央计划进口的化肥、农药（包括原料及中间体）、农膜、化肥包装原料及农用水利灌溉管原料，继续减免关税、产品税（增值税），不收保证金。农资公司（供销社）、农垦系统、农技推广部门经营或有偿转让的化肥、农药、农膜（料）、水利灌溉管（料），免征营业税。

八、化肥、农药、农膜及生产所需的主要原材料、燃料，交通、铁道部门要根据各级农资公司（供销社）和农垦系统、农技部门及生产企业申报的计划优先安排运输计划，及时组织运输卸运，保证不误农时。

九、积极稳妥地推进农业生产资料价格改革。为了促进农业生产资料的生产，搞活流通，必须深化价格改革，进一步理顺农业生产资料价格。随着粮、棉交易市场的发育和粮、棉价格的逐步放开，国家粮肥挂钩、棉花奖售的专项化肥应当逐步取消，放开价格，化肥的平议差价作为价外补贴，直接付给农民。农药、农膜的价格也应相对放开。当前，各级物价部门要会同有关部门继续抓好农业生产资料价格的管理，按照价格分工管理权限制定化肥、农药、农膜等价格，协调好农业、工业、商业的利益关系，防止农业生产资料价格出现大的波动，以利稳定粮、棉生产。

十、切实把农资生产、供应、进口工作组织、协调好。农业生产资料是关系到农业稳定和国民经济协调发展的重要商品。各级人民政府要进一步加强对农业生产资料的宏观管理和领导，组织有关部门把工作做细做好。中央和地方的总需求、总供给的平衡，国务院有关部门和省（区、市）间及各省（区、市）内需要解决协调的问题，分别由国务院和各省（区、市）人民政府农业生产资料协调领导小组负责。各有关部门要密切配合，齐心合力地把农业生产资料生产和供应工作做好。

对认真执行中央和省（区、市）计划有显著成绩的单位和个人，要给予表彰和奖励。对违反政策、规定者，以及积压农资贻误农时造成损失的，各级政府要认真查处。对将统配平价化肥、农药、农膜及其原料转为议价经营的，除没收全部非法收入外，还要追究单位负责人和经办人的责任。具体奖惩办法由国务院农业生产资料协调领导小组制定。无经营许可证或营业执照进口化肥、农药、农膜原料（包括边贸、地贸、易货贸易进口）的，除没收其产品交农资经营部门处理外，由有关部门依法惩处。

本通知从发布之日起，由各级人民政府组织实施。各地可根据本地实际情况，制定贯彻执行本通知的实施办法。国务院及有关部门以前发出的有关规定，凡与本通知不一致的，按本通知执行。

第三节 中华人民共和国农药管理条例（修订）

1997年5月8日国务院令第216号发布，自1997年5月8日起施行。根据2001年11月29日《国务院关于修改〈农药管理条例〉的决定》修改。

一、总则

第一条　为了加强对农药生产、经营和使用的监督管理，保证农药质量，保护农业、林业生产和生态环境，维护人畜安全，制定本条例。

第二条　本条例所称农药，是指用于预防、消灭或者控制危害农业、林业的病、虫、草和其他有害生物以及有目的地调节植物、昆虫生长的化学合成或者来源于生物、其他天然物质的一种物质或者几种物质的混合物及其制剂。

前款农药包括用于不同目的、场所的下列各类：

1. 预防、消灭或者控制危害农业、林业的病、虫（包括昆虫、蜱、螨）、草和鼠、软体动物等有害生物的；
2. 预防、消灭或者控制仓储病、虫、鼠和其他有害生物的；
3. 调节植物、昆虫生长的；
4. 用于农业、林业产品防腐或者保鲜的；
5. 预防、消灭或者控制蚊、蝇、蜚蠊、鼠和其他有害生物的；
6. 预防、消灭或者控制危害河流堤坝、铁路、机场、建筑物和其他场所的有害生物的。

第三条　在中华人民共和国境内生产、经营和使用农药的，应当遵守本条例。

第四条　国家鼓励和支持研制、生产和使用安全、高效、经济的农药。

第五条　国务院农业行政主管部门负责全国的农药登记和农药监督管理工作。省、自治区、直辖市人民政府农业行政主管部门协助国务院农业行政主管部门做好本行政区域内的农药登记，并负责本行政区域内的农药监督管理工作。县级人民政府和设区的市、自治州人民政府的农业行政主管部门负责本行政区域内的农药监督管理工作。

县级以上各级人民政府其他有关部门在各自的职责范围内负责有关的农药监督管理工作。

二、农药登记

第六条 国家实行农药登记制度。

生产（包括原药生产、制剂加工和分装，下同）农药和进口农药，必须进行登记。

第七条 国内首次生产的农药和首次进口的农药的登记，按照下列三个阶段进行。

1. 田间试验阶段：申请登记的农药，由其研制者提出田间试验申请，经批准，方可进行田间试验；田间试验阶段的农药不得销售。

2. 临时登记阶段：田间试验后，需要进行田间试验示范、试销的农药以及在特殊情况下需要使用的农药，由其生产者申请临时登记，经国务院农业行政主管部门发给农药临时登记证后，方可在规定的范围内进行田间试验示范、试销。

3. 正式登记阶段：经田间试验示范、试销可以作为正式商品流通的农药，由其生产者申请正式登记，经国务院农业行政主管部门发给农药登记证后，方可生产、销售。

农药登记证和农药临时登记证应当规定登记有效期限；登记有效期限届满，需要继续生产或者继续向中国出售农药产品的，应当在登记有效期限届满前申请续展登记；

经正式登记和临时登记的农药，在登记有效期限内改变剂型、含量或者使用范围、使用方法的，应当申请变更登记。

第八条 依照本条例第七条的规定申请农药登记时，其研制者、生产者或者向中国出售农药的外国企业应当向国务院农业行政主管部门或者经由省、自治区、直辖市人民政府农业行政主管部门向国务院农业行政主管部门提供农药样品，并按照国务院农业行政主管部门规定的农药登记要求，提供农药的产品化学、毒理学、药效、残留、环境影响、标签等方面的资料。

国务院农业行政主管部门所属的农药检定机构负责全国的农药具体登记工作。省、自治区、直辖市人民政府农业行政主管部门所属的农药检定机构协助做好本行政区域内的农药具体登记工作。

第九条 国务院农业、林业、工业产品许可管理、卫生、环境保护、粮食部门和全国供销合作总社等部门推荐的农药管理专家和农药技术专家，组成农药登记评审委员会。

农药正式登记的申请资料分别经国务院农业、化学工业、卫生、环境保护部门和全国供销合作总社审查并签署意见后，由农药登记评审委员会对农药的产品化学、毒理学、药效、残留、环境影响等作出评价。根据农药登记评审委员会的评价，符合条件的，由国务院农业行政主管部门发给农药登记证。

第十条　国家对获得首次登记的、含有新化合物的农药的申请人提交的其自己所取得且未披露试验数据和其他数据实施保护。

自登记之日起 6 年内，对其他申请人未经已获得登记的申请人同意，使用前款数据申请农药登记的，登记机关不予登记；但是，其他申请人提交其自己所取得的数据的除外。

除下列情况外，登记机关不得披露第一款规定的数据：

1. 公共利益需要；
2. 已采取措施确保该类信息不会被不正当地进行商业使用。

第十一条　生产其他厂家已经登记的相同农药产品的，其生产者应当申请办理农药登记，提供农药样品和本条例第八条规定的资料，由国务院农业行政主管部门发给农药登记证。

三、农药生产

第十二条　农药生产应当符合国家农药工业的产业政策。

第十三条　开办农药生产企业（包括联营、设立分厂和非农药生产企业设立农药生产车间），应当具备下列条件，并经企业所在地的省、自治区、直辖市工业产品许可管理部门审核同意后，报国务院工业产品许可管理部门批准；但是，法律、行政法规对企业设立的条件和审核或者批准机关另有规定的，从其规定：

1. 有与其生产的农药相适应的技术人员和技术工人；
2. 有与其生产的农药相适应的厂房、生产设施和卫生环境；
3. 有符合国家劳动安全、卫生标准的设施和相应的劳动安全、卫生管理制度；
4. 有产品质量标准和产品质量保证体系；
5. 所生产的农药是依法取得农药登记的农药；
6. 有符合国家环境保护要求的污染防治设施和措施，并且污染物排放不超过国家和地方规定的排放标准。

农药生产企业经批准后，方可依法向工商行政管理机关申请领取营业执照。

第十四条　国家实行农药生产许可制度。

生产有国家标准或者行业标准的农药的，应当向国务院工业产品许可管理部门申请农药生产许可证。

生产尚未制定国家标准、行业标准但已有企业标准的农药的，应当经省、自治区、直辖市化学工业行政管理部门审核同意后，报国务院工业产品许可管理部门批准，发给农药生产批准文件。

第十五条　农药生产企业应当按照农药产品质量标准、技术规程进行生产，生产记录必须完整、准确。

第十六条　农药产品包装必须贴有标签或者附具说明书。标签应当紧贴或者印制在农药包装物上。标签或者说明书上应当注明农药名称、企业名称、产品批号和农药登记证号或者农药临时登记证号、农药生产许可证号或者农药生产批准文件号以及农药有效成分、含量、重量、产品性能、毒性、用途、使用技术、使用方法、生产日期、有效期和注意事项等；农药分装的，还应当注明分装单位。

第十七条　农药产品出厂前，应当经过质量检验并附具产品质量检验合格证；不符合产品质量标准的，不得出厂。

四、农药经营

第十八条　下列单位可以经营农药：
1. 供销合作社的农业生产资料经营单位；
2. 植物保护站；
3. 土壤肥料站；
4. 农业、林业技术推广机构；
5. 森林病虫害防治机构；
6. 农药生产企业；
7. 国务院规定的其他经营单位。

经营的农药属于化学危险物品的，应当按照国家有关规定办理经营许可证。

第十九条　农药经营单位应当具备下列条件和有关法律、行政法规规定的条件，并依法向工商行政管理机关申请领取营业执照后，方可经营农药：
1. 有与其经营的农药相适应的技术人员；
2. 有与其经营的农药相适应的营业场所、设备、仓储设施、安全防护措施和环境污染防治设施、措施；
3. 有与其经营的农药相适应的规章制度；
4. 有与其经营的农药相适应的质量管理制度和管理手段。

第二十条　农药经营单位购进农药，应当将农药产品与产品标签或者说明书、产品质量合格证核对无误，并进行质量检验。

禁止收购、销售无农药登记证或者农药临时登记证、无农药生产许可证或者农药生产批准文件、无产品质量标准和产品质量合格证和检验不合格的农药。

第二十一条　农药经营单位应当按照国家有关规定做好的农药储备工作。

贮存农药应当建立和执行仓储保管制度，确保农药产品的质量和安全。

第二十二条　农药经营单位销售农药，必须保证质量，农药产品与产品标签或者说明书、产品质量合格证应当核对无误。

农药经营单位应当向使用农药的单位和个人正确说明农药的用途、使用方法、用量、中毒急救措施和注意事项。

第二十三条　超过产品质量保证期限的农药产品，经省级以上人民政府农业行政主管部门所属的农药检定机构检验，符合标准的，可以在规定期限内销售；但是，必须注明"过期农药"字样，并附具使用方法和用量。

五、农药使用

第二十四条　县级以上各级人民政府农业行政主管部门应当根据"预防为主，综合防治"的植保方针，组织推广安全、高效农药，开展培训活动，提高农民施药技术水平，并做好病虫害预测预报工作。

第二十五条　县级以上地方各级人民政府农业行政主管部门应当加强对安全、合理使用农药的指导，根据本地区农业病、虫、草、鼠害发生情况，制定农药轮换使用规划，有计划地轮换使用农药，减缓病、虫、草、鼠的抗药性，提高防治效果。

第二十六条　使用农药应当遵守农药防毒规程，正确配药、施药，做好废弃物处理和安全防护工作，防止农药污染环境和农药中毒事故。

第二十七条　使用农药应当遵守国家有关农药安全、合理使用的规定，按照规定的用药量、用药次数、用药方法和安全间隔期施药，防止污染农副产品。

剧毒、高毒农药不得用于防治卫生害虫，不得用于蔬菜、瓜果、茶叶和中草药材。

第二十八条　使用农药应当注意保护环境、有益生物和珍稀物种。

严禁用农药毒鱼、虾、鸟、兽等。

第二十九条　林业、粮食、卫生行政部门应当加强对林业、储粮、卫生用农药的安全、合理使用的指导。

六、其他规定

第三十条　任何单位和个人不得生产未取得农药生产许可证或者农药生产批准文件的农药。

任何单位和个人不得生产、经营、进口或者使用未取得农药登记证或者农药临时登记证的农药。

进口农药应当遵守国家有关规定，货主或者其代理人应当向海关出示其取得的中国农药登记证或者农药临时登记证。

第三十一条　禁止生产、经营和使用假农药。

下列农药为假农药：

1. 以非农药冒充农药或者以此种农药冒充他种农药的；
2. 所含有效成分的种类、名称与产品标签或者说明书上注明的农药有效成分的种类、名称不符的。

第三十二条 禁止生产、经营和使用劣质农药。

下列农药为劣质农药：

1. 不符合农药产品质量标准的；
2. 失去使用效能的；
3. 混有导致药害等有害成分的。

第三十三条 禁止经营产品包装上未附标签或者标签残缺不清的农药。

第三十四条 未经登记的农药，禁止刊登、播放、设置、张贴广告。

农药广告内容必须与农药登记的内容一致，并依照广告法和国家有关农药广告管理的规定接受审查。

第三十五条 经登记的农药，在登记有效期内发现对农业、林业、人畜安全、生态环境有严重危害的，经农药登记评审委员会审议，由国务院农业行政主管部门宣布限制使用或者撤销登记。

第三十六条 任何单位和个人不得生产、经营和使用国家明令禁止生产或者撤销登记的农药。

第三十七条 县级以上各级人民政府有关部门应当做好农副产品中农药残留量的检测工作，并公布检测结果。

第三十八条 禁止销售农药残留量超过标准的农副产品。

第三十九条 处理假农药、劣质农药、过期报废农药、禁用农药、废弃农药包装和其他含农药的废弃物，必须严格遵守环境保护法律、法规的有关规定，防止污染环境。

七、罚则

第四十条 有下列行为之一的，依照刑法关于非法经营罪或者危险物品肇事罪的规定，依法追究刑事责任；尚不够刑事处罚的，由农业行政主管部门按照以下规定给予处罚：

1. 未取得农药登记证或者农药临时登记证，擅自生产、经营农药的，或者生产、经营已撤销登记的农药的，责令停止生产、经营，没收违法所得，并处违法所得1倍以上10倍以下的罚款；没有违法所得的，并处10万元以下的罚款；

2. 农药登记证或者农药临时登记证有效期限届满未办理续展登记，擅自继续生产该农药的，责令限期补办续展手续，没收违法所得，可以并处违法所得5倍以下的罚款；没有违法所得的，可以并处5万元以下的罚款；逾期不补办的，由原发证机关责令停止生产、经营，吊销农药登记证或者农药临时登记证；

3. 生产、经营产品包装上未附标签、标签残缺不清或者擅自修改标签内容的农药产品的，给予警告，没收违法所得，可以并处违法所得3倍以下的罚款；没有违法所得的，可以并处3万元以下的罚款；

4. 不按照国家有关农药安全使用的规定使用农药的，根据所造成的危害后果，给予警告，可以并处 3 万元以下的罚款。

第四十一条 有下列行为之一的，由省级以上人民政府工业产品许可管理部门按照以下规定给予处罚：

1. 未经批准，擅自开办农药生产企业的，或者未取得农药生产许可证或者农药生产批准文件，擅自生产农药的，责令停止生产，没收违法所得，并处违法所得 1 倍以上 10 倍以下的罚款；没有违法所得的，并处 10 万元以下的罚款；

2. 未按照农药生产许可证或者农药生产批准文件的规定，擅自生产农药的，责令停止生产，没收违法所得，并处违法所得 1 倍以上 5 倍以下的罚款；没有违法所得的，并处 5 万元以下的罚款；情节严重的，由原发证机关吊销农药生产许可证或者农药生产批准文件。

第四十二条 假冒、伪造或者转让农药登记证或者农药临时登记证、农药登记证号或者农药临时登记证号、农药生产许可证或者农药生产批准文件、农药生产许可证号或者农药生产批准文件号的，依照刑法关于非法经营罪或者伪造、变造、买卖国家机关公文、证件、印章罪的规定，依法追究刑事责任；尚不够刑事处罚的，由农业行政主管部门收缴或者吊销农药登记证或者农药临时登记证，由工业产品许可管理部门收缴或者吊销农药生产许可证或者农药生产批准文件，由农业行政主管部门或者工业产品许可管理部门没收违法所得，可以并处违法所得 10 倍以下的罚款；没有违法所得的，可以并处 10 万元以下的罚款。

第四十三条 生产、经营假农药、劣质农药的，依照刑法关于生产、销售伪劣产品罪或者生产、销售伪劣农药罪的规定，依法追究刑事责任；尚不够刑事处罚的，由农业行政主管部门或者法律、行政法规规定的其他有关部门没收假农药、劣质农药和违法所得，并处违法所得 1 倍以上 10 倍以下的罚款；没有违法所得的，并处 10 万元以下的罚款；情节严重的，由农业行政主管部门吊销农药登记证或者农药临时登记证，由工业产品许可管理部门吊销农药生产许可证或者农药生产批准文件。

第四十四条 违反工商行政管理法律、法规，生产、经营农药的，或者违反农药广告管理规定的，依照刑法关于非法经营罪或者虚假广告罪的规定，依法追究刑事责任；尚不够刑事处罚的，由工商行政管理机关依照有关法律、法规的规定给予处罚。

第四十五条 违反本条例规定，造成农药中毒、环境污染、药害等事故或者其他经济损失的，应当依法赔偿。

第四十六条 违反本条例规定，在生产、储存、运输、使用农药过程中发生重大事故的，对直接负责的主管人员和其他直接责任人员，依照刑法关于危险物品肇事罪的规定，依法追究刑事责任；尚不够刑事处罚的，依法给予行政处分。

第四十七条 农药管理工作人员滥用职权、玩忽职守、徇私舞弊、索贿受贿的，依照刑法关于滥用职权罪、玩忽职守罪或者受贿罪的规定，依法追究刑事责任；尚不够刑事处罚的，依法给予行政处分。

八、附则

第四十八条 中华人民共和国缔结或者参加的与农药有关的国际条约与本条例有不同规定的,适用国际条约的规定;但是,中华人民共和国声明保留的条款除外。

第四十九条 本条例自1997年5月8日起施行。

第四节 农药广告审查办法

1995年4月7日国家工商行政管理局、农业部联合发布第30号令,制定《农药广告审查办法》。

第一条 根据《中华人民共和国广告法》和国家有关规定,制定本办法。

第二条 凡利用各种媒介或形式发布关于防治农、林牧业病、虫、草、鼠害和其他有害生物(包括病媒害虫)以及调节植物、昆虫生长的农药广告均应当按照本办法进行审查。

第三条 农药广告审查的依据:

(一)《中华人民共和国广告法》;

(二)《农药登记规定》及国家有关农药管理的法规;

(三)国家有关广告管理的行政法规及广告监督管理机关制定的广告审查标准。

第四条 国务院农业行政主管部门和省、自治区、直辖市农业行政主管部门(以下简称省级农业行政主管部门)在同级广告监督管理机关的指导下,对农药广告进行审查。

第五条 通过重点媒介发布的农药广告和境外生产的农药的广告,需经国务院农业行政主管部门审查批准,并取得农药广告审查批准文号后,方可发布。其他农药广告,需经广告主所在地省级农业行政主管部门审查批准;异地发布,须向广告发布地省级农业行政主管部门备案后,方可发布。

第六条 农药广告审查的申请:

(一)申请审查境内生产的农药的广告,应当填写《农药广告审查表》,并提交下列证明文件:

1. 农药生产者和申请人的营业执照副本或其他生产、经营资格的证明文件;
2. 农药生产许可证或准产证;
3. 农药登记证、产品标准号、农药产品标签;
4. 法律、法规规定的及其他确认广告内容真实性的证明文件。

（二）申请审查境外生产的农药的广告，应当填写《农药广告审查表》，并提交下列证明文件及相应的中文译本：

1. 农药生产者和申请人的营业执照副本或者其他生产、经营资格的证明文件；

2. 中华人民共和国农业行政主管部门颁发的农药登记证、农药产品标签；

3. 法律、法规规定的及其他确认广告内容真实性的证明文件。提供本条规定的证明文件复印件，需由原出证机关签章或者出具所在国（地区）公证机关的证明文件。

第七条　农药广告的审查：

（一）初审。农药广告审查机关对申请人提供的证明文件的真实性、有效性、合法性、完整性和广告制作前文稿的真实性、合法性进行审查。在受理广告申请之日起七日内做出初审决定，并发给《农药广告初审决定通知书》。

（二）终审。申请人凭初审合格决定，将制作的广告作品送交原农药广告审查机关进行终审，农药广告审查机关在受理之日起七日内做出终审决定。对终审合格者，签发《农药广告审查表》，并发给农药广告审查批准文号。对终审不合格者，应当通知广告申请人，并说明理由。广告申请人可以直接申请终审。广告审查机关应当在受理申请之日起十日内，做出终审决定。农药广告审查机关应当将通过终审的《农药广告审查表》送同级广告监督管理机关备查。申请农药广告审查，可以委托农药经销者或者广告经营者办理。

第八条　农药广告审查批准文号的有效期为一年。

第九条　经审查批准的农药广告，有下列情况之一的，原广告审查机关应当调回复审：

（一）在使用中对人畜、环境有严重危害的；

（二）国家有新的规定的；

（三）国家农药广告审查机关发现省级广告审查机关的审查不妥的；

（四）广告监督管理机关提出复审建议的；

（五）广告审查机关认为应当复审的其他情况。

复审期间，广告停止发布。

第十条　经审查批准的农药广告，有下列情况之一的，应当重新申请审查：

（一）农药广告审查批准文号有效期满；

（二）农药广告内容更改。

第十一条　经审查批准的农药广告，有下列情况之一的，由原广告审查机关收回《农药广告审查表》，撤销广告审查批准文号：

（一）该农药产品被撤销农药登记证、生产许可证（或准产证）；

（二）发现该农药产品有严重质量问题；

（三）要求重新申请审查而未申请或者重新申请审查不合格；

（四）广告监督管理机关已立案进行查处。

第十二条　农药广告审查机关做出撤销农药广告审查批准文号的决定，应当同时送同级广告监督管理机关备查。

第十三条　农药广告经审查批准后，应当将广告审查批准文号列为广告内容同时发布。未标明广告审查批准文号、广告审查批准文号已过期或者已被返销的广告，广告发布者不得发布；

第十四条　广告发布地的广告审查机关对原广告审查机关的审查结果有异议的，应当提请上一级广告审查机关裁定。审查结果以裁定结论为准。

第十五条　广告发布者发布农药广告，应当查验《农药广告审查表》原件或者经广告审查机关签章的复印件，并保存一年。

第十六条　对违反本办法规定发布农药广告的，按照《中华人民共和国广告法》第四十三条的规定予以处罚。

第十七条　广告审查机关违反广告审查依据，做出审查批准决定，致使违法广告发布的，由国家广告监督管理机关向国务院农业行政主管部门通报情况，按照《中华人民共和国广告法》第四十五条的规定予以处理。

第十八条　本办法自发布之日起施行。

第五节　肥料登记管理办法

《肥料登记管理办法》，已于2000年6月12日经农业部常务会议通过，现予发布施行。

一、总则

第一条　为了加强肥料管理，保护生态环境，保障人、畜安全，促进农业生产，根据《中华人民共和国农业法》等法律法规，制定本办法。

第二条　在中华人民共和国境内生产、经营、使用和宣传肥料产品，应当遵守本办法。

第三条　本办法所称肥料，是指用于提供、保持或改善植物营养和土壤物理、化学性能以及生物活性，能提高农产品产量，或改善农产品品质，或增强植物抗逆性的有机、无机、微生物及其混合物料。

第四条　国家鼓励研制、生产和使用安全、高效、经济的肥料产品。

第五条　实行肥料产品登记管理制度，未经登记的肥料产品不得进口、生产、销售和使用，不得进行广告宣传。

第六条　肥料登记分为临时登记和正式登记两个阶段。

1. 临时登记：经田间试验后，需要进行田间示范试验、试销的肥料产品，生产者应当申请临时登记。

2. 正式登记：经田间示范试验、试销可以作为正式商品流通的肥料产品，生产者应当申请正式登记。

第七条　农业部负责全国肥料登记和监督管理工作。

省、自治区、直辖市人民政府农业行政主管部门协助农业部做好本行政区域内的肥料登记工作。县级以上地方人民政府农业行政主管部门负责本行政区域内的肥料监督管理工作。

二、登记申请

第八条　凡经工商注册，具有独立法人资格的肥料生产者均可提出肥料登记申请。

第九条　农业部制定并发布《肥料登记资料要求》。

肥料生产者申请肥料登记，应按照《肥料登记资料要求》提供产品化学、肥效、安全性、标签等方面资料和有代表性的肥料样品。

第十条　农业部种植业管理司负责或委托办理肥料登记受理手续，并审查登记申请资料是否齐全。

境内生产者申请肥料临时登记，其申请登记资料应经其所在地省级农业行政主管部门初审后，向农业部种植业管理司或其委托的单位提出申请。

第十一条　生产者申请肥料临时登记前，须在中国境内进行规范的田间试验。

生产者申请肥料正式登记前，须在中国境内进行规范的田间示范试验。

对有国家标准或行业标准，或肥料登记评审委员会建议经农业部认定的产品类型，可相应减免田间试验和/或田间示范试验。

第十二条　境内生产者生产的除微生物肥料以外的肥料产品田间试验，由省级以上农业行政主管部门认定的试验单位承担，并出具试验报告；微生物肥料、国外以及港、澳、台地区生产者生产的肥料产品田间试验，由农业部认定的试验单位承担，并出具试验报告。

肥料产品田间示范试验，由农业部认定的试验单位承担，并出具试验报告。

省级以上农业行政主管部门在认定试验单位时，应坚持公正的原则，综合考虑农业技术推广、科研、教学试验单位。

经认定的试验单位应接受省级以上农业行政主管部门的监督管理。试验单位对所出具的试验报告的真实性承担法律责任。

第十三条　有下列情形的肥料产品，登记申请不予受理：

1. 没有生产国使用证明（登记注册）的国外产品；
2. 不符合国家产业政策的产品；
3. 知识产权有争议的产品；

4. 不符合国家有关安全、卫生、环保等国家或行业标准要求的产品。

第十四条 对经农田长期使用,有国家或行业标准的下列产品免予登记:硫酸铵,尿素,硝酸铵,氰氨化钙,磷酸铵(磷酸一铵、磷酸二铵),硝酸磷肥,过磷酸钙,氯化钾,硫酸钾,硝酸钾,氯化铵,碳酸氢铵,钙镁磷肥,磷酸二氢钾,单一微量元素肥,高浓度复合肥。

三、登记审批

第十五条 农业部负责全国肥料的登记审批、登记证发放和公告工作。

第十六条 农业部聘请技术专家和管理专家组织成立肥料登记评审委员会,负责对申请登记肥料产品的产品化学、肥效和安全性等资料进行综合评审。

第十七条 农业部根据肥料登记评审委员会的综合评审意见,审批、发放肥料临时登记证或正式登记证。

肥料登记证使用《中华人民共和国农业部肥料审批专用章》。

第十八条 农业部对符合下列条件的产品直接审批、发放肥料临时登记证:

1. 有国家或行业标准,经检验质量合格的产品;
2. 经肥料登记评审委员会建议并由农业部认定的产品类型,申请登记资料齐全,经检验质量合格的产品。

第十九条 农业部根据具体情况决定召开肥料登记评审委员会全体会议。

第二十条 肥料商品名称的命名应规范,不得有误导作用。

第二十一条 肥料临时登记证有效期为一年。肥料临时登记证有效期满,需要继续生产、销售该产品的,应当在有效期满两个月前提出续展登记申请,符合条件的经农业部批准续展登记。续展有效期为一年。续展临时登记最多不能超过两次。

肥料正式登记证有效期为五年。肥料正式登记证有效期满,需要继续生产、销售该产品的,应当在有效期满六个月前提出续展登记申请,符合条件的经农业部批准续展登记。续展有效期为五年。

登记证有效期满没有提出续展登记申请的,视为自动撤销登记。登记证有效期满后提出续展登记申请的,应重新办理登记。

第二十二条 经登记的肥料产品,在登记有效期内改变使用范围、商品名称、企业名称的,应申请变更登记;改变成分、剂型的,应重新申请登记。

四、登记管理

第二十三条 肥料产品包装应有标签、说明书和产品质量检验合格证。标签和使用说明书应当使用中文,并符合下列要求:

1. 标明产品名称、生产企业名称和地址;

2. 标明肥料登记证号、产品标准号、有效成分名称和含量、净重、生产日期及质量保证期；

3. 标明产品适用作物、适用区域、使用方法和注意事项；

4. 产品名称和推荐适用作物、区域应与登记批准的一致。

禁止擅自修改经过登记批准的标签内容。

第二十四条　取得登记证的肥料产品，在登记有效期内证实对人、畜、作物有害，经肥料登记评审委员会审议，由农业部宣布限制使用或禁止使用。

第二十五条　农业行政主管部门应当按照规定对辖区内的肥料生产、经营和使用单位的肥料进行定期或不定期监督、检查，必要时按照规定抽取样品和索取有关资料，有关单位不得拒绝和隐瞒。对质量不合格的产品，要限期改进。对质量连续不合格的产品，肥料登记证有效期满后不予续展。

第二十六条　肥料登记受理和审批单位及有关人员应为生产者提供的资料和样品保守技术秘密。

五、罚则

第二十七条　有下列情形之一的，由县级以上农业行政主管部门给予警告，并处违法所得 3 倍以下罚款，但最高不得超过 30000 元；没有违法所得的，处 10000 元以下罚款：

1. 生产、销售未取得登记证的肥料产品；

2. 假冒、伪造肥料登记证、登记证号的；

3. 生产、销售的肥料产品有效成分或含量与登记批准的内容不符的。

第二十八条　有下列情形之一的，由县级以上农业行政主管部门给予警告，并处违法所得 3 倍以下罚款，但最高不得超过 20000 元；没有违法所得的，处 10000 元以下罚款：

1. 转让肥料登记证或登记证号的；

2. 登记证有效期满未经批准续展登记而继续生产该肥料产品的；

3. 生产、销售包装上未附标签、标签残缺不清或者擅自修改标签内容的。

第二十九条　肥料登记管理工作人员滥用职权、玩忽职守、徇私舞弊、索贿受贿，构成犯罪的，依法追究刑事责任；尚不构成犯罪的，依法给予行政处分。

六、附则

第三十条　生产者办理肥料登记，应按规定交纳登记费。

生产者进行田间试验和田间示范试验，应按规定提供有代表性的试验样品并支付试验费。试验样品须经法定质量检测机构检测确认样品有效成分及其含量与标明值相符，方可进行试验。

第三十一条 省、自治区、直辖市人民政府农业行政主管部门负责本行政区域内的复混肥、配方肥（不含叶面肥）、精制有机肥、床土调酸剂的登记审批、登记证发放和公告工作。省、自治区、直辖市人民政府农业行政主管部门不得越权审批登记。

省、自治区、直辖市人民政府农业行政主管部门参照本办法制定有关复混肥、配方肥（不含叶面肥）、精制有机肥、床土调酸剂的具体登记管理办法，并报农业部备案。

省、自治区、直辖市人民政府农业行政主管部门可委托所属的土肥机构承担本行政区域内的具体肥料登记工作。

第三十二条 省、自治区、直辖市人民政府农业行政主管部门批准登记的复混肥、配方肥（不含叶面肥）、精制有机肥、床土调酸剂，只能在本省销售使用。如要在其他省区销售使用的，须由生产者、销售者向销售使用地省级农业行政主管部门备案。

第三十三条 下列产品适用本办法：

1. 在生产、积造有机肥料过程中，添加的用于分解、熟化有机物的生物和化学制剂；

2. 来源于天然物质，经物理或生物发酵过程加工提炼的，具有特定效应的有机或有机无机混合制品，这种效应不仅包括土壤、环境及植物营养元素的供应，还包括对植物生长的促进作用。

第三十四条 下列产品不适用本办法：

1. 肥料和农药的混合物；

2. 农民自制自用的有机肥料。

第三十五条 本办法下列用语定义为：

1. 配方肥是指利用测土配方技术，根据不同作物的营养需要、土壤养分含量及供肥特点，以各种单质化肥为原料，有针对性地添加适量中、微量元素或特定有机肥料，采用掺混或造粒工艺加工而成的，具有很强的针对性和地域性的专用肥料。

2. 叶面肥是指施于植物叶片并能被其吸收利用的肥料。

3. 床土调酸剂是指在农作物育苗期，用于调节育苗床土酸度（或 pH 值）的制剂。

4. 微生物肥料是指应用于农业生产中，能够获得特定肥料效应的含有特定微生物活体的制品，这种效应不仅包括了土壤、环境及植物营养元素的供应，还包括了其所产生的代谢产物对植物的有益作用。

5. 有机肥料是指来源于植物和/或动物，经发酵、腐熟后，施于土壤以提供植物养分为其主要功效的含碳物料。

6. 精制有机肥是指经工厂化生产的，不含特定肥料效应微生物的，商品化的有机肥料。

7. 复混肥是指氮、磷、钾三种养分中，至少有两种养分标明量的肥料，由化学方法和/或物理加工制成。

8. 复合肥是指仅由化学方法制成的复混肥。

第三十六条　本办法所称"违法所得"是指违法生产、经营肥料的销售收入。

第三十七条　本办法由农业部负责解释。

第三十八条　本办法自发布之日起施行。农业部1989年发布、1997年修订的《中华人民共和国农业部关于肥料、土壤调理剂及植物生长调节剂检验登记的暂行规定》同时废止。

第六节　中华人民共和国种子法

《全国人民代表大会常务委员会关于修改〈中华人民共和国种子法〉的决定》已由中华人民共和国第十届全国人民代表大会常务委员会第十一次会议于2004年8月28日通过，现予公布，自公布之日起施行。

一、总则

第一条　为了保护和合理利用种质资源，规范品种选育和种子生产、经营、使用行为，维护品种选育者和种子生产者、经营者、使用者的合法权益，提高种子质量水平，推动种子产业化，促进种植业和林业的发展，制定本法。

第二条　在中华人民共和国境内从事品种选育和种子生产、经营、使用、管理等活动，适用本法。

本法所称种子，是指农作物和林木的种植材料或者繁殖材料，包括籽粒、果实和根、茎、苗、芽、叶等。

第三条　国务院农业、林业行政主管部门分别主管全国农作物种子和林木种子工作；县级以上地方人民政府农业、林业行政主管部门分别主管本行政区域内农作物种子和林木种子工作。

第四条　国家扶持种质资源保护工作和选育、生产、更新、推广使用良种，鼓励品种选育和种子生产、经营相结合，奖励在种质资源保护工作和良种选育、推广等工作中成绩显著的单位和个人。

第五条　县级以上人民政府应当根据科教兴农方针和种植业、林业发展的需要制定种子发展规划，并按照国家有关规定在财政、信贷和税收等方面采取措施保证规划的实施。

第六条　国务院和省、自治区、直辖市人民政府设立专项资金，用于扶持良种选育和推广。具体办法由国务院规定。

第七条　国家建立种子贮备制度，主要用于发生灾害时的生产需要，保障农业生产安全。对贮备的种子应当定期检验和更新。种子贮备的具体办法由国务院规定。

二、种质资源保护

第八条　国家依法保护种质资源，任何单位和个人不得侵占和破坏种质资源。

禁止采集或者采伐国家重点保护的天然种质资源。因科研等特殊情况需要采集或者采伐的，应当经国务院或者省、自治区、直辖市人民政府的农业、林业行政主管部门批准。

第九条　国家有计划地收集、整理、鉴定、登记、保存、交流和利用种质资源，定期公布可供利用的种质资源目录。具体办法由国务院农业、林业行政主管部门规定。

国务院农业、林业行政主管部门应当建立国家种质资源库，省、自治区、直辖市人民政府农业、林业行政主管部门可以根据需要建立种质资源库、种质资源保护区或者种质资源保护地。

第十条　国家对种质资源享有主权，任何单位和个人向境外提供种质资源的，应当经国务院农业、林业行政主管部门批准；从境外引进种质资源的，依照国务院农业、林业行政主管部门的有关规定办理。

三、品种选育与审定

第十一条　国务院农业、林业、科技、教育等行政主管部门和省、自治区、直辖市人民政府应当组织有关单位进行品种选育理论、技术和方法的研究。

国家鼓励和支持单位和个人从事良种选育和开发。

第十二条　国家实行植物新品种保护制度，对经过人工培育的或者发现的野生植物加以开发的植物品种，具备新颖性、特异性、一致性和稳定性的，授予植物新品种权，保护植物新品种权所有人的合法权益。具体办法按照国家有关规定执行。选育的品种得到推广应用的，育种者依法获得相应的经济利益。

第十三条　单位和个人因林业行政主管部门为选育林木良种建立测定林、试验林、优树收集区、基因库而减少经济收入的，批准建立的林业行政主管部门应当按照国家有关规定给予经济补偿。

第十四条　转基因植物品种的选育、试验、审定和推广应当进行安全性评价，并采取严格的安全控制措施。具体办法由国务院规定。

第十五条 主要农作物品种和主要林木品种在推广应用前应当通过国家级或者省级审定，申请者可以直接申请省级审定或者国家级审定。由省、自治区、直辖市人民政府农业、林业行政主管部门确定的主要农作物品种和主要林木品种实行省级审定。

主要农作物品种和主要林木品种的审定办法应当体现公正、公开、科学、效率的原则，由国务院农业、林业行政主管部门规定。

国务院和省、自治区、直辖市人民政府的农业、林业行政主管部门分别设立由专业人员组成的农作物品种和林木品种审定委员会，承担主要农作物品种和主要林木品种的审定工作。

在具有生态多样性的地区，省、自治区、直辖市人民政府农业、林业行政主管部门可以委托设区的市、自治州承担适宜于在特定生态区域内推广应用的主要农作物品种和主要林木品种的审定工作。

第十六条 通过国家级审定的主要农作物品种和主要林木良种由国务院农业、林业行政主管部门公告，可以在全国适宜的生态区域推广。通过省级审定的主要农作物品种和主要林木良种由省、自治区、直辖市人民政府农业、林业行政主管部门公告，可以在本行政区域内适宜的生态区域推广；相邻省、自治区、直辖市属于同一适宜生态区的地域，经所在省、自治区、直辖市人民政府农业、林业行政主管部门同意后可以引种。

第十七条 应当审定的农作物品种未经审定通过的，不得发布广告，不得经营、推广。

应当审定的林木品种未经审定通过的，不得作为良种经营、推广，但生产确需使用的，应当经林木品种审定委员会认定。

第十八条 审定未通过的农作物品种和林木品种，申请人有异议的，可以向原审定委员会或者上一级审定委员会申请复审。

第十九条 在中国没有经常居所或者营业场所的外国人、外国企业或者外国其他组织在中国申请品种审定的，应当委托具有法人资格的中国种子科研、生产、经营机构代理。

四、种子生产

第二十条 主要农作物和主要林木的商品种子生产实行许可制度。

主要农作物杂交种子及其亲本种子、常规种原种种子、主要林木良种的种子生产许可证，由生产所在地县级人民政府农业、林业行政主管部门审核，省、自治区、直辖市人民政府农业、林业行政主管部门核发；其他种子的生产许可证，由生产所在地县级以上地方人民政府农业、林业行政主管部门核发。

第二十一条 申请领取种子生产许可证的单位和个人，应当具备下列条件：

1. 具有繁殖种子的隔离和培育条件；

2. 具有无检疫性病虫害的种子生产地点或者县级以上人民政府林业行政主管部门确定的采种林;

3. 具有与种子生产相适应的资金和生产、检验设施;

4. 具有相应的专业种子生产和检验技术人员;

5. 法律、法规规定的其他条件。

申请领取具有植物新品种权的种子生产许可证的,应当征得品种权人的书面同意。

第二十二条　种子生产许可证应当注明生产种子的品种、地点和有效期限等项目。

禁止伪造、变造、买卖、租借种子生产许可证;禁止任何单位和个人无证或者未按照许可证的规定生产种子。

第二十三条　商品种子生产应当执行种子生产技术规程和种子检验、检疫规程。

第二十四条　在林木种子生产基地内采集种子的,由种子生产基地的经营者组织进行,采集种子应当按照国家有关标准进行。

禁止抢采掠青、损坏母树,禁止在劣质林内、劣质母树上采集种子。

第二十五条　商品种子生产者应当建立种子生产档案,载明生产地点、生产地块环境、前茬作物、亲本种子来源和质量、技术负责人、田间检验记录、产地气象记录、种子流向等内容。

五、种子经营

第二十六条　种子经营实行许可制度。种子经营者必须先取得种子经营许可证后,方可凭种子经营许可证向工商行政管理机关申请办理或者变更营业执照。

种子经营许可证实行分级审批发放制度。种子经营许可证由种子经营者所在地县级以上地方人民政府农业、林业行政主管部门核发。主要农作物杂交种子及其亲本种子、常规种原种种子、主要林木良种的种子经营许可证,由种子经营者所在地县级人民政府农业、林业行政主管部门审核,省、自治区、直辖市人民政府农业、林业行政主管部门核发。实行选育、生产、经营相结合并达到国务院农业、林业行政主管部门规定的注册资本金额的种子公司和从事种子进出口业务的公司的种子经营许可证,由省、自治区、直辖市人民政府农业、林业行政主管部门审核,国务院农业、林业行政主管部门核发。

第二十七条　农民个人自繁、自用的常规种子有剩余的,可以在集贸市场上出售、串换,不需要办理种子经营许可证,由省、自治区、直辖市人民政府制定管理办法。

第二十八条　国家鼓励和支持科研单位、学校、科技人员研究开发和依法经营、推广农作物新品种和林木良种。

第二十九条　申请领取种子经营许可证的单位和个人，应当具备下列条件：

1. 具有与经营种子种类和数量相适应的资金及独立承担民事责任的能力；

2. 具有能够正确识别所经营的种子、检验种子质量、掌握种子贮藏、保管技术的人员；

3. 具有与经营种子的种类、数量相适应的营业场所及加工、包装、贮藏保管设施和检验种子质量的仪器设备；

4. 法律、法规规定的其他条件。

种子经营者专门经营不再分装的包装种子的，或者受具有种子经营许可证的种子经营者以书面委托代销其种子的，可以不办理种子经营许可证。

第三十条　种子经营许可证的有效区域由发证机关在其管辖范围内确定。种子经营者按照经营许可证规定的有效区域设立分支机构的，可以不再办理种子经营许可证，但应当在办理或者变更营业执照后十五日内，向当地农业、林业行政主管部门和原发证机关备案。

第三十一条　种子经营许可证应当注明种子经营范围、经营方式及有效期限、有效区域等项目。

禁止伪造、变造、买卖、租借种子经营许可证；禁止任何单位和个人无证或者未按照许可证的规定经营种子。

第三十二条　种子经营者应当遵守有关法律、法规的规定，向种子使用者提供种子的简要性状、主要栽培措施、使用条件的说明与有关咨询服务，并对种子质量负责。

任何单位和个人不得非法干预种子经营者的自主经营权。

第三十三条　未经省、自治区、直辖市人民政府林业行政主管部门批准，不得收购珍贵树木种子和本级人民政府规定限制收购的林木种子。

第三十四条　销售的种子应当加工、分级、包装。但是，不能加工、包装的除外。

大包装或者进口种子可以分装；实行分装的，应当注明分装单位，并对种子质量负责。

第三十五条　销售的种子应当附有标签。标签应当标注种子类别、品种名称、产地、质量指标、检疫证明编号、种子生产及经营许可证编号或者进口审批文号等事项。标签标注的内容应当与销售的种子相符。

销售进口种子的，应当附有中文标签。

销售转基因植物品种种子的，必须用明显的文字标注，并应当提示使用时的安全控制措施。

第三十六条　种子经营者应当建立种子经营档案，载明种子来源、加工、贮藏、运输和质量检测各环节的简要说明及责任人、销售去向等内容。

一年生农作物种子的经营档案应当保存至种子销售后二年，多年生农作物和林木种子经营档案的保存期限由国务院农业、林业行政主管部门规定。

第三十七条　种子广告的内容应当符合本法和有关广告的法律、法规的规定，主要性状描述应当与审定公告一致。

第三十八条　调运或者邮寄出县的种子应当附有检疫证书。

六、种子使用

第三十九条　种子使用者有权按照自己的意愿购买种子，任何单位和个人不得非法干预。

第四十条　国家投资或者国家投资为主的造林项目和国有林业单位造林，应当根据林业行政主管部门制定的计划使用林木良种。

国家对推广使用林木良种营造防护林、特种用途林给予扶持。

第四十一条　种子使用者因种子质量问题遭受损失的，出售种子的经营者应当予以赔偿，赔偿额包括购种价款、有关费用和可得利益损失。

经营者赔偿后，属于种子生产者或者其他经营者责任的，经营者有权向生产者或者其他经营者追偿。

第四十二条　因使用种子发生民事纠纷的，当事人可以通过协商或者调解解决。当事人不愿通过协商、调解解决或者协商、调解不成的，可以根据当事人之间的协议向仲裁机构申请仲裁。当事人也可以直接向人民法院起诉。

七、种子质量

第四十三条　种子的生产、加工、包装、检验、贮藏等质量管理办法和行业标准，由国务院农业、林业行政主管部门制定。

农业、林业行政主管部门负责对种子质量的监督。

第四十四条　农业、林业行政主管部门可以委托种子质量检验机构对种子质量进行检验。

承担种子质量检验的机构应当具备相应的检测条件和能力，并经省级以上人民政府有关主管部门考核合格。

第四十五条　种子质量检验机构应当配备种子检验员。种子检验员应当具备以下条件：

1. 具有相关专业中等专业技术学校毕业以上文化水平；
2. 从事种子检验技术工作三年以上。

农作物种子检验员应当经省级以上人民政府农业行政主管部门考核合格；林木种子检验员应当经省、自治区、直辖市人民政府林业行政主管部门考核合格。

第四十六条　禁止生产、经营假、劣种子。

下列种子为假种子：
1. 以非种子冒充种子或者以此种品种种子冒充他种品种种子的；
2. 种子种类、品种、产地与标签标注的内容不符的。

下列种子为劣种子：
1. 质量低于国家规定的种用标准的；
2. 质量低于标签标注指标的；
3. 因变质不能作种子使用的；
4. 杂草种子的比率超过规定的；
5. 带有国家规定检疫对象的有害生物的。

第四十七条 由于不可抗力原因，为生产需要必须使用低于国家或者地方规定的种用标准的农作物种子的，应当经用种地县级以上地方人民政府批准；林木种子应当经用种地省、自治区、直辖市人民政府批准。

第四十八条 从事品种选育和种子生产、经营以及管理的单位和个人应当遵守有关植物检疫法律、行政法规的规定，防止植物危险性病、虫、杂草及其他有害生物的传播和蔓延。

禁止任何单位和个人在种子生产基地从事病虫害接种试验。

八、种子进出口和对外合作

第四十九条 进口种子和出口种子必须实施检疫，防止植物危险性病、虫、杂草及其他有害生物传入境内和传出境外，具体检疫工作按照有关植物进出境检疫法律、行政法规的规定执行。

第五十条 从事商品种子进出口业务的法人和其他组织，除具备种子经营许可证外，还应当依照有关对外贸易法律、行政法规的规定取得从事种子进出口贸易的许可。

从境外引进农作物、林木种子的审定权限，农作物、林木种子的进出口审批办法，引进转基因植物品种的管理办法，由国务院规定。

第五十一条 进口商品种子的质量，应当达到国家标准或者行业标准。没有国家标准或者行业标准的，可以按照合同约定的标准执行。

第五十二条 为境外制种进口种子的，可以不受本法第五十条第一款的限制，但应当具有对外制种合同，进口的种子只能用于制种，其产品不得在国内销售。

从境外引进农作物试验用种，应当隔离栽培，收获物也不得作为商品种子销售。

第五十三条 禁止进出口假、劣种子以及属于国家规定不得进出口的种子。

第五十四条 境外企业、其他经济组织或者个人来我国投资种子生产、经营的，审批程序和管理办法由国务院有关部门依照有关法律、行政法规规定。

九、种子行政管理

第五十五条　农业、林业行政主管部门是种子行政执法机关。种子执法人员依法执行公务时应当出示行政执法证件。

农业、林业行政主管部门为实施本法，可以进行现场检查。

第五十六条　农业、林业行政主管部门及其工作人员不得参与和从事种子生产、经营活动；种子生产经营机构不得参与和从事种子行政管理工作。种子的行政主管部门与生产经营机构在人员和财务上必须分开。

第五十七条　国务院农业、林业行政主管部门和异地繁育种子所在地的省、自治区、直辖市人民政府应当加强对异地繁育种子工作的管理和协调，交通运输部门应当优先保证种子的运输。

第五十八条　农业、林业行政主管部门在依照本法实施有关证照的核发工作中，除收取所发证照的工本费外，不得收取其他费用。

十、法律责任

第五十九条　违反本法规定，生产、经营假、劣种子的，由县级以上人民政府农业、林业行政主管部门或者工商行政管理机关责令停止生产、经营，没收种子和违法所得，吊销种子生产许可证、种子经营许可证或者营业执照，并处以罚款；有违法所得的，处以违法所得五倍以上十倍以下罚款；没有违法所得的，处以二千元以上五万元以下罚款；构成犯罪的，依法追究刑事责任。

第六十条　违反本法规定，有下列行为之一的，由县级以上人民政府农业、林业行政主管部门责令改正，没收种子和违法所得，并处以违法所得一倍以上三倍以下罚款；没有违法所得的，处以一千元以上三万元以下罚款；可以吊销违法行为人的种子生产许可证或者种子经营许可证；构成犯罪的，依法追究刑事责任：

1. 未取得种子生产许可证或者伪造、变造、买卖、租借种子生产许可证，或者未按照种子生产许可证的规定生产种子的；

2. 未取得种子经营许可证或者伪造、变造、买卖、租借种子经营许可证，或者未按照种子经营许可证的规定经营种子的。

第六十一条　违反本法规定，有下列行为之一的，由县级以上人民政府农业、林业行政主管部门责令改正，没收种子和违法所得，并处以违法所得一倍以上三倍以下罚款；没有违法所得的，处以一千元以上二万元以下罚款；构成犯罪的，依法追究刑事责任：

1. 为境外制种的种子在国内销售的；
2. 从境外引进农作物种子进行引种试验的收获物在国内作商品种子销售的；

3. 未经批准私自采集或者采伐国家重点保护的天然种质资源的。

第六十二条 违反本法规定,有下列行为之一的,由县级以上人民政府农业、林业行政主管部门或者工商行政管理机关责令改正,处以一千元以上一万元以下罚款:

1. 经营的种子应当包装而没有包装的;
2. 经营的种子没有标签或者标签内容不符合本法规定的;
3. 伪造、涂改标签或者试验、检验数据的;
4. 未按规定制作、保存种子生产、经营档案的;
5. 种子经营者在异地设立分支机构未按规定备案的。

第六十三条 违反本法规定,向境外提供或者从境外引进种质资源的,由国务院或者省、自治区、直辖市人民政府的农业、林业行政主管部门没收种质资源和违法所得,并处以一万元以上五万元以下罚款。

未取得农业、林业行政主管部门的批准文件携带、运输种质资源出境的,海关应当将该种质资源扣留,并移送省、自治区、直辖市人民政府农业、林业行政主管部门处理。

第六十四条 违反本法规定,经营、推广应当审定而未经审定通过的种子的,由县级以上人民政府农业、林业行政主管部门责令停止种子的经营、推广,没收种子和违法所得,并处以一万元以上五万元以下罚款。

第六十五条 违反本法规定,抢采掠青、损坏母树或者在劣质林内和劣质母树上采种的,由县级以上人民政府林业行政主管部门责令停止采种行为,没收所采种子,并处以所采林木种子价值一倍以上三倍以下的罚款;构成犯罪的,依法追究刑事责任。

第六十六条 违反本法第三十三条规定收购林木种子的,由县级以上人民政府林业行政主管部门没收所收购的种子,并处以收购林木种子价款二倍以下的罚款。

第六十七条 违反本法规定,在种子生产基地进行病虫害接种试验的,由县级以上人民政府农业、林业行政主管部门责令停止试验,处以五万元以下罚款。

第六十八条 种子质量检验机构出具虚假检验证明的,与种子生产者、销售者承担连带责任;并依法追究种子质量检验机构及其有关责任人的行政责任;构成犯罪的,依法追究刑事责任。

第六十九条 强迫种子使用者违背自己的意愿购买、使用种子给使用者造成损失的,应当承担赔偿责任。

第七十条 农业、林业行政主管部门违反本法规定,对不具备条件的种子生产者、经营者核发种子生产许可证或者种子经营许可证的,对直接负责的主管人员和其他直接责任人员,依法给予行政处分;构成犯罪的,依法追究刑事责任。

第七十一条 种子行政管理人员徇私舞弊、滥用职权、玩忽职守的,或者违反本法规定从事种子生产、经营活动的,依法给予行政处分;构成犯罪的,依法追究刑事责任。

第七十二条　当事人认为有关行政机关的具体行政行为侵犯其合法权益的，可以依法申请行政复议，也可以依法直接向人民法院提起诉讼。

第七十三条　农业、林业行政主管部门依法吊销违法行为人的种子经营许可证后，应当通知工商行政管理机关依法注销或者变更违法行为人的营业执照。

十一、附则

第七十四条　本法下列用语的含义是：

1. 种质资源是指选育新品种的基础材料，包括各种植物的栽培种、野生种的繁殖材料以及利用上述繁殖材料人工创造的各种植物的遗传材料。

2. 品种是指经过人工选育或者发现并经过改良，形态特征和生物学特性一致，遗传性状相对稳定的植物群体。

3. 主要农作物是指稻、小麦、玉米、棉花、大豆以及国务院农业行政主管部门和省、自治区、直辖市人民政府农业行政主管部门各自分别确定的其他一至二种农作物。

4. 林木良种是指通过审定的林木种子，在一定的区域内，其产量、适应性、抗性等方面明显优于当前主栽材料的繁殖材料和种植材料。

5. 标签是指固定在种子包装物表面及内外的特定图案及文字说明。

第七十五条　本法所称主要林木由国务院林业行政主管部门确定并公布；省、自治区、直辖市人民政府林业行政主管部门可以在国务院林业行政主管部门确定的主要林木之外确定其他八种以下的主要林木。

第七十六条　草种、食用菌菌种的种质资源管理和选育、生产、经营、使用、管理等活动，参照本法执行。

第七十七条　中华人民共和国缔结或者参加的与种子有关的国际条约与本法有不同规定的，适用国际条约的规定；但是，中华人民共和国声明保留的条款除外。

第七十八条　本法自 2000 年 12 月 1 日起施行。1989 年 3 月 13 日国务院发布的《中华人民共和国种子管理条例》同时废止。

第七节　中华人民共和国消费者权益保护法

《中华人民共和国消费者权益保护法》（以下简称《保护法》）是为了保护消费者的合法权益，维护社会经济秩序稳定，促进社会主义市场经济健康发展而制定的一部法律。经 1993 年 10 月 31 日八届全国人大常委会第 4 次会议通过，自 1994 年 1 月 1 日起施行。根据 2013 年 10 月 25 日十二届全国人大常委会第五次会议《关于修改的决定》第 2 次修正，自 2014 年 3 月 15 日起施行。

一、总则

第一条　为保护消费者的合法权益，维护社会经济秩序，促进社会主义市场经济健康发展，制定本法。

第二条　消费者为生活消费需要购买、使用商品或者接受服务，其权益受本法保护；本法未作规定的，受其他有关法律、法规保护。

第三条　经营者为消费者提供其生产、销售的商品或者提供服务，应当遵守本法；本法未作规定的，应当遵守其他有关法律、法规。

第四条　经营者与消费者进行交易，应当遵循自愿、平等、公平、诚实信用的原则。

第五条　国家保护消费者的合法权益不受侵害。

国家采取措施，保障消费者依法行使权利，维护消费者的合法权益。

国家倡导文明、健康、节约资源和保护环境的消费方式，反对浪费。

第六条　保护消费者的合法权益是全社会的共同责任。

国家鼓励、支持一切组织和个人对损害消费者合法权益的行为进行社会监督。

大众传播媒介应当做好维护消费者合法权益的宣传，对损害消费者合法权益的行为进行舆论监督。

二、消费者的权利

第七条　消费者在购买、使用商品和接受服务时享有人身、财产安全不受损害的权利。

消费者有权要求经营者提供的商品和服务，符合保障人身、财产安全的要求。

第八条　消费者享有知悉其购买、使用的商品或者接受的服务的真实情况的权利。

消费者有权根据商品或者服务的不同情况，要求经营者提供商品的价格、产地、生产者、用途、性能、规格、等级、主要成分、生产日期、有效期限、检验合格证明、使用方法说明书、售后服务，或者服务的内容、规格、费用等有关情况。

第九条　消费者享有自主选择商品或者服务的权利。

消费者有权自主选择提供商品或者服务的经营者，自主选择商品品种或者服务方式，自主决定购买或者不购买任何一种商品、接受或者不接受任何一项服务。

消费者在自主选择商品或者服务时，有权进行比较、鉴别和挑选。

第十条　消费者享有公平交易的权利。

消费者在购买商品或者接受服务时，有权获得质量保障、价格合理、计量正确等公平交易条件，有权拒绝经营者的强制交易行为。

第十一条　消费者因购买、使用商品或者接受服务受到人身、财产损害的，享有依法获得赔偿的权利。

第十二条　消费者享有依法成立维护自身合法权益的社会组织的权利。

第十三条　消费者享有获得有关消费和消费者权益保护方面的知识的权利。

消费者应当努力掌握所需商品或者服务的知识和使用技能，正确使用商品，提高自我保护意识。

第十四条　消费者在购买、使用商品和接受服务时，享有人格尊严、民族风俗习惯得到尊重的权利，享有个人信息依法得到保护的权利。

第十五条　消费者享有对商品和服务以及保护消费者权益工作进行监督的权利。

消费者有权检举、控告侵害消费者权益的行为和国家机关及其工作人员在保护消费者权益工作中的违法失职行为，有权对保护消费者权益工作提出批评、建议。

三、经营者的义务

第十六条　经营者向消费者提供商品或者服务，应当依照本法和其他有关法律、法规的规定履行义务。

经营者和消费者有约定的，应当按照约定履行义务，但双方的约定不得违背法律、法规的规定。

经营者向消费者提供商品或者服务，应当恪守社会公德，诚信经营，保障消费者的合法权益；不得设定不公平、不合理的交易条件，不得强制交易。

第十七条　经营者应当听取消费者对其提供的商品或者服务的意见，接受消费者的监督。

第十八条　经营者应当保证其提供的商品或者服务符合保障人身、财产安全的要求。对可能危及人身、财产安全的商品和服务，应当向消费者作出真实的说明和明确的警示，并说明和标明正确使用商品或者接受服务的方法以及防止危害发生的方法。

宾馆、商场、餐馆、银行、机场、车站、港口、影剧院等经营场所的经营者，应当对消费者尽到安全保障义务。

第十九条　经营者发现其提供的商品或者服务存在缺陷，有危及人身、财产安全危险的，应当立即向有关行政部门报告和告知消费者，并采取停止销售、警示、召回、无害化处理、销毁、停止生产或者服务等措施。采取召回措施的，经营者应当承担消费者因商品被召回支出的必要费用。

第二十条　经营者向消费者提供有关商品或者服务的质量、性能、用途、有效期限等信息，应当真实、全面，不得作虚假或者引人误解的宣传。

经营者对消费者就其提供的商品或者服务的质量和使用方法等问题提出的询问，应当作出真实、明确的答复。

经营者提供商品或者服务应当明码标价。

第二十一条　经营者应当标明其真实名称和标记。

租赁他人柜台或者场地的经营者，应当标明其真实名称和标记。

第二十二条　经营者提供商品或者服务，应当按照国家有关规定或者商业惯例向消费者出具发票等购货凭证或者服务单据；消费者索要发票等购货凭证或者服务单据的，经营者必须出具。

第二十三条　经营者应当保证在正常使用商品或者接受服务的情况下其提供的商品或者服务应当具有的质量、性能、用途和有效期限；但消费者在购买该商品或者接受该服务前已经知道其存在瑕疵，且存在该瑕疵不违反法律强制性规定的除外。

经营者以广告、产品说明、实物样品或者其他方式表明商品或者服务的质量状况的，应当保证其提供的商品或者服务的实际质量与表明的质量状况相符。

经营者提供的机动车、计算机、电视机、电冰箱、空调器、洗衣机等耐用商品或者装饰装修等服务，消费者自接受商品或者服务之日起六个月内发现瑕疵，发生争议的，由经营者承担有关瑕疵的举证责任。

第二十四条　经营者提供的商品或者服务不符合质量要求的，消费者可以依照国家规定、当事人约定退货，或者要求经营者履行更换、修理等义务。没有国家规定和当事人约定的，消费者可以自收到商品之日起七日内退货；七日后符合法定解除合同条件的，消费者可以及时退货，不符合法定解除合同条件的，可以要求经营者履行更换、修理等义务。

依照前款规定进行退货、更换、修理的，经营者应当承担运输等必要费用。

第二十五条　经营者采用网络、电视、电话、邮购等方式销售商品，消费者有权自收到商品之日起七日内退货，且无需说明理由，但下列商品除外：

1. 消费者定作的；
2. 鲜活易腐的；
3. 在线下载或者消费者拆封的音像制品、计算机软件等数字化商品；
4. 交付的报纸、期刊。

除前款所列商品外，其他根据商品性质并经消费者在购买时确认不宜退货的商品，不适用无理由退货。

消费者退货的商品应当完好。经营者应当自收到退回商品之日起七日内返还消费者支付的商品价款。退回商品的运费由消费者承担；经营者和消费者另有约定的，按照约定。

第二十六条　经营者在经营活动中使用格式条款的，应当以显著方式提请消费者注意商品或者服务的数量和质量、价款或者费用、履行期限和方式、安全注意事项和风险警示、售后服务、民事责任等与消费者有重大利害关系的内容，并按照消费者的要求予以说明。

经营者不得以格式条款、通知、声明、店堂告示等方式，作出排除或者限制消费者权利、减轻或者免除经营者责任、加重消费者责任等对消费者不公平、不合理的规定，不得利用格式条款并借助技术手段强制交易。

格式条款、通知、声明、店堂告示等含有前款所列内容的，其内容无效。

第二十七条　经营者不得对消费者进行侮辱、诽谤，不得搜查消费者的身体及其携带的物品，不得侵犯消费者的人身自由。

第二十八条　采用网络、电视、电话、邮购等方式提供商品或者服务的经营者，以及提供证券、保险、银行等金融服务的经营者，应当向消费者提供经营地址、联系方式、商品或者服务的数量和质量、价款或者费用、履行期限和方式、安全注意事项和风险警示、售后服务、民事责任等信息。

第二十九条　经营者收集、使用消费者个人信息，应当遵循合法、正当、必要的原则，明示收集、使用信息的目的、方式和范围，并经消费者同意。经营者收集、使用消费者个人信息，应当公开其收集、使用规则，不得违反法律、法规的规定和双方的约定收集、使用信息。

经营者及其工作人员对收集的消费者个人信息必须严格保密，不得泄露、出售或者非法向他人提供。经营者应当采取技术措施和其他必要措施，确保信息安全，防止消费者个人信息泄露、丢失。在发生或者可能发生信息泄露、丢失的情况时，应当立即采取补救措施。

经营者未经消费者同意或者请求，或者消费者明确表示拒绝的，不得向其发送商业性信息。

四、国家对消费者合法权益的保护

第三十条　国家制定有关消费者权益的法律、法规、规章和强制性标准，应当听取消费者和消费者协会等组织的意见。

第三十一条　各级人民政府应当加强领导，组织、协调、督促有关行政部门做好保护消费者合法权益的工作，落实保护消费者合法权益的职责。

各级人民政府应当加强监督，预防危害消费者人身、财产安全行为的发生，及时制止危害消费者人身、财产安全的行为。

第三十二条　各级人民政府工商行政管理部门和其他有关行政部门应当依照法律、法规的规定，在各自的职责范围内，采取措施，保护消费者的合法权益。

有关行政部门应当听取消费者和消费者协会等组织对经营者交易行为、商品和服务质量问题的意见，及时调查处理。

第三十三条　有关行政部门在各自的职责范围内，应当定期或者不定期对经营者提供的商品和服务进行抽查检验，并及时向社会公布抽查检验结果。

有关行政部门发现并认定经营者提供的商品或者服务存在缺陷，有危及人身、财产安全危险的，应当立即责令经营者采取停止销售、警示、召回、无害化处理、销毁、停止生产或者服务等措施。

第三十四条　有关国家机关应当依照法律、法规的规定，惩处经营者在提供商品和服务中侵害消费者合法权益的违法犯罪行为。

第三十五条　人民法院应当采取措施，方便消费者提起诉讼。对符合《中华人民共和国民事诉讼法》起诉条件的消费者权益争议，必须受理，及时审理。

五、消费者组织

第三十六条　消费者协会和其他消费者组织是依法成立的对商品和服务进行社会监督的保护消费者合法权益的社会组织。

第三十七条　消费者协会履行下列公益性职责：

1. 向消费者提供消费信息和咨询服务，提高消费者维护自身合法权益的能力，引导文明、健康、节约资源和保护环境的消费方式；
2. 参与制定有关消费者权益的法律、法规、规章和强制性标准；
3. 参与有关行政部门对商品和服务的监督、检查；
4. 就有关消费者合法权益的问题，向有关部门反映、查询，提出建议；
5. 受理消费者的投诉，并对投诉事项进行调查、调解；
6. 投诉事项涉及商品和服务质量问题的，可以委托具备资格的鉴定人鉴定，鉴定人应当告知鉴定意见；
7. 就损害消费者合法权益的行为，支持受损害的消费者提起诉讼或者依照本法提起诉讼；
8. 对损害消费者合法权益的行为，通过大众传播媒介予以揭露、批评。

各级人民政府对消费者协会履行职责应当予以必要的经费等支持。

消费者协会应当认真履行保护消费者合法权益的职责，听取消费者的意见和建议，接受社会监督。

依法成立的其他消费者组织依照法律、法规及其章程的规定，开展保护消费者合法权益的活动。

第三十八条　消费者组织不得从事商品经营和营利性服务，不得以收取费用或者其他牟取利益的方式向消费者推荐商品和服务。

六、争议的解决

第三十九条 消费者和经营者发生消费者权益争议的,可以通过下列途径解决:
1. 与经营者协商和解;
2. 请求消费者协会或者依法成立的其他调解组织调解;
3. 向有关行政部门投诉;
4. 根据与经营者达成的仲裁协议提请仲裁机构仲裁;
5. 向人民法院提起诉讼。

第四十条 消费者在购买、使用商品时,其合法权益受到损害的,可以向销售者要求赔偿。销售者赔偿后,属于生产者的责任或者属于向销售者提供商品的其他销售者的责任的,销售者有权向生产者或者其他销售者追偿。

消费者或者其他受害人因商品缺陷造成人身、财产损害的,可以向销售者要求赔偿,也可以向生产者要求赔偿。属于生产者责任的,销售者赔偿后,有权向生产者追偿。属于销售者责任的,生产者赔偿后,有权向销售者追偿。

消费者在接受服务时,其合法权益受到损害的,可以向服务者要求赔偿。

第四十一条 消费者在购买、使用商品或者接受服务时,其合法权益受到损害,因原企业分立、合并的,可以向变更后承受其权利义务的企业要求赔偿。

第四十二条 使用他人营业执照的违法经营者提供商品或者服务,损害消费者合法权益的,消费者可以向其要求赔偿,也可以向营业执照的持有人要求赔偿。

第四十三条 消费者在展销会、租赁柜台购买商品或者接受服务,其合法权益受到损害的,可以向销售者或者服务者要求赔偿。展销会结束或者柜台租赁期满后,也可以向展销会的举办者、柜台的出租者要求赔偿。展销会的举办者、柜台的出租者赔偿后,有权向销售者或者服务者追偿。

第四十四条 消费者通过网络交易平台购买商品或者接受服务,其合法权益受到损害的,可以向销售者或者服务者要求赔偿。网络交易平台提供者不能提供销售者或者服务者的真实名称、地址和有效联系方式的,消费者也可以向网络交易平台提供者要求赔偿;网络交易平台提供者作出更有利于消费者的承诺的,应当履行承诺。网络交易平台提供者赔偿后,有权向销售者或者服务者追偿。

网络交易平台提供者明知或者应知销售者或者服务者利用其平台侵害消费者合法权益,未采取必要措施的,依法与该销售者或者服务者承担连带责任。

第四十五条 消费者因经营者利用虚假广告或者其他虚假宣传方式提供商品或者服务,其合法权益受到损害的,可以向经营者要求赔偿。广告经营者、发布者发布虚假广告的,消费者可以请求行政主管部门予以惩处。广告经营者、发布者不能提供经营者的真实名称、地址和有效联系方式的,应当承担赔偿责任。

广告经营者、发布者设计、制作、发布关系消费者生命健康商品或者服务的虚假广告，造成消费者损害的，应当与提供该商品或者服务的经营者承担连带责任。

社会团体或者其他组织、个人在关系消费者生命健康商品或者服务的虚假广告或者其他虚假宣传中向消费者推荐商品或者服务，造成消费者损害的，应当与提供该商品或者服务的经营者承担连带责任。

第四十六条 消费者向有关行政部门投诉的，该部门应当自收到投诉之日起七个工作日内，予以处理并告知消费者。

第四十七条 对侵害众多消费者合法权益的行为，中国消费者协会以及在省、自治区、直辖市设立的消费者协会，可以向人民法院提起诉讼。

七、法律责任

第四十八条 经营者提供商品或者服务有下列情形之一的，除本法另有规定外，应当依照其他有关法律、法规的规定，承担民事责任：

1. 商品或者服务存在缺陷的；
2. 不具备商品应当具备的使用性能而出售时未作说明的；
3. 不符合在商品或者其包装上注明采用的商品标准的；
4. 不符合商品说明、实物样品等方式表明的质量状况的；
5. 生产国家明令淘汰的商品或者销售失效、变质的商品的；
6. 销售的商品数量不足的；
7. 服务的内容和费用违反约定的；
8. 对消费者提出的修理、重作、更换、退货、补足商品数量、退还货款和服务费用或者赔偿损失的要求，故意拖延或者无理拒绝的；
9. 法律、法规规定的其他损害消费者权益的情形。

经营者对消费者未尽到安全保障义务，造成消费者损害的，应当承担侵权责任。

第四十九条 经营者提供商品或者服务，造成消费者或者其他受害人人身伤害的，应当赔偿医疗费、护理费、交通费等为治疗和康复支出的合理费用，以及因误工减少的收入。造成残疾的，还应当赔偿残疾生活辅助具费和残疾赔偿金。造成死亡的，还应当赔偿丧葬费和死亡赔偿金。

第五十条 经营者侵害消费者的人格尊严、侵犯消费者人身自由或者侵害消费者个人信息依法得到保护的权利的，应当停止侵害、恢复名誉、消除影响、赔礼道歉，并赔偿损失。

第五十一条 经营者有侮辱诽谤、搜查身体、侵犯人身自由等侵害消费者或者其他受害人人身权益的行为，造成严重精神损害的，受害人可以要求精神损害赔偿。

第五十二条　经营者提供商品或者服务，造成消费者财产损害的，应当依照法律规定或者当事人约定承担修理、重作、更换、退货、补足商品数量、退还货款和服务费用或者赔偿损失等民事责任。

第五十三条　经营者以预收款方式提供商品或者服务的，应当按照约定提供。未按照约定提供的，应当按照消费者的要求履行约定或者退回预付款；并应当承担预付款的利息、消费者必须支付的合理费用。

第五十四条　依法经有关行政部门认定为不合格的商品，消费者要求退货的，经营者应当负责退货。

第五十五条　经营者提供商品或者服务有欺诈行为的，应当按照消费者的要求增加赔偿其受到的损失，增加赔偿的金额为消费者购买商品的价款或者接受服务的费用的三倍；增加赔偿的金额不足五百元的，为五百元。法律另有规定的，依照其规定。

经营者明知商品或者服务存在缺陷，仍然向消费者提供，造成消费者或者其他受害人死亡或者健康严重损害的，受害人有权要求经营者依照本法第四十九条、第五十一条等法律规定赔偿损失，并有权要求所受损失二倍以下的惩罚性赔偿。

第五十六条　经营者有下列情形之一，除承担相应的民事责任外，其他有关法律、法规对处罚机关和处罚方式有规定的，依照法律、法规的规定执行；法律、法规未作规定的，由工商行政管理部门或者其他有关行政部门责令改正，可以根据情节单处或者并处警告、没收违法所得、处以违法所得一倍以上十倍以下的罚款，没有违法所得的，处以五十万元以下的罚款；情节严重的，责令停业整顿、吊销营业执照：

1. 提供的商品或者服务不符合保障人身、财产安全要求的；

2. 在商品中掺杂、掺假，以假充真，以次充好，或者以不合格商品冒充合格商品的；

3. 生产国家明令淘汰的商品或者销售失效、变质的商品的；

4. 伪造商品的产地，伪造或者冒用他人的厂名、厂址，篡改生产日期，伪造或者冒用认证标志等质量标志的；

5. 销售的商品应当检验、检疫而未检验、检疫或者伪造检验、检疫结果的；

6. 对商品或者服务作虚假或者引人误解的宣传的；

7. 拒绝或者拖延有关行政部门责令对缺陷商品或者服务采取停止销售、警示、召回、无害化处理、销毁、停止生产或者服务等措施的；

8. 对消费者提出的修理、重作、更换、退货、补足商品数量、退还货款和服务费用或者赔偿损失的要求，故意拖延或者无理拒绝的；

9. 侵害消费者人格尊严、侵犯消费者人身自由或者侵害消费者个人信息依法得到保护的权利的；

10. 法律、法规规定的对损害消费者权益应当予以处罚的其他情形。

经营者有前款规定情形的，除依照法律、法规规定予以处罚外，处罚机关应当记入信用档案，向社会公布。

第五十七条 经营者违反本法规定提供商品或者服务，侵害消费者合法权益，构成犯罪的，依法追究刑事责任。

第五十八条 经营者违反本法规定，应当承担民事赔偿责任和缴纳罚款、罚金，其财产不足以同时支付的，先承担民事赔偿责任。

第五十九条 经营者对行政处罚决定不服的，可以依法申请行政复议或者提起行政诉讼。

第六十条 以暴力、威胁等方法阻碍有关行政部门工作人员依法执行职务的，依法追究刑事责任；拒绝、阻碍有关行政部门工作人员依法执行职务，未使用暴力、威胁方法的，由公安机关依照《中华人民共和国治安管理处罚法》的规定处罚。

第六十一条 国家机关工作人员玩忽职守或者包庇经营者侵害消费者合法权益的行为的，由其所在单位或者上级机关给予行政处分；情节严重，构成犯罪的，依法追究刑事责任。

八、附则

第六十二条 农民购买、使用直接用于农业生产的生产资料，参照本法执行。

第六十三条 本法自1994年1月1日起施行。

附 录

一、农药剂型名称及代码

代码	英文名称	剂型名称	代码	英文名称	剂型名称
AE	aerosol	气雾剂	LA	lacquer	涂膜剂
AS	aqueous solution	水剂	LS	solution for seed treatment	拌种液剂
BA	bag	药袋	MC	smoke coil	蚊香
BB	block bait	饵块	ME	micro-emulsion	微乳剂
BF	block formulation	块剂	MF	mulching film	药膜
BG	bait gel	胶饵	MG	micro granule	微粒剂
BP	powder bait	饵粉	MP	mogh-proofer	防蛀剂
BR	bripuette	缓释剂	OF	oil miscible flowable concentrate	油悬浮剂
CB	bait concentrate	浓饵剂	OL	oil miscible liquid	油剂
CC	cockroach coil	蟑香	OP	oil dispersible powder	油分散粉剂
CG	encapsulated granule	微囊粒剂	PA	paste	糊剂
CP	contact powder	触杀粉	PN	paint	涂抹剂
CS	aqueous capsule suspension	微囊悬浮剂	RA	repellent paste	驱虫膏
DC	dispersible concentrate	可分散液剂	RB	bait	饵剂
DP	dustable powder	粉剂	RE	repellent	驱避剂
EA	effervescent granule	泡腾粒剂	SC	aqueous suspension concentrate	悬浮剂
EB	effervescent tablet	泡腾片剂	SE	aqueous suspoemulsion	悬乳剂
EC	emulsifiable concentrate	乳油	SF	spray fluid	喷射剂
ED	electrochargeable liquid	静电喷雾液剂	SG	water soluble granule	可溶粒剂
EG	emulsifiable granule	乳粒剂	SL	soluble con centrate	可溶液剂
EO	emulsion, water in oil	油乳剂	SO	spreading oil	展膜油剂
EW	emulsion, oil in water	水乳剂	SP	water soluble powder	可溶粉剂
FG	fine granule	细粒剂	ST	water soluble tablet	可溶片剂
FO	smoke fog	烟雾剂	TB	tablet DT	片剂

续表

代码	英文名称	剂型名称	代码	英文名称	剂型名称
FT	smoki tablet	烟片	TC	technical material	原药
FU	smoke generator	烟剂	TK	technical concentrate	母药
GB	granuoar bait	饵粒	TM	tank mixture	桶混剂
GG	macro granule	大粒剂	UL	ultralow-volume concentrate	超低容量液剂
GP	flo-dust	漂浮粉剂	VP	vapour releasing product	熏蒸剂
GR	granule	颗粒剂	WBA	water-based aerosol	水基气雾剂
GW	water soluble gel	可溶胶剂	WG	water dispersible granule	水分散粒剂
HN	hot fogging concentrate	热雾剂	WP	wettable powder	可湿性粉剂
KN	cold fogging concentrate	冷雾剂	WT	water dispersible tablet	可分散片剂

二、农业部公布的禁止和限制使用的农药名单

一、国家明令禁止使用的农药（23种）

六六六，滴滴涕，毒杀芬，二溴氯丙烷，杀虫脒，二溴乙烷，除草醚，艾氏剂，狄氏剂，汞制剂，砷、铅类，敌枯双，氟乙酰胺，甘氟，毒鼠强，氟乙酸钠，毒鼠硅，甲胺磷，甲基对硫磷，对硫磷，久效磷，磷胺。

二、在蔬菜、果树、茶叶、中草药材上不得使用和限制使用的农药（19种）

禁止氧乐果在甘蓝上使用；禁止三氯杀螨醇和氰戊菊酯在茶树上使用；禁止丁酰肼（比久）在花生上使用；禁止特丁硫磷在甘蔗上使用；禁止甲拌磷、甲基异柳磷、特丁硫磷、甲基硫环磷、治螟磷、内吸磷、克百威、涕灭威、灭线磷、硫环磷、蝇毒磷、地虫硫磷、氯唑磷、苯线磷在蔬菜、果树、茶叶、中草药材上使用。

按照《农药管理条例》规定，任何农药产品都不得超出农药登记批准的使用范围使用。

三、鉴于氟虫腈对甲壳类水生生物和蜜蜂具有高风险，在水和土壤中降解慢，按照《农药管理条例》的规定，根据我国农业生产实际，为保护农业生产安全、生态环境安全和农民利益，经全国农药登记评审委员会审议，现就加强氟虫腈管理的有关事项公告如下：

1. 自本公告发布之日起，除卫生用、玉米等部分旱田种子包衣剂和专供出口产品外，停止受理和批准用于其他方面含氟虫腈成分农药制剂的田间试验、农药登记（包括正式登记、临时登记、分装登记）和生产批准证书。

2. 自2009年4月1日起，除卫生用、玉米等部分旱田种子包衣剂和专供出口产品外，撤销已批准的用于其他方面含氟虫腈成分农药制剂的登记和（或）生产批准证书。同时，农药生产企业应当停止生产已撤销登记和生产批准证书的农药制剂。

3. 自2009年10月1日起，除卫生用、玉米等部分旱田种子包衣剂外，在我国境内停止销售和使用用于其他方面的含氟虫腈成分的农药制剂。农药生产企业和销售单位应当确保所销售的相关农药制剂使用安全，并妥善处置市场上剩余的相关农药制剂。

4. 专供出口含氟虫腈成分的农药制剂只能由氟虫腈原药生产企业生产。生产企业应当办理生产批准证书和专供出口的农药登记证或农药临时登记证。

5. 在我国境内生产氟虫腈原药的生产企业，其建设项目环境影响评价文件依法获得有审批权的环境保护行政主管部门同意后，方可申请办理农药登记和生产批准证书。已取得农药登记和生产批准证书的生产企业，要建立可追溯的氟虫腈生产、销售记录，不得将含有氟虫腈的产品销售给未在我国取得卫生用、玉米等部分旱田种子包衣剂农药登记和生产批准证书的生产企业。

参考文献

[1] 蔡月丰. 农资营销员 [M]. 西宁：青海人民出版社，2008.
[2] 严昌荣，何文清，梅旭荣. 农用地膜的应用与污染防治 [M]. 北京：科学出版社，2010.
[3] 刘善江. 化肥的质量标准与检测 [M]. 北京：中国计量出版社，2002.
[4] 科特勒，阿姆斯特朗著. 市场营销原理 [M]. 楼尊译. 第13版. 北京：中国人民大学出版社，2010.
[5] 张博. 农资营销实战全指导：化肥、农药、种子深度营销方法实战全指导 [M]. 北京：中华工商联合出版社，2013.
[6] 骆焱平，王兰英，张小军. 冬季瓜菜安全用药技术 [M]. 北京：化学工业出版社，2012.
[7] 蔡月凤. 农资营销员 [M]. 西宁：青海人民出版社，2008.
[8] 陆欣. 土壤肥料学 [M]. 北京：中国农业大学出版社，2002.
[9] 毛知耘. 肥料学 [M]. 北京：中国农业出版社，1997.
[10] 张喜才. "三高"时代，农资经营何去何从（一）[J]. 营销界：农资与市场，2013，03：62-65.
[11] 王芳，王双进. 中国农资流通市场现状·问题及对策研究 [J]. 安徽农业科学，2008，36（8）：3403-3404.
[12] 段彦辉. 论农药营销渠道的开发与管理 [J]. 广西轻工业，2011，(8)：148-149，184.
[13] 金章利，谢海燕. 农药营销现状及建议 [J]. 现代农业科技，2011，(5)：391，394.
[14] 王根杰. 肥料市场竞争白热差异化经营势在必行 [J]. 中国农资，2013，(43)：18.
[15] 顾璐璐. 探索——农资电商未来发展之路 [J]. 农化市场十日讯，2014，(2)：14-19.
[16] 任保才，马新明. 农资电商平台发展浅析 [J]. 中国农学通报，2013，23（11）：198-202.
[17] 任川飞. 农资技术营销之我见 [J]. 营销界：农资与市场，2014，(7)：89-90.
[18] 付云海，耿月明，罗春霞. 论我国种业营销渠道模式创新 [J]. 中国种业，2014，(3)：1-4.
[19] 章朴，戴军. 浅析企业网络营销渠道建设中存在的问题与对策 [J]. 科技广场，2011，(10)：159-161.
[20] 徐雪婷. 当今市场定价策略与消费者心理 [J]. 商场现代化，2014，(1)：91.
[21] 徐毅，盛攀. 高健零售商折扣定价策略研究 [J]. 价格月刊，2013，(10)：50-52.
[22] 梁波. 我国产品营销战略研究 [J]. 商场现代化，2014，(6)：47-47.
[23] 袁君. 关于企业市场营销战略的具体分析 [J]. 科技与企业，2014，(8)：102.
[24] 付涛. 论市场营销中的企业市场定位与市场开发 [J]. 商业时代，2014，(4)：41.
[25] 李小伟. 快速消费品营销模式创新——基于市场定位与渠道建设的分析 [J]. 商业时代，2014，(8)：53-54.
[26] 袁进成，郭明. 浅析农药的推广与销售 [J]. 农业与技术，2001，21（2）：72.
[27] 涂俊明. 推行"四重门"敞亮普及路——生物农药推广普及述评 [J]. 营销界：农资与市场，2013，(23)：74-75.
[28] 可艳梅. 基层农业技术推广存在问题及建议 [J]. 农技服务，2014，31（3）：190-191.
[29] 李志强. 土壤肥料技术推广工作面临的挑战与对策 [J]. 河南农业，2004，(3)：30-31.
[30] 黄杏龙. 化肥的种类与质量标准 [J]. 河北供销与科技，1998，7：42-43.
[31] 刘善江. 化肥的质量标准与检测 [M]. 北京：中国计量出版社，2003.
[32] 严昌荣，何文清，梅旭荣. 农用地膜的应用与污染防治 [M]. 北京：科学技术出版社，2010.
[33] 郭玉华. 常用化肥的种类及如何鉴别真假化肥 [J]. 农民致富之友，2002，1：14.
[34] 王瑞海，霍春玲. 常用化肥的特性与用法 [J]. 河北农业科技，2008，1：53.
[35] 纪峥. 地膜种类与效果 [J]. 北方园艺，1988，1：41.
[36] 张建英. 农用地膜的种类及适用范围 [J]. 河北农业科技，1994，3：25.
[37] 吕江南，王朝云，易永建. 农用薄膜应用现状及可降解农膜研究进展 [J]. 中国麻类科学，2007，29（3）：150-157.

[38] 王则民. 我国稀土转光农膜的研究进展 [J]. 稀土, 2000, 21 (5): 55-59.
[39] 周大纲. 我国农膜行业现状的分析及其发展对策 [J]. 中国塑料, 2001, 24 (8): 9-12.
[40] 田岩. 中国聚烯烃功能性农膜研究及应用进展 [J]. 中国塑料, 2004, 18 (11): 2-8.
[41] 叶永成, 白福臣, 于恺. 我国农膜技术的发展方向 [J]. 塑料工业, 2002, 30 (6): 1-3.
[42] 秦立洁, 田岩. 高光能农膜转光性能的研究 [J]. 中国塑料, 2002, 16 (3): 53-58.
[43] 陈蓓, 热合曼. 对 GB 13735—92 标准中农膜厚度的探讨 [J]. 监督选择, 2001, 8: 38-39.

索 引

一、农药中文通用名称索引

A

阿维菌素 …………… 69
矮壮素 …………… 286
氨基寡糖素 …………… 143
胺鲜酯 …………… 287

B

百菌清 …………… 144
苯磺隆 …………… 206
苯菌灵 …………… 145
苯醚甲环唑 …………… 145
苯嗪草酮 …………… 207
苯噻酰草胺 …………… 207
苯酰菌胺 …………… 146
吡草醚 …………… 208
吡虫啉 …………… 71
吡氟草胺 …………… 208
吡氟禾草灵 …………… 209
吡螨胺 …………… 72
吡嘧磺隆 …………… 210
吡蚜酮 …………… 73
吡唑草胺 …………… 210
吡唑醚菌酯 …………… 147
苄螨醚 …………… 74
苄嘧磺隆 …………… 211
丙草胺 …………… 211
丙环唑 …………… 147
丙炔噁草酮 …………… 212
丙炔氟草胺 …………… 213
丙森锌 …………… 149

丙溴磷 …………… 74

C

草铵膦 …………… 213
草除灵 …………… 214
草甘膦 …………… 215
草克死 …………… 217
赤霉酸 …………… 287
虫酰肼 …………… 75
除草定 …………… 218
除虫菊素 …………… 76
除虫脲 …………… 76
春雷霉素 …………… 149

D

哒螨酮 …………… 77
代森锰锌 …………… 150
代森锌 …………… 151
单嘧磺隆 …………… 218
稻丰散 …………… 78
稻瘟灵 …………… 151
2,4-滴 …………… 204
2,4-滴丁酯 …………… 205
敌百虫 …………… 79
敌稗 …………… 219
敌草胺 …………… 219
敌草隆 …………… 220
敌敌畏 …………… 80
地乐胺 …………… 221
丁草胺 …………… 222
丁醚脲 …………… 81

丁香酚 …………… 152
啶虫脒 …………… 81
啶磺草胺 …………… 223
啶嘧磺隆 …………… 224
啶酰菌胺 …………… 152
啶氧菌酯 …………… 153
毒鼠磷 …………… 288
毒死蜱 …………… 83
毒莠啶 …………… 224
多菌灵 …………… 153
多抗霉素 …………… 154
多杀菌素 …………… 84
多效唑 …………… 289

E

噁草酮 …………… 225
噁霉灵 …………… 156
噁嗪草酮 …………… 226
噁霜灵 …………… 156
噁唑菌酮 …………… 155
噁唑酰草胺 …………… 226
二甲戊乐灵 …………… 227
二氯吡啶酸 …………… 228
二氯喹啉酸 …………… 228
二氯异氰尿酸钠 …………… 157
二嗪磷 …………… 85
二噻农 …………… 157

F

防落素 …………… 290
砜嘧磺隆 …………… 229

呋虫胺 …………… 86	环氟菌胺 …………… 165	**L**
呋喃虫酰肼 ………… 86	环嗪酮 ……………… 237	藜芦碱 ……………… 102
氟苯脲 ……………… 87	环酯草醚 …………… 237	利谷隆 ……………… 248
氟吡磺隆 …………… 230	磺草酮 ……………… 238	联苯肼酯 …………… 103
氟吡菌胺 …………… 158		联苯菊酯 …………… 103
氟丙菊酯 …………… 88	**J**	联苯唑醇 …………… 171
氟虫脲 ……………… 88	己唑醇 ……………… 165	浏阳霉素 …………… 104
氟虫双酰胺 ………… 89	甲氨基阿维菌素	硫双威 ……………… 105
氟啶胺 ……………… 158	苯甲酸盐 ………… 96	咯菌腈 ……………… 171
氟啶虫酰胺 ………… 90	甲草胺 ……………… 238	绿麦隆 ……………… 249
氟啶脲 ……………… 90	甲磺胺磺隆 ………… 239	氯苯嘧啶醇 ………… 172
氟硅唑 ……………… 159	甲磺隆 ……………… 240	氯吡脲 ……………… 292
氟环唑 ……………… 160	甲基硫菌灵 ………… 166	氯虫苯甲酰胺 ……… 106
氟磺胺草醚 ………… 230	2甲4氯 ……………… 241	氯虫酰肼 …………… 106
氟菌唑 ……………… 160	甲咪唑烟酸 ………… 241	氯氟吡氧乙酸 ……… 249
氟乐灵 ……………… 231	甲嘧磺隆 …………… 242	氟氟氰菊酯 ………… 107
氟铃脲 ……………… 91	甲哌鎓 ……………… 291	氯磺隆 ……………… 250
氟硫草定 …………… 232	甲氰菊酯 …………… 97	氯嘧磺隆 …………… 251
氟氯氰菊酯 ………… 92	甲霜灵 ……………… 167	氯氰菊酯 …………… 108
氟吗啉 ……………… 161	甲氧虫酰肼 ………… 98	氯酯磺草胺 ………… 251
氟螨嗪 ……………… 93	甲氧咪草烟 ………… 242	氯唑磷 ……………… 109
氟鼠酮 ……………… 290	腈苯唑 ……………… 167	螺虫乙酯 …………… 110
氟烯草酸 …………… 233	腈菌唑 ……………… 168	螺甲螨酯 …………… 110
氟酰胺 ……………… 162	精吡氟禾草灵 ……… 243	螺螨酯 ……………… 111
氟酰脲 ……………… 93	精噁唑禾草灵 ……… 244	络氨铜 ……………… 173
氟唑磺隆 …………… 233	精甲霜灵 …………… 168	
氟唑菌酰胺 ………… 162	精喹禾灵 …………… 245	**M**
福美双 ……………… 162	精异丙甲草胺 ……… 246	马拉硫磷 …………… 111
腐霉利 ……………… 163	井冈霉素 …………… 169	麦草畏 ……………… 252
		咪草烟 ……………… 252
G	**K**	咪鲜胺 ……………… 174
高效氟氯氰菊酯 …… 94	抗蚜威 ……………… 99	咪唑菌酮 …………… 175
	克菌丹 ……………… 170	咪唑烟酸 …………… 253
H	苦参碱 ……………… 99	醚苯磺隆 …………… 254
禾草丹 ……………… 234	苦皮藤素 …………… 100	醚磺隆 ……………… 255
禾草敌 ……………… 235	矿物油 ……………… 101	醚菊酯 ……………… 112
禾草灵 ……………… 235	喹禾糠酯 …………… 247	醚菌酯 ……………… 175
核型多角体病毒 …… 95	喹禾灵 ……………… 247	嘧苯胺磺隆 ………… 254
琥胶肥酸铜 ………… 164	喹啉铜 ……………… 170	嘧草醚 ……………… 255
环丙嘧磺隆 ………… 236	喹硫磷 ……………… 101	嘧啶肟草醚 ………… 256
环虫酰肼 …………… 95		

索引

嘧菌环胺	176	噻菌铜	182	脱落酸	296
嘧菌酯	176	噻螨酮	119	**W**	
嘧霉胺	177	噻嗪酮	120		
灭草猛	257	噻唑菌胺	183	肟菌酯	190
灭草松	257	噻唑锌	183	五氟磺草胺	270
灭菌丹	178	三氟甲吡醚	121	戊菌隆	190
灭菌唑	179	三氟羧草醚	264	戊炔草胺	271
灭梭威	292	三环唑	184	戊唑醇	191
灭蝇胺	113	三氯吡氧乙酸	265		
灭幼脲	114	三十烷醇	293	**X**	
N		三唑醇	185	西草净	271
		三唑磷	121	西玛津	272
萘乙酸	293	三唑酮	185	烯草酮	273
宁南霉素	179	三唑锡	122	烯啶虫胺	130
农用链霉素	180	杀虫单	123	烯禾定	273
P		杀虫环	124	烯肟菌胺	192
		杀虫双	125	烯肟菌酯	193
哌草丹	258	杀铃脲	126	烯酰吗啉	193
扑草净	259	杀螺胺	294	烯唑醇	194
Q		杀螟丹	127	酰嘧磺隆	274
		杀鼠灵	295	硝苯菌酯	195
嗪草酸甲酯	259	莎稗磷	265	硝虫硫磷	131
嗪草酮	260	虱螨脲	127	硝磺草酮	275
氰草津	261	十三吗啉	186	缬霉威	195
氰氟草酯	262	双丙氨膦	266	辛硫磷	131
氰氟虫腙	114	双草醚	266	溴苯腈	275
氰霜唑	180	双氟磺草胺	267	溴虫腈	132
S-氰戊菊酯	115	双炔酰菌胺	187	溴菌腈	196
炔草酯	262	霜霉威	187	溴螨酯	133
炔螨特	116	霜脲氰	188	溴氰菊酯	134
R		四氟醚唑	189	溴鼠灵	297
		四聚乙醛	296		
乳氟禾草灵	263	四螨嗪	128	**Y**	
S		松脂酸铜	189	亚胺唑	196
		苏云金杆菌	129	烟碱	135
噻虫胺	117	**T**		烟嘧磺隆	276
噻虫啉	117			盐酸吗啉胍	197
噻虫嗪	118	特丁津	268	野麦畏	277
噻吩磺隆	263	特丁净	268	野燕枯	278
噻呋酰胺	181	甜菜安	269	叶枯唑	198
噻菌灵	182	甜菜宁	269	乙草胺	278

乙基多杀菌素	135	乙氧磺隆	281	莠去津	283
乙菌利	198	异丙甲草胺	281	鱼藤酮	140
乙膦铝	199	异丙隆	282	芸薹素内酯	300
乙硫虫腈	136	异丙威	137		
乙螨唑	136	异菌脲	202	**Z**	
乙霉威	199	异戊烯腺嘌呤	299	中生菌素	204
乙嘧酚磺酸酯	201	抑霉唑	203	仲丁威	141
乙嘧酚	200	抑食肼	138	唑草酮	284
乙蒜素	201	吲哚丁酸	299	唑虫酰胺	142
乙羧氟草醚	279	吲哚乙酸	300	唑啉草酯	285
乙烯菌核利	202	印楝素	139	唑螨酯	142
乙烯利	298	茚虫威	139	唑嘧磺草胺	285
乙氧氟草醚	280				

二、农药英文通用名称索引

A

abamectin	69	bifenazate	103	chlorfenapyr	132
(+)-abscisic acid	296	bifenthrin	103	chlorfluazuron	90
acetamiprid	81	bismerthiazol	198	chlorimuron-ethyl	251
acetochlor	278	bispyribac-sodium	266	chlormequat chloride	286
acifluorfen	264	bisultap	125	chlorobenzuron	114
acrinathrin	88	bitertanol	171	chlorothalonil	144
alachlor	238	boscalid	152	chlorpyrifos	83
amidosulfuron	274	brassinolide	300	chlorsulfuron	250
anilofos	265	brodifacoum	297	chlortoluron	249
atrazine	283	bromacil	218	chlozolinate	198
azadirachtin	139	bromopropylate	133	chromafenozide	95
azocyclotin	122	bromothalonil	196	cinosulfuron	255
azoxystrobin	176	bromoxynil	275	clethodim	273
		bupirimate	201	clodinafop-propargyl	262
B		buprofezin	120	clofentezine	128
Bacillus thuringiensis	129	butachlor	222	clopyralid	228
		butralin	221	cloransulam-methyl	251
benazolin	214			clothianidin	117
benomyl	145	**C**		copper abietate	189
bensulfuron-methyl	211	captan	170	copper quinolate	170
bentazone	257	carbendazim	153	copper succinate	164
benzoic acid	138	carfentrazone-ethyl	284	4-CPA	290
bialaphos-sodium	266	cartap	127	cuaminosulfate	173
		celangulin	100		
		chlorantraniliprole	106		

cyanazine 261
cyazofamid 180
cyclosulfamuron 236
cyflufenamid 165
cyfluthrin 92
beta-cyfluthrin 94
cyhalofop-butyl 262
cyhalothrin 107
cymoxanil 188
cypermethrin 108
cyprodinil 176
cyromazine 113

D

2,4-D 204
2,4-D butyl ester 205
deltamethrin 134
desmedipham 269
diafenthiuron 81
diazinon 85
dicamba 252
dichlorvos 80
diclofop-methyl 235
diethofencarb 199
diethyl aminoethyl 287
difenoconazole 145
difenzoquat 278
diflubenzuron 76
diflufenican 208
dimepiperate 258
dimethomorph 193
diniconazole 194
dinotefuran 86
dipterex 79
dithianon 157
dithiopyr 232
diuron 220

E

emamectin benzoate 96
enestroburin 193
epoxiconazole 160

esfenvalerate 115
ethaboxam 183
ethephon 298
ethiprole 136
ethirimol 200
ethofenprox 112
ethoxysulfuron 281
ethylicin 201
etoxazole 136
eugenol 152

F

famoxadone 155
fenamidone 175
fenarimal 172
fenbuconazol 167
fenobucarb 141
fenoxaprop-P-ethyl 244
fenpropathrin 97
fenpyroximate 142
flazasulfuron 224
flocoumafen 290
flonicamid 90
florasulam 267
fluazifop-butyl 209
fluazifop-P-butyl 243
fluazinam 158
flubendiamide 89
flucarbazone 233
flucetosulfuron 230
fludioxnil 171
flufenoxuron 88
flumetsulam 285
flumiclorac-pentyl 233
flumioxazin 213
flumorph 161
fluopicolide 158
fluoroglycofen-
  ethyl 279
fluroxypyr 249
flusilazole 159
flutenzine 93

fluthiacet-methyl 259
flutolanil 162
fluxapyroxad 162
folpet 178
fomesafen 230
forchlorfenuron 292
fosetyl-aluminum 199
fufenozide 86

G

gibberellic acid 287
glufosinate
  ammonium 213
glyphosate 215

H

halfenprox 74
halofenozide 106
hexaconazole 165
hexaflumuron 91
hexazinone 237
hexythiazox 119
hymexazol 156

I

imazalil 203
imazamox 242
imazapic 241
imazapyr 253
imazethapyr 252
imibenconazole 196
imidacloprid 71
indol-3-ylacetic acid 300
4-indol-3-ylbutyric
  acid 299
indoxacarb 139
iprodione 202
iprovalicarb 195
isazofos 109
isoamyl alkenyl
  adenine 299
isoprocarb 137

isoprothiolane ……… 151
isoproturon ……… 282

K

kasugamycin ……… 149
kresoxim-methyl …… 175

L

lactofen ……… 263
linuron ……… 248
liuyangmycin ……… 104
lufenuron ……… 127

M

malathion ……… 111
mancozeb ……… 150
mandipropamid ……… 187
matrine ……… 99
MCPA acid ……… 241
mefenacet ……… 207
mepiquat chloride …… 291
meptyldinocap ……… 195
mesosulfuron-
  methyl ……… 239
mesotrione ……… 275
metaflumizone ……… 114
metalaxyl ……… 167
metalaxyl-M ……… 168
metaldehyde ……… 296
metamifop ……… 226
metamitron ……… 207
metazachlor ……… 210
methiocarb ……… 292
methoxyfenozide ……… 98
metolachlor ……… 281
metribuzin ……… 260
metsulfuron-methyl … 240
mineral oil ……… 101
molinate ……… 235
monosullfuron ……… 218
myclobutanil ……… 168

N

α-naphthaleneacetic
  acid ……… 293
napropamide ……… 219
niclosamide ……… 294
nicosulfuron ……… 276
nicotine ……… 135
ningnanmycin ……… 179
nitenpyram ……… 130
novaluron ……… 93
nuclear polyhedrosis
  virus ……… 95

O

oligosaccharins ……… 143
orthosulfamuron ……… 254
oxadiargyl ……… 212
oxadiazon ……… 225
oxadixyl ……… 156
oxaziclomefone ……… 226
oxyfluorfen ……… 280

P

paclobutrazol ……… 289
pencycuron ……… 190
pendimethalin ……… 227
penoxsulam ……… 270
phenmedipham ……… 269
phenthoate ……… 78
phosazetim ……… 288
phoxim ……… 131
picloram ……… 224
picoxystrobin ……… 153
pinoxaden ……… 285
pirimicarb ……… 99
polyoxin B ……… 154
pretilachlor ……… 211
prochloraz ……… 174
procymidone ……… 163
profenofos ……… 74
prometryne ……… 259

propamocarb ……… 187
propanil ……… 219
propargite ……… 116
propiconazol ……… 147
propineb ……… 149
propyzamide ……… 271
pymetrozine ……… 73
pyraclostrobin ……… 147
pyraflufen-ethyl ……… 208
pyrazosulfuron-
  ethyl ……… 210
pyrethrins ……… 76
pyribenzoxim ……… 256
pyridaben ……… 77
pyridalyl ……… 121
pyriftalid ……… 237
pyrimethanil ……… 177
pyriminobac-methyl
  ……… 255
pyroxsulam ……… 223

Q

quinalphos ……… 101
quinclorac ……… 228
quizalofop-ethyl ……… 247
quizalofop-P-tefuryl … 247
quizalofop-P-ethyl …… 245

R

rimsulfuron ……… 229
rotenone ……… 140

S

sethoxydim ……… 273
simazine ……… 272
simetryn ……… 271
S-metolachlor ……… 246
sodium dichloroisoc-
  yanurate ……… 157
spinetoram ……… 135
spinosad ……… 84
spirodiclofen ……… 111

spiromesifen …… 110	thifluzamide …… 181	triflumuron …… 126
spirotetramat …… 110	thiobencarb …… 234	trifluraline …… 231
streptomycin …… 180	thiocyclam …… 124	triticonazole …… 179
sulcotrione …… 238	thiodiazole copper …… 182	
sulfallate …… 217	thiodicarb …… 105	**V**
sulfometuron-	thiophanate methyl …… 166	validamycin …… 169
methyl …… 242	thiosultap-	veratrine …… 102
SYP-1620 …… 192	monosodium …… 123	vernolate …… 257
	thiram …… 162	vinclozolin …… 202
T	tolfenpyrad …… 142	virus spirit …… 197
tebuconazole …… 191	triacontanol …… 293	
tebufenozide …… 75	triadimefon …… 185	**W**
tebufenpyrad …… 72	triadimenol …… 185	warfarin …… 295
teflubenzuron …… 87	triallate …… 277	**X**
terbuthylazine …… 268	triasulfuron …… 254	
terbutryn …… 268	triazophos …… 121	xiaochongthion …… 131
tetraconazole …… 189	tribenuron-methyl …… 206	**Z**
thiabendazole …… 182	triclopyr …… 265	
thiacloprid …… 117	tricyclazole …… 184	zhongshengmycin …… 204
thiamethoxam …… 118	tridemorph …… 186	zinc thiazole …… 183
thifensulfuron-	trifloxystrobin …… 190	zineb …… 151
methyl …… 263	triflumizole …… 160	zoxamide …… 146

三、肥料名称索引

氨化过磷酸钙 …… 328	硫酸铵 …… 311	铁肥 …… 337
氨水 …… 313	硫酸钾 …… 324	铜肥 …… 338
铵磷钾型 …… 331	硫酸镁 …… 335	硝磷钾型 …… 331
多肽尿素 …… 318	氯化铵 …… 311	硝酸铵 …… 313
钙镁磷肥 …… 321	氯化钾 …… 324	硝酸铵钙 …… 315
骨粉 …… 323	锰肥 …… 339	硝酸钙 …… 315
硅肥 …… 339	钼肥 …… 338	硝酸钾 …… 329
过磷酸钙 …… 319	尿素 …… 317	硝酸磷肥 …… 328
钾镁肥 …… 325	硼肥 …… 337	硝酸钠 …… 316
聚氨酸尿素 …… 318	偏磷酸铵 …… 327	锌肥 …… 338
磷矿粉 …… 322	石膏 …… 335	窑灰钾肥 …… 325
磷酸铵 …… 326	石灰 …… 334	叶面肥 …… 339
磷酸二氢钾 …… 329	石灰氮 …… 335	液氨 …… 312
硫黄 …… 336	碳酸氢铵 …… 310	重过磷酸钙 …… 320
硫钾镁肥 …… 326		

化工版农药、植保类科技图书

书　号	书　　　名	定价/元
122-22028	农药手册	480.0
122-22115	新编农药品种手册	288.0
122-22393	FAO/WHO农药产品标准手册	180.0
122-21381	环境友好型烃基膦酸酯类除草剂	280.0
122-23912	农药干悬浮剂	98.0
122-22433	农药新剂型加工与应用	88.0
122-21908	农药残留风险评估与毒理学应用基础	78.0
122-20582	农药国际贸易与质量管理	80.0
122-21445	专利过期重要农药品种手册(2012—2016)	128.0
122-21715	吡啶类化合物及其应用	80.0
122-21298	农药合成与分析技术	168.0
122-21262	农民安全科学使用农药必读(第三版)	18.0
122-21548	蔬菜常用农药100种	28.0
122-19639	除草剂安全使用与药害鉴定技术	38.0
122-19573	药用植物九里香研究与利用	68.0
122-20103	农药制剂加工实验(第二版)	48.0
122-16780	农药化学合成基础(第二版)	58.0
122-19029	国际农药管理与应用丛书——哥伦比亚农药手册	60.0
122-18414	世界重要农药品种与专利分析	198.0
122-18588	世界农药新进展(三)	118.0
122-17305	新农药创制与合成	128.0
122-18051	植物生长调节剂应用手册	128.0
122-15415	农药分析手册	298.0
122-16497	现代农药化学	198.0
122-15164	现代农药剂型加工技术	380.0
122-15528	农药品种手册精编	128.0
122-13248	世界农药大全——杀虫剂卷	380.0
122-11319	世界农药大全——植物生长调节剂卷	80.0
122-11206	现代农药合成技术	268.0
122-10705	农药残留分析原理与方法	88.0
122-17119	农药科学使用技术	19.8
122-17227	简明农药问答	39.0

续表

书　号	书　名	定价/元
122-19531	现代农药应用技术丛书——除草剂卷	29.0
122-18779	现代农药应用技术丛书——植物生长调节剂与杀鼠剂卷	28.0
122-18891	现代农药应用技术丛书——杀菌剂卷	29.0
122-19071	现代农药应用技术丛书——杀虫剂卷	28.0
122-11678	农药施用技术指南(二版)	75.0
122-12698	生物农药手册	60.0
122-15797	稻田杂草原色图谱与全程防除技术	36.0
122-14661	南方果园农药应用技术	29.0
122-13875	冬季瓜菜安全用药技术	23.0
122-13695	城市绿化病虫害防治	35.0
122-09034	常用植物生长调节剂应用指南(二版)	24.0
122-08873	植物生长调节剂在农作物上的应用(二版)	29.0
122-08589	植物生长调节剂在蔬菜上的应用(二版)	26.0
122-08496	植物生长调节剂在观赏植物上的应用(二版)	29.0
122-08280	植物生长调节剂在植物组织培养中的应用(二版)	29.0
122-12403	植物生长调节剂在果树上的应用(二版)	29.0
122-09867	植物杀虫剂苦皮藤素研究与应用	80.0
122-09825	农药质量与残留实用检测技术	48.0
122-09521	螨类控制剂	68.0
122-10127	麻田杂草识别与防除技术	22.0
122-09494	农药出口登记实用指南	80.0
122-10134	农药问答(第五版)	68.0
122-10467	新杂环农药——除草剂	99.0
122-03824	新杂环农药——杀菌剂	88.0
122-06802	新杂环农药——杀虫剂	98.0
122-09568	生物农药及其使用技术	29.0
122-09348	除草剂使用技术	32.0
122-08195	世界农药新进展(二)	68.0
122-08497	热带果树常见病虫害防治	24.0
122-10636	南方水稻黑条矮缩病防控技术	60.0
122-07898	无公害果园农药使用指南	19.0
122-07615	卫生害虫防治技术	28.0

续表

书 号	书 名	定价/元
122-07217	农民安全科学使用农药必读(二版)	14.5
122-09671	堤坝白蚁防治技术	28.0
122-06695	农药活性天然产物及其分离技术	49.0
122-05945	无公害农药使用问答	29.0
122-18387	杂草化学防除实用技术(第二版)	38.0
122-05509	农药学实验技术与指导	39.0
122-05506	农药施用技术问答	19.0
122-04825	农药水分散粒剂	38.0
122-04812	生物农药问答	28.0
122-04796	农药生产节能减排技术	42.0
122-04785	农药残留检测与质量控制手册	60.0
122-04413	农药专业英语	32.0
122-03737	农药制剂加工实验	28.0
122-03635	农药使用技术与残留危害风险评估	58.0
122-03474	城乡白蚁防治实用技术	42.0
122-03200	无公害农药手册	32.0
122-02585	常见作物病虫害防治	29.0
122-02178	农药毒理学	88.0
122-06690	无公害蔬菜科学使用农药问答	26.0
122-01987	新编植物医生手册	128.0
122-02286	现代农资经营丛书——农药销售技巧与实战	32.0
122-00818	中国农药大辞典	198.0
5025-9756	农药问答精编	30.0
122-00989	腐植酸应用丛书——腐植酸类绿色环保农药	32.0
122-02135	农药残留快速检测技术	65.0
122-11849	新农药科学使用问答	19.0
122-11396	抗菌防霉技术手册	80.0

如需相关图书内容简介、详细目录以及更多的科技图书信息，请登录www.cip.com.cn。

邮购地址：(100011) 北京市东城区青年湖南街13号化学工业出版社

服务电话：010-64518888，64518800（销售中心）

如有化学化工、农药、植保类著作出版，请与编辑联系。联系方式：010-64519457，286087775@qq.com